江西财经大学会计系列教材

成本会计学

主　编：李金泉
副主编：郭小金　吉伟莉

中国财政经济出版社

图书在版编目（CIP）数据

成本会计学/李金泉主编. —北京：中国财政经济出版社，2016.1
江西财经大学会计系列教材
ISBN 978 - 7 - 5095 - 6551 - 3

Ⅰ.①成… Ⅱ.①李… Ⅲ.①成本会计—高等学校—教材 Ⅳ.①F234.2

中国版本图书馆 CIP 数据核字（2015）第 307352 号

责任编辑：张若丹　　　　　　　责任校对：杨瑞琦

中国财政经济出版社 出版

URL：http：//ckfz.cfeph.cn
E - mail：ckfz@ cfeph.cn
（版权所有　翻印必究）

社址：北京市海淀区阜成路甲 28 号　邮政编码：100142
营销中心电话：010 - 88190406　北京财经书店电话：010 - 64033436、84041336
北京财经印刷厂印刷　各地新华书店经销
787×960 毫米　16 开　28.5 印张　485 000 字
2016 年 1 月第 1 版　2016 年 1 月北京第 1 次印刷
定价：68.00 元
ISBN 978 - 7 - 5095 - 6551 - 3/F·5277
（图书出现印装问题，本社负责调换）
质量投诉电话：010 - 88190744
打击盗版举报热线：010 - 88190492，QQ：634579818

前言

企业成本信息不仅是企业进行资产计价和损益确定的重要依据，而且是企业进行经营管理的重要依据。作为研究如何提供成本信息的成本会计学是会计学的一个重要分支，有自身相对独立的理论和方法体系。教材对于培养高素质专业人才起着至关重要的作用。一本好的会计专业教材，不应局限于对现行制度、准则的解释，应阐述隐藏在其后的质的规定性，让学生知其所以然；但教材又有别于研究专著，应主要介绍某一学科领域内成熟的、已有定论的理论和方法。所以，在编写本书的过程中，我们力求吸收成本会计成熟的理论和方法，并根据成本会计操作性强的特点，注重理论联系实际。本书在结构体系和内容安排上具有以下特点：

1. 鉴于成本会计课程应着重讲授基本理论、基本方法和基本技能，其基本原理适用于各行业，同时考虑到教学课时的限制，本书主要以生产经营过程最为典型的制造业为例，对成本核算理论和方法进行全面、系统的阐述。

2. 为了扩大学生专业知识视野，本书除了主要阐述了制造业的成本核算理论和方法外，还介绍了一些应用较广的其他行业成本核算，包括商品批发零售企业成本核算、物流企业成本核算、建筑施工企业成本核算。同时，考虑到成本会计面临环境的变革和管理现代化的要求，在研究内容上有许多新的发展，我们在本书中设置了成本会计专题，安排了作业成本法、质量成本核算、环境成本核算和人力资源成本核算，使教材具有现实性、趋向性和前瞻性的特征。

3. 在各章开头，以小故事或事件的形式编排了一个引入案例，以增加初学者对即将学习内容的兴趣和思考。在各章内容之后，编排了一道案例题，以便增强读者的综合分析能力，拓宽专业视野。

4. 为适应教学改革的要求，进一步提高学生的职业技能，在第五章编排了一道仿真的成本核算实训案例题，以便使读者更好地掌握和运用成本核算的基本理论和方法，提高基本技能，增强实务能力。

本书由李金泉担任主编，郭小金、吉伟莉担任副主编。第一章（部分）、第十章由余新培撰写，第一章（部分）、第二章、第三章由郭小金撰写，第四章、第五章、第十一章由李金泉撰写，第六章、第八章由张绪军撰写，第七章由杨桂兰撰写，第九章由袁圆撰写，第十二章、第十三章由吉伟莉撰写，最后由李金泉对全书进行总纂。

本书的编写得到了江西财经大学会计学院领导和同仁的大力支持和帮助，在编写过程中我们参考了许多前辈和同仁的研究成果，在此向他们表示诚挚的谢意。

由于作者水平所限，书中难免存在缺点和错误，恳切希望读者批评指正。

编者
2016 年 1 月

目录

第一篇 总论

第一章 成本会计概述
- 第一节 成本的经济内涵 ……………………………… 4
- 第二节 成本信息的用途 ……………………………… 11
- 第三节 成本会计及其与财务会计的关系 …………… 13
- 第四节 成本会计的产生与发展 ……………………… 17
- 第五节 成本会计的职能和目标 ……………………… 19
- 第六节 成本会计的工作组织 ………………………… 22
- 本章小结 ……………………………………………… 26
- 本章思考题 …………………………………………… 26

第二篇 制造业成本核算

第二章 成本核算的要求和一般程序
- 第一节 成本核算的基本要求 ………………………… 30
- 第二节 费用要素和成本项目 ………………………… 38
- 第三节 成本核算的一般程序和账户设置 …………… 43
- 本章小结 ……………………………………………… 48
- 本章思考题 …………………………………………… 48
- 本章案例 ……………………………………………… 48

第三章 制造业生产经营费用的核算
- 第一节 各项要素费用的核算 ………………………… 51
- 第二节 辅助生产费用的核算 ………………………… 78
- 第三节 制造费用的核算 ……………………………… 94
- 第四节 生产损失的核算 ……………………………… 101
- 本章小结 ……………………………………………… 110

本章思考题 …………………………………………… 111
本章案例 ……………………………………………… 111

第四章　生产费用在完工产品与在产品之间的分配
第一节　生产费用在完工产品与在产品之间分配
　　　　的意义 ……………………………………… 113
第二节　在产品数量的核算 ………………………… 114
第三节　生产费用在完工产品与在产品之间分配
　　　　的方法 ……………………………………… 119
本章小结 ……………………………………………… 140
本章思考题 …………………………………………… 141
本章案例 ……………………………………………… 142

第五章　产品成本计算方法
第一节　生产类型与产品成本计算方法 …………… 144
第二节　产品成本计算的品种法 …………………… 152
第三节　产品成本计算的分批法 …………………… 164
第四节　产品成本计算的分步法 …………………… 175
第五节　产品成本计算的分类法 …………………… 209
第六节　各种成本计算方法的结合应用 …………… 221
本章小结 ……………………………………………… 223
本章思考题 …………………………………………… 224
本章案例 ……………………………………………… 225

第六章　成本报表的编制和分析
第一节　成本报表概述 ……………………………… 234
第二节　成本报表的编制 …………………………… 236
第三节　成本报表的分析 …………………………… 246

本章小结 …………………………………… 279
本章思考题 ………………………………… 281
本章案例 …………………………………… 281

第三篇　其他行业成本核算

第七章　商品批发零售企业成本核算
第一节　商品批发零售企业成本核算的特点 …… 288
第二节　商品批发零售企业成本费用的内容 …… 291
第三节　商品批发企业成本的核算 ……………… 293
第四节　商品零售企业成本的核算 ……………… 296
本章小结 …………………………………… 300
本章思考题 ………………………………… 301
本章案例 …………………………………… 302

第八章　物流企业成本核算
第一节　物流成本概述 …………………………… 304
第二节　物流成本核算的基本原理 ……………… 314
第三节　物流成本核算的实施 …………………… 326
本章小结 …………………………………… 337
本章思考题 ………………………………… 338
本章案例 …………………………………… 338

第九章　建筑施工企业成本核算
第一节　建筑施工企业生产经营的主要特点 …… 341
第二节　建筑施工企业产品成本内容及成本计算
　　　　对象 …………………………………… 342
第三节　工程成本核算的会计科目 ……………… 344

第四节　工程成本的归集与分配 …………………… 347
　　第五节　完工工程成本的计算与结转 ………………… 349
　　本章小结 ……………………………………………… 355
　　本章思考题 …………………………………………… 355
　　本章案例 ……………………………………………… 355

第四篇　成本会计专题

第十章　作业成本法
　　第一节　作业成本法概述 …………………………… 360
　　第二节　作业成本法的基本原理 …………………… 367
　　第三节　作业成本信息及其应用 …………………… 374
　　本章小结 ……………………………………………… 378
　　本章思考题 …………………………………………… 378
　　本章案例 ……………………………………………… 378

第十一章　质量成本核算
　　第一节　质量成本的经济内涵与分类 ……………… 381
　　第二节　质量成本的核算 …………………………… 388
　　第三节　质量成本控制、分析与考核 ……………… 403
　　本章小结 ……………………………………………… 408
　　本章思考题 …………………………………………… 409
　　本章案例 ……………………………………………… 410

第十二章　环境成本核算
　　第一节　企业生产对环境的影响及责任 …………… 412
　　第二节　环境成本的经济含义及分类 ……………… 413
　　第三节　环境成本的核算 …………………………… 416

CONTENTS 目 录

　　第四节　环境成本信息披露 …………………………… 421
　　本章小结 ………………………………………………… 425
　　本章思考题 ……………………………………………… 426
　　本章案例 ………………………………………………… 426

第十三章　人力资源成本核算
　　第一节　人力资源成本含义及构成 …………………… 428
　　第二节　人力资源成本的计量模式 …………………… 432
　　第三节　人力资源成本的归集与分配 ………………… 437
　　第四节　人力资源成本核算的局限性 ………………… 440
　　本章小结 ………………………………………………… 441
　　本章思考题 ……………………………………………… 442
　　本章案例 ………………………………………………… 442

主要参考文献

第一篇 总　论

第一章
成本会计概述

[引入案例]

小明刚刚参加完高考,按估计的分数,考上他理想的大学是没有问题的,但是他仍在烦恼当中。他烦恼的是不知道如何填报专业志愿,他的目标是从事经济管理工作,但是他理想大学中相关的专业据说是会计,一提到会计,他就想到"账房先生",想到"记账算账",这可不是他理想的工作。但他父亲说,如果你未来的志向是做经济管理工作,那么本科学会计专业是最佳的选择。

小明对父辈的话向来抵触,于是去找邻家姐姐小红。小红比小明高一届,去年刚考进本省的一所大学,读的恰巧正是会计专业。小红凭借着新生入学教育中老师讲的一些情况,再加上自己的理解,给小明讲了很多东西,诸如在大学里会计学什么、读完会计可以做什么,讲的过程中提到很多对小明而言新鲜的词汇,如注册会计师、CFO、预算管理、绩效评价……但因为小红自己也是刚刚入校,对小明的"会计不就是记账算账发工资的吗""学会计的毕业以后难道可以不做账""为什么学会计会这么吃香"等问题,也说不出一个所以然来。所以,小明依然处在纠结中。

如果你是小红,如果你学了本章的知识,那么你给小明的说服工作就会很有效果啦。

[学习目的与要求]

本章阐述了成本会计的基本理论问题。通过本章学习,应该了解和掌握成本的经济内涵、成本概念的扩展和作用,了解成本会计的产生和发展,掌握成本会计的主要特征及其与财务会计的主要区别,理解成本会计的职能和目标,认识做好成本会计工作对于加强企业生产经营管理的意义,了解应该怎样组织和做好成本会计工作,充分发挥成本会计应有的作用等。

第一节　成本的经济内涵

成本作为一个经济范畴，它随着产品交换而产生，又随着商品经济的发展而不断改变其表现形式。它是在商品生产发展到一定阶段之后才逐渐形成和完善起来的。在资本主义生产以前，小商品生产者为了维持再生产，也要考虑价值的补偿，但对活劳动的消耗并不十分在意，他们将出售产品所获得的收入主要用来补偿消耗掉的生产资料，剩余部分都用来供养家庭生活。所以，那时的成本概念不够完整。到了资本主义时期，资本家的全部预付资本，除了包括预付在生产资料上的不变资本外，还包括付给工人工资的可变资本。因而，资本主义商品生产就要核算生产商品所耗费的一切，并尽可能地用销售商品所获得的收入补偿其全部耗费，此时，才形成比较完整的成本概念。

一、理论成本的表述

对商品成本作出最经典的经济分析的理论，是在商品经济发展到一定阶段后，马克思通过对成本的考察，既看到耗费，又重视补偿，形成了马克思关于"商品成本价格"的理论。社会主义经济与资本主义经济都是建立在社会化大生产的基础之上的，这两种社会生产方式存在着一些经济范畴既具有它们的共同性质，又具有它们的特殊性质。马克思关于资本主义商品成本价格的理论，揭示了资本主义商品成本的经济实质，同时也揭示了商品成本的一般共性。因此，认真学习马克思关于成本的理论，对于我们研究社会主义市场经济条件下商品成本的本质，具有重要的现实意义。

马克思关于资本主义商品成本价格的理论，主要集中在《资本论》第三卷第一章中。在论述商品成本价格时，马克思指出："按照资本主义生产方式生产的每一商品的 W 的价值，用公式来表示是 $W = C + V + M$。如果我们从这个产品价值中减去剩余价值 M，那么，在商品中剩下来的只是一个在生产要素上耗费的资本价值 $C + V$ 的等价或补偿价值。……商品价值的这个部分，即补偿所消耗的生产资料价格和所使用的劳动力价格的部分，只是补偿商品使资本家自身耗费的东西，所以对资本家来说，这就是商品的成本价格。"由此可见，商品价值是由三个部分组成的：一是已消耗的劳动对象的转移价值（原材料等）和已被磨损的劳动资料的转移价值（固定资产折旧费等）C；二是劳动者的必要劳动所创造的价值 V，即劳动者活劳动的消耗价值（工资等）；三是劳动者剩余劳动所创造的价值 M。成本的经济实质就是指商品价值中的 C 和

V 的部分。总之，马克思认为，资本主义商品成本是资本耗费与价值补偿的统一体，它既是生产耗费的货币表现，又是价值补偿的尺度。因此，理解成本的经济含义，不仅要看到成本的耗费，还要重视成本的补偿。从理论上说，成本是企业在生产产品过程中已经耗费的、用货币表现的生产资料的价值与相当于工资的劳动者为自己劳动所创造的价值的总和。这种成本，被称为"理论成本"。它是成本研究的理论基础，是规范成本开支范围的客观依据。

因此，成本是一个价值范畴，但又不等同于价值。首先，成本是一个价值范畴，是商品经济发展到一定阶段人们为了比较生产中的所费与所得对所费进行补偿而产生的一个用价值表现的生产耗费的概念。即通过货币计量综合反映商品生产中所耗费的物化劳动和活劳动。其次，成本又不等同于价值，因为，马克思所说的商品的价值是由 C+V+M 三部分组成，而成本仅由 C+V 组成。而且商品价值中的 C+V 是千千万万个生产同一产品企业生产耗费的平均水平，由此构成社会平均成本。而企业成本则是每个具体化物化劳动 C 和部分活劳务 V 的个别耗费，表现为商品价值中的 C+V，是商品价值中的补偿部分，它构成商品的理论成本。

二、应用成本表述

应用成本是理论成本的具体化，以正常的生产经营活动为前提，根据生产过程中实际消耗的物化劳动的转移价值和活劳动所创造的价值中应纳入成本范围的那部分价值的货币表现。

应用成本与理论成本不完全相同。理论成本不考虑生产经营活动中偶然因素和异常情况的消耗，只对正常的物化劳动和活劳动消耗进行货币计算；而应用成本往往受客观条件，包括经济政策、财经法规、会计制度和当期生产经营条件变化的影响。

美国会计师协会（CICPA）1957 年发布的《第 4 号会计名词公告》对成本所下的定义为："成本系指为获取货物或劳务而支付的现金或转移其他资产、发行股票、提供劳务或发生负债，而以货币衡量的数额。成本可分为未耗成本和已耗成本。未耗成本可由未来的收入负担，例如存货、预付费用、厂房、投资、递延费用等属之；已耗成本不能由未来的收入负担，故应列为当期收入的减项或借记保留盈余。"也就是说，成本是为获取财物或劳务而支付的现金或等价物，换句话说，这里的成本是一种广义的成本概念，它是指为获得某一项资产或劳务所要付出的代价。

美国会计学会（AAA）所属成本概念与标准委员会将成本定义为："成本

是指为达到特定目的而发生或应发生的价值牺牲,它可用货币单位加以衡量。"

《日本成本计算标准》中将成本定义为:"成本的实质是经营者为获得一定的经营成果而消耗的物质资料和劳务的价值。"

我国财政部制定的《企业产品成本核算制度》指出:"产品成本,是指企业在生产产品过程中所发生的材料费用、职工薪酬等,以及不能直接计入而按一定标准分配计入的各种间接费用。"该制度中所说的成本是指生产经营成本,它具有以下特征:(1)成本是经济资源的耗费。生产经营过程同时也是经济资源的耗费过程,例如,为生产产品需要耗费原材料、磨损固定资产以及用现金支付工资等。原材料、固定资产和现金都是企业的资产,这些资产原本可以为企业换取经济利益,现在被耗用掉了。(2)成本是以货币计量的耗费。生产经营成本是以货币支付计量的,它们若不是过去已经支付了货币,就是将来需要支付货币。没有支付货币的耗费,如生产对环境的损害等,如果企业对此不需要支付现金则不能计入生产经营成本。(3)成本是特定对象的耗费。成本总是针对特定对象或目的的,成本是转嫁到一定产出物的耗费,是针对一定的产出物计算归集的。这个产出物称为成本计算对象,它可以是一件产品或者一项服务。(4)成本是正常生产经营活动的耗费。

在实际工作中,为了促使企业厉行节约,减少生产损失,加强企业的经济责任,对某些不形成产品价值的损失性支出(如废品损失、季节性和修理期间的停工损失),也计入了产品成本之内。此外,对某些应从为社会创造的价值中进行分配的部分(如企业车间的财产保险费等)也列入产品成本。这说明,产品成本的实际内容,一方面要求反映成本的客观经济内涵,另一方面又要按照国家规定的分配方针和财务管理的要求,把某些不属于 C + V 的内容列入成本,这就形成了我们国家的理论成本。还有,对于企业的行政管理部门,为组织和管理企业生产经营而发生的管理费用、为筹集生产经营所需资金而发生的财务费用、为销售企业产品而发生的销售费用,本应列入企业产品成本(这些费用的发生虽不直接为生产产品发生,但间接为生产产品发生或直接为销售产品而发生),由于大多按时期发生,难于按产品归集与分配,为简化成本核算工作,都作为期间费用处理,直接计入当期损益,从当期利润中扣除,没有分配计入产品成本。

为了统一成本所包含的内容,使各企业列入成本的各种支出项目和内容保持一致,便于进行成本分析对比和控制,以挖掘降低成本的潜力,防止乱挤乱摊成本,减少资金浪费,从而正确计算利润和应交纳税金,我国在理论成本的基础上，考虑加强企业经济核算和成本管理要求，由财政部统一制定并颁发了"成本开支范围"，各企业必须严格执行。

三、成本概念的扩展

从商品生产的角度出发，抽象地分析了商品成本的一般概念，将它表述为商品生产过程中物化劳动和必要劳动的耗费，即 C + V。但是，在现实生产中，成本概念的使用是极其广泛的。首先，商品成本虽然是最普通、最抽象的成本概念，但成本概念不一定都与商品生产发生联系，在其他的经营或管理领域，同样需要使用成本概念。其次，就商品成本而言，C + V 也只是一个理论成本的概念，在实际计算商品成本时，除了需要考虑商品成本的客观经济内容 C + V 之外，还应考虑国家方针政策和企业管理等方面的需要，因此，理论成本与应用成本的成本或财务成本之间往往存在着一些差异。为此，需要对商品成本的概念作出适当的引申或扩展。

（一）现代西方经济学中的成本概念

在现代西方经济学中，通常区分使用以下三种不同的成本概念：机会成本、会计成本和经济成本。对于经济学家而言，其中最重要的是机会成本的概念。美国著名经济学家保尔·萨穆尔森认为："作决定具有机会成本，因为在一个稀缺的世界中，选择一个东西意味着放弃其他的一些东西。机会成本是被错过的商品和服务的价格。"例如：某企业因业务需要拟购置一台运货卡车，其成本通常包括买价和运杂费等。所需资金虽为自有资金，但若用这笔资金进行其他投资，如买卖债券等，就会有投资报酬，为了正确评价购置运货卡车这项决策方案的可行性，尽管投资报酬并未实际取得，但应将投资报酬视同机会成本进行估算。机会成本的概念被广泛地应用于选择理论之中，虽然它与马克思的以劳动价值学说为基础的成本价格理论具有不同之处，但它却为成本概念的扩展提供了新的视角。

除了机会成本之外，其他两种成本即会计成本与经济成本的概念也很重要。会计人员将成本定义为：为了取得某些财产或劳务而牺牲的某些经济资源。而经济学家对于成本的定义则较为宏观：凡是经济资源的牺牲都是成本。换言之，成本可以是有形或无形的，主观认定或客观认定的，货币性或非货币性的，也可以包括社会成本，如因噪音和污染所引起的成本。

因此，在现代西方经济学中，会计成本与经济成本大致有以下几个方面的区别：

第一，会计成本通常与历史成本或沉淀成本有关，因为会计人员需要描述企业财务状况和经营业绩，需要按已经发生的历史交易的价格记录资产和负债，并对经济活动作出评价。而经济成本通常以机会成本的概念为基础，只关心将来成本是多少，在作出一项经济决策时，甚至可以不考虑沉淀成本的因素。

第二，经济学家的成本定义比会计的成本定义通常更加广泛。经济成本不仅包括明显的从口袋里拿钱的购买和支出，如企业支付的工资、购买原材料的费用等（显性成本），而且还包括比较隐蔽的机会成本以及企业所拥有的并在生产中使用的各种要素的成本（隐性成本）。第二种形式的成本在企业的成本核算中常常被忽视掉。

第三，会计成本只包括企业实际的货币支出或耗费部分，因此强调必须可以用货币计价。然而，经济成本将企业的货币支出或耗费仅仅看成是企业总成本的一部分。

总之，会计成本比较具体和客观，而经济成本比较抽象，用途比较广泛，并注重于未来以及与决策相关。应该说，现代西方经济学极大地丰富了成本理论，在许多方面具有可借鉴之处。

（二）财务成本的概念

与现代西方经济学将成本概念划分为会计成本与经济成本的做法相类似，我国会计理论界则习惯地将成本概念划分为财务成本与管理成本。

财务成本也就是会计成本或账面成本，它是按照国家的政策法规、会计制度和会计准则的要求，通过复式簿记原理和规定的成本核算程序所计算的产品或劳务的成本。财务成本一般具有以下几个特点：

第一，合规性。由于财务成本是根据国家统一的财务与会计法规及制度核算出来的，因此，它有时又被称为法定成本或制度成本。

第二，成本内容上的完整性。由于财务成本作为价值补偿的尺度，通常是企业确定盈利、制定产品价格和缴纳税金等方面的主要依据，因此，它一般以产品成本的经济内涵 C + V 作为基础，结合国家宏观政策和企业管理的需要，按一定的成本开支范围和开支标准加以计算。财务成本通常计算的是完全成本，而不像管理成本那样为企业管理或决策的需要有时仅计算部分成本，如边际成本、增量成本和变动成本等。

第三，与财务会计制度的结合性。财务成本不是一种临时性、局部性的成本核算，实际上它作为财务会计的一种要素已融入企业财务会计的循环之中。需要按照会计制度或会计准则的要求，对财务成本的内容进行确认、计量、记录以及定期的报告。因此，财务成本是系统的、周期性的、以复式记账法为基础计算的成本。

第四，财务成本所计算的是实际发生的成本，而不是计划成本或预测成本。虽然为了成本控制的需要，在计算财务成本时可以采用定额成本法或标准成本法，但最终都需要计算出实际成本。

需要指出的是，为计算财务成本而规定的产品成本开支范围虽然是以产品成本的经济内涵 C + V 作为基础的，但又不完全与 C + V 保持一致。前面已经指出，在实际工作中，为了财务分配和管理的需要，产品成本的现实内容与它的经济内涵可能会发生一些背离，如为了减少损失，将一些不形成产品价值的损失性支出（包括废品损失、停工损失等）列入成本开支范围。此外，有时还将原属于 M 的一些内容如利息、财产保险费等，也列入产品的实际成本。

（三）管理成本的概念

与财务成本相对应的，是管理成本的概念。管理成本是根据企业生产经营决策、成本控制及责任考核的需要，所建立的成本指标体系。管理成本为适应企业管理不同的特殊目的，其涉及的范围庞大，其成本认定往往具有非常规性。管理成本又细分为决策成本、控制成本与考核成本。

1. 决策成本

决策成本是企业用于计算生产经营决策方面的成本指标，包括预测成本、设计成本、目标成本、功能成本、相关成本、个别成本、沉没成本、固定成本、变动成本、差别成本、边际成本、质量成本、机会成本、重置成本、环境成本、资金成本等。

2. 控制成本与考核成本

控制成本和考核成本是企业用于控制和考核生产经营过程中劳动耗费水平的成本指标，包括标准成本、定额成本、责任成本、可控成本、计划成本等等。

管理成本实际上是一种分析性成本，它一般以产品的账面成本或财务成本为依据，经过加工整理，按照不同的需要计算并分析各种不同的成本，从而达到为企业经营管理服务的目的。各种管理成本的概念均是在"不同的目的需要不同的成本"的理念下发展起来的。随着科技的发展与时代的进步，新的管理成本的概念还将不断地衍生。

管理成本虽然是在财务成本的基础上形成的，并且需要依赖财务成本以及其他有关的资料加以计算，但是，管理成本与财务成本有着本质的区别，主要表现在核算目的不同、核算内容不同、核算方法不同、核算范围不同、核算期间不同、核算要求不同、核算资料来源不同等各个方面。总之，财务成本是常规的、按制度规定并与财务会计体系相互结合所计算的完全成本（通常是产品成本）及期间费用，而管理成本则是为了预测、决策和控制的需要对有关的成本构成要素进行不同的组合和分析所产生的成本概念，它在核算的原则、内容、方法、时间等方面均比较灵活，没有统一的规定。

（四）社会成本的概念

社会成本概念的提出，是成本概念由微观领域向宏观领域的拓展。目前，会计理论界对社会成本概念的认识还不统一，下面是几种主要观点：

第一，社会成本是社会平均成本。"社会成本是指在整个国民经济范围内，一定时期和一定生产技术条件下，生产和销售某种产品所需的平均费用。"

第二，社会成本是社会责任成本。社会责任成本是反映、计量企业经济活动对整个社会带来的损失和不良影响。其主要包括人力资源耗用的社会成本、环境污染的社会成本、生产资源被破坏的社会成本、技术变革的社会成本、失业和闲置资源的社会成本。

第三，社会成本是企业对社会的任何成本。社会成本是指"企业对社会的任何成本、牺牲或损失，包括经济的和非经济的、内部的和外部的。其社会成本主要包括以下几项：①物质耗费，主要包括生产资源实体耗费成本、价差成本、土地使用成本和资源耗费成本等。②人力消耗，主要包括劳动力成本、人才培养成本、工伤成本等。③资金占用成本。④环境污染成本。⑤社会管理费。⑥其他社会成本"。

第四，社会成本是企业非自愿性支出和耗费。"社会成本是指因社会原因引起的企业非自愿性支出和耗费。这种意义上的社会成本是一种不可控成本，它与企业收入大多无直接关系。主要包括：①国家资本金不足而引起的融资成本。②非正常拖欠带来的成本。③企业办社会发生的支出。④公用设施支出。⑤各种摊派等。"

第五，社会成本是国民经济成本。国民经济成本是整个社会意义上的成本。企业在生产过程中从原材料的采购到产品生产出来以后的销售都要同其他社会再生产部门发生联系，有些成本不是企业能够控制的，如基本建设布局的不合理，导致企业因远离材料、动力供应地和销售市场造成成本升高等。影响国民经济成本的主要因素包括生产力布局不合理、产业结构、固定资产投资方向、资源利用方法、国家的技术经济政策、环境因素以及市场体系等。

第二节　成本信息的用途

财务会计最传统以及最基本的职能是资产计价和损益确定，而资产计价和损益确定均离不开成本的计算。进而言之，成本信息是反映企业生产经营管理质量的综合性指标，它对加强微观经济管理和宏观经济管理都具有重要的作用。成本的作用，主要表现在以下几个方面：

一、作为价值补偿的尺度

成本首先作为价值补偿的尺度，规定了企业进行简单再生产的必要条件。如前所述，商品成本代表了商品生产过程中物化劳动和活化劳动的耗费，是商品价值中维系简单再生产的那部分价值。为了保证企业再生产的不断进行，企业必须通过商品或劳务的销售收入对生产耗费进行补偿，成本则是衡量这一补偿份额大小的尺度。成本的高低，反映了生产耗费的多少，从而决定了补偿份额的大小。如果企业收入恰好补偿成本，企业无利可图，只能在原有的生产规模下简单地重复生产；如果企业收入除了足额补偿所消耗的成本外还有盈余，企业可以在扩大的基础上进行再生产，可以为国家和社会多作贡献，并且还能有效地增加职工收入和改善职工的福利；如果企业收入不能使成本得到足额补偿，企业就不能收回生产过程所耗费的资金，就不能维持简单再生产，企业的生产将发生萎缩甚至中断。可见，成本是计算企业盈利的基础，企业要获取盈利并进一步发展壮大，首先必须保证使成本得到足额补偿。

二、作为制定产品价格的基础

产品价格是产品价值的货币表现。在商品经济中，产品价格通常根据价值规律的作用在产品价值的上下进行波动。因此，产品价格的制定，应按照价值规律的要求，力使产品价格大体符合它的价值，同时也要考虑国家有关价格政策、各种产品比价关系以及市场供求关系等因素的影响。在现阶段，由于人们还不能直接计算产品的价值，因此，企业在制定产品价格时，除了有成熟市场的成熟产品其价格可以直接参照市场价格决定外，其余的产品（尤其是一些垄断产品和新开发产品）只能以产品成本为基础，加上一定的利润来确定其销售价格。这种确定产品价格的方法就是所谓的"成本加成定价法"。显然，在"成本加成定价法"中，产品成本成为制定产品价格的主要决定因素，而所确定的价格也可以相对间接地反映出产品的价值。

三、作为企业经济决策的依据

所谓经济决策,就是企业为了完成一定目标,在具有各种备选经济方案的情况下,选择对企业最为有利的一种方案。这种方案通常就是利润最大、成本最小或者风险最小的一种方案。因此,企业在进行经济决策时,成本往往是考虑问题的最重要因素之一,成本甚至可以成为一票否决制的手段,即通常所说的"成本否决制"。在市场经济条件下,市场竞争日趋激烈。企业要在激烈的市场竞争中取胜,就必须根据市场的变化,结合自身的生产经营情况,尤其是现有资金实力和管理水平,作出正确的经营决策。决策过程离不开对生产成本或机会成本的考虑,而涉及成本的有关决策方案,本身又称为成本决策方案。

四、作为制定宏观经济政策的参考数据

成本不仅是微观经济管理需要探讨的问题,也是宏观经济管理不可回避的问题。宏观经济政策制定得合理与否,直接关系到国民经济发展的方向和速度,关系到经济能否稳定增长。通过前面谈到的社会成本信息的提供,可为宏观经济政策的制定提供高度相关的信息支持,为国民经济快速、持续和健康地发展提供良好的前提条件。例如,在决定国家的产业方向和产业结构时,比较成本优势就是需要考虑的一个重要因素。

五、成本信息的其他用途

1. 提高劳动生产率

劳动生产率的提高,不仅会使生产过程中的活劳动消耗得到节约,促使单位产品成本中的工资降低;同时,也会使产量增加,从而促使单位产品中的固定费用下降。要提高劳动生产率,就必须采用新技术、新设备,提高生产的科学技术水平;必须合理安排生产,改善劳动组织,建立岗位责任制,做到均衡生产;对职工进行必要的培训,提高企业职工的素质。

2. 节约材料消耗

不断降低产品成本中材料的成本,也是降低产品成本的重要途径。因为在产品成本中,材料成本通常占有很大的比重,特别是在一些加工行业更是如此。由于材料的消耗量较大,因此,降低材料消耗的潜力很大。在技术上应通过不断改进产品设计,采用新工艺和代用材料或廉价材料,大搞材料综合利用,减轻产品重量和缩小产品体积,从而使材料消耗减少;在管理上应采取有效的措施,诸如制定各种消耗定额、实行限额发料制度、采用材料数量差异分批核算法等,使材料成本不断降低。

3. 提高生产设备的利用程度

生产设备的利用程度同产品产量直接相关，它们之间存在一种正比例关系。生产设备利用程度提高，可以增加产量；反之，则使产量减少。所以，生产设备利用得好坏，可以通过产量的变动影响单位产品成本中的折旧费、修理费和其他固定费用。提高生产设备利用程度的主要措施有：提高在用设备占全部固定资产的比重，积极促使未使用的固定资产尽快投入生产；合理组织生产，消除不合理的停工时间，增加设备的实际利用时间；强化设备的维护、保养和维修工作；正确制定和推行设备利用定额；加强现有设备的技术改造和必要的更新，提高旧设备的性能，向高自动化、高速度、高质量、高效益发展。

4. 控制废品损失

在产品生产过程中，必然要发生一些废品损失。而大部分废品损失，都是列入产品成本的。因而，不断地提高产品质量，减少废品损失，也是降低产品成本的一个重要途径。为此，应采取以下措施：（1）采用先进的技术和工艺，不断提高工人技术水平和熟练程度；（2）加强全面质量管理，向事先的预防管理、全过程管理、全员管理方面发展；（3）将全面质量管理同成本会计有机结合起来，构成质量成本管理，通过事先的质量成本决策、日常质量成本控制以及事后的质量成本核算和分析，借以降低质量成本。

5. 控制制造费用

制造费用从其构成内容来看，可以概括成两部分：一是生产单位为组织和管理生产所发生的费用；二是生产单位固定资产的折旧费和修理费等。对于前一项费用应通过提高生产单位经营管理水平和工作效率，尽可能减少非生产人员，并制定相应的费用定额和开支标准，压缩不必要的费用开支。至于后一项费用，将随着生产自动化的发展，在产品成本中的比重逐渐提高，这是生产发展的必然趋势。对于这部分制造费用，应通过节约能源、降低物耗、提高效率、改进产品质量、增加新产品等方面，扩大费用支出所取得的经济效果，以达到降低产品成本的目的。

第三节 成本会计及其与财务会计的关系

一、成本会计

成本会计（Cost Accounting）可以从广义和狭义上去理解。

狭义的成本会计指成本核算会计，它反映企业在生产经营活动中资产的消耗情况并计算产品或劳务成本的形成情况。它服务于财务会计的核算要求，比如，确定完工产品成本以便为期末存货计价、资产负债表的编制提供数据；它还计算确定所销售商品的成本以便为利润表中毛利的计算提供数据。因此，狭义的成本会计主要履行的是会计的核算职能，按此理解，它和折旧会计、存货会计、所有者权益会计等共同成为财务会计的构成部分。

广义的成本会计则除了成本核算外，还包括成本计划、成本控制、成本分析等内容，它主要服务于成本管理以及其他的生产经营管理决策，比如，标准成本制度的设计，主要是为了控制产品生产成本。因此，它更多地履行了会计的监督职能，按此理解，成本会计又属于管理会计的一部分。

二、管理会计

管理会计（Management Accounting）与财务会计一起，并列为当代会计的两大分支。管理会计师是为企业内部管理者服务的会计，主要是提供关于企业生产经营活动中的财务信息以帮助管理者作出正确的决策、实施有效的业务监管、进行合理的绩效评价。

管理会计的内容主要包括变动成本法和本量利分析、短期经营决策分析、责任会计、预算管理、标准成本制度与成本控制、绩效评价等内容。这些内容具有两个共同特点，一个是与企业生产经营管理密切相关，一个是与财务会计信息密切相关，所以，有人把管理会计叫作"决策支持会计"。事实上，管理会计已经从单纯的执行性会计，发展到决策支持会计，再发展到战略管理会计，即管理会计的角色和地位已经得到极大的提升。

三、财务会计

财务会计是"对外会计"，它以为企业外部的债权人、投资者等报表使用者提供财务信息为主要职责，主要关注的是各个会计要素的确认、计量、记录、报告。它是会计学科中其他课程的基础，成本的计算确定要依赖财务会计系统及其簿记方法，管理会计作用的发挥需要财务会计提供的信息作为基础。其内容我们已经在先前的课程中学习过，这里不再赘述。

四、管理会计和财务会计的关系

如前所述，狭义的成本会计是财务会计的构成部分，而广义成本会计中的部分内容，可以纳入管理会计当中。因此，下面主要阐述管理会计与财务会计的关系。

第一章 成本会计概述

（一）管理会计与财务会计的联系

1. 产生同源

管理会计与财务会计都源自传统会计，随着经济的发展，会计实践和会计科学研究的不断深入，传统会计才衍生出管理会计、财务会计这两个基本分支。

2. 数据共享

一方面，管理会计中所需要的财务数据大多直接来自于财务会计，管理会计可以充分地利用财务会计所收集的数据，而不必另收集一套相同内容的资料。当然，在管理会计中，将根据决策和控制的不同要求，对数据进行适当的筛选和整理。另一方面，管理会计中的一些数据，也会成为财务会计核算中的计划数、预计数。

3. 目标相同

一般认为，管理会计主要是对内会计，财务会计是对外会计，但它们都是为提高企业经济效益而建立起来的信息系统，因此，它们具有内在的统一性。实务中，很多企业把管理会计和财务会计有机地联系起来，使之成为一个完整的体系。例如，把标准成本制度和编制成本计划、组织成本核算、进行成本差异分析和考核评价结合起来，使标准成本制度成为一个兼具成本核算与成本管理的制度。

（二）管理会计与财务会计的区别

1. 主要服务对象

一般的说法是，管理会计是对内会计，财务会计是对外会计。管理会计的目的是帮助企业内部各层级的管理者作出合理的经济决策，这些经济决策包括生产经营决策和长期投资决策；而财务会计的目的是帮助企业外部的投资者、债权人等作出合理的经济决策，这些决策包括是否继续投资于该企业、是否提供贷款给该企业等。服务对象上的差异，是管理会计、财务会计最重要的区别，下面的很多差异都是因此而引发的。

2. 是否受公认会计原则（GAAP）的约束

由于信息不对称、内部人控制等情况的存在。外部的债权人、投资者必然要求企业财务会计按照一个公认的"加工程序"和"加工标准"来提供财务，财务会计系统，只有严格遵守财务会计准则，才能使得它的信息得到外部人的信任，从而实现自己的目标。

管理会计的服务对象就在企业内部，他们都是对企业经营状况非常了解的管理者，因而较少存在信息不对称的问题。更为重要的是，管理会计的目的是帮助管理者作面向未来的各种决策，在各种决策行为中，通常需要大胆假设、需要开拓性思维，而且不同的决策项目，需要的信息不同。因此，管理会计在提供相关信息的时候，不需要接受来自外界的准则约束。当然，管理会计在提供相关信息的时候，还是有一定的内在规律可循的。

3. 所提供信息的时间属性

管理会计主要着眼于企业未来的经营管理活动的预测、计划与考核，虽然它也对过去的业绩进行评价、分析，但其目的在于决定未来的活动，因此，管理会计所提供的信息主要是关于未来的。为保证财务会计信息的可靠性，财务会计系统必须在生产经营活动发生之后，才将经济业务记入账簿系统，它提供的信息主要是关于过去的。

4. 信息是否按需定制

管理会计在收集相关信息的时候，具有明显的"按需定制"的特点，它是根据决策类型来确定应该收集哪些信息，所收集的信息只求其能够解决这一问题，而不必要求全面性和系统性。比如为了预测设备更新的经济合理性，要求收集设备的购置成本和使用成本资料，以及未来收益的预算资料等，如果企业没有这种设备更新的项目，这些资料就根本没有收集的必要。

财务会计信息的加工、提供，则都是基于"通用目的"的，它不太关注某个信息使用者的个性需求，而是着眼于满足所有信息使用者的共同需求，信息的提供必须完整、系统。例如，我国现行会计准则要求企业每个会计年度结束，必须提供资产负债表、利润表、现金流量表、所有者权益变动表这四大报表，这四大报表中的信息从不同角度，对企业财务状况、经营成果作出了各有侧重又相互补充的披露，形成一个完整的财务信息体系。

5. 信息披露的强制性

管理会计信息披露中，对时间、披露范围和对象、披露内容、报表格式等都没有硬性要求，而是根据企业管理者的需要因时、因事而定，即使是同样的一个事项，前后期的信息披露也可能有很大差异，而这并不违反原则。

财务会计信息披露，则必须遵循一些强制性的要求。信息披露的时间有要求，信息披露的内容有要求，信息披露的程序有要求，报表的具体格式有要求，等等，违反了这些规定，企业将要受到信息披露的监管部门、财政部门、税务部门、工商部门、银行等的制裁。

第一章 成本会计概述

第四节 成本会计的产生与发展

众所周知，现代企业会计源于工业革命，工业革命之前，会计的服务主体主要是官府、农庄主等，那时候并没有现代意义上的企业，更没有现代意义上的会计。工业革命之后，商品经济中价值规律的作用日益显现，会计的作用得到企业重视，传统会计得以向现代财务会计发展，财务会计对外编制报表提供财务信息、对内为管理者提供决策所需的信息，让成本会计从简单的账外匡算，发展为专门负责成本核算与成本管理的会计子系统。

一、成本会计技术方法的起源

成本会计的起源可追溯到 19 世纪早期，当时的纺织厂、兵工厂等企业为了衡量内部生产过程的效率，在市场交易信息之外，开始对企业内部特定管理信息提出要求。1855 年，新英格兰的利曼（Lyman）纺织厂以复式簿记为基础，首创了一套成本会计制度，它所提供的成本会计信息，能反映产品成本、工厂布置变化影响和对原棉收发的控制情况。19 世纪中期，铁路业的出现和迅速成长为成本会计的发展提供了巨大动力。铁路公司在当时是规模最大、组织最为复杂的企业，且营业跨越广阔的地理区域，这对成本会计提出了更高的要求，铁路公司代表性的成本会计方法，主要包括记录和汇总现金交易，编制汇总成本财务报告，进行营业统计等。19 世纪 80 年代起，铁路公司的成本会计方法被更大规模的销售企业、钢铁公司等所采用并加以发展。销售企业按部门和地理区域统计关于销售周转的明细情况，并编报类似于后来收入中心所用的业绩报告。而钢铁公司对协调、控制所需的统计数据进行了发展，将铁路业早已采用的会计凭单制度（Voucher system of accounting）加以引进，并将成本报表作为控制工具，如卡耐基（Andrew Carnegie）钢铁公司将成本报表用于业绩评价、质量检查、副产品决策、销售定价等方面。但这时的成本控制还只集中于直接人工和材料，很少注意到间接制造费用和资本成本（如折旧和利息费用等）。

二、成本会计的大发展

科学管理运动始于金属制造业，其发动者是一群以泰罗（Frederick Taylor）为代表的工程师，他为会计实务及技术方法的进一步发展提供了契机。

科学管理运动的目的在于：企业内部如何通过实现各项生产和工作的标准化，来提高生产和工作效率，尽可能减少一切可能避免的浪费，从而据此达到提高企业利润的目的。泰罗等工程师进行了工作分析和时间、动作研究，建立起特定单位产出所需的人工和材料的科学标准，开创了将间接制造费用分配给产品成本的实务，并形成了费用预算、标准成本法和差异分析为主的，具有科学管理特性的会计管理技术方法。

同时，学术界展开了对成本会计概念及其应用的深入研究。例如，成本账户被纳入企业复式记账会计体系（Garcke & Fells, 1887）；将所有间接制造费用按直接人工成本进行分配的实务受到质疑（Church, 1908）；针对间接制造费用的性质及其在管理决策上的考虑，出现了"不同目的，不同成本"的观念以及可避免和不可避免间接制造费用、沉没成本、增量或差别成本等成本概念；变动成本和固定成本的相关期间进行区分，成本性态估计的时间序列和横截面统计分析的可能性及其相对于判断分析的优劣性得到认识，等等，成本会计信息独立于财务会计系统的重要性受到强调（Clark, 1923）。

总结这一时期的成本会计理论和实务发展情况，我们还可进一步发现：当时的成本会计系统与资本会计系统、财务会计系统相互独立，其设计和运行归制造部门负责，其提供的成本信息被制造部门用来评价营业效率、进行定价决策、控制和激励工人业绩，而不是定位于企业整体的商业成功，也不是以编制对外财务报告为目的。

三、现代的成本会计

应该说，以标准成本制度为代表的成本会计系统，已经具备了成本管理职能，这悄悄地改变了人们对成本会计的认识。自此开始，人们对成本会计的注意力，已经从成本核算的精细、准确基本转移到成本水平的控制、成本管理方面。

变动成本法（Marginal Costing）是与传统的完全成本法（Absorption Costing）相对应的一种成本计算方法，它在计算产品成本时，只把那些成本总额会随产量变化而变化的部分计入产品成本，而把那些成本总额不随产量变化而变化的部分当期间费用处理。设计这种成本计算方法的目的，就是要改变传统的完全成本法所提供的成本信息在决策、控制等活动中的不便，是一种面向内部管理的成本计算方法。目前，一些大型企业，基本上都并行不悖地采取两种成本核算制度，当服从于对外报告目的时采用完全成本法，而当服从于内部管理需求时采用变动成本法。

自20世纪80年代中期以来，社会经济环境发生了巨大变化。其总体特征表现为：第一，生产顾客化。进入富裕社会的消费者行为变得更具选择性，消费者需求向多样化、个性化发展。社会需求的这种变化反映到生产组织上来，就是能对顾客多样化、个性化需求迅速作出反应的"顾客化生产"，不可避免地替代传统的大批量生产，以确保在最短的时间内生产出能满足顾客多样化需求的新产品。第二，竞争的国际化。在市场中，竞争无时无刻不存在，并且随经济的发展、新技术革命的推动，企业之间的竞争更趋剧烈，而且更具国际化特征。不仅原材料、资金、产品等生产要素在国际流动，而且人力资源这一竞争的关键要素也日趋具有全球流动的特征。现在的竞争已远远超出原有的国界而日趋国际化。第三，变化常态化。竞争的加剧，使企业经营的不稳定因素越来越多。在今天的环境中，无论是市场的增长、顾客的需求、产品生命周期、技术更新速度，还是竞争的性质，没有一个是不变的，而且往往难于预计。随着经济的发展、科学技术的进步和竞争的加剧，变化已经成为常态，它变得非常普遍而持续不断，而且变化的速度也大大提高。这些变化，给成本核算、成本管理都带来重大挑战。关于对成本管理的影响，我们将在管理会计中予以阐述，这里只介绍对成本核算的影响。

上述环境变化给成本结构带来的一个影响是成本中的间接费用比例提升，这使得间接费用的分摊工作受到空前重视。为提高间接费用分摊的合理性，人们研究提出了基于作业基础的成本计算方法，英文为 Activity Based Costing，通常翻译为"作业成本法"。这种方法把间接费用的分摊方法，从数量基础改为作业基础，虽然增加了费用分摊的工作量，但是提高了产品成本计算的合理性，作业成本法的成本信息在成本控制、预算管理、定价决策等方面具有更好的相关性，受到企业的广泛欢迎。

第五节 成本会计的职能和目标

一、成本会计的职能

成本会计的职能，是指成本会计在经济管理中的功能。成本会计作为会计的一个重要分支，其基本职能同会计一样，具有反映和监督两大职能。但从成本会计产生和发展的历史看，随着生产过程的日趋复杂，生产、经营管理对成本会计不断提出新的要求，成本会计的具体内容在不断发展。下面分别说明成本会计职能的基本内容。

（一）反映的职能

反映的职能是成本会计的首要职能。成本会计的反映职能，就是从价值补偿的角度出发，反映生产经营过程中各种费用的支出，以及生产经营业务成本和期间费用的形成情况，为经营管理提供各种成本信息的功能。就成本会计反映职能的最基本方面来说，是以已经发生的各种费用为依据，为经营管理提供真实的、可以验证的成本信息，从而使成本分析、考核等工作建立在有客观依据的基础上。随着社会的不断发展，经营规模的不断扩大，经营活动情况的日趋复杂，在成本管理上就需要加强计划性和预见性。因此，对成本会计提出了更高要求，需要通过成本会计为经营管理提供更多的信息，即除了要提供反映成本现状的核算资料外，还要提供有关预测未来经济活动的成本信息资料，以便于正确地作出决策和采取措施，达到预期的目的。由此可见，成本会计的反映职能，从事后反映发展到了分析预测未来。只有这样，才能满足经营管理的需要，才能更好地发挥其在经营管理中的作用。

应当指出的是，反映过去同预测未来是密切联系的。要进行成本预测，首先必须了解能够反映成本水平现状和历史的各项指标以及各项指标之间的内在联系，才能据以分析未来的成本状况，以及为实现预期的成本管理目标应具备的条件和应采取的措施。因此，对实际发生的生产经营耗费的反映，提供实际的成本资料，是成本会计提供成本信息的基础。

(二) 监督的职能

成本会计的监督职能，是指按照一定的目的和要求，通过控制、调节、指导和考核等，监督各项生产经营耗费的合理性、合法性和有效性，以达到预期的成本管理目标的功能。

在社会主义经济中，任何企业为了自己预期的经管目标，不仅要制订计划、分配资源和组织计划实施，而且必须进行有效的监督，以使各项经济活动符合有关规定的要求。成本会计的监督是会计监督的重要组成内容，是对经济活动进行监督的一个重要方面。

成本会计的监督，包括事前、事中和事后监督。首先，成本会计应从经营管理对降低成本、提高经济效益的要求出发，对企业未来经济活动的计划或方案进行审查，并提出合理化建议，从而发挥对经济活动的指导作用；在反映各种生产经营耗费的同时，进行事前的监督，即以国家有关政策、制度和企业的计划、预算等为依据，对有关经济活动的合理性、合法性和有效性进行审查，限制或制止违反政策、制度和计划、预算等的经济活动，支持和促进增产节约、增收节支的经济活动，以实现提高经济效益的目的。其次，成本会计要通过成本信息的反馈，进行事中、事后的监督，也就是通过对所提供的成本信息

第一章 成本会计概述

资料的检查分析，控制和考核有关经济活动，从中及时总结经验，发现问题，提出建议，促使有关方面采取措施，调整经济活动，使其按照规定的要求和预期的目标进行。

成本会计的反映和监督两大职能是辩证统一，相辅相成的，没有正确、及时的反映，监督就失去了存在的基础，就无法在成本管理中发挥制约、控制、指导和考核等作用；而只有进行有效的监督，才能使成本会计为管理提供真实可靠的信息资料，使反映的职能得以充分的发挥。可见，只有把反映和监督两大职能有机地结合起来，才能更为有效地发挥成本会计在管理中的作用。

二、成本会计的目标

成本会计的目标是指成本会计的目的、任务或宗旨。成本会计的目标是会计人员在一定时期内和一定条件下从事成本会计实践工作所追求和希望达到的预期结果。成本会计的目标分为整体目标和具体目标。成本会计的整体目标与企业的整体目标是一致的，即不断提高企业经济效益。通过成本的预测、决策、计划、控制、核算、分析和考核等成本管理工作，提高企业全体职员成本管理的意识，促使企业不断降低成本，节约生产耗费，提高经济效益。成本会计的具体目标包括如下几个方面：

（一）进行成本预测，优化成本决策

成本会计的目标之一是通过成本的预测和决策，争取企业经济效益的最优化。成本会计人员要根据企业生产技术和财务计划以及历史的成本资料，结合市场调查，运用科学的方法，预测计划年度的成本水平，拟出各种成本预测方案，从中选择出最佳的、可行的成本决策方案供企业管理当局作出正确的经营决策，同时为企业编制财务成本计划打下坚实的基础。

（二）编制成本计划，加强成本控制

编制科学的成本计划，为成本控制提供依据并采用有效的成本控制方法，保证成本计划的顺利实施。要达到这一目标，企业成本会计人员首先必须制定先进可行的日常成本控制标准。如制定各种物资消耗定额、费用定额、工时定额，根据标准严格控制日常成本费用的发生，消除浪费，减少损失，节约开支。同时要运用先进的、科学的成本控制方法，如标准成本、责任成本、作业成本及战略成本等做好成本控制工作，促使企业不断提高竞争实力和经济效益。

（三）正确计算产品成本，及时提供成本信息

企业成本会计人员按照成本核算制度的规定计算产品成本和归集经营管理

费用是成本会计的日常和基础工作。企业只有正确地计算出产品成本和费用，及时地提供成本费用资料，才能保证盈亏计算和存货估价的正确性，才能有效地分析和考核成本计划的完成情况，才能满足管理当局评价各成本责任单位和责任人工作业绩的要求，才能为下期成本预测、决策和计划提供参考信息。因此，企业成本会计的重要目标之一就是要正确计算成本，及时提供成本信息。

（四）开展成本分析，寻求降低成本的途径

成本分析是按照一定的原则，采用一定的方法，揭示成本的计划执行情况，查明成本升降的原因，落实成本责任人，提出改进工作的措施，寻求降低成本的途径。因此，加强成本分析，包括成本计划执行情况的分析，成本水平和成本结构变动情况的分析，技术经济指标变动对成本影响的分析，以及新产品开发、老产品升级换代的成本分析，挖掘降低成本的潜力，寻求降低成本的途径是成本会计的又一重要目标。

以上几个方面并不是孤立的，而是相互依赖、相互补充、相互作用的，企业放松或削弱其中的任何一项内容，都不利于企业成本会计目标的实现。

第六节 成本会计的工作组织

成本会计的根本任务就是促进企业改进生产经营管理，尽可能节约能源的消耗，不断降低成本，提高经济效益。为了充分完成成本会计的目标，企业必须科学地组织成本会计工作。成本会计的组织工作主要包括：设备成本会计机构；配备成本会计人员；建立成本会计制度。

一、设置成本会计机构

成本会计机构是指企业从事成本会计工作的主要职能单位。设置成本会计机构应明确企业内部对成本会计应承担的职责和义务，坚持分工与协作相结合，统一与分散相结合，专业与群众相结合的原则，使成本会计机构的设置与企业规模大小、业务繁简、管理要求相适应。

由于成本会计工作是会计工作的一部分，因而企业的成本会计机构一般是企业会计机构的一部分。在大中型企业，厂部的成本会计机构一般设在厂部会计部门中，是厂部会计处的一个成本核算科室。在小型企业，通常在会计部门中设置成本核算组或专职成本核算人员负责成本会计工作。

厂部成本会计机构是全厂成本会计的综合部门，负责组织全厂成本的集中统一管理，为企业管理当局提供必要的成本信息；进行成本预测和成本决策；

第一章 成本会计概述

编制成本计划,并将成本计划分解下达给各责任部门;实行日常成本控制,监督生产费用的支出;正确地核算企业产品成本及有关费用;检查各项成本计划的执行结果,分析成本变动的原因;考核各责任部门和个人的成本责任完成情况,实行物资利益分配;组织车间成本核算和管理,加强对班组成本核算的指导和帮助;制订全厂的成本会计制度,配备必要的成本会计人员。

企业内部成本会计的组织分工通常有集中核算和非集中核算两种组织方式。

在成本会计工作中,采用集中核算的形式下,厂部的成本会计部门要集中处理全厂的成本会计工作。也就是说,成本会计的成本预测、成本决策、成本计划、成本控制、成本核算、成本分析及成本考核都由厂部成本会计机构集中处理。车间等二级机构的成本会计人员只负责登记原始凭证,汇总原始凭证,为厂部的成本计算工作提供资料。在这种方式下,除厂部成本会计机构以外的二级单位大多只配备专职或兼职的成本会计核算人员。采用集中核算方式,厂部成本机构可以比较及时、集中地掌握全厂的成本信息,便于使用计算机处理成本资料,可以减少核算层次和核算人员。但此种方式不便于实行责任成本核算,不便于基层单位及时掌握和控制成本,不便于调动全体职工降低成本的积极性。

非集中核算方式,也叫分散核算方式,是指企业的成本计划的编制、成本控制、成本核算和成本分析均由车间成本会计机构或会计核算员进行。厂部的成本会计机构除对车间成本工作进行指导以外,还负责成本数据的汇总、成本预测、成本决策及成本考核等工作。非集中核算方式相应会要增加成本会计人员,但有利于车间等基层单位的领导、会计人员,甚至职工都能及时了解和关心本部门的成本水平及其变动情况,促使全厂从领导干部到职工群众人人关心成本,个个降低成本。

究竟采用何种方式比较好,应视企业具体情况而定。企业应根据其规模大小、内部各单位经营管理的要求,以及这些单位成本会计人员的数量和素质,从有利于充分发挥成本会计工作的作用,提高成本会计工作效率出发,确定采用哪一种核算方式。一般来说,大中型企业应采用非集中核算方式,中小型企业应采用集中核算方式。为了扬长避短,也可以在一个企业中结合采用两种方式,即对某些单位采用分散核算方式,而对另一些单位则采用集中核算方式。

二、配备成本会计人员

成本会计人员是指在企业成本会计机构配备的成本会计工作人员。在企业的成本会计机构中，根据企业的规模大小、业务繁简配备适当的成本会计人员是实现成本会计目标的重要保证。为了充分地调动成本会计人员的工作积极性，《中华人民共和国会计法》规定了会计人员的职责和权限。这些职责和权限对于成本会计人员也是完全适用的。

（一）成本会计人员的职责

成本会计人员应该根据成本会计的要求，搞好成本预测和决策，编制有关成本计划，加强日常成本控制，做好成本的核算、分析和考核工作；参与和制订企业的生产经营决策，提出改进生产经营管理、降低成本、节约费用的建议和措施；当好企业领导者的参谋，及时提供成本信息。

成本会计机构的负责人应该在企业总会计师或主管财务负责人的领导下，按照有关财经政策和法规，结合企业本身的实际情况，组织全厂的成本会计工作，执行本企业成本会计制度和核算办法，并督促成本会计人员履行其职责，组织成本会计人员学习专业知识，不断提高成本会计的业务水平，定期考核成本会计人员的工作情况，合理选任成本会计人员，以保证企业成本会计机构有一支知识水平高、业务能力强的成本会计队伍。

（二）成本会计人员的权限

成本会计人员的权限是指成本会计人员在履行其职责过程中享有的工作权限。其工作权限包括：

（1）有权要求企业各单位、职工认真执行成本计划，严格遵守成本会计法规和制度。

（2）有权参与制订企业与成本有关的生产经营计划和各项消耗定额、工时定额和费用定额等。

（3）有权督促检查企业内部各成本责任单位和个人对其责任的执行情况，按其责任完成情况实行物质利益分配。

（三）成本会计人员的素质

成本会计人员应该认真履行自己的职责，正确行使自己的职权。要做到这一点，成本会计人员除了应精通成本会计、具备会计职业道德以外，还要懂得财务管理，也要熟悉生产技术。在实际工作中，由于影响成本的因素很多，既有经济的因素，又有技术的因素；既有企业外部因素，又有企业内部因素；既有客观的因素，又有主观的因素。因此要求成本会计人员要努力学习生产技术、价值工程、成本优化理论等，不断提高个人的素质。

成本会计工作不仅限于计划、核算和考核，同时还要进行成本技术经济分析和成本效益分析，尤其是要把成本预测和决策放在首位。成本会计人员要熟练地掌握成本预测、成本决策的理论和方法。在当今电子计算机时代，还要求成本会计人员学会使用电子计算机进行信息处理，以适应经济发展对成本会计越来越高的要求。

三、建立成本会计制度

成本会计制度是组织和从事成本会计工作必须遵循的规范和具体依据，是企业会计制度的一个组成部分。建立和健全成本会计制度对规范成本会计工作，保证成本会计信息质量具有重要意义。

企业成本会计制度必须符合社会主义市场经济的要求，体现国家有关方针、政策和法规，与国家颁布的《会计法》、《成本管理条例》、《企业会计准则》、《企业财务通则》及《企业会计制度》保持一致。企业成本会计制度应从实际出发，适应企业生产经营的特点，满足内部经营管理的需要，符合简便易行，实用有效的原则。

成本会计制度一般应有如下几个内容：

(1) 关于成本预测和决策的制度。

(2) 关于成本定额的制定、成本计划编制的制度。

(3) 关于成本控制的制度。

(4) 关于成本核算的制度，包括成本开支范围的规定；成本会计科目、成本项目的设置；成本计算方法的规定；各项费用的归集与分配的程序和方法；完工产品与在产品之间的费用分配方法；成本报表的规定。

(5) 关于成本分析的制度。

(6) 关于成本考核的制度。

(7) 其他有关成本会计的制度。

成本会计制度是开展成本会计工作的依据和行为规范，其是否科学、合理会直接影响成本会计工作的成效。因此，成本会计制度一经制定，应保持相对稳定。制度的修订是一项严肃的、涉及面较大且较复杂的工作，必须既要积极，又要稳妥，不能轻易废止，以免无章可循，引起成本会计工作的混乱和影响财务成本信息及时、准确地提供。上述各项成本会计制度，一部分由国家统一制定，如成本开支范围、成本项目规定等；一部分由企业自行制定。对于国家统一规定的部分，企业应严格遵照执行；企业自己制定的成本会计制度部分，也应符合国家的财经法规和有关会计制度。

本章小结

成本的含义有广义和狭义之分。广义的成本包括能以货币计量的成本（如企业产品成本、服务成本、行政机关的办公成本、个人的生活成本等）和难以以货币计量的成本（如政治成本、资源成本、环境成本、精神成本、信誉成本、犯罪成本等）。狭义的成本仅包括能以货币计量的成本。

成本的经济内涵可以概括为：生产经营过程中所耗费的生产资料转移的价值和劳动者为自己所创造的价值的货币表现。成本的经济内涵明确了：（1）生产过程中必须发生的各种耗费构成产品成本，是商品价值的一部分。（2）从理论上讲，只有形成商品价值的耗费才能计入产品成本，这就是理论成本。（3）理论成本决定成本的理论开支范围。

在实际应用中，成本可以分为产品成本、服务成本、期间成本、财务成本、管理成本等。成本是价值补偿、产品定价及经济决策等的重要依据。

成本会计的发展历史源远流长，经历了从早期的简单产品成本计算，到实际成本会计制度、标准成本会计制度和现代成本会计三次大变革。

现代成本会计职能包括成本核算和成本管理，兼有财务会计和管理会计的职能。

成本会计的工作组织主要包括：设置成本会计机构，配置成本会计人员和建立成本会计制度。

本章思考题

1. 怎样理解成本的经济内涵？
2. 成本有哪些作用？
3. 成本会计是如何形成和发展的？
4. 成本会计与财务会计、管理会计有何区别与联系？
5. 成本会计有哪几项职能？分别说明各项职能的含义。
6. 成本会计的组织工作有哪些主要内容？各起什么作用？
7. 制定企业成本会计制度主要包括哪些方面的内容？

第二篇
制造业成本核算

第二篇

马克思主义哲学

第二章　成本核算的要求和一般程序

[引入案例]

老王开了一家小饭店，已经经营了一年。一年中他购买机器花费了90 000元（预计能用10年），支付了4年的房租50 000元，购买食材支付了10 000元，支付电费、水费5 000元，交税4 000元，雇佣了一名厨师，一年工资10 000元，该年饭店总体收入130 000元。老王计算了一下，说他亏了39 000元（130 000 - 90 000 - 50 000 - 10 000 - 5 000 - 4 000 - 10 000）。您认为呢？如果不对，原因在哪里呢？

[学习目的与要求]

通过本章学习，应理解制造业企业经营管理对于成本核算的要求，了解制造业企业成本费用的分类；理解制造业企业费用要素与成本项目之间的联系和区别；初步掌握成本核算的一般程序和账户设置，了解做好成本会计的基础工作，及对成本核算及成本管理的重要意义。

第一节　成本核算的基本要求

成本核算是成本会计的核心内容。它是按照国家有关的法规、制度和企业经营管理的要求，对生产经营过程中实际发生的各种劳动耗费进行计算，并进行相应的账务处理，以提供真实、有用的成本信息的管理活动。

成本核算不仅是成本会计的基本任务，同时也是企业经营管理的重要组成部分。做好成本核算工作，对于降低成本、费用，提高企业生产经营管理水平，正确处理企业与国家、投资者之间的分配关系，具有重要的意义。因此，为了充分发挥成本核算的作用，在成本核算工作中，应满足以下各项要求。

一、严格遵守国家所规定的成本开支范围和费用开支标准

成本开支范围是我国为了加强成本管理，确保成本能够正确地反映和计量企业生产经营耗费情况，根据成本的经济内容和成本管理的要求，对应计入企业成本的生产费用项目的具体规定。

在我国，成本开支范围是在"企业财务通则"的一般原则指导下，由财政部按各类企业性质统一制定颁布的。它是一项重要的经济法规，每个企业都必须严格遵照执行，防止乱挤乱摊成本的行为发生。

制造业企业的成本开支范围包括产品制造成本开支范围和期间费用开支范围两部分。

（一）产品制造成本开支范围

（1）生产过程中实际消耗的各种材料，辅助材料，备品配料，外购半成品，燃料，动力，包装物，低值易耗品和运输、装卸、整理等费用。

（2）直接从事产品生产人员的工资、奖金、津贴和补贴、职工福利费、社会保险费、住房公积金、工会经费和职工教育经费、非货币性福利、因解除与职工的劳动关系给予的补偿以及其他与获得职工提供的服务相关的支出。

社会保险费是企业依法为生产人员支付的基本医疗、基本养老、失业、工伤等保险支出。

（3）企业各个生产单位（车间）为组织和管理生产所发生的生产单位管理人员的职工薪酬。

（4）生产单位房屋、建筑物、机器设备等折旧费，固定资产租赁费（不包括融资租赁费）等。

（5）生产单位一般性消耗的机物料，低值易耗品，取暖费，水电费，办

第二章 成本核算的要求和一般程序

公费,差旅费,运输费,保险费,设计制图费,检验费,劳动保护费,季节性、修理期间的停工损失及其他制造费用。

以上各项耗费都是企业为生产产品而发生的费用,其中第(1)项构成"直接材料"成本项目;第(2)项构成"直接人工"成本项目;第(3)~(5)项构成"制造费用"成本项目。

(二)期间费用开支范围

1. 管理费用

企业行政管理部门为组织和管理生产经营活动而发生的各项费用。包括:

(1)公司经费,行政管理部门职工工资及福利费、物料消耗、低值易耗品摊销、办公费、差旅费等。

(2)工会经费,按企业行政管理部门职工工资总额的一定比例计提并拨交工会的经费。

(3)职工教育经费,为培训企业行政管理部门职工而支出的费用,按职工工资总额的一定比例计提。

(4)社会保险费,是企业依法为行政管理部门人员支付的基本医疗、基本养老、失业、工伤等保险支出。

(5)住房公积金,企业为行政管理部门职工在为其提供服务的会计期间,根据工资总额的一定比例计算缴存的长期住房储备金而发生的支出。

(6)董事会费,企业最高权力机构及其成员为执行职能而发生各项费用,包括董事会成员津贴、会议费和差旅费等。

(7)咨询费(含顾问费),企业向有关咨询机构咨询有关科学技术、经营管理等信息时所支付的费用。

(8)聘请中介机构费,聘请注册会计师等进行查账、验资以及进行资产评估等发生的各项费用。

(9)诉讼费,企业因起诉或应诉而发生的各项费用。

(10)排污费,企业按规定交纳的排污费。

(11)绿化费,厂区绿化而发生的费用。

(12)税金,企业按规定应缴纳的房产税,车船税,土地使用税、印花税。

(13)矿产资源补偿费,对在中华人民共和国领域或其他管辖海域开采矿产资源而征收的一项费用。

(14)技术转让费,企业使用非专利技术而支付的费用。

（15）研究费用，企业研究开发新产品、新技术、新工艺而发生的新产品设计费、工艺规程制定费、设备测试费、原材料和半成品的试验费、技术图书资料费、未纳入国家计划的中间实验费、研究人员工资、研究设备的折旧费、与新产品试制有关的其他费用、委托其他单位进行的科研试制以及试制失败而损失的费用。

（16）无形资产摊销，专利权、商标权、土地使用权、著作权、非专利技术等无形资产的摊销。

（17）业务招待费，企业因业务经营的合理需要而支付的招待费用，按国家规定比例计提列支。

2. 财务费用

企业筹集资金，即在理财活动过程中所发生的各项费用，包括：利息费用（减利息收入）、汇兑损益（减汇兑收益）以及相关的手续费、发生的现金折扣或收到的现金折扣等。

3. 销售费用

制造业企业在销售产品过程中所发生的保险费、包装费、展览和广告费、商品维修费、预计产品质量保证损失、运输费、装卸费等以及销售本企业商品而专门设立的销售机构（含销售网点、售后服务网点等）的职工薪酬、业务费、折旧费等经营费用以及与专设销售机构相关的固定资产修理等后续支出。

已参加基本医疗、基本养老保险的企业，具有持续盈利能力和支付能力的，可以为职工建立补充医疗保险和补充养老保险，所需费用按照省级以上人民政府规定的比例从成本（费用）中提取。超出规定比例的部分，由职工个人负担。

属于个人的下列支出不得列入企业的成本（费用）：

（1）娱乐、健身、旅游、招待、购物、馈赠等支出。

（2）购买商业保险、证券、股权、收藏品等支出。

（3）个人行为导致的罚款、赔偿等支出。

（4）购买住房、支付物业管理费等支出。

（5）应由个人承担的其他支出。

国家所规定的成本（费用）开支范围和费用开支标准，是对企业成本核算的一项纪律要求，它不仅可以保证产品成本的真实可靠，而且可以使不同企业或同一企业的不同时期的成本内容一致，具有可比性。

二、正确划分各种费用界限

为了正确地核算生产费用和经营管理费用，正确地计算产品的实际成本，

第二章　成本核算的要求和一般程序

必须严格划清以下几个方面的费用界限：

(一) 正确划分计入产品成本与不计入产品成本费用的界限

在企业的日常经济活动中，可能发生各种各样的支出。支出是指企业的一切开支及耗费。一般情况下，企业的支出可分为资本性支出、收益性支出、营业外支出和利润分配性支出四大类。

资本性支出是指支出的效益及于几个会计年度（或几个营业周期）的支出，如企业购置和建造固定资产、购买无形资产以及对外投资的支出等。

收益性支出是指支出的效益及于本年度（或一个营业周期）的支出，如生产过程中发生的原材料消耗、职工薪酬、制造费用以及期间费用的支出等。

营业外支出是指与企业的生产经营活动没有直接关系的支出，如罚款支出、捐赠支出等。

利润分配性支出是指利润分配环节发生的支出，如所得税支出、股利分配支出等。

为了正确计算各期产品的实际成本，必须划清应计入产品成本与不计入产品成本的费用界限，一般应区分如下内容：

(1) 企业用于产品生产的生产费用，应计入产品成本。用于组织和管理企业生产经营活动的管理费用、用于筹集生产经营资金的财务费用和用于产品销售的销售费用属于期间费用，不应分配计入产品成本，而是直接计入当期损益，从当期利润中扣除。

(2) 与生产经营业务无直接关系的营业外支出不应列入产品成本，应该计入当期损益。用于购建固定资产、无形资产的支出不应在发生当期直接计入产品成本或期间费用，而应先将其资本化，然后分期计入产品成本或期间费用。

(3) 利润分配中发生的分配性支出已退出了企业资金的循环过程，也不应列入产品成本。企业在进行产品成本核算时，如果把不应计入产品成本的支出计入了产品成本，会造成成本的虚增，利润减少，进而减少国家的财政收入；如果把属于产品成本的支出不计入产品成本，则会造成少计成本，虚增利润，超额分配，不利于补偿已消耗的生产资料价值，影响企业再生产的顺利进行。因此，无论是多计成本还是少计成本，都会影响成本计算的正确性，企业必须正确划分计入产品成本与不计入产品成本的费用界限。

(二) 正确划分生产费用与经营管理费用的界限

生产费用是指用于产品生产的直接材料、直接人工和制造费用等，生产费用应计入产品成本。经营管理费用是指用于企业经营管理的各项费用，包括销售费用、管理费用和财务费用等，经营管理费用不计入产品成本。计入产品成本的生产费用与不计入产品成本的经营管理费用对企业的损益有着不同的影响。生产费用要在产品生产并销售以后才体现在企业的损益之中，而当月投产的产品不一定当月生产并销售，当月生产并销售的产品也不一定是当月投产的，因而当月发生的生产费用往往不等于计入当月损益、从当月收入中扣除的产品销售成本；但是，企业发生的经营管理费用是作为期间费用处理的，不计入产品成本，而直接计入当月损益，从当月收入中扣除。因此，为了正确地计算企业各个月份的损益，必须将生产经营管理费用再进一步划分为生产费用和经营管理费用，要防止混淆成本（产品成本）和费用（期间费用）的界限，防止人为地将某些产品成本计入期间费用，或者将某些期间费用计入产品成本，借以调节产品成本和各月损益的错误做法。

(三) 正确划分各个会计期间费用的界限

按照企业会计准则的规定，企业要按月份反映其财务状况及经营成果。为此，成本核算必须划清各个月份的费用界限。本月发生的成本、费用，应在本月内入账，不得延至下月入账，企业不应在月末提前结账，变相地把本月成本、费用的一部分作为下月成本、费用处理。企业应贯彻权责发生制的要求，正确核算预付费用和应计费用，对于本月支出，但属于以后各期受益的预付费用（受益期超过一年的预付费用，记作长期待摊费用），应分期摊配并计入以后各期的成本、费用；对于本月虽未支付，但本月已经受益的应计费用，应预先计入本月成本、费用，到实际支付时予以冲销。企业要防止利用费用待摊和预提的办法人为调节各月的产品成本和经营管理费用，任意调节各月损益。

(四) 正确划分各种产品费用的界限

为了满足企业成本考核和成本管理的要求，为企业的成本预测和决策提供依据，企业应分别计算各种产品的实际成本。因此，对于计入本月产品成本的生产费用，还应该在各种产品之间进行划分。属于某种产品单独发生，能够直接计入该种产品成本的生产费用，应该直接计入该种产品成本；属于几种产品共同发生的费用，不能够直接计入某种产品成本的，应该采用适当的方法，分配计入各种产品成本。

划分各种产品的费用界限时，应该特别注意划清盈利产品与亏损产品、可比产品与不可比产品、征税产品与减免税产品之间的费用界限。防止在盈利产品与亏损产品之间、可比产品与不可比产品之间任意调节生产成本，以盈补亏、掩盖超支、弄虚作假、粉饰业绩。

5. 正确划分完工产品与在产品之间费用的界限

月末计算产品成本时，如果某种产品已全部完工，那么，已归属到这种产品中的生产费用之和，就是这种产品的完工产品成本；如果某种产品月末没有完工产品，这种产品的各项生产费用之和，就是这种产品的月末在产品成本。但是，当产品生产周期与会计核算期不一致时，往往出现月末某种产品一部分已经完工，另一部分尚未完工，这时，应当采用适当的分配方法，把这种产品的生产费用在完工产品与月末在产品之间进行分配，分别计算出完工产品成本与月末在产品成本。要防止通过月末在产品成本的升降来人为调节完工产品成本的错误做法。

三、正确确定财产物资的计价和价值结转的方法

制造业企业拥有的财产物资，有相当一部分是生产资料，它们的价值会随着生产过程的进行而转移到产品成本中去。因此，这些财产物资的计价和价值结转的方法会直接影响产品成本的计算。例如：涉及固定资产的计价和价值结转，有固定资产原值的计算方法、折旧方法、折旧率的高低、固定资产修理费的入账方法等。涉及流动资产的计价和价值结转则更为复杂，有低值易耗品和包装物的计价及摊销方法、摊销期限；材料采购成本的构成内容，材料按实际成本核算时发出材料单位成本的确定（先进先出法、加权平均法、个别计价法等）；材料按计划成本核算时材料成本差异率种类（个别差异率、分类差异率还是综合差异率，本月差异率还是上月差异率）及计算，材料成本差异的按期结转并将计划成本调整为实际成本；还有固定资产与低值易耗品划分标准的确定等。

对于这些财产物资的计价和价值结转，应制定既科学合理又简单易行的方法。国家有统一规定的，应采用国家统一规定的方法，以方便各企业产品成本的对比。方法一经确定，应保持相对稳定，不得任意改变。

企业要防止任意改变财产物资的计价和价值结转的方法，人为调节产品成本，例如固定资产折旧不按规定的方法和期限计算，任意改变折旧率，任意调整材料成本差异等，其结果都会造成财产物资和成本费用的失实，给国家和企业造成损失。

四、做好各项基础工作

为了使成本核算工作顺利进行，提高成本信息的质量，企业还应做好以下几项基础工作：

(一) 建立和健全原始记录制度

原始记录是对企业生产经营管理活动中的具体事实所做的最初的书面记载，它是成本核算的第一手材料。如果企业成本核算的基础工作不扎实、不完善，就不可能提供正确的成本资料，成本核算就没有实际意义了。为了满足成本核算的要求，符合各方面管理的需要，企业应制定相应的原始记录制度，使之既简便易行，又科学有效。常用的与成本核算相关联的原始记录主要有：

(1) 工时记录。工时记录包括各产品生产所耗生产工人工时记录和所耗机器工时记录。前者是计算和分配生产工人工资费用的主要依据，后者是分配有关生产费用的主要依据。

(2) 产量记录。产量记录包括产品品种、规格、数量、质量、完工日期等方面的记录。产量记录是计算计件工资进行生产费用分配和计算完工产品成本的主要依据。

(3) 财产物资收发领用的原始记录。财产物资收发领用的原始记录包括各项实物资产的收发领用、耗用报废等方面的记录。如材料物资验收入库、发放领用、多余退库的记录单，固定资产的转移单、报废清理单以及工程竣工验收单等。

(4) 有关费用支出的原始记录。有关费用支出的原始记录包括各项费用支出的原始凭证、发票、账单等。

(5) 其他原始记录。其他原始记录如工资分配制度记录、职工人事记录等。

企业必须建立健全原始记录制度，做好原始记录的登记、传递、保管和审核工作，落实责任人，以便为成本核算提供准确、及时的原始资料。

(二) 建立和健全科学的定额管理制度

定额是指企业在一定的生产技术和设备条件下，对生产经营活动中消耗的人力、物力和财力所制定的消耗标准和应达到效能的水平。它主要包括：生产工时定额、机器工时定额、材料消耗定额、燃料动力消耗定额等。定额管理制度是指以定额为依据，制订生产计划、组织生产、控制消耗的一种科学管理制度。

定额不仅是企业编制成本计划、进行成本控制和分析考核的依据，而且是企业开展全面经济核算，加强成本管理的基础。有时在计算产品成本时，需要根据原材料定额和工时的定额消耗量或定额费用作为分配实际费用的标准。因此，定额既是衡量企业工作数量又是评价企业工作质量的客观尺度。

第二章 成本核算的要求和一般程序

制定定额的方法一般有统计分析法、技术分析法和经验估计法等。统计分析法是根据统计数据资料，在分析比较的基础上制定定额的方法。技术分析法是指通过技术测定和技术计算，结合生产实践经验以及可能采用的技术组织措施制定定额的方法。经验估计法是指由生产工人、技术人员和定额管理人员一起，以过去的经验为依据，参考有关技术文件和资料制定定额的方法。不管采用哪一种方法，企业均应根据当前的设备状况、技术水平、职工素质等因素来综合分析，制定既先进又可行的定额。定额制定以后，如果各方面条件变化，应及时修订定额，以保证定额水平的先进性和合理性，调动职工完成定额的积极性，充分发挥定额管理的作用。

（三）建立健全存货计量、验收、领退和盘点制度

成本核算依据的各种原始数据，主要是反映企业各项财产物资增减变动的数量资料，为了保证财产物资实物数量上的真实可靠，必须建立健全财产物资的计量、验收、领退和盘点制度。

建立计量验收制度，首先，必须在思想上提高认识，没有准确的计量，便不能提供准确的数量和实物消耗资料，从而使成本核算失去真实的数据基础，成本管理也就无从谈起。其次，必须根据不同的计量对象，配置必要的计量器具，而且对计量器具要做好管理和定期校验工作。再次，要设立专职的质验机构和责任人，以明确计量责任，同时应有审核制度。最后，计量工作不仅要保证数量的准确，而且要注意对质量的检验。

为了保证计量的准确性，企业还必须做好对原材料、在产品、半成品、产成品等各项财产物资的收发、领退、转移、报废和清查盘点工作，建立健全审批手续，填制必要的凭证，防止被任意转移、丢失、积压、损坏变质和贪污盗窃。

（四）建立企业内部结算价格和结算制度

对于规模较大、组织结构复杂、计划管理基础较好的企业，为了分清企业内部各部门的经济责任，便于分析和考核内部各部门的成本计划完成情况，应该制定合理的内部结算价格，建立企业内部结算制度。

内部结算制度是指企业内部各部门、车间相互提供原材料、燃料、动力、半成品、产成品和劳务等，进行收付结算的制度。

制定企业内部结算价格，通常有三种方式：一是采用生产单位的计划成本作为企业内部价格；二是以生产单位的计划成本加上一定的内部利润作为企业内部价格；三是按内部供需双方协商确定的价格作为企业内部价格。企业内部

结算价格，应由企业管理当局根据管理的需要统一制定，无论采用哪种方式制定，都应尽可能接近实际并保持相对稳定，年度内一般不作变动。

企业制定了内部结算价格，对于内部各单位的材料领用、半成品转移、劳务提供，都应先按计划价格结算，月末再按一定的方法计算价格差异，据以调整计算产品实际成本。

五、适应生产特点和管理要求，采用适当的成本计算方法

产品的生产过程同时也是产品成本的形成过程。产品生产组织和工艺特点不同，以及管理的要求不同，决定了企业应选择不同的成本计算方法。产品生产的特点主要表现在产品的生产工艺过程和生产组织方式两方面。从生产工艺过程的特点看，有单步骤生产和多步骤生产；多步骤生产又可分为装配式多步骤生产和连续式多步骤生产。从生产组织方式的特点看，有大量生产、成批生产和单件生产。成本管理的要求主要表现为对主要产品要求提供详细的成本信息，对次要产品可以提供简要成本信息，详略要适当。企业选择成本计算方法时，应适应各种类型生产的特点和与它相适应的管理要求。如果成本计算方法选择不当，将会影响产品成本的准确性和及时性。

第二节 费用要素和成本项目

费用是一项重要的会计要素，也是成本会计核算的主要内容。

费用的含义是什么？它与企业的支出和产品成本有什么关系？对此有多种观点。我国 2006 年发布的《企业会计准则》中对费用的表述是："费用是指企业在日常活动中发生的、会导致所有者权益减少、与向所有者分配利润无关的经济利益的总流出。"美国财务会计准则委员会的表述是："费用是某一个体在持续的、主要或核心业务中，因交付或生产了货品、提供了劳务或进行了其他活动，而付出的或其他耗用的资产，或因而承担的负债（或两者兼而有之）。"

上述两种观点都指出费用是某企业或个体在生产经营过程中发生的有效耗费，然而，这两种观点都未表述费用是针对一定会计期间而言的。所以，费用即生产经营费用的确切含义应表述为：生产经营费用是指企业在会计期间内生产经营过程中所发生的经济资源耗费的货币表现，包括与产品生产直接相联系的生产费用和与产品生产没有直接联系的期间费用。

第二章 成本核算的要求和一般程序

一、生产费用及其与支出和产品成本的关系

生产费用是指一定时期内企业为生产产品、提供劳务而发生的物化劳动和活劳动的货币表现,而支出是指企业的一切开支及耗费。它包括资本性支出、收益性支出、所得税支出、营业外支出、利润分配性支出。故生产费用仅仅是指与企业生产经营有关的支出,它包含于支出当中。

企业在生产经营过程中,伴随着各项生产费用的发生和产品的不断加工制造,直到产成品的产出或者为消费者提供各种劳务,逐步形成了企业产品成本。所以,生产费用的发生过程也就是企业产品成本的形成过程,但生产费用并不等于产品成本,二者既有联系又有区别。

支出、费用和产品成本之间的相互关系如图2-1所示。

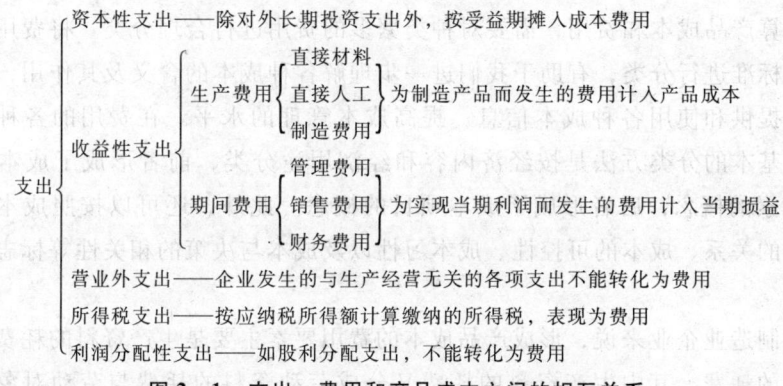

图 2-1 支出、费用和产品成本之间的相互关系

生产费用与产品成本,首先,具有相同的经济内涵。因为生产费用和产品成本都是从生产经营投入到完工产出(或完成劳务活动)的角度,采用价值指标反映生产经营过程中的物化劳动与必要活劳动的耗费,生产费用是产品成本的基础,产品成本是对象化的生产费用。也就是说,某产品或劳务的总成本是该种产品或劳务在各生产经营过程中应负担的各项生产费用的总和。换句话说,为生产某一种产品的生产费用即为该产品成本。其次,生产费用与产品成本两者的范围不同。生产费用是指一定时期内企业为生产产品提供劳务而发生的物化劳动和活劳动的货币表现,而企业产品成本是指为生产某种产品所产生的各种耗费。故生产费用的范围要大于产品成本的范围。再次,生产费用是以"会计结算期"为核算基础,反映企业在一定时期(月、季、半年、年)内实际发生的为从事生产经营活动而投入的全部费用。不必考虑产品是否完工,劳

务是否完成,以及有多少产品完工。企业产品成本是以"成本计算对象"为计算基础,反映企业为生产某种产品(或提供某种劳务)而应计入该产品(或劳务)成本的全部费用。生产性企业就必须考虑在一定的成本计算期内有多少产品完工,以及在期末还有多少产品未完工,因为本期投产的产品不一定当期全部完工,而当期完工的产品中也可能包括有前期投产而在本期继续加工完成的,故本期计入产品成本的生产费用必须调整计算在产品、自制半成品的期初、期末余额,才能得到完工产品成本。所以,本期发生的生产费用并不一定计入本期产品成本,而计入本期产品成本的生产费用并不一定是本期发生的。

二、费用要素

制造业企业生产经营过程中的耗费多种多样,为了科学地进行成本管理,正确计算产品成本和费用,需要对种类繁多的费用进行合理分类。将费用按照不同的标准进行分类,有助于我们进一步理解各种成本的含义及其作用,从而有效地提供和使用各种成本信息,提高成本管理的水平。在费用的各种分类中,最基本的分类方法是按经济内容和经济用途分类,前者形成了成本(费用)要素的概念,后者形成了成本项目的概念。此外,还可以按照成本与特定产品的关系、成本的可控性、成本习性以及成本与决策的相关性等标志作出分类。

就制造业企业来说,形成产品成本的费用要素主要是生产资料的耗费以及劳动力的耗费,其中生产资料的耗费又分成劳动资料的耗费与劳动对象的耗费,它们体现了物化劳动的耗费,而劳动力方面的耗费则体现了必要劳动的耗费。因此,企业生产费用要素按其经济内容划分,首先,可以分为劳动资料方面的费用、劳动对象方面的费用和劳动力方面的费用三大类。企业生产费用最终要具体化到各种产品身上,所以,产品成本的经济构成要素从大类上分也是以上三种费用要素。在实际工作中,形成产品成本的费用要素和经济内容与理论成本的范畴可能会发生一些背离,并且在费用要素的构成上要比上述三大类费用的划分更为具体。为了更详细、具体地反映制造业企业各种费用的内容及消耗水平,还应在此基础上,将制造业企业的费用进一步划分为以下费用要素。所谓费用要素,就是费用按经济内容的分类。

1. 外购材料,是指企业为进行生产经营而耗用的一切从外部购进的原料及主要材料、半成品、辅助材料、包装物、修理用备件和低值易耗品等,不包括为在建工程和福利部门耗用的材料。

2. 外购燃料,是指企业为进行生产经营而耗用的一切从外购进的各种燃料,包括固体、液体和气体燃料。一般情况下,燃料应单独列作一个要素进行核算,但对于燃料耗用不多的企业,可将其包括在外购材料中,不单独考核。外购燃料中不包括在建工程和福利部门耗用的燃料。

3. 外购动力,是指企业为进行生产经营而耗用的一切从外部购进的各种动力,如电力、热力(蒸汽)等,不包括在建工程和福利部门耗用的动力。

4. 职工薪酬,是指企业为获得职工提供的服务而给予的各种形式的报酬以及其他相关支出,包括职工工资、奖金、津贴和补贴、职工福利费、社会保险费、住房公积金、工会经费和职工教育经费、非货币性福利、因解除与职工的劳动关系而给予的补偿以及其他与获得职工提供的服务相关的支出。

5. 折旧费,是指企业按照规定计提的固定资产折旧费和无形资产等的摊销费,但不包括出租固定资产折旧费用。

6. 利息费用,是指企业应计入财务费用的银行借款利息费用减去利息收入后的净额。

7. 税金,是指企业应缴纳并计入管理费用的各种税金,包括房产税、车船税、印花税、土地使用税等。

8. 其他费用,是指企业发生的应计入成本、费用的不属于以上各要素的其他费用支出,如邮电费、办公费、差旅费、租赁费、外部加工费、保险费和诉讼费等。

按照以上费用要素反映的费用,称为要素费用。将费用划分为若干要素进行分类核算的作用在于:

(1) 可以反映制造业企业在一定时期内耗费了哪些资源,数额是多少,有利于分析和考核企业各个时期各种生产费用的构成和支出水平。为编制材料采购资金计划和劳动工资计划提供资料。

(2) 可以反映企业生产经营中外购材料、外购燃料的支出情况以及职工工资的实际支出情况,为编制材料采购计划和劳动工资计划提供资料。

(3) 可以为企业核定储备资金定额和考核储备资金周转速度提供资料。

(4) 可以为计算制造业净产值和国民收入提供信息资料。

制造业企业费用的这种分类也有不足之处,主要表现在:这种分类只能反映各费用要素的支出形态,说明企业在生产活动中支付哪些费用,不能说明费用发生与企业成本之间的关系,故而不利于成本分析和考核。所以,对企业的生产费用在此分类的基础上,还必须进一步按其经济用途进行分类。

三、成本项目

制造业企业的各种费用按其经济作用分类，首先应分为生产经营管理费用和非生产经营管理费用。生产经营管理费用还应分为计入产品成本的生产费用和不计入产品成本的经营管理费用（即期间费用）。其中，应计入产品成本的生产费用在生产过程中的用途各不相同，有的直接用于产品生产，有的间接用于产品生产。为了具体反映计入产品成本的生产费用的各种用途，提供产品成本构成情况的资料，有必要把这些用途不同的生产费用进一步划分为若干个项目，即产品生产成本项目，简称产品成本项目或成本项目。可见，产品成本项目就是计入产品成本的生产费用按经济用途分类核算的项目，也是多数企业计算成本时进行费用分类的依据。

企业应当根据生产经营特点和管理要求，按照成本的经济用途和生产要素内容相结合的原则或者成本性态等设置成本项目。

制造业企业一般设置直接材料、燃料和动力、直接人工和制造费用等成本项目。

1. 直接材料，是指构成产品实体的原材料以及有助于产品形成的主要材料和辅助材料。

2. 燃料和动力，是指直接用于产品生产的燃料和动力。在当今高科技时代，生产过程的机械化和自动化都要消耗大量的燃料和动力。为了正确地计算和考核产品生产过程中所消耗的燃料和动力，有必要将生产过程中消耗的燃料和动力成本单独作为一个成本项目反映。

3. 直接人工，是指直接从事产品生产的工人的职工薪酬，包括生产工人的工资、奖金、津贴和补贴、福利费、社会保险费、工会经费和职工教育经费、住房公积金等。

4. 制造费用，是指企业为生产产品和提供劳务而发生的各项间接费用，包括企业生产部门（如生产车间）发生的水电费、固定资产折旧、无形资产摊销、管理人员的职工薪酬、劳动保护费、国家规定的有关环保费用、季节性和修理期间的停工损失等。

根据生产特点和成本管理要求，成本项目可作适当的增减，在确定或调整成本项目时，应考虑以下几个因素：第一，费用在管理上是否有单独反映、控制和考核的需要；第二，费用在产品成本中所占比重的大小；第三，为某种费用专设成本项目所增加的核算工作量的大小。对于管理上需要单独反映、控制和考核的费用，以及在产品成本所占比重较大的费用，应该专设成本项目反映；反之，为了简化核算工作，不必专设成本项目。例如，我国的能源比较紧张，因而一般应按产品制造工艺用燃料和动力的消耗定额专设"燃料和动力"成本项目，以便单独进行反映、控制和考核。但如果工艺上耗用的燃料和动力不多，为了简化核算工作，也可以将工艺燃料费用并入"原材料"成本项目，将工艺动力费用并入"制造费用"成本项目。

如果企业在生产过程中发生的废品损失占产品成本的比重较大，需要在核算和管理上作为一项重点费用进行单独反映，则应增设"废品损失"成本项目；如果没有废品，或有的企业在生产过程中产生的废品较少，发生的废品损失占产品成本的比重也较小，可以不必单独设立"废品损失"成本项目。在采用逐步结转分步法计算产品成本的企业，为了计算和考核半成品成本，可增设"半成品"成本项目等。

由此可见，成本项目的设置，应根据企业的生产特点和成本管理的要求来决定，但是同行业的成本项目应尽可能一致，以便于比较。

第三节 成本核算的一般程序和账户设置

一、成本核算的一般程序

生产费用是计算产品成本的基础，生产费用的发生过程也就是产品成本的形成过程。因此，成本核算的一般程序就是对企业在生产经营过程中发生的各项费用，按照成本核算的要求，逐步进行归集和分配，最后计算出各种产品的总成本和单位成本以及各项期间费用的过程。根据企业生产过程中费用的发生情况和成本核算的要求，可将成本核算的一般程序归纳如下：

（1）按生产费用要素进行核算，对企业的各项支出进行严格的审核和控制，并按照国家的有关规定确定其是应计入产品成本还是期间费用。生产费用要素是企业生产经营过程中所发生的各项费用，通过对生产费用要素的核算可以了解企业在某个会计期间所发生的生产费用的内容和数量，它是产品成本计算的基础。也就是说，要在对各项支出的合理性、合法性进行严格审核、控制的基础上，进行要素费用的归集，以确认发生费用的内容及其数量。

（2）按生产费用的用途进行核算，以确认其归属对象即承担者。由于生产费用要素只能反映企业在某个会计期间所发生费用的内容和数量，而无法了解其用途。因此，生产费用在按其费用要素进行核算的基础上，还应按其经济用途进行核算。将生产费用在各种产品之间按其用途分为直接材料、直接人工、制造费用等各成本项目，以便直接或间接地计入产品生产成本。也就是说，在归集和分配各生产费用要素的基础上，根据成本开支范围的规定，进一步确定应计入产品成本的生产费用。直接费用直接记入各成本计算对象（产品）的"生产成本"账户，间接费用先记入"制造费用"账户，再分配记入各产品的"生产成本"账户。

（3）按成本计算对象计算产品成本。在按成本计算对象和成本项目归集和分配费用的基础上，在成本计算单（生产成本明细账）中，将生产费用在完工产品和月末在产品之间进行分配，从而计算出完工产品的总成本和单位成本，并将完工产品总成本从"生产成本"账户转入"库存商品"账户。

二、账户的设置

在实际工作中，企业的生产费用的归集和分配，以及成本的计算都是通过建立生产费用核算的账户体系来进行的。为了正确划分各种费用界限，按成本计算对象分成本项目归集和分配生产费用，计算产品成本，企业一般应设置"生产成本"、"制造费用"、"销售费用"、"管理费用"、"财务费用"、"长期待摊费用"等账户。如果需要单独核算废品损失，还应设置"废品损失"账户，从而形成了一个完整的生产费用核算体系。其中："生产成本"账户一般下设"基本生产成本"和"辅助生产成本"两个明细账户，以分别核算基本生产车间和辅助生产车间的生产成本。

（一）"生产成本"账户

"生产成本"账户用来核算企业在生产过程中所发生的各项生产费用，并据以确定产品实际生产成本。它的借方登记月份内发生的全部生产费用；贷方登记应结转的完工产品的实际生产成本。月末的借方余额，表示生产过程中尚未完工的在产品实际生产成本。"生产成本"账户应设置"基本生产成本"和"辅助生产成本"两个二级账户。为了具体反映每一种产品的生产费用和实际生产成本，该两个明细账户可按产品种类进行三级明细核算。

1. "基本生产成本"账户

基本生产是指为完成企业主要生产目的而进行的商品产品生产。为了归集基本生产车间所发生的各种生产费用，计算基本生产车间产品的成本，应设置"基本生产成本"账户。该账户借方登记企业为生产产品而发生的各种费用，包括直接材料、直接人工、制造费用、废品损失；贷方登记转出的生产完工、验收入库的产品的实际成本；余额在借方，表示期末在产品成本，即基本生产车间在产品占用的资金。

第二章　成本核算的要求和一般程序

"基本生产成本"账户应按产品品种或产品批别、生产步骤上的半成品等成本计算对象设置产品成本明细分类账（或称基本生产明细账、产品成本计算单），并按产品成本项目分设专栏或专行。其格式举例如表2-1所示。

表2-1　　　　　　　产品成本明细账（产品成本计算单）

车间：某车间

产品：甲产品　　　　　　　　　×年×月　　　　　　　　　单位：元

月	日	摘要	产量	成本项目			成本合计
				直接材料	直接人工	制造费用	
		月初在产品成本					
		本月生产费用					
		生产费用合计					
		本月完工产品成本					
		完工产品单位成本					
		月末在产品成本					

如果企业生产的产品品种较多，为了按照产品成本项目（或者既按车间又按成本项目）汇总反映全部产品总成本，还可设置"基本生产成本"二级账户。"基本生产成本"二级账户的格式如表2-2所示。

表2-2　　　　　　　　基本生产成本（二级账户）

（各批产品总成本）　　　　　　　　　　　　　　　　　单位：元

月	日	摘要	直接材料	生产工时	直接人工	制造费用	合计
		在产品成本					
		本月生产费用					
		全部产品累计间接计入费用及其分配率					
		本月完工产品转出					
		在产品成本					

2. "辅助生产成本"账户

辅助生产是为基本生产服务而进行的产品生产和劳务供应。为了归集辅助生产所发生的各种生产费用，计算辅助生产所提供的产品和劳务的成本，应设置"生产成本——辅助生产成本"账户。该账户的借方登记为进行辅助生产而发生的各种费用；贷方登记完工入库产品的实际成本或分配转出的劳务成本；余额在借方，表示期末辅助生产车间在产品的成本，即辅助生产车间在产品占用的资金。

该账户应按辅助生产车间和生产的产品以及提供的劳务分设明细分类账，并按成本项目分设专栏或专行进行明细核算。

（二）"制造费用"账户

为了核算企业为生产产品和提供劳务而发生的各项间接费用，应设置"制造费用"账户。该账户的借方登记实际发生的间接费用；贷方登记月末分配转出的间接费用；除季节性生产的企业外，该账户月末应无余额。

该账户应按车间、部门设置明细分类账，按费用项目设专栏进行明细核算。

（三）"销售费用"账户

为了核算制造业企业在产品销售过程中所发生的各项费用以及为销售本企业产品而专设的销售机构的各项经费，应设置"销售费用"账户。该账户的借方登记实际发生的各项产品销售费用；贷方登记期末转入"本年利润"的数额；期末结转后该账户应无余额。

"销售费用"的明细分类账，应按费用项目设置专栏进行明细核算。

（四）"管理费用"账户

为了核算企业行政管理部门为组织和管理企业生产经营活动而发生的各项费用，应设置"管理费用"账户。该账户的借方登记发生的各项管理费用；贷方登记期末转入"本年利润"的数额；期末结转后该账户应无余额。

"管理费用"的明细分类账，应按费用项目设置专栏进行明细核算。

（五）"财务费用"账户

为了核算企业为筹集生产经营所需资金而发生的各项费用，应设置"财务费用"账户。该账户的借方登记发生的各项财务费用；贷方登记应冲减财务费用的利息收入、汇兑收益以及期末转入"本年利润"的财务费用；期末结转后该账户应无余额。

"财务费用"的明细分类账，应按费用项目设置专栏进行明细核算。

（六）"长期待摊费用"账户

为了核算企业已经支付，但摊销期限在一年以上（不含一年）的各项费用，应设置"长期待摊费用"账户。该账户的借方登记实际支付的各项长期待摊费用；贷方登记分期摊销的长期待摊费用；该账户的余额在借方，表示企业尚未摊销的各项长期待摊费用的摊余价值。

"长期待摊费用"应按费用种类设置明细分类账，进行明细核算。

（七）"废品损失"账户

需要单独核算废品损失的企业，应设置"废品损失"账户。该账户的借方登记不可修复废品的生产成本和可修复废品的修复费用；贷方登记废品残料回收的价值、应收的赔款以及转出的废品净损失；该账户月末应无余额。

"废品损失"账户应按车间设置明细分类账，按产品品种分设专户，并按成本项目设置专栏或专行进行明细核算。

综上所述，为了对成本核算账务处理有一个概括性的了解，根据成本核算的一般程序和成本核算所设置的主要账户的对应关系，产品成本核算的主要账务处理程序以"T"形账户表示，如图2-2所示。

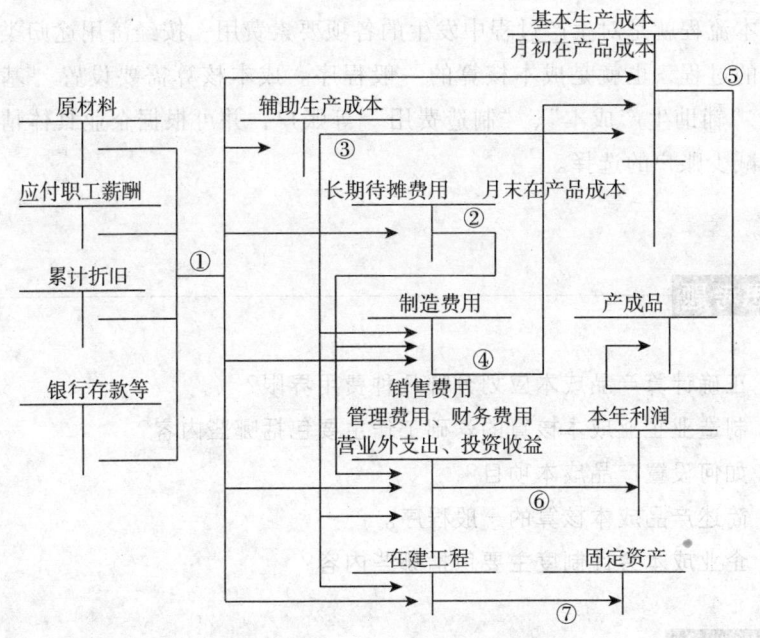

图2-2 成本核算账务处理流程

说明：

①各项要素费用的归集和分配。

②摊销长期待摊费用。

③分配辅助生产费用。
④分配制造费用。
⑤结转完工产品成本。
⑥结转期间费用及其各项直接计入当期损益的支出和损失。
⑦结转计入固定资产价值的在建工程。

本章小结

成本核算是成本会计的核心内容，严格遵守国家所规定的成本开支范围和费用开支标准是加强成本管理的要求。划清生产经营管理费用是正确地核算产品实际成本的依据，而生产费用的分类是正确计算产品成本的重要条件。生产费用按经济内容可分为外购材料、外购燃料、外购动力、职工薪酬、折旧费与摊销费、利息支出、税金和其他支出等费用要素。生产费用按经济用途可分为直接材料、直接人工和制造费用等成本项目。

成本流程就是对生产过程中发生的各项要素费用，按经济用途归类计入产品成本的过程，也就是成本核算的一般程序。成本核算需要设置"基本生产成本"、"辅助生产成本"、"制造费用"等账户，并可根据企业具体情况作出增加或减少账户的选择。

本章思考题

1. 正确计算产品成本应划分哪几种费用界限？
2. 制造业企业成本核算的基础工作主要包括哪些内容？
3. 如何设置产品成本项目？
4. 简述产品成本核算的一般程序。
5. 企业成本会计制度主要包括哪些内容？

本章案例

老赵的自行车厂是一个仅有 20 名职工的小厂，专门生产儿童三轮车。本月为生产产品发生了下列支出：钢管 50 000 元，橡胶轮胎 10 000 元，油漆

第二章 成本核算的要求和一般程序

1 000元，其他配件2 000元，车间用电费2 000元，厂部用电费1 000元，工人工资20 000元，厂长等管理人员工资8 000元，设备租金2 000元，机器修理费500元，生产设备折旧费2 000元。

会计科长要求汪宏对上述费用进行分类，最后汪宏分类的结果为：

结果一	结果二	结果三
外购材料63 000元	产品成本90 500元	直接材料66 000元
外购动力3 000元	生产费用90 500元	直接人工20 000元
工资28 000元	期间费用9 000元	制造费用4 500元
折旧费2 000元		
修理费500元		

同样的支出怎么会有三种结果？这到底是怎么回事呢？

第三章 制造业生产经营费用的核算

[引入案例]

华光公司的主要业务是生产空调，该公司设有四个生产部门，分别是零配件生产车间、装配车间、供电车间和维修车间。供电车间和维修车间向全公司提供电力和维修服务。每个部门都设有一个部门负责人，并通过内部结算价格实行单独核算，成立成本中心。公司根据四个部门的成本指标完成情况进行考核。

某年末，在公司召开的由各部门负责人出席的下年度指标分析讨论会上，公司的会计主管提出一项成本核算改革意见，即四个部门的成本都应加上接受公司内部其他劳务部门提供的劳务费用，包括两个劳务部门之间相互提供劳务发生的费用。该会计主管同时认为两个劳务部门的费用应按照预先制定的计划成本进行分配，包括交互分配和对外分配，实际费用和计划成本之间的差额由管理费用负担；另外，四个部门发生的材料和人工等费用也用计划成本归集和分配。

假如你是华光公司的财务顾问，你认为该主管会计的意见如何？

[学习目的与要求]

通过本章学习，应该了解制造业企业生产经营过程中所发生的各种耗费，这些耗费有的将最终构成产品成本，有的作为期间费用计入当期损益。应掌握费用在产品成本或期间费用之间分配和归集的基本程序和账务处理；掌握辅助生产费用的归集、各种分配方法的具体应用、优缺点及适用性；掌握制造费用的归集和分配；掌握废品损失的核算方法及账务处理；了解停工损失形成的核算。

第三章 制造业生产经营费用的核算

第一节 各项要素费用的核算

一、制造业企业生产经营费用种类

为了科学地进行成本管理和成本核算，必须对制造业企业的各种费用进行合理的分类。制造业企业的各种费用，首先应分为生产经营管理费用和非生产经营管理费用；生产经营管理费用还应分为计入产品成本的生产费用和不计入产品成本的经营管理费用。

生产经营费用在生产过程中的用途各不相同，还可以从不同角度进一步分类。

（一）按经营目的不同分类

制造业企业生产费用按其经营目的不同，可以将其划分为产品生产费用和工业性劳务费用两大类。产品生产费用计入产品生产成本，工业性劳务成本计入劳务成本。

1. 产品生产成本

生产性企业指那些通过一系列生产工艺过程，采用一定的技术方法，将投入的生产要素有机结合起来，生产出具有某种使用价值的、实物形态产品的企业。这类企业的劳动成果都有特定的实物形态，能够以产品产出的地点和时间确定成本计算对象、归集生产费用、计算产品成本。产品生产成本是指生产性企业为生产一定质量和数量的产品，在生产要素上发生的各种耗费。产品生产成本通常由直接材料、直接人工和制造费用构成。

直接材料又称原材料，是指加工后直接构成产品实体或主要部分的材料成本。直接人工又称职工薪酬，是指在生产中对材料进行直接加工制成产品所耗用的人工的工资、奖金和各种津贴以及按规定比例提取的福利费、社会保险费等。制造费用通常是指在生产中所发生的除了直接材料及直接人工以外的各种费用，通常由间接材料、间接人工和其他制造费用三个部分构成。

在产品生产成本中，直接材料和直接人工之和一般称为主要成本；而直接人工与制造费用之和，则称之为加工成本，如图3-1所示。

生产费用是否全额作为产品成本处理，需视成本计算方法而定。在完全成本计算模式下，生产费用全额作为产品成本处理；但在变动成本计算模式下，只将生产费用中的直接材料、直接人工和变动制造费用作为产品成本，而固定制造费用则作为期间成本处理。

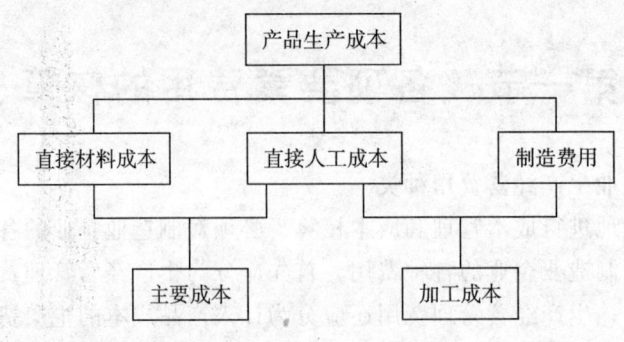

图 3-1 产品生产成本构成

2. 工业性劳务成本

工业性劳务成本,是指工业企业提供各种工业性劳务而发生的在生产要素上的各种耗费,包括直接材料、直接人工和制造费用。

(二) 按生产费用与特定对象关系分类

按生产费用与特定对象关系,生产费用可分为直接生产费用和间接生产费用。

1. 直接生产费用

直接生产费用是指与某一特定对象(产品、劳务、加工步骤或部门)之间具有直接联系,可按特定标准将其直接归属该对象的成本。如:产品生产过程中直接耗用的原材料、生产工人的工资和机器设备的折旧费等。由于直接生产费用可直接归属于某一特定对象,故又称为可追溯成本。

2. 间接生产费用

间接生产费用是指与某一特定对象之间没有直接联系,无法按某一特定标准直接归属有关对象的成本。如:基本生产车间和辅助生产车间的管理人员工资、办公费、机物料消耗以及车间厂房的折旧费等。由于间接生产费用的发生与许多对象都有联系,必须选择适当的分配标准在各对象之间进行分配,才能归属于某一特定对象,故又可称其为共同成本。

将成本划分为直接生产费用与间接生产费用,对于正确计算产品成本是十分重要的。凡是直接生产费用必须根据原始凭证直接计入该种成本计算对象成本;凡是间接生产费用则要选择合理的分配标准分配给相关的成本计算对象。分配标准是否恰当,将直接影响成本的正确性。

(三) 按计入产品成本的方法分类

按计入产品成本的方法,生产费用可以分为直接计入费用(一般称为直接成本）和间接计入（或分配计入）费用（一般称为间接成本）。

1. 直接计入费用

直接计入费用是指可以分清哪种产品所耗用，可以直接计入某种产品成本的费用。直接计入费用在计算产品成本时，可以根据原始凭证将发生的费用直接计入该种产品成本明细账的相应成本项目中。如：能够分清用于某种产品的原材料费用，可根据领料单、限额领料单等原始凭证，计入该产品成本的"直接材料"或"原材料"成本项目。

2. 间接计入费用

间接计入费用，是指不能分清哪种产品所耗数量、不能直接计入某种产品成本，而必须按照一定标准分配计入有关各种产品成本的费用。间接计入费用无法根据发生的原始凭证直接计入各产品成本中，需要采用适当的方法在几种产品之间进行分配，再将分配后的结果计入各产品成本明细账的相应成本项目中。例如：某企业一车间发生 50 000 元生产工人工资，生产甲和乙两种产品，根据工资结算单不能分清各产品应负担的工人工资，必须采用一定的分配方法，如生产工时比例法等，将 50 000 元生产工人工资分配计入甲和乙产品的成本。

直接生产费用和间接生产费用与直接计入费用和间接计入费用之间既有区别又有联系。它们之间的联系表现在：直接生产费用在多数情况下是直接计入费用，如原材料、主要材料费用大多能够直接计入某种产品成本；间接生产费用在多数情况下是间接计入费用，例如机物料消耗大多需要按照一定标准分配计入有关的各种产品成本中。但它们毕竟是对生产费用的两种不同分类，直接生产费用与直接计入费用、间接生产费用与间接计入费用不能等同。例如，在生产一种产品的企业（或车间）中，直接生产费用和间接生产费用都可以直接计入这种产品的成本，因而均属于直接计入费用；又如，在用同一种原材料，同时生产出几种产品的联产品生产企业（或车间）中，直接生产费用和间接生产费用都需要按照一定标准分配计入有关的各种产品成本，因而属于间接计入费用。

二、生产经营费用的归集

由于基本生产成本明细账，即产品成本明细账（或产品成本计算单）是按产品品种等成本计算对象设置和登记的，账内按成本项目分设专业栏或专行。因此，在发生各种要素费用如材料、动力、职工薪酬费用时，对于直接用于产品生产而且专设成本项目的直接生产费用，例如，构成产品实体的原材料费用、工艺用燃料或动力费用，应单独记入"基本生产成本"总账科目。如果是某一种产品的直接计入费用，还应直接记入该种产品成本明细账的"直接材料"、"燃料及动力"、"直接人工"等成本项目；如果是生产几种产品的间接计入费用，则应采用适当的分配方法，分配以后记入各该种产品成本明细账的"直接材料"、"燃料及动力"、"直接人工"成本项目。

对于直接用于产品生产，但没有专设成本项目的各项费用，例如基本生产车间的机器设备的折旧费、修理费用等，应先记入"制造费用"总账科目及所属明细账的有关费用项目，然后通过一定的分配程序，转入或分配转入"基本生产成本"总账及所属明细账的"制造费用"等成本项目。

在生产经营过程中发生的用于产品销售的费用、行政管理部门发生的费用以及筹集资金活动中发生的费用等各项期间费用，则不计入产品成本，而应分别记入"销售费用"、"管理费用"、"财务费用"总账科目及其所属明细账，然后转入"本年利润"科目，冲减当期损益。

对于购置和建造固定资产、无形资产等资本性支出，不计入产品成本和期间费用，记入"在建工程"、"无形资产"等科目。

各项生产经营费用的分配，通过编制各种费用分配表进行的，根据分配编制会计分录，据以登记各种成本、费用总账科目及其所属明细账。

三、成本对象及成本分配

（一）成本对象

成本计算是指在汇集一定时期发生费用的基础上，运用一定的计算程序和方法，将费用按照确定的成本计算对象进行归集和分配，最终计算出各个成本计算对象的总成本和单位成本的一种方法。

成本对象是以一定时期和空间范围为条件而存在的成本计算实体。企业任何经营成果都是依存于一定时空范围而产生的。确定成本计算对象，不仅要认定计算什么产品（或劳务）的成本，而且要认定是什么地点、什么时期生产出来的产品。因而，确定成本计算对象一定要有"时空概念"。

通常，成本对象由三个要素构成。

1. 成本计算实体

成本计算实体是指承担费用的企业经营成果的实物形态。对于生产性企业而言，成本计算实体可以划分为某种产品、某批产品或某类产品的产成品或半成品；对于劳务性企业而言，往往不存在有形的成本计算实体，而只能确定劳务的性质，如运输企业的货运和客运，商贸企业的批发和零售等。

2. 成本计算期

成本计算期是指归集费用、计算企业成本所规定的起讫日期，也即每次计算成本的期间。生产性企业按其生产特点，可分别以产品的生产周期和以日历月份为成本计算期。劳务性企业一般均以日历月份为成本计算期。

3. 成本计算空间

成本计算空间是指费用发生并能组织企业成本计算的地点（部门、单位）。生产性企业的成本计算空间可分为全厂和各生产步骤，劳务性企业可划分为各部门和单位。

（二）成本分配

把成本准确地分配到各成本对象上去，这是很关键的。歪曲的成本分配会导致错误的决策和评价。成本分配的方法主要有以下几种：

1. 直接追溯法

直接追溯法是根据成本的可追溯性分配成本的方法，是将与某一成本对象存在特定或实物联系的成本直接确认分配至该成本对象的过程。了解成本与成本对象的关系将有助于提高成本分配的准确性。成本是与成本对象直接或间接关联着的。间接成本是指能够容易地或准确地归属于成本对象的成本。直接成本是指能够容易和准确地归属于成本对象的成本。"容易归属"是指成本能够以一种经济上可行的方式分配，"准确地归属"则意味着成本分配中要遵循因果联系。因而，可追溯性是指采用某一经济可行方法并遵循因果关系将成本分配至各成本对象的可能性。成本的可追溯性越强，成本分配的准确性就越高，所以，建立成本的可追溯性法是提高成本分配准确性的关键一环。

2. 动因追溯法

动因追溯是指使用动因将成本分配至各成本对象的过程。成本动因通常是通过因果分析确定。这些动因是可观察的，并且能够计量出成本对象的资源消耗情况。它是影响资源耗用、作业耗用、成本及收入等方面的变化因素。尽管动因追溯法不如直接追溯法准确，但如果因果关系建立合理，成本归属仍有可能达到较高的准确性。

动因追溯使用两种动因类型来追溯成本：资源动因和作业动因。资源动因计量各作业对资源的需要，用以将资源分配到各个作业上。作业动因计量各成本对象对作业的需求，并用以分配作业成本。

3. 分摊法

分摊法是分配间接成本的方法。间接成本不能追溯至成本对象，即在成本与成本对象之间没有因果关系，或追溯不具有经济可行性。把间接成本分配至各成本对象的过程，称为分摊。由于不存在因果关系，分摊间接成本就建立在简便原则或假定联系的基础上。在将该种间接成本分配计入各成本计算对象时，所选择的分配标准应满足"受益"原则，并认为按此分配标准计入企业成本中的费用是真实的。选择的分配标准，一般要考虑以下几个方面。

(1) 要具有科学性。即这个分配标准项目要具有各种对象共有的特征，有典型的代表性；它与成本对象物化劳动或劳动的消耗有直接的联系，或表现为正比例关系。

(2) 要具有先进性。选为分配标准的项目要有助于企业加强管理。如选定某种指标作为分配标准，通过定额与实际的比较，可以促使企业不断改善成本活动。

(3) 要具有现实可能性。选为分配标准的项目，要有取得现有资料的实际可能。换言之，各受益对象所耗用分配标准的资料应该是比较容易取得的，并且可以进行客观的计量。

(4) 要具有相对的稳定性。任何一种分配标准都不可能与间接成本保持正比例或反比例关系，所以任何分配标准都具有主观性，选择不同的分配标准将产生不同的分配结果。为了便于各期间接成本间的比较分析，分配标准不宜经常改变，应该保持相对的稳定。

一般情况下，分配间接成本的标准主要有三类：（1）成果类，例如产品的重量、体积、产量、产值等；（2）消耗类，例如生产工时、生产工资、机器工时、原材料消耗量或原材料费用等；（3）定额类，例如定额消耗量、定额费用等。分配间接成本的计算公式，可以归纳如下：

$$间接成本分配率 = \frac{待分配的间接成本总额}{分配标准总额}$$

$$某成本对象应负担的间接成本 = 该成本对象的分配标准额 \times 间接成本分配率$$

综上所述，成本追溯是把直接成本分配给相关的成本对象，成本分摊是把间接成本分配给相关的成本对象。成本分配包括成本追溯与成本分摊。上述三种成本分配方法中，直接追溯法依赖于可实际观察的因果关系，因而其结果最准确；动因追溯法依赖于成本动因将成本分配至各个成本对象，其准确性次之；分摊法尽管有简单和操作的低成本等优点，但它是三种方法中最不准确的，应尽可能避免使用。实际上，在很多情况下，提高成本准确性所带来的收益在价值上会超过与动因追溯相关的额外计量成本。

四、材料费用的归集与分配

材料是制造业企业生产过程中的劳动对象，是生产过程中不可缺少的物质资料，材料投入生产后将被全部消耗掉，其价值作为材料费用全部转移到产品成本中去，成为产品成本中最重要的组成部分。由于材料费用是制造业企业产品生产过程中耗费较多的费用，因此，材料费用的核算对正确进行产品成本核算，加强材料费用的控制和管理具有特别重要的意义。

材料费用包括企业在生产经营过程中实际消耗的各种原材料、辅助材料、外购半成品、修理用备件配件、包装物和低值易耗品等费用。

（一）材料费用的归集

1. 确定材料费用的归集对象

确定材料费用的归集对象，也就是确定材料费用的承担者，即确定材料费用应分配记入的账户及其有关的成本（或费用）项目。

（1）直接用于产品生产，构成产品实体的原料、主要材料以及有助于产品形成的大额辅助材料，应直接或分配记入产品生产成本明细账"直接材料"成本项目中。

（2）用于产品生产，有助于产品形成的小额辅助材料以及基本生产车间的机物料消耗应记入"制造费用"明细账"机物料消耗"费用项目中。

（3）辅助生产车间的各种材料费用，原则上应比照基本生产车间进行处理，但可采用简化方法，全部记入"辅助生产成本"明细账"原材料"费用项目中。

（4）销售过程中领用的各种材料应归集在"销售费用"明细账中"包装费"等有关费用项目中。

（5）行政管理部门管理和组织生产经营活动所领用的各种材料费用记入"管理费用"明细账"物料消耗"费用项目中。

2. 材料费用的归集

原材料费用的归集分为直接归集和间接归集。

（1）直接归集。材料费用的直接归集，是指可根据材料的用途具体明确地确定原材料费用归集于哪一总账户及哪一明细账户。

（2）间接归集。材料费用的间接归集，是指不能从领料凭证直接确定原材料费用为哪一产品的实际耗用，而需选用适当的分配方法分配，方可归集于某一总账及其所属明细账。例如，同一车间生产几种产品，其共同领用的同一种材料，归集时需分配计入各种产品成本。

（二）材料费用的分配

根据材料的归集方法，材料费用的分配又分为直接计入法和间接分配法。

1. 直接计入法

直接计入法是在有多种产品生产的企业里，凡是能明确确定其归属对象的材料费用，应根据原始凭证上填列的用途，直接计入各自成本计算对象中的方法。采用直接计入法，不仅可以减少大量的中间计算环节，而且所计算的成本准确。

2. 间接分配法

间接分配法是在有几种产品共同耗用各种材料费用时，应选择适当的标准采用一定的分配方法分配计入各种产品成本。在实际工作中，材料费用的分配标准很多，可以按照产品的重量、体积分配，在材料消耗定额比较准确的情况下，一般常用材料定额耗用量比例法、材料定额费用比例法分配材料费用。具体如下：

（1）重量比例分配法。这种分配方法是以产品的重量为分配标准进行分配，适用于耗用材料费用多少与产品的重量大小有一定关系的产品。其计算公式如下：

$$材料费用分配率 = \frac{各产品共同耗用的材料费用}{各产品重量之和}$$

某产品应分配的材料费用 = 该产品重量 × 材料费用分配率

[例3-1] 某企业一生产车间2014年1月生产A产品重量为3 000千克，B产品重量为4 000千克，共同耗用的原材料费用为7 000元。材料费用分配计算如下：

$$原材料费用分配率 = \frac{7\ 000}{3\ 000 + 4\ 000} = 1$$

A产品应分配的原材料费用 = 3 000 × 1 = 3 000（元）

B产品应分配的原材料费用 = 4 000 × 1 = 4 000（元）

使用此方法时必须注意：作为分配标准的重量的计量单位必须一致，如不一致必须调整，否则无法加总。

（2）材料定额消耗用量比例分配法。即以材料定额消耗量为标准分配材料实际消耗量的方法。计算公式如下：

$$\begin{matrix}某种产品材料\\定额消耗量\end{matrix} = \begin{matrix}该种产品\\实际产量\end{matrix} \times \begin{matrix}单位产品材料\\消耗量定额\end{matrix}$$

$$\text{材料消耗量分配率} = \frac{\text{材料实际消耗总量}}{\text{各种产品材料定额消耗量之和}}$$

$$\text{某种产品应分配的材料实际消耗量} = \text{该种产品的材料定额消耗量} \times \text{材料消耗量分配率}$$

$$\text{某种产品应分配的材料实际费用} = \text{该种产品分配的材料实际消耗量} \times \text{材料单价}$$

公式中：单位产品材料消耗定额是指单位产品可以消耗的数量限额；定额消耗量是指一定产量下按照消耗定额计算的可以消耗的材料数量。

[例3-2] 某企业一基本生产车间2014年6月份生产A、B两种产品，共耗用甲种原材料18 000千克，每千克实际单位成本为5元。A产品产量为1 000件，单位消耗定额为6千克；B产品产量为2 000件，单位消耗定额为7千克。求A、B两种产品应负担的材料费用。分配计算如下：

A产品材料定额消耗量 = 1 000×6 = 6 000（千克）

B产品材料定额消耗量 = 2 000×7 = 14 000（千克）

$$\text{甲材料消耗量分配率} = \frac{18\ 000}{6\ 000 + 14\ 000} = 0.9$$

A产品应分配的原材料数量 = 6 000×0.9 = 5 400（千克）

B产品应分配的原材料数量 = 14 000×0.9 = 12 600（千克）

A产品应分配的原材料费用 = 5 400×5 = 27 000（元）

B产品应分配的原材料费用 = 12 600×5 = 63 000（元）

上列计算分配，可以考核原材料消耗定额的执行情况，有利于加强消耗的实物管理，但分配计算的工作量较大。为了简化计算分配工作，也可采用按材料定额消耗量比例直接分配材料实际费用的方法。其计算公式如下：

$$\text{某种产品材料定额消耗量} = \text{该种产品实际产量} \times \text{单位产品材料定额消耗量}$$

$$\text{材料费用分配率} = \frac{\text{材料实际费用总额}}{\text{各种产品材料定额消耗量之和}}$$

$$\text{某种产品应分配的材料实际费用} = \text{该种产品的材料定额消耗量} \times \text{材料费用分配率}$$

以[例3-2]的资料为例计算如下：

$$\text{甲材料费用分配率} = \frac{18\ 000 \times 5}{6\ 000 + 14\ 000} = 4.5$$

A产品应分配的材料费用 = 6 000×4.5 = 27 000（元）

B产品应分配的材料费用 = 14 000×4.5 = 63 000（元）

上述两种分配方法计算结果相同。但后一种分配方法不能提供各种产品材料实际消耗量资料，不利于加强材料消耗的实物管理。

(3) 材料定额费用比例分配法。即以材料定额费用为标准分配材料费用的方法。计算公式如下：

$$\begin{matrix}\text{某种产品材}\\\text{料定额费用}\end{matrix} = \begin{matrix}\text{该种产品}\\\text{实际产量}\end{matrix} \times \begin{matrix}\text{单位产品该种}\\\text{材料费用定额}\end{matrix}$$

$$\text{材料费用分配率} = \frac{\text{材料实际费用总额}}{\text{各种产品材料定额费用总额}}$$

$$\begin{matrix}\text{某种产品应分配}\\\text{的材料实际费用}\end{matrix} = \begin{matrix}\text{该种产品的}\\\text{材料定额费用}\end{matrix} \times \begin{matrix}\text{材料费用}\\\text{分 配 率}\end{matrix}$$

仍以〔例3-2〕的资料为例计算如下：

A产品材料定额费用 = 1 000 × 6 × 5 = 30 000（元/千克）

B产品材料定额费用 = 2 000 × 7 × 5 = 70 000（元/千克）

甲材料费用分配率 = $\frac{18\ 000 \times 5}{30\ 000 + 70\ 000}$ = 0.9

A产品应分配的材料费用 = 30 000 × 0.9 = 27 000（元）

B产品应分配的材料费用 = 70 000 × 0.9 = 63 000（元）

在生产多种产品或多种产品共同耗用多种材料的情况下，可采用按材料定额费用比例分配材料费用。

$$\begin{matrix}\text{某种产品材料}\\\text{定额消耗量}\end{matrix} = \begin{matrix}\text{该种产品}\\\text{实际产量}\end{matrix} \times \begin{matrix}\text{单位产品材料}\\\text{消耗量定额}\end{matrix}$$

$$\text{材料费用分配率} = \frac{\text{各种产品材料实际费用总额}}{\text{各种产品材料定额费用总额}}$$

$$\begin{matrix}\text{某种产品应分配}\\\text{的材料实际费用}\end{matrix} = \begin{matrix}\text{该种产品的}\\\text{材料定额费用}\end{matrix} \times \begin{matrix}\text{材料费用}\\\text{分 配 率}\end{matrix}$$

〔例3-3〕某企业一生产车间生产甲、乙两种产品，共同耗用A、B两种主要材料，共计66 480元。本月投产甲种产品200件，乙种产品100件。甲产品材料消耗定额为：A材料5千克，B材料8千克；乙产品材料消耗定额为：A材料7千克，B材料9千克。A材料单价12元，B材料单价14元。分配分别计算如下：

(1) 甲、乙产品材料定额费用：

甲产品：

A材料定额费用 = 200 × 5 × 12 = 12 000（元）

B 材料定额费用 = 200 × 8 × 14 = 22 400（元）
甲种产品材料定额费用合计 = 34 400（元）
乙产品：
A 材料定额费用 = 100 × 7 × 12 = 8 400（元）
B 材料定额费用 = 100 × 9 × 14 = 12 600（元）
乙种产品材料定额费用合计 = 21 000（元）

（2）材料费用分配率 = $\dfrac{66\,480}{34\,400 + 21\,000}$ = 1.2

（3）甲、乙产品应分配材料实际费用：
甲产品应负担的材料费用 = 34 400 × 1.2 = 41 280（元）
乙产品应负担的材料费用 = 21 000 × 1.2 = 25 200（元）

在实际工作中，各种材料费用分配是通过编制材料费用分配表进行的，材料费用分配表是按车间、部门和材料的类别，根据归类后的领退凭证和其他资料编制的。

现列举某企业材料费用分配表的格式如表 3 – 1 所示。

表 3 – 1　　　　　　　　材料费用分配表

应借账户		费用项目	直接计入金额（元）	分配计入		费用合计（元）
				定额消耗量（千克）	分配金额（分配率1.8）	
基本生产成本	甲产品	原材料	25 000	3 600	6 480	31 480
	乙产品	原材料	31 000	1 200	2 160	33 160
	小计		56 000	4 800	8 640	64 640
辅助生产成本	机修车间	原材料	8 800			8 800
制造费用	基本车间	机物料	4 600			4 600
	机修车间	机物料	1 890			1 890
	小计		6 490			6 490
销售费用		包装物	2 200			2 200
管理费用		其他	1 910			1 910
合计			75 400		8 640	84 040

根据表 3 – 1，可以编制会计分录如下：

借：基本生产成本——甲产品	31 480
——乙产品	33 160
辅助生产成本——机修车间	8 800
制造费用——基本车间	4 600
——机修车间	1 890
销售费用	2 200
管理费用	1 910
贷：原材料	84 040

上述"材料费用分配表"及材料费用分配的账务处理是在按实际成本对材料日常核算情况下进行的，如果材料核算日常是按计划成本进行的，则需要加减材料成本差异，将计划成本调整为实际成本。

五、燃料费用的归集与分配

燃料实际上也是材料，如果燃料费用很少，占成本费用比重不大，可并入原材料，即"燃料"只作"原材料"的明细科目，成本项目也不需单独设置，燃料费用的归集分配与上述原材料费用的归集分配相同。

如果燃料费用比重大，为加强对能源消耗的核算和控制，应将燃料费用单独处理，增设"燃料"会计科目，并将燃料费用单独进行分配，成本项目专门设立"燃料及动力"。根据领料用途可确定燃料费用为哪一产品生产或部门领用的，分别记入"基本生产成本"、"辅助生产成本"及其所属明细账的"燃料及动力"成本项目或"制造费用"、"管理费用"、"销售费用"及其所属明细账的有关费用项目。对不能从领料凭证直接确定燃料费用为哪一产品耗用（几种产品共同耗用），则需要采用适当的方法分配计入各种产品成本。

燃料费用的分配标准一般有：产品的重量、体积、机器工时、燃料的定额消耗量或定额费用等。

[例3-4] 某企业基本生产车间2014年6月生产产品需耗用较多的燃料，生产A、B产品共同耗用燃料费用13 200元，按耗用机器工时为标准分配燃料费用，A产品耗用机器工时1 200小时，B产品耗用机器工时1 000小时。

$$燃料费用分配率 = \frac{各产品共同耗用的燃料费用}{各产品耗用机器工时之和} = \frac{13\ 200}{1\ 200 + 1\ 000} = 6$$

A产品负担燃料费用 = 1 200 × 6 = 7 200（元）

B产品负担燃料费用 = 1 000 × 6 = 6 000（元）

根据以上资料编制"燃料费用分配表"，如表3-2所示。

第三章　制造业生产经营费用的核算

表 3-2　　　　　　　　　　燃料费用分配表

2014 年 6 月　　　　　　　　　　　　　　　单位：元

应借科目	项目 消耗机器工时（小时）	分配率	燃料费用
基本生产成本——A	1 200		7 200
基本生产成本——B	1 000		6 000
合计	2 200	6	13 200

根据"燃料费用分配表"编制会计分录：

借：基本生产成本——A 产品　　　　　　　　7 200
　　　　　　　　——B 产品　　　　　　　　6 000
　　贷：燃料　　　　　　　　　　　　　　　13 200

六、动力费用的归集和分配

企业耗用的动力包括外购的和自制的。外购动力如向外单位购买电力、煤气等，支付外购动力费用时，一般通过"应付账款"账户核算；自制动力如自产电力、对外来电力进行变压等，一般通过"辅助生产成本"账户核算。

动力费用的核算是按发生地点和用途进行的，只要用途相同，无论外购或自制都归在一起进行核算。动力费用的主要用途是：（1）生产工艺过程所耗用，这是直接用于产品生产的；（2）组织管理生产耗用，如车间照明、行政管理部门照明用电等。企业应根据外购动力的不同用途及其发生地点进行分配：

（1）基本生产车间生产产品的动力费用，应直接或分配记入"产品生产成本"明细账"燃料与动力"成本项目中。

（2）基本生产车间组织、管理生产的动力费用以及用于产品生产但未专设成本项目的动力费用，应记入"制造费用"明细账"水电费"费用项目中。

（3）辅助生产车间的动力费用，原则上应比照基本生产车间进行处理，但可采用简化方法，全部记入"辅助生产成本"明细账"燃料与动力"成本项目中。

（4）销售过程中发生的动力费用，应归集在"销售费用"明细账"水电费"费用项目中。

（5）行政管理部门管理和组织生产经营活动动力费用，应记入"管理费用"明细账"水电费"费用项目中。

动力费用在各车间、部门之间的分配,由于各车间、部门一般都分别装有动力耗用量的仪表,因此,可以根据计量仪表记录的实际耗用数和动力的计价标准计算分配。

直接归集是根据计量仪器仪表确定各产品、各部门的实际耗用量再乘以单价进行归集。外购动力的单价可按供电部门收取的电费总额除以各电表读数总和;自制动力的单价为辅助生产车间(发电车间)的单位成本。

$$\text{某产品(部门)应负担的动力费用} = \text{该产品(部门)实际耗用量} \times \text{单价}$$

企业各车间、部门的动力用电和照明用电,一般都分别装有电表,可根据电表读数直接归集动力费用;但对于车间动力用电,若不能按产品分别安装电表,则动力费用需归集分配。

对于生产车间为生产产品耗用的动力费用,一般不能按产品分别安装计量仪表,因此,生产车间的动力费用要归集分配。归集分配需按一定分配标准将耗用的动力费用分配于各产品,以确定各产品应负担的动力费用。

动力费用常用的分配标准有:产品的机器工时或马力工时、生产工时、定额耗用量等。计算公式如下:

$$\text{动力费用分配率} = \frac{\text{各产品共同耗用的动力费}}{\text{各产品的分配标准的数额之和}}$$

某种产品应分配的动力费用 = 动力费用分配率 × 该种产品分配标准数额

[例3-5] 某企业基本生产车间生产A、B产品共同耗用外购动力费30 000元,A产品机器工时30 000小时,B产品机器工时20 000小时。用机器工时比例法分配共同耗用外购动力费用,分配结果如下:

$$\text{动力费用分配率} = \frac{30\ 000}{30\ 000 + 20\ 000} = 0.6$$

A产品应负担动力费 = 30 000 × 0.6 = 18 000(元)

B产品应负担动力费 = 20 000 × 0.6 = 12 000(元)

[例3-6] 某企业基本生产车间生产甲、乙两种产品,2014年6月份共耗用外购动力费用18 720元,产量分别为200件和100件。甲、乙产品外购动力的消耗定额分别为60度和36度,则费用分配结果如下:

$$\text{动力费用分配率} = \frac{18\ 720}{12\ 000 + 3\ 600} = 1.2$$

甲产品应负担动力费 = 12 000 × 1.2 = 14 400(元)

乙产品应负担动力费 = 3 600 × 1.2 = 4 320(元)

第三章　制造业生产经营费用的核算

实际工作中,动力费用的分配是通过编制动力费用分配表进行的。

根据 [例 3-5] 资料编制"动力费用分配表"如表 3-3 所示。

表 3-3　　　　　　　　　　动力费用分配表

2014 年 6 月　　　　　　　　　　　　　　　　　单位:元

项目 应借科目	外购动力		
	机器工时	分配率	动力费用
基本生产成本——A	30 000		18 000
基本生产成本——B	20 000		12 000
合计	50 000	0.6	30 000

根据"动力费用分配表"编制会计分录,登记有关账户:

借:基本生产成本——A 产品　　　　　　　　　　18 000
　　　　　　　　——B 产品　　　　　　　　　　12 000
　　贷:应付账款　　　　　　　　　　　　　　　　　　30 000

七、人工成本的归集与分配

人工费用是指企业在一定时期内直接支付给职工的工资总额及按工资总额的一定比例提取的职工福利费、社会保险费、工会经费及职工教育经费等的总额。

(一)工资总额的组成

工资总额是指企业在一定时期内支付给全体职工的劳动报酬总额。按照国家统计局的规定,工资总额由以下六部分组成。

(1)计时工资。它是指根据计时工资标准和工作时间支付给职工个人的劳动报酬。

(2)计件工资。它是指根据职工完成的工作量和计件单价计算并支付的劳动报酬。

(3)奖金。它是指在基本工资之外,按照职工超额完成的工作量与增收节支情况及规定的奖励标准支付的劳动报酬。如超产奖、节约奖、质量奖、综合奖等。

(4)津贴和补贴。津贴是指为了补偿职工特殊的或额外的劳动消耗而支付的报酬,如高温津贴、夜班津贴、野外津贴、井下津贴等。补贴是指为了保证职工工资水平不受物价变动的影响而支付的报酬,如房租补贴、物价补贴等。

（5）加班加点工资。它是指按照规定标准支付给职工在法定工作时间之外从事劳动的报酬。

（6）特殊情况下支付的工资。它是指按照规定支付给职工非工作时间的报酬。如病假工资、产假工资、探亲假工资等。

在进行工资费用核算时，应该划清工资总额组成与非工资总额组成的界限。有些款项虽然随同工资一起发放给职工，却不属于工资总额的内容，如职工出差的伙食补助、误餐补助及市内交通补助，属于差旅费，应作为管理费用开支。又如，为生产工人购买劳动保护用品的支出，属于劳动保护费，应作为制造费用计入产品成本。再如，职工生产困难补助和医疗费补助，属于职工福利费，由职工福利费中开支，等等。这些款项都不计入工资总额，不属于工资费用。

（二）工资费用的核算原始记录

在工资总额的组成中，计时工资和计件工资是其中最基本的部分。计算计时工资，应以考勤记录为原始凭证；计算计件工资，应以产量记录为原始凭证。因此，工资费用核算的原始凭证主要是考勤记录与产量记录。

1. 考勤记录

考勤记录是登记职工出勤与缺勤情况的原始记录。考勤记录的形式多种多样，常见的有考勤簿和考勤卡两种。考勤簿按车间、科室等部门设置，根据各部门在册人员逐日进行登记，月末对本部门的出勤情况分别按个人进行归类总汇。若有人员变动，应根据人事部门的通知，在考勤簿上作相应的调整。考勤卡按人设置，每年（或每月）一张，在期初或职工调入时开设，若有人员变动，应根据人事部门的通知，在考勤卡上作相应的调整或注销。采用这种考勤形式时，月末由考勤人员根据考勤卡上的日常记录对每一职工的出勤和缺勤情况进行分类汇总。除上述考勤簿与考勤卡这两种形式外，有些单位根据企业具体情况，还采用翻牌法、移牌法、考勤钟打卡法等。不论采用何种形式进行考勤，其考勤的内容、项目和目的都基本相同。月末，车间、科室等各部门的考勤人员应将经本部门负责人审核、签章后的考勤记录，连同有关证明文件送交劳动部门和财会部门，据以计算工资，并进行工资费用的核算。

2. 产量记录

产量记录是登记职工在出勤时间内完成产量情况的原始记录。产量记录在不同行业、不同生产类型与不同劳动组织的企业和车间里，其具体的格式和登记程序不尽相同,通常使用的产量记录形式有工作通知单、工序进程单、工作班产量记录报告表等。

工作通知单,也叫派工单,它是以每个工人或生产小组所从事的每项工作为对象开设的产量记录,采用这种方式,先由生产计划部门开出工作通知单,通知工人按单内的指定任务进行生产。当任务完成后,将送检产品产量和实际工时填在通知单上,据以计算生产工人的计件工资。

工序进程单,也称路线单或跟单,它是以加工产品为对象开设的产量记录。在多步骤连续加工式生产的企业里,工序进程单要随着产品一起由上一工序移交下一工序,并顺次登记各道工序加工的实际产量和耗用工时,作为计算工资和统计产量的原始凭证。

工作班产量记录报告表,简称工作班报,它是按生产班组设置并反映产品数量完成情况的原始记录。工作班产量记录报告表,根据工人送检的产品数量由检验员验收后进行登记。

(三) 工资的计算与结算

由于各企业可以根据具体情况采用计时工资制和计件工资制,因此,工资的具体计算方法有计时工资和计件工资两种。

1. 计时工资的计算

计时工资是指企业按照职工的劳动时间(考勤记录)和计时工资标准支付给职工的劳动报酬。由于工资标准可以按月反映,也可以按日反映,所以相应地计时工资的计算就有两种方法:月薪制和日薪制。

按月薪制下,不管当月的日历天数是多少,职工每月都可以得到相同的全勤月工资。如果全年全勤,则能得到 12 个月的全勤月工资。如果有缺勤,缺勤工资应从全勤月工资中扣除。故这种方法又叫扣减缺勤工资法。其计算公式为:

应付月工资 = 月工资标准 − 应扣缺勤工资

上式中:应扣缺勤工资 = (缺勤天数 + 病假天数 × 扣款比例) × 日工资率

按日薪制下计算计时工资,即顺算法,各月应付工资是根据职工出勤天数与日工资率计算的,所以,即使职工出全勤,各月的工资也会因出勤天数的不同而不同。例如,二月份只有 28 天,该月全勤月工资必然低于一、三月份的全勤月工资。但一年 12 个月的全勤月工资之和,仍然等于 12 个月的标准工资之和。其计算公式为:

应付月工资 =（月出勤天数 + 病假天数 × 发放比例）× 日工资率

按以上两种方法计算的应付计时工资，从某个月份来看，其结果不一定相等，但从整个年度来看，其计算结果大体上是一致的。因此，两种计算方法可任选一种，但在一年以内不得变换使用。

2. 计件工资的计算

计件工资是按产量记录中登记的完成合格品的数量或符合要求的劳务量和规定的计件单价所计算的工资。计件工资包括：

①在实行超额累进计件、直接无限计件、限额计件和额定计件等工资制度下，按照定额和计件单价支付给职工的工资；

②按工作任务包干方法支付给职工的工资；

③按营业额提成或利润提成办法支付给职工的工资。

由于集体生产或连续操作，不能够按个人计算工作量的，也可以按参加工作的集体（一般为班组）计算、支付集体计件工资。集体计件工资还应在集体成员内部按照每一职工劳动和数量及质量进行分配。

(1) 按个人计件制计算。如果职工在月份内从事同一计件单价的工作，则应付计件工资可按下列公式进行计算：

$$应付计件工资 = \left(\begin{array}{c}某种产品合\\格品产量\end{array} + \begin{array}{c}该种产品\\料废产量\end{array}\right) \times 该种产品的计件单价$$

上式中：计件单价是根据制造某产品或加工零件所需定额工时数，乘以制造该产品或加工该零件所需某种等级工人的小时工资率计算求得的。

[例 3-7] 某工人本月加工完成 A 零件 110 个，其中合格品 90 个，料废品 10 个，工废品 10 个，该零件的计件单价为 8.8 元，则：

应付计件工资 =（90 + 10）× 8.8 = 880（元）

如果一个工人在月份内从事不同计件单价的多种产品的加工，则应付计件工资可按下列公式进行计算：

$$应付计件工资 = \sum \left(\begin{array}{c}某种产品合\\格品产量\end{array} + \begin{array}{c}该种产品\\料废产量\end{array}\right) \times 该种产品的计件单价$$

为了简化计算，亦可以将工人月份内完成的各种产品折合为定额工时数，再乘以小时工资率，即为应付的计件工资。其计算公式为：

应付计件工资 = 实际完成的定额工时数 × 小时工资率

上式中：小时工资率，是指职工每小时应得的平均工资额。可按下列公式计算：

$$\text{小时工资率} = \frac{\text{日工资率}}{\text{每日规定的工作小时数}}$$

[例 3 - 8] 某工人本月生产甲、乙零件分别为 180 个和 360 个,每个零件的定额分别为 15 分钟和 30 分钟,该工人的小时工资率为 3 元。则应付该工人本月计件工资为:

$$\text{实际完成定额工时} = \frac{180 \times 15 + 360 \times 30}{60} = 225 \text{(小时)}$$

应付计件工资 = 225 × 3 = 675(元)

(2)按集体计件制计算。实行集体计件制,应按照班组的产量和计件单价先求得班组应得的计件工资总额,然后在班组成员之间根据每人的工资标准和实际工作时间进行分配。其计算公式为:

$$\text{应付班组计件工资总额} = \sum \left(\begin{matrix} \text{该班组加工某种产品合格} \\ \text{品产量与料废产量之和} \end{matrix} \times \begin{matrix} \text{该种产品的} \\ \text{计件单价} \end{matrix} \right)$$

$$\begin{matrix}\text{应付某工人}\\\text{的计件工资}\end{matrix} = \begin{matrix}\text{该工人工作时}\\\text{间计算的工资}\end{matrix} \times \begin{matrix}\text{集体计件制下}\\\text{工资分配率}\end{matrix}$$

上式中,集体计件制下工资分配率,可按下列公式计算:

$$\text{集体计件制下工资分配率} = \frac{\text{应付班组计件工资总额}}{\text{班组成员按工作时间计算的工资总额}}$$

[例 3 - 9] 某生产小组本月加工完成 C 部件 100 件,该部件计价单价为 35.04 元。该生产小组由甲、乙、丙三个不同等级的工人组成,甲、乙、丙三人本月实际工作时间分别为 200 小时、200 小时和 180 小时,每人的小时工资率分别为 4.2 元、5 元和 6 元,则应付甲、乙、丙三人的计件工资分别为:

应付班组计件工资总额 = 100 × 35.04 = 3 504(元)

$$\text{集体计件制下工资分配率} = \frac{3\ 504}{200 \times 4.2 + 200 \times 5 + 180 \times 6} = 1.2$$

应付甲工人的计件工资 = 200 × 4.2 × 1.2 = 1 008(元)

应付乙工人的计件工资 = 200 × 5 × 1.2 = 1 200(元)

应付丙工人的计件工资 = 180 × 6 × 1.2 = 1 296(元)

计时工资和计件工资以外的各种奖金、津贴、补贴、加班加点工资,以及特殊情况下支付的工资,则应按国家和企业的有关规定进行计算,不再详述。

(四)人工费用的归集和分配

企业财会部门应根据计算的职工薪酬编制职工薪酬结算单,作为与职工进行工资结算的依据。根据职工薪酬结算单,按照车间、部门以及不同的人员编制"职工薪酬结算汇总表",作为人工费用归集与分配的依据。人工费用的归集也分为直接归集和分配归集。

1. 直接归集

如果车间只生产一种产品的生产工人的人工费用,或生产多种产品的生产工人计件工资,可按发生地点和用途直接归集。即根据审核后的工资费用凭证(如职工薪酬结算单或职工薪酬结算汇总表)编制记账凭证和登记有关账户。

2. 分配归集

生产多种产品的车间,其生产工人的计时工资,以及工资总额中的奖金、津贴和补贴、特殊情况下支付的工资,通常都不能根据工资结算原始凭证确定计入哪一产品,而需要通过一定的分配方法,方可将人工费用归集于有关账户及其所属明细账。如果实行计时工资,生产工人的人工费用(含工资总额中的奖金、津贴和补贴等),一般按照产品的实际生产工时比例分配计入各产品。如果取得各种产品实际生产工时的资料较困难,或采用实际生产工时明显不合理,而各种产品的单位工时定额较准确,则可采用定额工时比例进行分配。其计算公式为:

$$人工费用分配率 = \frac{各产品共同负担的人工费用}{各产品实际生产工时(或定额工时)之和}$$

$$某产品应负担的人工费用 = 该产品实际生产工时(或定额工时) \times 分配率$$

(1) 基本生产车间生产工人的薪酬,应直接或分配记入"直接人工"成本项目中。

(2) 基本生产车间管理人员的薪酬就记入"制造费用"成本项目中。

(3) 辅助生产车间生产工人及管理人员的薪酬,原则上应比照基本生产车间进行处理。但为了简化,可全部记入"辅助生产成本"明细账"职工薪酬"项目中。

(4) 行政管理部门管理和组织生产经营活动所发生的薪酬,应记入"管理费用"明细账"职工薪酬"项目中。

(5) 企业专门设立的销售部门,其人员职工薪酬,应记入"销售费用"明细账中"职工薪酬"项目中。

(6) 其他人员如医务、福利人员及其从事工程施工建设人员的职工薪酬,应分别记入"应付职工薪酬——职工福利"、"在建工程"账户中。

[例 3-10] 某企业 2014 年 6 月所生产 A、B 两种产品的生产工人工资中,直接计入的人工费用分别为 32 643 元和 58 232 元;间接计入的人工费用共为

20 160 元，规定按产品的生产工时比例分配。A、B 两种产品的生产工时分别为 9 500 小时和 19 300 小时。分配计算如下：

$$\text{分配率} = \frac{20\ 160}{9\ 500 + 19\ 300} = 0.7$$

A 产品应负担的人工费用 = 9 500 × 0.7 = 6 650（元）
B 产品应负担的人工费用 = 19 300 × 0.7 = 13 510（元）

工资费用的分配一般应编制工资费用分配汇总表，工资费用分配汇总表是根据工资结算汇总表编制的。其一般格式如表 3－4 所示。

表 3－4　　　　　工资费用分配汇总表　　　　　数量单位：工时
2014 年 6 月　　　　　　　　　　　金额单位：元

应借账户		成本项目	基本生产车间			成本合计
			直接计入	分配计入		
				生产工时	分配金额	
基本生产成本	A 产品	直接人工	32 643	9 500	6 650	39 293
	B 产品	直接人工	58 232	19 300	13 510	71 742
	小计		90 875	28 800	20 160	111 035
辅助生产成本——机修车间		职工薪酬	26 081			26 081
制造费用		职工薪酬	5 140			5 140
管理费用		职工薪酬	32 236			32 236
销售费用		职工薪酬	14 618			14 618
应付职工薪酬——职工福利		职工薪酬	3 774			3 774
成本合计			172 724		20 160	192 884

根据表 3－4 编制会计分录如下：
借：基本生产成本——A 产品　　　　　　　　　　39 293
　　　　　　　　——B 产品　　　　　　　　　　71 742
　　辅助生产成本——机修车间　　　　　　　　　26 081
　　制造费用　　　　　　　　　　　　　　　　　 5 140
　　管理费用　　　　　　　　　　　　　　　　　32 236
　　销售费用　　　　　　　　　　　　　　　　　14 618
　　应付职工薪酬——职工福利　　　　　　　　　 3 774
　　贷：应付职工薪酬——工资　　　　　　　　　192 884

(五) 职工其他薪酬费用的归集与分配

除了向职工支付工资以外，企业为了获得职工提供的服务还应按照国家规定给予各种形式的报酬以及其他相关支出，包括职工福利费、社会保险费、住房公积金、工会经费和职工教育经费等。

按现行有关制度规定，上述职工薪酬，应按企业职工工资总额的一定比例提取，并根据受益对象计入相关产品（服务）的成本或期间费用。

[例3-11] 某企业 2014 年 6 月应付职工的工资总额如表 3-4 所示。根据企业所在地政府的有关规定，该企业分别按工资总额的 20%、8%、2%、10%、2% 和 1.5% 计提基本养老保险费、基本医疗保险费、失业保险费、住房公积金、工会经费和职工教育经费。

职工其他薪酬计算如下：

应记入"基本生产成本"账户的职工其他薪酬金额：

A 产品：39 293 ×（20% + 8% + 2% + 10% + 2% + 1.5%）= 17 092.46（元）

B 产品：71 742 ×（20% + 8% + 2% + 10% + 2% + 1.5%）= 31 207.77（元）

应记入"辅助生产成本"账户的职工其他薪酬金额：

机修车间：26 081 ×（20% + 8% + 2% + 10% + 2% + 1.5%）= 11 345.24（元）

应记入"制造费用"账户的职工其他薪酬金额：

基本生产车间：5 140 ×（20% + 8% + 2% + 10% + 2% + 1.5%）= 2 235.9（元）

应记入"管理费用"账户的职工其他薪酬金额：

(32 236 + 3 774) ×（20% + 8% + 2% + 10% + 2% + 1.5%）= 15 664.35（元）

应记入"销售费用"账户的职工其他薪酬金额：

14 618 ×（20% + 8% + 2% + 10% + 2% + 1.5%）= 6 358.83（元）

根据以上计算编制该企业职工其他薪酬分配表，如表 3-5 所示。

第三章 制造业生产经营费用的核算

表 3-5　　　　　　　　　　职工其他薪酬分配表

2014 年 6 月　　　　　　　　　　　　　　　　单位：元

应借账户		成本（费用）项目	工资总额	计提的职工其他薪酬
基本生产成本	A 产品	直接人工	39 239	17 092.46
	B 产品	直接人工	71 742	31 207.77
	小　计		111 035	48 300.23
辅助生产成本	机修车间	职工薪酬	26 081	11 345.24
制造费用	基本生产车间	职工薪酬	5 104	2 235.9
销售费用		职工薪酬	14 618	6 358.83
管理费用		职工薪酬	36 010	15 664.35
合　计			192 884	83 904.55

根据表 3-5 编制下列会计分录：

借：基本生产成本——A 产品　　　　　　　　　　17 092.46
　　　　　　　　——B 产品　　　　　　　　　　31 207.77
　　辅助生产成本——机修车间　　　　　　　　　11 345.24
　　制造费用　　　　　　　　　　　　　　　　　 2 235.9
　　销售费用　　　　　　　　　　　　　　　　　 6 358.83
　　管理费用　　　　　　　　　　　　　　　　　15 664.35
　　贷：应付职工薪酬　　　　　　　　　　　　　83 904.55

八、其他要素费用的归集与分配

（一）折旧和修理费用的归集与分配

固定资产由于使用等原因发生损耗而减少的价值，称为固定资产的折旧。固定资产折旧应分期计入产品成本和期间费用。分期计入成本、费用的固定资产损耗价值，称为折旧费用。

1. 折旧费用的核算

折旧费用的核算，包括折旧费用的计算与分配两方面。

折旧的计算方法要注意折旧计提的范围：

（1）应计提折旧的固定资产包括：

①房屋和建筑（不论使用与否）；

②在用的机器设备、仪器仪表、运输工具；

③季节性停用、大修理停用的设备；
④融资租入和经营租赁方式租出的固定资产。

(2) 不应计提折旧的固定资产包括：
①未使用、不需要的机器设备；
②以经营租赁方式租入的固定资产；
③在建工程项目交付使用以前的固定资产；
④已提足折旧继续使用的固定资产（提足折旧为固定资产原价减去预计净残值）；
⑤未提足折旧前报废的固定资产（不足额记入"营业外支出"）；
⑥国家规定不提折旧的其他固定资产（如土地等）。

为了简化折旧的计算工作，月份内开始使用的固定资产，当月不计提折旧，下月起计提折旧；月份内减少或停止使用的固定资产，当月仍计提折旧，从下月起停止计提折旧。

折旧的计算方法很多，由于折旧方法的选用直接影响到企业成本、费用的计算，也影响企业的利润和纳税，因此企业应选择适当的折旧方法。折旧方法一经确定，不得随意变更。

常用的折旧方法有四种：年限法（直线法）、工作量法（工作时数）、双倍余额递减法、年数总和法。

[例3-12] 某企业于2014年12月30日引进一套生产流水线，价值2 000 000元，预计净残值140 000元，预计使用年限为5年。预计2016年年产量10万件，以后逐年递减1万件。实际产量与预计相符，分别用以上几种方法计算折旧额。

(1) 年限法：

年折旧额 = $\dfrac{2\ 000\ 000 - 140\ 000}{5}$ = 372 000（元）

(2) 工作量法：

单位工作量折旧额 = $\dfrac{2\ 000\ 000 - 140\ 000}{10 + 9 + 8 + 7 + 6}$ = 46 500（元）

第一年折旧额 = 46 500 × 10 = 465 000（元）
第二年折旧额 = 46 500 × 9 = 418 500（元）
第三年折旧额 = 46 500 × 8 = 372 000（元）
第四年折旧额 = 46 500 × 7 = 325 500（元）
第五年折旧额 = 46 500 × 6 = 279 000（元）

(3) 年数总和法：

第一年折旧额 = $\frac{5}{15}$ × (2 000 000 - 140 000) = 0.333 × 1 860 000 = 620 000（元）

第二年折旧额 = $\frac{4}{15}$ × 1 860 000 = 496 000（元）

第三年折旧额 = $\frac{3}{15}$ × 1 860 000 = 372 000（元）

第四年折旧额 = $\frac{2}{15}$ × 1 860 000 = 248 000（元）

第五年折旧额 = $\frac{1}{15}$ × 1 860 000 = 124 000（元）

(4) 双倍余额递减法：

年折旧率 = $\frac{2}{预计使用年限}$ × 100%

折旧额 = 固定资产账面价值 × 年折旧率

最后两年内差额平均分摊。

计算：年折旧率 = $\frac{2}{5}$ = 0.4

第一年折旧额 = 2 000 000 × 0.4 = 800 000（元）

第二年折旧额 = (2 000 000 - 800 000) × 0.4 = 480 000（元）

第三年折旧额 = 720 000 × 0.4 = 288 000（元）

第四、第五年折旧额 = 216 000（元）

2. 折旧费用的归集和分配

一种产品的生产往往需要使用多种机器设备，而每一种机器设备又可能生产多种产品。因此，机器设备的折旧费用虽然是直接用于产品生产的费用，但一般属于分配工作比较复杂的间接计入费用，为了简化产品成本的计算工作，没有专门设立成本项目而是将其直接计入制造费用。企业行政管理部门固定资产的折旧费用，用于其他经营业务的固定资产折旧费用，则应分别计入管理费用和其他业务支出。这说明，折旧费用应按照固定资产的使用车间、部门和用途分别记入"制造费用"、"管理费用"、"销售费用"等明细账的"折旧费"费用项目中。

某企业的折旧费用分配表如表 3 - 6 所示。

表 3-6　　　　　　　　　　　　折旧费用分配表

2014 年 6 月　　　　　　　　　　　　　　　　　　　单位：元

项目	基本生产车间	辅助生产车间		行政管理部门	专设销售机构	合计
		供电	供水			
折旧费	10 000	1 200	200	3 000	1 000	15 400

根据表 3-6 编制会计分录如下：

借：制造费用　　　　　　　　　　　　　　　　　10 000
　　辅助生产成本　　　　　　　　　　　　　　　 1 400
　　管理费用　　　　　　　　　　　　　　　　　 3 000
　　销售费用　　　　　　　　　　　　　　　　　 1 000
　　贷：累计折旧　　　　　　　　　　　　　　　　　　15 400

固定资产修理费与折旧费一样，也不单独设置成本项目，对于生产车间固定资产的修理费，应先在"制造费用"账户归集，归集完成后再从"制造费用"账户转入"基本生产成本"账户，并分配计入各种产品成本。对于企业行政管理部门固定资产的修理费，应先在"管理费用"账户中归集，归集完成后，于月末直接计入当期损益中。需要指出的是，如果企业各月发生的固定资产修理费用不均衡时，则可以采用待摊或预提的方法进行处理。

（二）利息费用的归集与分配

要素费用中的利息费用，是企业财务费用的一个费用项目，不构成产品成本。

利息费用一般按季节结算并于季节末支付。对利息费用的处理一般可采取以下两种方法：

1. 采用按月预提方式

如果利息费用数额较大，为正确划分各月费用界限，体现权责发生制的要求，可采用预提办法，即季内各月利息费用按计划预提，每季度实际利息费用与预提利息费用的差额，调整计入季末月份的财务费用。

[例 3-13] 某企业从 2014 年 10 月份起按月计划预提利息 1 000 元，12 月末接银行通知结算全季利息 3 200 元，则有关的账务处理如下：

（1）10、11、12 月每月预提利息费用时：

借：财务费用　　　　　　　　　　　　　　　　　1 000
　　贷：应付利息　　　　　　　　　　　　　　　　　　1 000

（2）12月末实际支付利息时：

借：应付利息　　　　　　　　　　　　　　　　3 200
　　贷：银行存款　　　　　　　　　　　　　　　　　3 200

12月末实际支付利息时也可以：

借：财务费用　　　　　　　　　　　　　　　　1 200
　　应付利息　　　　　　　　　　　　　　　　2 000
　　贷：银行存款　　　　　　　　　　　　　　　　　3 200

（3）季末调整实际利息费用与预提利息费用的差额，计入12月份的财务费用：

借：财务费用　　　　　　　　　　　　　　　　　200
　　贷：应付利息　　　　　　　　　　　　　　　　　　200

2. 不通过预提方式

如果利息费用数额不大，简化起见，也可以不采用预提的办法，而于季末实际支付时全额计入当月的财务费用。

如［例3-13］，12月末支付利息时：

借：财务费用　　　　　　　　　　　　　　　　3 200
　　贷：银行存款　　　　　　　　　　　　　　　　　3 200

（三）税费的归集与分配

要素费用中的税费，是指应计入管理费用的各项税费，属于管理费用的一个费用项目，也不构成产品成本。具体包括：房产税、车船税、土地使用税、印花税等。税费计入管理费用主要有以下几种情况：

1. 预先计算应交金额的税费

如房产税、车船税、土地使用税，这些税金应该通过"应交税费"账户核算。

（1）预先计算应交的税费时：

借：管理费用
　　贷：应交税费

（2）交纳税费时：

借：应交税费
　　贷：银行存款

2. 不需要预先计算应交金额的税费

如印花税，这种税费不通过"应交税费"账户核算：

交纳印花税时:
借:管理费用
　　贷:银行存款等

(四) 其他费用的归集与分配

企业要素费用中的其他费用,是指上述各项费用以外的费用支出,包括:邮电费、差旅费、租赁费、办公费、印刷费等,这些费用有的是产品成本的组成部分,有的则是期间费用的组成部分。即使计入产品成本的其他各项费用,也没有单独设立成本项目,因此,这些费用发生时,按发生的车间、部门和用途分别借记"制造费用"、"辅助生产成本"、"销售费用"、"管理费用"等账户的借方,贷记"银行存款"等账户。

[例3-14] 企业以银行存款支付本月发生的差旅费、运输费等共计1 345.10元,其中:基本生产车间139元,辅助生产供电车间529元,供水车间167元,销售部门217.50元,管理部门142.60元,财务费用150元。编制会计分录如下:

```
借:制造费用                              139
   辅助生产成本——供电                   529
           ——供水                      167
   销售费用                              217.50
   管理费用                              142.60
   财务费用                              150
   贷:银行存款                          1 345.10
```

第二节　辅助生产费用的核算

一、辅助生产费用归集与分配的意义

企业的生产分为基本生产和辅助生产。基本生产是指为企业的主要产品生产而设置的生产过程,它们是企业的主要生产过程。辅助生产是指为企业的基本生产和其他部门服务而设置的生产过程,包括企业的供水、供电、供汽、运输、修理等。辅助生产的产品、劳务和作业在满足本企业基本生产需要的前提下,有时也对外销售一部分,但这不是主要目的,在辅助生产中所占的比重很小。从事辅助生产所发生的费用称为辅助生产费用。按照辅助生产所提供的产品、劳务和作业的品种,可将辅助生产分为两类:

第三章 制造业生产经营费用的核算

(1) 只提供一种产品、劳务和作业，如供水、供电、供汽、运输等辅助生产，称为单品种辅助生产，该类车间称为单品种辅助生产车间。单品种辅助生产车间里发生的各项费用都是该车间提供劳务、作业发生的直接成本，只需将车间内发生的全部费用按车间分别归集，即可计算出该车间该劳务或作业的总费用。由于这类车间都是从事劳务、作业性质的生产，月末无在产品结存，各受益部门所接受的劳务、作业服务也都是受益部门所耗费用，因此，各辅助生产车间归集的总费用就是该月该种劳务或作业的总成本，并且该总成本可在各受益部门或产品之间按受益量的比例进行分配。

(2) 提供多种产品、劳务或作业的辅助生产，如机械修理、工具模具制造等辅助生产，称为多品种辅助生产，该类车间称为多品种辅助生产车间。多品种辅助生产车间里发生的各种费用在归集时需要区分直接费用和间接费用，发生的费用如能分清是哪一种工具、模具所耗用的，就是直接费用，可直接计入该种工具、模具的成本中，而辅助生产车间为管理和组织生产活动发生的各项费用，就是间接费用，不能直接计入成本。因此，多品种辅助生产车间除了需要分别不同的工具、模具归集其耗用的直接费用，还需要按辅助生产车间分别归集间接费用，月终将归集的单位费用在各种工具、模具之间采用一定的分配方法进行分配，然后再计算成本。若干辅助生产车间为基本生产车间生产的工具、模具，一般需要通过仓库的收发核算，而并非辅助生产制造完成后即列为基本生产成本。同时，辅助生产车间月末有可能结存在产品。因此，多品种辅助生产所归集的生产费用，首先要在完工产品与在产品之间划分，然后将完工产品的成本转入企业存货成本。

形成企业存货的辅助生产产品，即多品种辅助生产车间生产的产品，其成本计算方法与基本生产产品的成本计算方法相同，所以，本节主要侧重介绍单品种辅助生产车间生产的已被基本生产车间或其他部门耗用的各种劳务、作业成本的归集和分配。

辅助生产所提供的产品、劳务、作业，除少数用于非生产使用外，绝大部分被企业的产品生产和管理所耗用，其费用也随之按耗用比例转入各种产品的生产成本和有关费用。因此，辅助生产产品各劳务成本的高低，对于企业的产品成本水平有着重要的影响；同时，也只有在辅助生产的产品、劳务成本确定以后，才能计算商品产品的成本。此外，在有些制造业企业中，辅助生产车间之间往往相互提供劳务。例如某企业设有供水车间、供电车间、机修车间等，供水车间为供电车间、机修车间供水，供电车间为供水车间、机修车间供电，机修车间又为供水车间和供电车间进行机器设备的维修作业服务。这样各辅助生产车间归集的费用还应该包括从其他辅助生产车间转入的费用,同时也增加了辅助生产费用分配的复杂程度。可见,辅助生产费用归集与分配的正确与否,对于保证企业的商品产品成本计算的正确性和及时性,有着重要的意义。

企业在进行辅助生产费用的归集与分配时应该做到:

①正确归集和计算辅助生产各成本计算对象所发生的成本;

②按一定程序和标准正确分配各种辅助生产费用;

③控制各辅助生产成本计算对象费用的发生,促进降低辅助生产的成本,以最终降低基本生产产品成本。

二、辅助生产费用的归集

由于企业的辅助生产和基本生产的目的不同,所以企业必须区分辅助生产费用和基本生产费用。对于辅助生产费用应单独设置"辅助生产成本"账户进行归集与分配。辅助生产费用的归集除通过"辅助生产成本"总账账户外,由于企业的辅助生产部门都是具有独立职能的生产单位,所以还要设置辅助生产明细账进行核算。辅助生产明细账一般按辅助生产车间分别设置。对于生产单品种产品、劳务、作业的辅助生产车间,可按费用的经济性质即费用要素作为其成本项目设置明细账。对于生产多品种的辅助生产车间,则分别要按各车间生产的产品、劳务、作业的种类和批别设置辅助生产明细账,在该明细账中一般以费用的经济用途来划分费用,设置成本项目。对于生产多品种的辅助生产车间,辅助生产费用中的直接计入费用和间接计入费用的登记程序一般是:

一种程序是先通过"制造费用"账户的借方进行归集,然后再从其贷方分配转入"辅助生产成本"账户的借方。在辅助生产成本明细账中,平时对于属于材料、燃料和动力、工资及提取的职工福利费等直接费用直接计入各辅助生产的成本明细账,其他费用则先归集于制造费用明细账中,期末再按一定标准分配计入辅助生产车间的有关产品、劳务或作业的成本明细账中。

[例3-15] 辅助生产成本明细账和制造费用明细账格式如表3-7、表3-8、表3-9、表3-10所示。

第三章 制造业生产经营费用的核算

表 3-7　　　　　　　　　　　辅助生产成本明细账

辅助生产车间：修理　　　　　　2014 年 10 月　　　　　　　　　　单位：元

日期	凭证号	摘要	直接材料	燃料及动力	直接人工	制造费用	合计	转出
		材料费用分配表	4 200				4 200	
		动力费用分配表		300			300	
		职工薪酬分配表			3 000		3 000	
		制造费用分配表				1 500	1 500	
		辅助生产成本分配表						9 000
		合计	4 200	300	3 000	1 500	9 000	9 000

表 3-8　　　　　　　　　　　辅助生产成本明细账

辅助生产车间：运输　　　　　　2014 年 10 月　　　　　　　　　　单位：元

日期	凭证号	摘要	直接材料	燃料及动力	直接人工	制造费用	合计	转出
		材料费用分配表	2 200				2 200	
		动力费用分配表		300			300	
		职工薪酬分配表			1 500		1 500	
		制造费用分配表				800	800	
		辅助生产成本分配表						4 800
		合计	2 200	300	1 500	800	4 800	4 800

表 3-9　　　　　　　　　　　制造费用明细账

辅助生产车间：修理　　　　　　2014 年 10 月　　　　　　　　　　单位：元

日期	凭证号	摘要	材料	动力	职工薪酬	折旧费	办公费	保险费	其他	合计	转出
		材料费用分配表	400							400	
		动力费用分配表		70						70	
		职工薪酬分配表			380					380	
		折旧费用分配表				190				190	
		办公费					180			180	
		保险费						160		160	
		其他							120	120	
		制造费用分配表									1 500
		合计	400	70	380	190	180	160	120	1 500	1 500

表 3 – 10　　　　　　　　　　制造费用明细账

辅助生产车间：运输　　　　　2014 年 10 月　　　　　　　　　　单位：元

日期	凭证号	摘要	材料	动力	职工薪酬	折旧费	办公费	保险费	其他	合计	转出
		材料费用分配表	210							210	
		动力费用分配表		60						60	
		职工薪酬分配表			180					180	
		折旧费用分配表				160				160	
		办公费					50			50	
		保险费						60		60	
		其他							80	80	
		制造费用分配表									800
		合计	210	60	180	160	50	60	80	800	800

另一种程序是不通过"制造费用"账户核算。需要指出的是，如果辅助生产不对外提供产品和劳务，就不需要按照规定的成本项目计算成本，编制产品成本报表，而且辅助生产车间规模很小，制造费用很少，为了简化核算工作，其制造费用也可以直接记入"辅助生产成本"总账账户和所属明细账的借方，而不通过"制造费用"账户核算。这样，要计算辅助生产费用时，可以将产品的成本项目与制造费用的费用项目结合起来，设立简化的项目，在辅助生产明细账中按照这种简化的项目归集费用、计算成本。下列辅助生产成本明细账是根据前述各种费用分配表登记的。

[例 3 – 16] 辅助生产成本明细账的格式如表 3 – 11 和表 3 – 12 所示。

表 3 – 11　　　　　　　　　　辅助生产成本明细账

辅助生产车间：供电　　　　　2014 年 10 月　　　　　　　　　　单位：元

日期	凭证号	摘要	原材料	动力	职工薪酬	折旧费	修理费	保险费	其他	合计	转出
		材料费用分配表	450							450	
		动力费用分配表		456						456	
		职工薪酬分配表			1 500					1 500	
		折旧费用分配表				1 200				1 200	
		长期待摊费用分配表						65		65	
		修理、办公等费用					540		529	1 069	
		辅助生产成本分配表									4 740
		合计	450	456	1 500	1 200	540	65	529	4 740	4 740

表 3-12　　　　　　　　　　辅助生产成本明细账

辅助生产车间：供水　　　　2014年10月　　　　　　　　　　单位：元

日期	凭证号	摘要	原材料	动力	职工薪酬	折旧费	修理费	保险费	其他	合计	转出
		材料费用分配表	650							650	
		动力费用分配表		600						600	
		职工薪酬分配表			228					228	
		折旧费用分配表				200				200	
		长期待摊费用分配表						60		60	
		修理、办公等费用					160		167	327	
		辅助生产成本分配表									2 065
		合计	650	600	228	200	160	60	167	2 065	2 065

上述辅助生产费用两种归集程序中，第一种归集程序，也就是"辅助生产成本"账户与"基本生产成本"账户一样，一般按车间以及产品和劳务设置明细账，账内按成本项目设立专栏或专行进行明细核算。辅助生产的制造费用，单独设置"制造费用"账户核算，先通过"制造费用"账户进行归集，然后转入"辅助生产成本"账户的借方，计入辅助生产产品或劳务的成本。第二种归集程序，也就是辅助生产的制造费用不通过"制造费用"账户及其明细账单独核算，而是直接记入"辅助生产成本"账户。辅助生产费用归集的两种程序其主要区别在于辅助生产制造费用归集的程序不同。

三、辅助生产费用的分配

辅助生产费用的分配有两种情况：一是产品性生产，如提供自制材料、工具、配件等产品。其费用分配、成本计算及账务处理同基本生产车间生产产品一样。二是劳务性生产，如供水、供电、运输、机修等。其发生的费用，应于月末，按受益的原则在各受益单位之间选择一定的方法进行分配。若企业有几个辅助生产部门，且相互提供产品和劳务，则要先在各辅助生产车间之间进行费用的交互分配，然后再对外分配。

（一）单一辅助生产车间辅助生产费用的分配

如果企业只有一个辅助生产车间，则其生产费用的分配比较简单，通常按各受益对象耗用该辅助生产车间提供的产品或劳务数量的比例，在各个受益对象之间进行分配。

[例3-17] 某企业供电车间7月供电64 000度，费用总额为160 000元。

企业各部门耗电资料如表3-13所示。

表3-13

受益对象	耗电数量（度）
基本生产车间——甲产品	30 000
基本生产车间——乙产品	12 000
基本生产车间——车间管理	8 000
企业行政管理部门	10 000
固定资产在建工程	4 000
合计	64 000

根据以上资料，分配供电车间的生产费用。其结果如下：

电费分配率 = $\dfrac{160\ 000}{64\ 000}$ = 2.5

甲产品应分配的电费 = 30 000 × 2.5 = 75 000（元）
乙产品应分配的电费 = 12 000 × 2.5 = 30 000（元）
基本生产车间制造费用应分配的电费 = 8 000 × 2.5 = 20 000（元）
企业管理部门应分配的电费 = 10 000 × 2.5 = 25 000（元）
固定资产在建工程应分配的电费 = 4 000 × 2.5 = 10 000（元）

根据分配结果编制会计分录如下：

借：基本生产成本——甲产品	75 000
——乙产品	30 000
制造费用——基本车间	20 000
管理费用	25 000
在建工程	10 000
贷：辅助生产成本——动力	160 000

（二）若干辅助生产车间辅助生产费用的分配

如果企业拥有两个或两个以上辅助生产车间，则该企业辅助生产费用的分配通常较为复杂。因为辅助生产车间不仅对企业各生产及管理部门提供产品或劳务，而且各辅助生产车间之间往往相互提供产品或劳务，这就使辅助生产费用的分配交互影响，彼此制约。在此情况下，辅助生产费用分配一般可采用以下几种方法：直接分配法、顺序分配法、交互分配法、计划成本分配法和代数

第三章 制造业生产经营费用的核算

分配法。

1. 直接分配法

采用这种方法是把各辅助生产车间实际发生的费用,直接在辅助生产以外的各受益单位之间进行分配,而不考虑辅助生产车间之间相互提供产品或劳务的情况。分配的特点可概括为:只对外,不对内。其计算公式为:

$$某辅助生产车间费用分配率 = \frac{待分配的该辅助生产费用总额}{辅助生产车间以外各受益单位耗用劳务的数量之和}$$

某受益单位应负担的该辅助生产费用 = 分配率 × 该受益单位耗用劳务量

[例3-18] 某企业 2014 年 6 月有供电和供水两个辅助生产车间,本月份供电车间供电共 9 000 度,费用总额为 24 000 元;供水车间供水共 12 000 立方米,费用总额为 14 400 元,水电耗用情况如表 3-14 所示。

表 3-14　　　　　　　　劳务供应资料

车间或部门	供电(度)	供水(立方米)
供电车间		3 000
供水车间	1 000	
基本生产车间	6 000	3 000
企业管理部门	2 000	6 000
合计	9 000	12 000

根据以上资料,采用直接分配法分配并编制辅助生产费用分配表。其结果如表 3-15 所示。

表 3-15　　　　辅助生产费用分配表(直接分配法)　　数量单位:度、立方米
2014 年 6 月　　　　　　　　　　　　　　　　　　金额单位:元

辅助生产车间应借账户	供电			供水			成本合计
	供应量	分配率	金额	供应量	分配率	金额	
制造费用	6 000		18 000	3 000		4 800	22 800
管理费用	2 000		6 000	6 000		9 600	15 600
合计	8 000	3	24 000	9 000	1.6	14 400	38 400

表3-15中的辅助生产车间的费用分配率计算如下：

供电费用分配率 = $\dfrac{24\,000}{6\,000 + 2\,000} = 3$

供水费用分配率 = $\dfrac{14\,400}{3\,000 + 6\,000} = 1.6$

根据表3-15编制会计分录如下：

借：制造费用	22 800
管理费用	15 600
贷：辅助生产成本——供电	24 000
——供水	14 400

采用直接分配法，计算最为简便，但具有一定的假设性。因此，它只宜在辅助生产车间之间相互提供产品或劳务数量不多、不进行交互分配对辅助生产成本和基本生产产品成本影响不大的情况下采用。

2. 顺序分配法

采用这种方法，各种辅助生产之间的费用分配应按照辅助生产车间受益多少的顺序排列，受益少的排列在前，先将费用分配出去，受益多的排列在后，后分配。排在前面的辅助生产车间将费用分配给排在其后面的辅助生产车间而不负担排在其后的辅助生产车间的劳务费用。该方法的计算公式为：

排第一位的辅助生产车间费用分配率 = 待分配的该辅助生产费用总额/该辅助生产车间提供的劳务数量之和

某受益单位应负担的该辅助生产费用 = 该受益单位耗用的劳务量 × 分配率

排第二位的辅助生产车间费用分配率 =（该辅助生产费用总额 + 前面辅助生产车间分配来的费用）/排后面的辅助生产车间及其以外受益单位耗用的劳务数量之和

某受益单位应负担的该辅助生产费用 = 该受益单位耗用的劳务量 × 分配率

仍用［例3-18］资料，采用顺序分配法分配辅助生产成本。

首先判断哪个辅助生产车间受益少，受益少的先分配。

供水车间耗用电的费用 = 1 000 × 24 000/9 000 = 2 666.67（元）

供电车间耗用水的费用 = 3 000 × 14 400/12 000 = 3 600（元）

供水车间受益少，先分配，供电车间受益多，后分配。

根据以上资料，采用顺序分配法编制的辅助生产费用分配表，如表3-16所示。

第三章 制造业生产经营费用的核算

表 3-16　　　　　　　辅助生产费用分配表（顺序分配法）

数量单位：度、立方米

2014 年 6 月

金额单位：元

辅助生产车间	分配率	应借账户		辅助生产成本		制造费用		管理费用	
		供水		供电					
		供应量	金额	耗用量或供应量	金额	耗用量	金额	耗用量	金额
待分配费用			14 400		24 000				
供水车间	1.2	12 000	14 400	3 000	3 600	3 000	3 600	6 000	7 200
供电车间	3.45			8 000	27 600	6 000	20 700	2 000	6 900
成 本 合 计							24 300		14 100

表 3-16 中各辅助生产车间的费用分配率计算如下：

$$供电费用分配率 = \frac{24\,000 + (1.2 \times 3\,000)}{8\,000} = 3.45$$

$$供水费用分配率 = \frac{14\,400}{12\,000} = 1.2$$

根据表 3-16 编制会计分录如下：

借：辅助生产成本——供电　　　　　　　　　　　　　3 600
　　制造费用　　　　　　　　　　　　　　　　　　24 300
　　管理费用　　　　　　　　　　　　　　　　　　14 100
　　贷：辅助生产成本——供水　　　　　　　　　　　14 400
　　　　　　　　　　——供电　　　　　　　　　　　27 600

采用这种方法分配辅助生产费用的优点是较直接分配法前进了一步，因为该方法考虑了辅助生产车间之间的交互分配，计算简便，也只计算分配一次。缺点是排列在前的辅助生产车间不负担排列在后辅助生产车间的费用，因此分配结果的准确性会受到一定的影响。该方法适用于辅助生产车间相互受益的程度有明显顺序的企业。

3. 交互分配法

采用这种方法是把各辅助生产车间实际发生的费用，分两步来进行分配。第一步，将各辅助生产车间发生的费用，只在各辅助生产车间之间进行交互分配；第二步，将各辅助生产车间交互分配前的费用，加上交互分配转入的费用，减去交互分配转出的费用，计算出各辅助生产车间交互分配后的实际费用,然后按对外提供产品或劳务的数量,在辅助生产以外的各受益单位之间进行分配。分配的特点可概括为:先对内,后对外。其计算公式为:

$$\frac{某辅助生产车间}{费用交互分配率} = \frac{待分配的该种辅助生产费用总额}{该辅助生产车间提供的劳务总量}$$

其他辅助生产车间应负担辅助生产费用 = 该受益单位耗用劳务量 × 分配率

某辅助生产费用对外分配率 =(该辅助生产车间待分配的费用总额 + 交互分配转来的费用 - 交互分配分出的费用)/辅助生产车间以外各受益单位耗用劳务的数量之和

某受益单位分配的辅助生产费用 = 该受益单位耗用劳务量 × 分配率

仍用[例3-18]资料,采用交互分配法分配辅助生产费用,并编制辅助生产费用分配表。其结果如表3-17所示。

表3-17中交互分配率及对外分配率计算如下:

供电费用交互分配率 = $\frac{24\,000}{9\,000}$ = 2.667

供水费用交互分配率 = $\frac{14\,400}{12\,000}$ = 1.2

供水车间耗电费用 = 1 000 × 2.667 = 2 667(元)

供电车间耗水费用 = 3 000 × 1.2 = 3 600(元)

供电车间对外分配的费用 = 24 000 + 3 600 - 2 667 = 24 933(元)

供电车间对外分配的数量 = 9 000 - 1 000 = 8 000(度)

供电费用对外分配率 = $\frac{24\,933}{8\,000}$ = 3.117

供水车间对外分配的费用 = 14 400 + 2 667 - 3 600 = 13 467(元)

供水车间对外分配的数量 = 12 000 - 3 000 = 9 000(立方米)

供水费用对外分配率 = $\frac{13\,467}{9\,000}$ = 1.496

计入制造费用的用电费用 = 6 000 × 3.117 = 18 702(元)

计入制造费用的用水费用 = 3 000 × 1.496 = 4 488(元)

计入管理费用的用电费用 = 2 000 × 3.117 = 6 234(元)

计入管理费用的用水费用 = 6 000 × 1.496 = 8 976(元)

第三章 制造业生产经营费用的核算

表3-17 辅助生产费用分配表(交互分配法)

2014年6月

数量单位:度、立方米
金额单位:元

项目	待分配费用	对外分配费用	分配数量	分配率	应借账户						
					辅助生产成本				制造费用		管理费用
					供电		供水				
					耗用量	金额	耗用量	金额	耗用量	金额	耗用量	金额
交互分配												
供电车间	24 000		9 000	2.667			1 000	2 667				
供水车间	14 400		12 000	1.2	3 000	3 600						
小计	38 400		—		3 000	3 600	1 000	2 667				
对外分配												
供电车间		24 933	8 000	3.117					6 000	18 702	2 000	6 234
供水车间		13 467	9 000	1.496					3 000	4 488	6 000	8 976
合计	38 400	38 400	—		—	3 600	—	2 667	—	23 190	—	15 210

89

根据表 3-17 编制会计分录如下:

交互分配分录:

借: 辅助生产成本——供电　　　　　　　　　　　　3 600
　　　　　　　　——供水　　　　　　　　　　　　2 667
　　贷: 辅助生产成本——供水　　　　　　　　　　3 600
　　　　　　　　　——供电　　　　　　　　　　　2 667

对外分配分录:

借: 制造费用　　　　　　　　　　　　　　　　　　23 190
　　管理费用　　　　　　　　　　　　　　　　　　15 210
　　贷: 辅助生产成本——供电　　　　　　　　　　24 933
　　　　　　　　　——供水　　　　　　　　　　　13 467

采用交互分配法,较之直接分配法分配结果更为正确合理,克服了直接分配法和顺序分配法两种方法的不足,即考虑了各辅助生产车间之间相互提供劳务,并按受益多少交互分配。但是交互分配是按照各辅助生产车间直接发生费用而非实际费用进行分配,因而分配结果也不是很准确。而且,如果用于厂部、车间两级核算的企业中,车间要等财务部门转来其他车间分配的费用才能算出实际费用,影响成本核算的及时性。这一分配方法适用于各辅助生产车间相互提供劳务量较多,但无一定顺序的企业采用。

4. 代数分配法

采用这种方法,是运用初等数学中多元一次联立方程的原理,先计算确定各辅助生产费用分配率,然后再根据各受益单位(包括辅助生产车间)耗用产品或劳务的数量来分配辅助生产费用。分配的特点可概括为:既对外,又对内。其计算公式为:

某受益单位应分配的辅助生产费用 = 该受益单位耗用劳务量 × 某辅助生产费用分配率

上式中:某种辅助生产费用分配率,就是指该辅助生产车间所提供产品或劳务的单位成本,应采用代数方法计算求得。

其基本程序为:(1)设立未知数,即辅助生产车间劳务的单位成本,并根据辅助生产车间之间相互提供劳务的关系建立多元一次联立方程组;(2)解联立方程组,求出各辅助生产车间劳务的单位成本;(3)以求出的单位成本和受益单位耗用的劳务量分配辅助生产费用。

仍用 [例 3-18] 资料,采用代数分配法分配辅助生产费用,设 x 为每度

第三章 制造业生产经营费用的核算

电的成本，y 为每立方米水的成本，则可以两个辅助生产车间相互提供服务的关系建立联立方程式为：

$24\,000 + 3\,000y = 9\,000x$　　①

$14\,400 + 1\,000x = 12\,000y$　　②

计算求得：①×4 得：

$96\,000 + 12\,000y = 36\,000x$　　③

②+③得：$110\,400 = 35\,000x$

$$x \approx 3.15429（每度电的成本）$$

将 x 代入②得：

$$y \approx 1.46286（每立方米水的成本）$$

供水车间应分配的电费 = $1\,000 \times 3.15429 = 3\,154.29$（元）

供电车间应分配的水费 = $3\,000 \times 1.46286 = 4\,388.58$（元）

基本生产车间应分配的电费、水费 = $6\,000 \times 3.15429 + 3\,000 \times 1.46286$
　　　　　　　　　　　　　　　= $23\,314.32$（元）

企业管理部门应分配的电费、水费 = $2\,000 \times 3.15429 + 6\,000 \times 1.46286$
　　　　　　　　　　　　　　　　= $15\,085.74$（元）

根据计算结果编制会计分录如下：

借：辅助生产成本——供电　　　　　　　　　　4 388.58
　　　　　　　　——供水　　　　　　　　　　3 154.29
　　制造费用　　　　　　　　　　　　　　　　23 314.32
　　管理费用　　　　　　　　　　　　　　　　15 085.74
　　贷：辅助生产成本——供电　　　　　　　　28 388.61
　　　　　　　　　　——供水　　　　　　　　17 554.32

采用代数分配法，分配结果最为正确，但在辅助生产车间较多的情况下，未知数较多，计算工作比较复杂，因而宜在计算工作已实现电算化的企业或辅助生产车间不多的企业中采用。

5. 计划成本分配法

采用这种方法是把辅助生产车间为各受益单位（包括辅助生产本身）提供的产品或劳务，一律先按产品或劳务的计划单位成本进行分配，然后再将辅助生产车间实际发生的费用（包括辅助生产交互分配转入的费用在内）与按计划单位成本分配转出的费用之间的差额进行追加分配，或为简化计算，将其直接记入"管理费用"中。其计算公式为：

某受益单位应负担辅助生产费用 = 该受益单位耗用劳务量 × 某辅助生产车间劳务计划单位成本

实际成本与计划成本的差额 = 待分配费用 + 交互分配分入费用 − 按计划单位成本分出费用

仍用[例3-18]资料，假设供电车间的计划单位成本为2.80元/度，供水车间的计划单位成本为1.50元/立方米，采用计划成本分配法编制辅助生产费用分配表，如表3-18所示。

根据表3-18分配结果编制会计分录如下：

先按计划成本分配时：

借：辅助生产成本——供电　　　　　　　　　　　　4 500
　　　　　　　　——供水　　　　　　　　　　　　2 800
　　制造费用　　　　　　　　　　　　　　　　　　21 300
　　管理费用　　　　　　　　　　　　　　　　　　14 600
　　贷：辅助生产成本——供电　　　　　　　　　　　　　25 200
　　　　　　　　　　——供水　　　　　　　　　　　　　18 000

对于差异的处理：

为了简化会计核算工作，一般情况下，辅助生产分配的借、贷之差记入"管理费用"账户。供电车间的借方发生额28 500元（24 000 + 4 500），大于贷方分配转出额25 200元，产生了超支差异3 300元，应记入（增加）"管理费用"账户。其会计分录为：

借：管理费用　　　　　　　　　　　　　　　　　　3 300
　　贷：辅助生产成本——供电　　　　　　　　　　　　　3 300

供水车间的借方发生额17 200元（14 400 + 2 800），小于贷方分配转出额18 000元，产生了节约差异800元，应记入（冲减）"管理费用"账户。其会计分录为：

借：管理费用　　　　　　　　　　　　　　　　　　800
　　贷：辅助生产成本——供水　　　　　　　　　　　　　800

采用计划成本分配法，按事先制定的计划单位成本进行分配，不仅简化了核算工作，又能弥补交互分配法不够及时的不足，加快分配速度；同时，按照计划单位成本分配，排除了辅助生产实际费用的高低对各受益单位成本的影响，便于分析和考核受益单位的经济责任，而且能够反映和监督辅助生产成本计划的完成情况，便于考核和分配各受益单位的成本。但采用这种方法时，企

第三章 制造业生产经营费用的核算

表3-18 辅助生产费用分配表（计划成本分配法）

2014年6月

数量单位：度、立方米
金额单位：元

项目	分配数量	分配率	应借账户				制造费用		管理费用		计划成本合计
			辅助生产成本							
			供电		供水						
			耗用量	金额	耗用量	金额	耗用量	金额	耗用量	金额	
待分配费用				24 000		14 400					
按计划成本分配		计划成本									
供电车间	9 000	2.80			1 000	2 800	6 000	16 800	2 000	5 600	25 200
供水车间	12 000	1.50	3 000	4 500			3 000	4 500	6 000	9 000	18 000
金额小计				4 500		2 800		21 300		14 600	43 200
实际成本合计				28 500		17 200					
成本差异				3 300		−800					

业必须具备比较正确的计划成本资料。

第三节 制造费用的核算

企业直接用于产品生产但是没有专设成本项目，或是间接用于产品生产的费用，应先通过"制造费用"归集，然后再采用适当的方法分配计入各成本计算对象。在高科技和信息时代，间接生产费用在产品成本中的比重越来越大，制造费用核算的准确性直接影响产品成本的准确性。

一、制造费用的内容

制造费用的构成比较复杂，大部分是间接用于产品生产的费用，如机物料消耗、车间照明费等，也包括直接用于产品生产，但较难辨认其产品归属或金额较小、管理上不要求单独专设成本项目的费用，如设备折旧费、设计制图费等。具体内容如下：

（1）工资，是指生产单位（分厂、车间、下同）除生产工人之外的管理人员、工程技术人员和其他生产人员的工资。

（2）其他薪酬，按工资总额一定比例计提的职工福利费、社会保险费、住房公积金等。

（3）折旧费，是指生产单位的房屋、建筑物、机器设备等固定资产按规定的折旧方法计算的折旧费用。

（4）租赁费，是指生产单位租入固定资产和专用工具而发生的租金，但不包括融资租赁费。

（5）修理费，是指生产单位使用的固定资产发生的各种大修理和日常修理费用。

（6）机物料消耗，是指生产单位为维护生产设备等管理上所消耗的各种材料，不包括专门进行固定资产修理和劳动保护用材料。

（7）低值易耗品摊销，是指生产单位使用的各种低值易耗品的摊销费。

（8）取暖费，是指生产单位用于职工防寒取暖而发生的费用，不包括支付给职工的取暖津贴。

（9）水电费，是指生产单位管理上耗用水、电而发生的费用。生产工艺所耗的电费比较大，可以设置专门的成本项目，在"燃料及动力"成本项目中核算。

（10）办公费，是指生产单位耗用的文具、印刷、邮电、办公用品等费用。

(11) 差旅费,是指生产单位职工因公出差而发生的交通、住宿、出差补助等费用。

(12) 运输费,是指生产单位耗用的厂内、厂外的运输劳务费用。

(13) 保险费,是指生产单位应负担的财产物资保险费。从保险公司取得的赔偿应从本项目中扣除。

(14) 设计制图费,是指生产单位应负担的图纸费、制图用品费和委托设计部门设计图纸而发生的费用。

(15) 试验检验费,是指生产单位应负担的对材料、半成品、产成品进行试验或进行检查、化验、分析的费用。其包括企业中心实验室、检验部门为生产单位进行试验、检验所耗用的材料、破坏性实验的样品,以及委托外单位进行检查试验所发生的费用。

(16) 劳动保护费,是指生产单位为保护职工劳动安全所发生的劳动用品费,如劳保眼镜、工作服、工作鞋、工作帽、手套等。但不包括构成固定资产价值的安全装置、卫生设备、通风设备等发生的费用。

(17) 无形资产摊销,是指与车间产品生产直接相关的无形资产分期摊销的费用,如产品生产专利权、专有技术费用的摊销;生产车间生产用土地使用权费用的摊销等。

(18) 国家规定的有关环保费用,是指企业在生产过程中为了解决环境污染和生态破坏所发生的各项费用,如环境检测费、三废处理费、环保罚款等。

(19) 季节性、修理期间停工损失。季节性、修理期间停工损失不包括单独组织生产单位生产损失核算的停工损失。

(20) 其他,是指以上各项以外的应计入产品成本的其他制造费用,如在产品盘亏、毁损损失。

二、制造费用的归集

制造费用的归集与分配是通过"制造费用"总账账户进行的。归集时,应将发生的各项制造费用,根据各项要素费用分配表以及各有关凭证,从"原材料"、"应付职工薪酬"、"累计折旧"、"银行存款"、"库存现金"等总账账户的贷方,直接转入"制造费用"总账账户的借方,月末一般无余额。制造费用应按不同车间、分厂或制造部门设立明细账,按照费用的明细项目设立专栏或专户,分别反映各车间、部门各项制造费用的支出情况,以便各车间、部门经理能对其车间、部门的间接成本负责,也便于高层管理部门评价车间、部门经理控制成本的业绩。

[例 3 – 19] 根据各种费用分配表及付款凭证登记制造费用明细账，其格式如表 3 – 19 所示。

表 3 – 19　　　　　　　　　　制造费用明细表
车间：基本生产车间　　　　　2014 年 5 月　　　　　　　　　　单位：元

日期	凭证号	摘要	材料	动力	职工薪酬	折旧费	修理费	水电费	保险费	其他	合计	转出
		付款凭证					3 430			139	3 569	
		材料费用分配表	200								200	
		动力费用分配表		2 250							2 250	
		职工薪酬分配表			912						912	
		折旧费用分配表				10 000					10 000	
		长期待摊费用分配表							250		250	
		辅助生产费用分配表						3 249			3 249	
		制造费用分配表										20 430
		合计	200	2 250	912	10 000	3 430	3 249	250	139	20 430	20 430

三、制造费用的分配方法

制造费用分配时，可分两种情况：一是在生产一种产品或提供一种劳务的车间和企业中，制造费用可以直接计入该种产品或劳务的成本中；二是在生产多种产品或提供多种劳务的车间和企业中，因制造费用有多个受益对象，所发生的共同制造费用经归集后，应采用适当的方法进行分配，分别计入各种受益产品的制造成本中。

合理分配制造费用的关键在于正确选择分配标准，在选择分配标准时，应考虑的原则是，分配标准的资料必须比较容易取得，并且与制造费用之间存在客观的因果比例关系。常用的分配标准有生产工人工时、机器小时等。

制造费用的分配方法可分为实际分配率法、预定分配率法和累计分配率法。

制造企业可以根据自身经营管理特点和条件，利用现代信息技术，采用作业成本法对不能直接归属于成本核算对象的成本进行归集和分配。

（一）实际分配率法

采用实际分配率法，应根据各车间和分厂归集的制造费用和耗用分配标准总量，分别计算出各车间和分厂的制造费用分配率，然后根据制造费用分配率和各产品耗用的分配标准量计算出各产品应负担的制造费用。其分配的计算公式如下：

$$某生产单位的制造费用分配率 = \frac{该单位本期归集的制造费用}{该生产单位本期分配标准总量}$$

某种产品应负担的制造费用 = 该生产单位的制造费用分配率 × 该种产品耗用的分配标准

按实际分配率法分配制造费用，通常以生产工人工时、生产工人工资和机器小时作为分配标准。

1. 生产工人工时比例法

生产工人工时比例法，是指以各种产品消耗的生产工人工时为标准，来分配制造费用的一种方法。其计算公式如下：

$$制造费用分配率 = \frac{制造费用总额}{车间各种产品生产工人工时之和}$$

某种产品应分配的制造费用 = 该种产品的生产工人工时 × 制造费用分配率

[**例 3-20**] 某企业一基本生产车间本月份发生制造费用 10 000 元，该车间生产甲、乙两种产品，生产工时分别为 12 000 小时和 28 000 小时，分配结果如下：

$$制造费用分配率 = \frac{10\ 000}{12\ 000 + 28\ 000} = 0.25$$

甲产品应分配的制造费用 = 12 000 × 0.25 = 3 000（元）

乙产品应分配的制造费用 = 28 000 × 0.25 = 7 000（元）

按照生产工人工时比例分配制造费用，能将劳动生产率与产品负担的费用水平联系起来，使分配的结果比较合理，同时，该分配标准的资料容易取得，从而使分配计算的工作较为简便。但是，如果固定资产折旧费、修理费在制造费用中占的比重较大，且各种产品的机械化程度不同，按此标准分配制造费用，就会使机械化程度较高的产品少负担固定资产折旧费、修理费等，以致使分配结果与制造费用的实际情况不相符合。因此，生产工人工时比例法适合于各产品生产的机械化程度大致相同、原始记录和生产工时统计资料比较健全的车间采用。

如果产品的工时定额比较准确，制造费用也可以按生产工人定额工时的比例分配。

2. 生产工人工资比例法

生产工人工资比例法，是指以计入各种产品成本的生产工人工资为标准，来分配制造费用的一种方法。其计算公式如下：

$$制造费用分配率 = \frac{制造费用总额}{车间各种产品生产工人工资之和}$$

某种产品应分配的制造费用 = 该种产品的生产工人工资 × 制造费用分配率

[例 3 - 21] 承 [例 3 - 20]，假设甲、乙两种产品的生产工人工资分别为 6 000 元和 14 000 元，则分配结果如下：

$$制造费用分配率 = \frac{10\ 000}{6\ 000 + 14\ 000} = 0.5$$

甲产品应分配的制造费用 = 6 000 × 0.5 = 3 000（元）

乙产品应分配的制造费用 = 14 000 × 0.5 = 7 000（元）

由于产品成本计算单中有现成的生产工人工资的资料，分配标准容易取得，分配计算工作比较简便易行。但是采用这一方法，各种产品生产机械化程度和产品加工技术等级大致应具有相同的情况，否则，机械化程度低的产品，所花工资费用多，负担制造费用也就多，从而影响费用分配的合理性。因为，在制造费用中包含着很大一部分机器设备的折旧、修理费用，这些费用对于机械化程度低的产品来说，不是应该少负担一些，而是应该多负担一些。因此这种方法适用于各产品机械化程度和产品加工技术等级大致相同的情况。

3. 机器工时比例法

机器工时比例法，是指以各种产品所耗用的机器设备的运转时间为标准，来分配制造费用的一种方法。其计算公式如下：

$$制造费用分配率 = \frac{制造费用总额}{车间各种产品机器设备运转工时之和}$$

某种产品应分配的制造费用 = 该种产品所用机器设备运转工时 × 制造费用分配率

[例 3 - 22] 某企业第一基本生产车间本月份发生的制造费用为 32 340 元，该车间生产甲、乙两种产品，耗用的机器工时分别为 3 628 工时和 2 840 工时，则分配结果如下：

$$制造费用分配率 = \frac{32\ 340}{3\ 628 + 2\ 840} = 5$$

甲产品应分配的制造费用 = 3 628 × 5 = 18 140（元）

乙产品应分配的制造费用 = 2 840 × 5 = 14 200（元）

采用这种方法时，如果生产车间中机器设置的类型大小不一，应将机器设置划分为若干类别，按照不同类别归集和分配制造费用，也可以对不同机器设备按系数折成标准工时进行分配，以提高分配结果的合理性。这种方法适用于机械化、自动化程度较高的生产车间，因为这种车间所发生的制造费用中，折旧费、修理费、动力费等费用所占比重较大，而且这些费用的发生又与机器设备的使用密切相关，因此按机器工时分配制造费用是较为合理的。但应予以指出的是，分厂制造费用与车间的机器工时没有直接关系，因此分厂制造费用分配不应采用该种方法。

（二）预定分配率法

预定分配率法，亦称年度计划分配率法，这是按照各生产单位年度的制造费用预算和计划产量的定额工时事先确定的预定分配率，来分配制造费用的方法。其计算公式如下：

$$制造费用的预定分配率 = \frac{年度制造费用计划总额}{年度内各种产品计划产量的定额工时之和}$$

某种产品应负担的制造费用 = 预定分配率 × 该种产品当月实际产量的定额工时数

采用预定分配率法，不论各月实际发生的制造费用是多少，每月计入各产品制造成本的制造费用，都是按预定分配率分配。对各月按预定分配率分配的制造费用与实际发生的制造费用之间的差额，月末不进行调整分配。这样，年内各月末"制造费用"账户就会有余额，余额可能在借方，也可能在贷方，但到年终时，必须将逐月累计的制造费用余额，按已分配的比例一次分配计入12月份的各产品制造成本中，调增或调减当年产品的成本，经年终调整后，"制造费用"账户应无余额。

[例 3 – 23] 某企业一基本生产车间全年制造费用预算额为 115 460 元，全年各种产品的计划产量为：甲产品 2 200 件，乙产品 1 500 件；单件产品的工时定额为：甲产品 8 小时，乙产品 5 小时。假定车间 8 月份的实际产量为：甲产品 180 件，乙产品 120 件，则 8 月份制造费用分配计算如下：

$$制造费用预定分配率 = \frac{115\ 460}{2\ 200 \times 8 + 1\ 500 \times 5} = 4.6$$

甲产品 8 月份应负担制造费用 = 4.6 × (180 × 8) = 6 624（元）

乙产品 8 月份应负担制造费用 = 4.6 × (120 × 5) = 2 760（元）

该车间 8 月份应分配转出的制造费用 = 6 624 + 2 760 = 9 384（元）

8月份"制造费用"账户借方实际发生额为9 200元,贷方根据预定分配率转出制造费用9 384元,贷方余额184元,即多分配数,平时不予调整。8月份制造费用的实际发生和分配转出额的登记结果如图3-2所示。

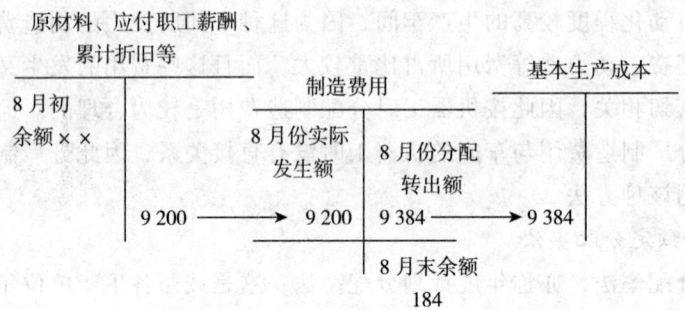

图3-2 制造费用实际发生与分配转出示意图

续[例3-23],假定到本年末,采用预定分配率法已分配制造费用116 000元,其中甲产品已分配76 000元,乙产品已分配40 000元。全年实际发生制造费用114 608元,则多分配1 392元,应进行调整冲回,具体计算如下:

$$调整分配率 = \frac{-1\ 392}{116\ 000} = -0.012$$

甲产品多分配的制造费用 = (-0.012)×76 000 = -912(元)

乙产品多分配的制造费用 = (-0.012)×40 000 = -480(元)

调整分配会计分录如下:

借:基本生产成本——甲产品　　　　　　　　　　912

　　　　　　　　——乙产品　　　　　　　　　　480

　贷:制造费用——第一基本生产车间　　　　　1 392

如果实际发生额大于计划分配额,为超支差异,年终进行调整分配时,应编制蓝字分录。调整分配后,"制造费用"账户年终无余额。

对于制造企业计划分配额与实际发生额之间的差额,也可按比例在产成品、在产品及主营业务成本之间进行分配;如果差额不大,也可将其全部转入当期的主营业务成本。

采用预定分配率法,制造费用可以不用等到会计期末就能分配到各批次(种、类)产品成本中,在一定程度上简化了分配手续,便于及时计算产品成本。这种方法还特别适用于季节性生产的企业,因为在这种制造企业中,生产旺季和淡季的产量悬殊,而各月制造费用却相差不多,如果按实际费用分配,会导致各月产品制造成本水平波动太大,使淡季成本水平偏高,而旺季则偏低,从而不利于成本分析工作的进行。

但是,由于预定分配率是在费用实际发生前确定的,因此要求企业必须有较高的计划工作和定额管理的水平,否则年度制造费用的计划数脱离实际太远,就会影响成本计算的正确性。

(三) 累计分配率法

累计分配率法是指根据累计分配率,将制造费用仅分配给完工产品,而未完工产品则不进行分配的方法。详细参见第五章简化的分批法。

对于制造费用的分配计算,应按照生产单位分别编制制造费用分配明细表,根据该表的分配结果,登记各产品成本计算单,以反映各产品成本应承担的制造费用,同时还应根据制造费用分配明细表,汇总编制企业制造费用分配汇总表,据以进行制造费用分配的总分类核算。

第四节 生产损失的核算

企业在生产经营过程中难免会发生各种各样的损失,理论上说,这些损失不形成价值,不应计入产品成本。但在实际处理时,为了促进企业加强经济核算,减少损失,有些损失也计入产品成本。从严格意义上看,生产损失包括的内容很多,本节主要介绍计入产品成本的废品损失和停工损失的核算。

一、生产损失核算概述

制造业企业在其生产经营过程中由于不同原因而发生各种各样的损失,按其是否计入产品成本,可分为生产损失和非生产损失两大类。生产损失是指企业在产品生产过程中或由于生产原因而发生的各种损失,一般包括废品损失和停工损失。生产损失与产品生产直接相关,应该由产品成本承担,构成产品成本的一部分。非生产损失主要是由于企业经营管理或其他原因造成的损失,例如坏账损失,材料、产成品的盘亏、毁损、变质损失,汇兑损失,投资损失,固定资产盘亏、毁损损失,非常损失等。非生产损失由于与产品生产没有直接关系,因此不能计入产品成本,而应根据损失的性质、原因和现行制度的规定列入期间费用、营业外支出或冲减投资收益等。

不同的企业由于产品性质、生产工艺技术、材质、工艺流程、工人的素质以及管理水平等方面存在差异，致使生产损失发生的频繁程度、数额大小以及对产品制造成本的影响度可能不一样，生产损失在会计上如何处理，应根据企业的具体情况而定：如果企业生产损失偶尔发生，金额较小，对产品制造成本影响不大，简化起见，生产损失可以不进行单独核算，而将其包括在正常的成本项目中，增加正常成本项目的单位成本；反之，如果企业生产损失经常发生，且数额较大，对产品制造成本影响亦较大，为了控制生产损失发生的数额，更好地进行成本分析，明确经济责任，以不断减少或消除生产损失，就需要对生产损失进行单独核算，即单独归集生产损失，计算出发生的生产损失总金额以及单位产品应负担的生产损失。

企业发生生产损失会降低企业的经济效益，给企业带来不利的影响。首先，生产损失会浪费企业的人力、物力和财力；其次，生产损失会影响企业生产计划的完成，妨碍企业正常生产秩序；最后，生产损失还影响产品质量，使企业产品成本增加，减弱企业的竞争能力。

加强生产责任和产品质量管理，正确反映和控制废品损失，防止停工发生，对降低产品成本、减少损失，对增强企业竞争力、提高经济效益和社会效益都具有重要意义。

二、废品损失核算

废品是指由于生产原因造成的质量不符合规定的技术标准，不能按照原定用途使用，或者需要加工修理后才能使用的在产品、半成品和产成品。废品是由于生产原因造成的，因此与废品发现的时间和地点无关，既可能在生产过程中被发现，也可能在入库后甚至是销售后被发现。

废品可以按照不同的标志进行分类。按废品产生的原因可分为料废和工废两类，料废是指由于材料原因（如质量、规格、性能不符合要求）造成的废品；工废是指在产品生产过程中，由于加工原因（如工艺技术落后、工人操作方法不当等）造成的废品。分清废品是由于料废还是工废造成的，有利于查明废品产生的原因，分清产生废品的责任，贯彻经济责任制。

废品按其报废程度和修复价值，可分为可修复废品和不可修复废品。其主要划分是按修复的技术可能性和修复费用的经济合理性确定。可修复废品是指在技术上、工艺上可以修复，而且所支付的修复费用在经济上合算的废品。不可修复废品是指技术上、工艺上不可以修复，或者虽然可以修复，但所支付的修复费用在经济上不合算的废品。

废品损失是指因产生废品而造成的损失，主要包括废品的报废损失和修复费用。废品报废损失是指不可修复废品已耗的实际成本扣除回收材料和废料价值后的净损失;废品的修复费用是指可修复废品在返修过程中所发生的修理费用,是超过合格产品正常成本的多耗损失,包括在返修过程中耗用的原材料和零配件价值、发生的工资以及应负担的制造费用等,无论是可修复废品还是不可修复废品,如果存在应由过失人负担的赔款,则应从废品损失扣除。

需要指出的是,废品损失一般只包括发生废品所造成的直接损失,不包括因产生废品而给企业带来的间接损失;合格品入库由于保管不善、运输不当或其他原因而发生的损坏变质的损失,应作为产品毁损处理,计入"管理费用"账户,不作为废品损失;降价出售的不合格品,其售价低于合格品售价所发生的损失,应在计算销售损益中体现,记入"销售费用"账户,不作为废品损失处理;对产品实行"三包"(包修、包换、包退)的企业,如果销售后发现废品,理论上来说,其修理费、退回调换产品的运杂费、退回废品的成本减残值后的净损失等"三包"损失,都应属于废品损失,但在实际工作中,为简化核算,"三包"损失发生时,直接记入"销售费用"账户。

(一)废品损失的归集与分配

当发现废品时,由质量检验部门填制"废品通知单",列明废品的种类、数量、产生的原因和过失人等,"废品通知单"经审核后,作为废品损失核算的原始凭证。

1. 单独核算废品损失

单独核算废品损失的企业(对于废品损失经常发生,且数额较大,对产品成本影响较大的企业)可以增设"废品损失"总账及其所属明细账,同时在产品生产成本明细账中增设"废品损失"成本项目。

"废品损失"账户是为了归集和分配废品损失而设立的。该账户借方登记归集可修复废品的修复费用和不可修复废品的生产成本,贷方登记转出废品残料的回收价值和应收的赔款以及分配结转废品净损失。废品净损失应分配转由本月生产的同种或同类产品成本负担。通常情况下,期末在产品不负担废品损失,废品损失全部由本期完工产品负担。"废品损失"账户月末没有余额。现以"T"形账户说明结构,如图3-3所示。

"废品损失"账户应按车间设立明细账,账内按产品品种分设专户,并按成本项目分设专栏或专行,进行明细分类核算。

2. 不单独核算废品损失

不单独核算废品损失的企业,不设"废品损失"账户及成本项目。对于

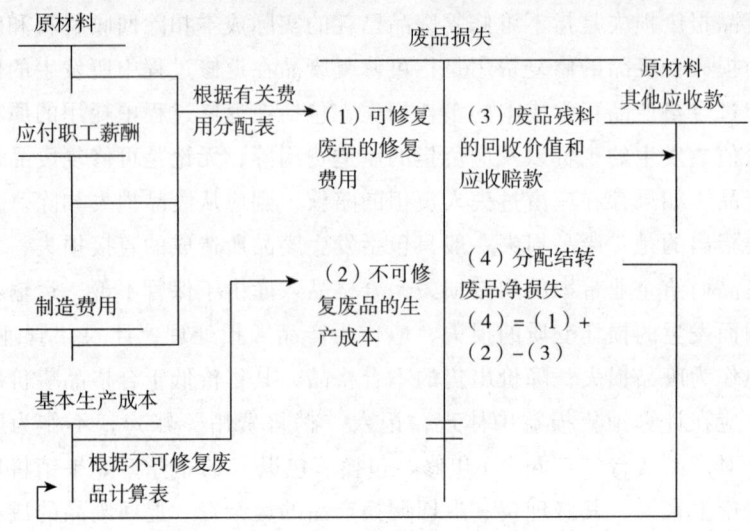

图 3-3 废品损失账务处理

不可修复废品，只从全部产量中扣除废品产品数量，而不单独归集废品生产成本，将废品损失直接在"基本生产成本"总账及其明细账的"废品损失"成本项目中核算。废品残料值直接冲减"基本生产成本"的"原材料"成本项目；对于可修复废品，其修理费用直接记入"基本生产成本"的"废品损失"成本项目。辅助生产一般不单独核算废品损失。

(二) 可修复废品损失的核算

可修复废品损失是指废品在修复过程中所发生的修复费用，包括修复废品所耗用的直接材料、燃料和动力、直接人工和应负担的制造费用等。

可修复废品返修以前发生的生产费用，不是废品损失，由于可修复废品修复后仍可作为合格品入库待售，因此不必计算原来的生产成本而只需计算其修复费用。修复费用可根据各种费用分配表或直接根据有关原始凭证及记录计算确定。如果应由过失单位或个人赔偿部分修复费用的，则将应收赔偿款抵减废品损失。

如果有残料收回和应收赔偿，则根据废料交库单和结算凭证将残料价值和应收赔偿款从"废品损失"分别转入"原材料"和"其他应收款"账户，最后，归集在"废品损失"账户借方的修理费用减去账户贷方的收回残料价值和应收赔偿款后的净损失，应从"废品损失"账户的贷方转入"基本生产成本"及所属明细账的"废品损失"成本项目。

第三章 制造业生产经营费用的核算

[**例 3-24**] 假定江东工厂第一车间 2014 年 6 月份在生产甲产品过程中发现可修复废品 2 件，当即进行修复，其耗用直接材料 200 元，直接人工 40 元，制造费用 50 元。另外，应向过失人索赔 100 元。则有关计算如下：

可修复废品的修复费用 = 200 + 40 + 50 = 290（元）

可修复废品净损失 = 290 - 100 = 190（元）

（1）根据有关费用分配表（略），编制可修复废品发生的修复费用的会计分录如下：

借：废品损失——甲产品　　　　　　　　　290
　　贷：原材料　　　　　　　　　　　　　　　　200
　　　　应付职工薪酬　　　　　　　　　　　　　40
　　　　制造费用　　　　　　　　　　　　　　　50

（2）应收过失人赔款（根据索赔凭证）：

借：其他应收款　　　　　　　　　　　　100
　　贷：废品损失——甲产品　　　　　　　　　　100

（3）结转废品净损失，计入产品成本：

借：基本生产成本——甲产品　　　　　　190
　　贷：废品损失——甲产品　　　　　　　　　　190

如前面所述，如果企业不设置"废品损失"账户，仅在"基本生产成本"下专设"废品损失"成本项目，那么，对修复费用的归集和残料价值收回和应收赔偿款的核算，应是借记和贷记"基本生产成本"及其所属明细账"废品损失"成本项目，而不是"废品损失"账户，最后一步净损失的结转不需要作，因其已直接在"废品损失"成本项目中反映出来。

仍沿用 [例 3-24] 资料，所作的会计分录为：

（1）归集修复费用：

借：基本生产成本——甲产品（废品损失）　290
　　贷：原材料　　　　　　　　　　　　　　　　200
　　　　应付职工薪酬　　　　　　　　　　　　　40
　　　　制造费用　　　　　　　　　　　　　　　50

（2）应收过失人赔款：

借：其他应收款　　　　　　　　　　　　100
　　贷：基本生产成本——甲产品（废品损失）　　100

经过以上处理，"基本生产成本"甲产品明细账中"废品损失"成本项目为190元，正是计入产品成本的净损失。

（三）不可修复废品损失的核算

不可修复废品损失是不可修复废品的生产成本扣除废品残值和赔偿款后的净损失。进行不可修复废品损失的核算，首先要计算截至报废时已经发生的不可修复废品生产成本，然后扣除废品收回残料价值和应收赔偿款，算出废品净损失，再计入合格产品的成本。

不可修复废品的生产成本，可按所耗的实际成本计算，也可按废品所耗定额成本计算。

1. 按废品所耗的实际成本计算

在采用按废品所耗的实际成本计算的方法时，由于废品报废以前发生的各项成本是同合格品成本混在一起发生的并归集在"基本生产成本"账户，所以不能直接从"基本生产成本"账户确定废品损失，而需要将"基本生产成本"及其明细账归集的各项成本，采用适当的分配方法，在废品与合格品之间进行分配，计算出不可修复废品的实际成本，从"基本生产成本"及所属明细账转入"废品损失"及其明细账，或直接转入"基本生产成本"及其明细账的"废品损失"成本项目。

在生产过程中发现的废品，可以按废品所耗的原材料费用和合格品所耗的原材料费用比例分配归集"基本生产成本"及其明细账的原材料费用，按废品所耗的生产工时和合格品所耗的生产工时比例分配归集在"基本生产成本"及其明细账的直接人工、制造费用等。

[例3-25] 假定上例江东工厂第一车间2014年6月份投产甲产品500件，在加工程度达到20%时发现不可修复废品10件，当即予以报废，回收残料200元。其余产品继续加工，月终全部完工并验收合格。本月发生的生产费用为：直接材料121 000元，直接人工81 180元，制造费用113 160元。原材料在生产开始时一次投入，其原材料费用按合格品、废品数量比例分配；其他费用按约当量比例分配，其中废品约当量为2件，合格品约当量即数量为490件，约当量合计为492件。

$$直接材料分配率 = \frac{121\ 000}{490 + 10} = 242$$

废品应负担的原材料成本 = 10 × 242 = 2 420（元）

$$直接人工分配率 = \frac{81\ 180}{490 + 2} = 165$$

废品应负担的直接人工 = 2 × 165 = 330（元）

第三章 制造业生产经营费用的核算

制造费用分配率 = $\frac{113\ 160}{490 + 2} = 230$

废品应负担的制造费用 = $2 \times 230 = 460$（元）

根据上述资料，编制不可修复废品损失计算表，如表 3-20 所示。

表 3-20　　　　　　　　　不可修复废品损失计算表

第一车间甲产品　　　　　　2014 年 6 月　　　　　　　　　　　　　　单位：元

项目	产量（件）	直接材料	约当量	直接人工	制造费用	合计
费用总额	500	121 000	492	81 180	113 160	315 340
费用分配率		242		165	230	
废品生产成本	10	2 420	330		460	3 210
减：残值		200				200
废品损失（报废损失）		2 220	2	330	460	3 010

根据表 3-20，编制会计分录如下：

（1）结转不可修复废品生产成本：

借：废品损失——甲产品　　　　　　　　　　　　　　3 210

　　贷：基本生产成本——甲产品（直接材料）　　　　　　　2 420

　　　　　　　　　　——甲产品（直接人工）　　　　　　　330

　　　　　　　　　　——甲产品（制造费用）　　　　　　　460

（2）回收废品残料（根据表 3-20 及残料入库凭证）：

借：原材料　　　　　　　　　　　　　　　　　　　　200

　　贷：废品损失——甲产品　　　　　　　　　　　　　　200

（3）结转废品净损失，计入产品成本：

借：基本生产成本——甲产品　　　　　　　　　　　　3 010

　　贷：废品损失——甲产品　　　　　　　　　　　　　3 010

本例中，原材料是在生产开始时一次投入，所以，可直接按废品数量和合格品数量比例分配原材料费用。如果原材料是陆续投入的，废品的原材料费用则不能按100%计算，需要按其投料程度，将废品数量折算为约当量分配，加工费也可按约当量（按加工进度折算）分配。如果废品是在完工后发现的，这时每一废品所应负担的费用与每完工合格品所应负担的费用是等同的，分配所有成本项目的费用都不需将废品数量折算，直接以废品数量和合格品产量比例分配。此外,如果产品生产费用中原材料费用所占的比重较大,为了简化核算,废品也可只计算应负担的原材料费用。这种不同情况的分配计算方法,将在以后章节的约当产量法等相关内容中介绍。

不可修复废品成本按实际成本计算和分配废品损失,符合实际,但核算的工作量较大,且必须等"基本生产成本"实际发生费用汇总完以后才能计算结转废品实际成本。

2. 按废品所耗的定额成本计算

采用按废品所耗的定额成本计算不可修复废品的生产成本方法时,不考虑废品实际发生的生产费用数额,直接根据废品数量和各项费用定额计算废品成本。其计算公式为:

废品定额成本 = 废品数量 × 各成本项目费用定额

废品净损失 = 废品定额成本 – 收回残料价值 – 应收赔偿款

[例3–26] 假定某工厂2014年5月在乙产品生产过程中发现不可修复废品6件,原材料在生产开始时一次投入,单件原材料费用定额为250元,已完成的定额工时为120小时,每小时费用定额为:直接人工4元,制造费用5元。不可修复废品的残料作价300元入库。

废品定额成本 = 6 × 250 + 120 × 4 + 120 × 5 = 2 580(元)

废品的净损失 = 2 580 – 300 = 2 280(元)

按定额费用计算废品损失,编制不可修复废品损失计算表,如表3–21所示。

表3–21　　　　　　　　　不可修复废品损失计算表

某车间 乙产品　　　　　　　　2014年5月　　　　　　　　单位:元

项目	产量(件)	直接材料	定额工时(小时)	直接人工	制造费用	合计
费用定额		250		4	5	—
废品生产成本	6	1 500	120	480	600	2 580
减:回收残值		300				300
废品损失		1 200		480	600	2 280

根据表3–21编制会计分录,其方法与按实际成本计算的相同,此略。

不可修复废品成本按定额费用计算,因费用定额事先确定,所以计算工作比较简便、及时,并且可以不受废品实际费用水平高低的影响,便于进行成本的分析与考核，对于具备比较准确的定额资料的企业尤为适用。

通过上述介绍，废品损失已归集至"基本生产成本"及其明细账中"废品损失"成本项目。这些废品损失通常只计入本月完工产品成本，在产品、自制半成品一般不负担，这样可集中将本月的废品损失反映于本月完工产品，引起管理者重视。若是单件小批生产，则废品损失属于该批（或订单）产品成本。

三、停工损失核算

（一）停工损失

停工损失是指企业生产车间或生产班组由于停电、待料、机器设备发生故障或进行大修理、发生非常灾害以及计划减产而停止生产所造成的损失。停工损失主要包括停工期间发生的直接人工、制造费用等。由过失单位或保险公司负担的赔款应冲减停工损失。

企业停工的原因很多，停工的时间有长有短，短则几分钟，长则超过一个月，范围亦有大有小，从某台设备、某个生产班组、车间到全厂。为了简化核算工作，对于全车间或班组停工不满一个工作日的，一般不计算停工损失。具体计算停工损失的范围和时间起点，可由企业或主管部门界定。只有超过界定的时间、范围的停工才计算停工损失。

（二）停工损失的核算

当发生停工时，由车间填制"停工单"，并在考勤记录中登记。在"停工单"中，应详细列示停工的范围、起止时间、原因、过失单位等内容。"停工单"经会计部门审核后，作为停工损失核算的原始凭证。

1. 单独核算停工损失

单独核算停工损失的企业，可以增设"停工损失"账户，在产品生产成本明细账中增设"停工损失"成本项目。

"停工损失"账户是为了归集和分配停工损失而设立的，该账户借方归集本月发生的停工损失，贷方分配结转停工损失，月末一般无余额。该账户应按车间分别设置明细账，账内按成本项目分设专栏或专行进行明细分类核算。

停工损失由于产生的原因不同，其分配结转的方法也不同：对于停工损失应向过失单位或保险公司索赔的款项转入其他应收款；对于自然灾害等引起的非正常停工损失应计入营业外支出；其他停工损失，如季节性和固定资产修理期间的停工损失，应计入产品成本即转入"基本生产成本"账户，由该车间生产的产品负担。

其有关的账务处理如下：

(1) 发生停工损失时，作会计分录如下：

借：停工损失
　　贷：应付职工薪酬
　　　　制造费用等

(2) 应向过失单位或保险公司索赔的款项，作会计分录如下：

借：其他应收款
　　贷：停工损失

(3) 对于自然灾害等引起的非正常停工损失，作会计分录如下：

借：营业外支出
　　贷：停工损失

(4) 如果是季节性、机器设备修理期间的停工损失，作会计分录如下：

借：基本生产成本
　　贷：停工损失

2. 不单独核算停工损失

在停工损失发生较少的企业，为简化核算工作，也可以不单独核算停工损失。不单独核算停工损失的企业，不设置"停工损失"账户及成本项目。停工期间发生的属于停工损失的各种费用，直接记入"制造费用"、"营业外支出"等账户。

本章小结

本章介绍了制造企业各种要素费用的归集和分配，包括材料费用、动力费用、职工薪酬费用等费用分配，在各项要素费用的分配中，包括原材料费用和工资费用的分配。

辅助生产费用的归集和分配，是通过"辅助生产成本"账户进行的，为了正确计算企业的成本和费用，在分配辅助生产费用时可以采用直接分配法、交互分配法、顺序分配法、计划成本分配法和代数分配法。

制造费用是指企业各个生产单位为生产产品或提供劳务而发生的各项间接费用和没有专设成本项目的直接生产费用。制造费用的分配标准可以按照生产工时比例法、生产工人工资比例法、机器工时比例法和年度计划分配率法等。

生产损失是指企业在产品生产过程中或由于生产原因而发生的各种损失，

第三章 制造业生产经营费用的核算

可分别通过设置"废品损失"和"停工损失"账户核算。

本章思考题

1. 分配共同费用的标准有哪几类？如何选择？
2. 简要说明辅助生产费用分配的特点。
3. 辅助生产费用分配有哪些方法？说明各种分配方法的特点、优缺点及适用性。
4. 如何归集、分配制造费用？
5. 简要说明预定分配率法的特点及其优缺点。
6. 如何核算不可修复废品生产成本？

本章案例

华光公司设供电车间和维修车间，3月份供电车间发生生产费用20 000元，提供电量1 000度，其中维修车间耗用300度，基本生产车间耗用600度，企业行政管理部门耗用100度。维修车间发生生产费用4 000元，提供劳务数量2 000工时，其中机修车间800工时，基本生产车间1 000工时，企业行政管理部门200工时。（辅助生产车间不设置"制造费用"账户）

问：如果供电车间按计划单位成本22元/度，维修车间按计划单位成本5元/工时计算辅助生产费用，那么，华光公司的供电车间和维修车间3月份各承担多少辅助费用？

第四章 生产费用在完工产品与在产品之间的分配

[引入案例]

永盛公司生产的甲产品经过两道工序加工完成。2014年12月末各工序在产品数量为：第一道工序400件，第二道工序700件。其中，第一道工序在产品中有已完成加工但尚未办理入库手续的产品50件；第二道工序在产品中有正在返修的废品20件。另外，在企业的半成品明细账中，有本月加工完成入库的第一道工序产品2 000件、第二道工序产品4 000件。

在月末分配生产费用确定在产品数量时，财务科小王和小张产生了分歧。小王认为月末在产品数量应为1 100件，而小张认为在产品数量应为1 050件。

你认为他们的分歧原因在何处？从分配完工产品和月末在产品应负担生产费用的角度看，你认为在产品数量应该为多少？

[学习目的与要求]

如何将生产费用在本月完工产品与月末在产品之间进行分配，是产品成本计算工作中一个重要而复杂的问题。正确组织在产品数量的核算，是正确进行生产费用在本月完工产品与月末在产品之间进行分配的前提。通过本章学习，应该理解在产品的含义及其范围，了解工业企业中在产品数量核算的意义和方法；熟练掌握生产费用在本月完工产品与月末在产品之间进行分配的各种具体方法，深刻理解这些分配方法的应用条件，以及正确采用这些方法对于正确计算本月完工产品成本和月末在产品成本的意义，掌握完工产品成本结转的账务处理。

第四章 生产费用在完工产品与在产品之间的分配

第一节 生产费用在完工产品与在产品之间分配的意义

企业把生产过程中发生的各项生产费用汇总到生产成本账户，只是产品成本计算的开始，并不是成本计算的结束。这表明了生产费用与产品成本之间的区别，同时也反映了生产费用与产品成本之间的相互联系。

生产过程中发生的各项经济资源耗费的货币表现构成生产费用，即生产费用是指需要计入产品成本的各项经济资源耗费。在第三章中，已通过一定的会计确认和计量程序，将其归集汇总到相关的生产成本账户中。

生产费用构成产品成本，但这并不意味着生产费用等同于产品成本。从会计期间的观念来看，生产费用是指一定会计期间发生的各项经济资源耗费，它归集汇总的标志是"期间"。这表明生产费用不仅与企业所生产的产品有关，而且它还表现为一定的期间性。在绝大多数企业中，生产成本账户所归集的生产费用包括了企业在本期产品生产发生中的生产费用，也包括上期结转下来的产品成本。而产品成本则是指一定产品上的生产费用，这表明产品成本计算的标志是"产品"，即生产费用必须以产品为对象，进行汇总、分配，归集于一定的产品之后，才构成产品成本。

一定期间所发生的生产费用如果全部计入该期间的产品成本，那么生产费用在量上就与产品成本相等。但由于产品要经过一定的加工工序才能完成其全部的制造过程，所以，从任何一个会计期末看，必定会出现有的产品已制造完工并验收入库，退出生产过程；有的产品在期末尚未制造完工而需要在下一个会计期间继续加工后才能完工。前者称为完工产品或产成品，后者则称为在制产品或在产品。所以，生产费用与产品成本往往是不相等的，因为在会计期末有在产品的情况下，本期发生的生产费用就不一定全部计入本期生产完工的产品中，而计入本期生产完工产品的也不一定全部都是本期发生的生产费用。由于在大多数工业生产企业中，在一个成本计算期内一般都有完工产品，期末也或多或少有在产品结存。这样，本期发生的生产费用与期初结存的在产品成本之和就需要在期末在产品与本期完工产品之间分配，从而计算出期末在产品成本、本期完工产品总成本和单位成本。

完工产品与产成品不是同一概念。完工产品按其包括内容的范围，有狭义和广义之分。狭义完工产品是指已经完成全部生产过程，随时可供销售的产品，即产成品；广义完工产品不仅包括产成品，而且还包括完成部分生产阶段，已由生产车间交中间仓库（即半成品仓库）验收，但尚未完成全部生产过程，有待在本企业内进一步加工制造的自制半成品。由于完工产品的含义有狭义与广义之分，所以在产品也有狭义的在产品与广义的在产品之分。狭义在产品是指正停留在生产车间进行加工制造的在产品，以及正在生产车间返修的废品和虽已完成了本车间生产，但尚未送验入库的产品；广义在产品不仅包括狭义在产品，而且还包括已经完成部分加工阶段，已由中间仓库验收，但尚未完成全部生产过程的自制半成品。对于不准备在本企业继续加工，等待对外销售的自制半成品，应作为商品产品，不应列入在产品之内。本章讨论的完工产品与在产品成本划分，是指广义完工产品（即产成品与自制半成品）与狭义在产品之间的成本划分。

正确理解在产品和完工产品的两种不同含义，对于加强在产品管理和正确进行产品成本计算都是十分重要的。从加强在产品实物管理而言，由于一般企业的在产品数量较大，品种规格繁多，流动性又很强，为了保证在产品实物的安全完整，就必须分清在产品实物管理的责任。一般讲，狭义在产品由于正停留在生产车间中加工制造，所以主要由生产车间进行管理；而广义在产品中的已交中间仓库验收的自制半成品，则应由仓库进行管理。从计算产品制造成本而言，正确划分完工产品与在产品成本，是保证产品制造成本计算正确性的关键问题。这是因为完工产品成本与在产品成本之间存在着彼此消长的关系，如果在产品实物数量计算得不正确，在产品多计了成本，则会少计完工产品成本；反之，少计了在产品成本，则会多算完工产品成本。所以，要保证完工产品与在产品成本划分的正确性，除了要求科学、合理、正确地分配和归集生产费用以外，正确划分广义和狭义的在产品，正确确定在产品和完工产品实物数量资料是不可缺少的条件。

第二节　在产品数量的核算

在产品结存数量，同其他存货结存数量一样，应同时具备账面核算资料和实际盘点资料，企业一方面要做好在产品收发结存的日常核算工作，另一方面还要做好在产品的清查盘点工作。这样不仅对正确计算产品成本，加强生产资金管理，以及保护企业财产有着重要的意义，而且对掌握生产进度，加强生产

第四章　生产费用在完工产品与在产品之间的分配

管理也有着重要的意义。

为了加强在产品的控制，做好在产品实物数量的日常管理工作，达到预期的控制目的，应抓好以下几项主要工作：

一、建立和健全各项原始凭证和原始记录制度

对于产品生产过程中发生的在产品的投入、产出、转移、入库、送验、报废等都应填制相应的原始凭证，如实反映在产品的动态和结存情况，例如，产品投入生产，可由生产计划、生产调度部门开出工作任务书，根据工作任务书填制限额领料单，生产车间根据生产领料单规定的限额向材料仓库领取材料，产品正式投产。又如，在产品在各工序之间转移时，各工序都应填制各种产量凭证，办理在产品转移的手续。再如，完工的零件、部件送交半成品仓库暂时保存时，必须填制自制半成品入库单等。在产品在各工序之间转移，或交半成品仓库，应尽可能地进行质量检验，并作好检验记录。在产品在转移验收过程中，如发现在产品短缺、毁损或报废，都应填制短缺单或报废单。

二、建立和健全在产品台账制度

在产品投入、转移、送验、入库、报废等的原始凭证只能分散反映在产品的动态情况，而不能连续、完整地反映在产品在整个加工过程中各个环节的增减变动和结存情况。为了加强在产品的控制，企业应根据本企业的生产特点设置在产品台账，进行在产品收、发、结存的数量核算。

在大量大批生产的车间或企业里，在产品在各道工序之间的流转一般是按固定路线有节奏地进行移动，同时，在产品在各道工序上的结存数量也是比较稳定的。为了有效控制在产品的流转，可按照在产品零件、部件的名称和车间设置在产品台账，根据各在产品的工艺流程、加工先后次序和有关原始凭证，登记各种在产品在各工序上、各生产车间的收、发、结存数量。在按生产车间设置在产品台账的情况下，可在各台账中按每一道工序分设栏目反映各工序的收、发和结存数量。在产品台账的一般格式如表4－1、表4－2所示。

115

表 4-1 在产品台账

零件名称：丝钢　　　　　　　　　　　　　　　　　　　　　　　　　　单位：件
零件编号：4033　　　　　　　　　　　　　　　　　　　　　　　　　　生产车间：金工

日期	摘要	收入毛坯		完工情况				转移情况			在产品结存数量	备注
		凭证编号	数量	凭证编号	合格品	废品	短缺	凭证编号	下道车间	数量		
	上月结存											
1/6		427	300	826	350	10	—	1121	装配	350	140	
2/6		429	400	827	370	5	2	1222	装配	370	163	
		……	……	……	……	……	……	……	……	……	……	
30/6	合计		9 600		9 530	82	14			9 530	174	

表 4-2 在产品收发结存账

零部件编号：3034
车间名称：第一车间　　　　　　　　　　　　　　　　　　　　　　　　　单位：件

日期	摘要	收入		发出		结存	
		凭证号	数量	合格品	废品	完工	未完工
1/3		104	60	56		40	16
2/3	（略）	103	80	60	4	20	30
		……	……	……	……	……	……
31/3	合计		240	680	10	50	60

在单件小批生产的车间或企业里，由于产品品种不固定，在产品加工的工艺流程不同，在产品在各道工序上结存的数量变化较大，所以在产品的实物管理工作比较复杂，在实际工作中，通常是采用工作通知单和工序进程单来反映和控制在产品的流转。

三、抓好在产品的交接工作

对于在产品每次转移，都要办理必要的交接手续，做到笔笔填制凭证，道道点数把关，环环交接清楚，以加强在产品流转的控制。例如，在产品投入生产时，可由生产调度人员清点投入毛坯或材料的数量，并与领料单进行核对，

第四章　生产费用在完工产品与在产品之间的分配

同时应在单上签章。生产工人在接受生产调度人员安排的生产任务时，也应点清毛坯、材料或半成品的数量，并与工作通知单进行核对，同时应在单上签章。如与工作通知单所列数量不符，应立即提出，并进行更正。各道工序的完工产品在转下道工序或送交仓库时，都应由检验员把住质量关和数量关，并根据检验情况在工序进程单和工作通知单上填明合格产品、废品和短缺的数量，并在单上签章。生产调度人员根据原始凭证记录进行核对，验收合格后，再开出下一道工序的工作通知单，并将在产品转入下道工序继续加工，直到完成全部生产过程将完工产品转入产成品仓库为止。对于在产品在转移过程中所发现的废品或数量短缺，要及时追查原因和责任，并填制废品通知单或在产品短缺凭证，作为责任考核的一个重要组成部分。同时应将废品通知单和在产品短缺凭证及时报会计部门，以便进行会计处理。

四、加强半成品仓库的管理

半成品仓库是在产品流转过程管理的枢纽，它包括毛坯仓库和自制零件、自制部件仓库等。半成品仓库亦称为中间仓库。半成品仓库储存的半成品衔接着产品生产的上下道工序，因此，加强半成品仓库的管理是保证各生产车间、各道工序正常生产的关键。要做好半成品仓库的管理工作：首先，应该严格执行半成品的收入、发出和保管制度，做到半成品入库、出库必须清点数量，填制半成品收发凭证；建立半成品明细账，及时、正确地登记半成品收、发、结存数量，有时还应反映半成品的成本；定期进行半成品盘点，保证账物一致。其次，应该对每一种半成品制定最高储备和最低储备量，做到既不因半成品储备过多而造成在产品资金占用过大，也不因半成品储备太少而影响以后各道工序的正常生产。此外，还应建立半成品成套性检查制度，保证各种零件、部件等在产品进行装配时能配套供应，如仓库发现零件、部件数量不配套，应及时向生产计划部门反映，督促生产车间补齐缺件，以提高零件、部件的配套程度，防止多余零件、部件积压，造成不必要的浪费和损失。

五、加强在产品盘点工作

实行在产品定期盘点制度是加强在产品实物管理的重要措施。为了保证在产品账实相符，必须定期对在产品进行盘点。对于重要的和价值较高的零件、部件，除了需要定期盘点外，还应根据管理需要进行不定期的抽查和轮流盘点。特别是对于没有建立在产品台账的车间，每月末必须对本车间的在产品进行全面清点，取得在产品实际结存资料，这样，一方面可检查在产品结存数量是否与投入数量相符，有无报废、毁损、短缺存在；另一方面可据以计算产品制造成本。在在产品盘点过程中，如果发现在产品盘亏或盘盈，应填制在产品盈亏报告，并及时分析盈亏的原因，以及初步处理意见。会计部门根据在产品盘点报告，经认真审核后，进行必要的账务处理。

在产品发生盘盈时，按计划成本或定额成本记入"基本生产成本"科目的借方，"待处理财产损溢"科目的贷方；按照规定核销时，则记入"待处理财产损溢"科目的借方，"制造费用"科目的贷方，冲减制造费用。

在产品发生盘亏和毁损时，记入"待处理财产损溢"科目的借方，"基本生产成本"科目的贷方，冲减在产品的账面价值。毁损在产品的残值，记入"原材料"、"银行存款"等科目的借方，"待处理财产损溢"科目的贷方，冲减其损失。按规定核销时，应根据不同情况分别将损失从"待处理财产损溢"科目的贷方转入有关科目的借方，其中准予计入产品成本的损失，转入"制造费用"科目的借方；由于自然灾害造成的非常损失并收到保险公司的保险赔款部分，记入"银行存款"科目或"其他应收款"科目的借方，其余损失记入"营业外支出"科目的借方；应由过失单位或过失人员赔偿的记入"其他应收款"科目的借方，要求赔偿。为了正确归集和分配制造费用，在产品盘盈盘亏的账务处理，应该在制造费用结账之前进行。

[例4-1] 某工业企业在产品清查结果：A产品的在产品盘盈20件，单位定额成本15元；B产品的在产品盘亏5件，单位定额成本20元，过失人赔款30元；C产品的在产品毁损10件，单位定额成本25元，残料入库价值50元，系自然灾害损失200元，已经批准转账。

1. 在产品盘盈的核算

（1）盘盈时：

借：基本生产成本——A产品　　　　　　　　　　　　300
　　　贷：待处理财产损溢　　　　　　　　　　　　　　　300

（2）批准后转账：

借：待处理财产损溢　　　　　　　　　　　　　　　　300
　　　贷：制造费用　　　　　　　　　　　　　　　　　　300

2. 在产品盘亏的核算

（1）盘亏时：

借：待处理财产损溢　　　　　　　　　　　　　　　　100
　　　贷：基本生产成本——B产品　　　　　　　　　　　100

（2）批准后转账：
借：其他应收款　　　　　　　　　　　　　　　　30
　　制造费用　　　　　　　　　　　　　　　　　70
　　　贷：待处理财产损溢　　　　　　　　　　　　　100

3. 在产品毁损的核算
（1）毁损转账时：
借：待处理财产损溢　　　　　　　　　　　　　250
　　　贷：基本生产成本——C 产品　　　　　　　　250
（2）残料入库：
借：原材料　　　　　　　　　　　　　　　　　50
　　　贷：待处理财产损溢　　　　　　　　　　　　　50
（3）批准后转账：
借：营业外支出　　　　　　　　　　　　　　　200
　　　贷：待处理财产损溢　　　　　　　　　　　　　200

第三节　生产费用在完工产品与在产品之间分配的方法

　　合理、简便地划分完工产品与在产品成本是确定完工产品与在产品成本划分方法的原则，企业应根据月末结存在产品数量的多少，各月月末在产品结存数量变化的起落程度，月末结存在产品价值的大小，各成本项目成本占总成本比重的轻重，以及企业定额管理基础工作的扎实与否等方面的情况，选择合理、简便的划分方法。

　　对于任何一种产品的生产过程来说，都可能存在着以下四个方面的因素：即月初在产品成本、本月投入的生产费用、完工产品成本和月末在产品成本。这四个因素之间的关系，可用下列平衡公式来表示：

　　月初在产品成本 + 本月投入的生产费用 = 完工产品成本 + 月末在产品成本

　　上式是生产费用在完工产品和月末在产品之间进行分配的基本公式。在公式前两项已知的前提下，要在完工产品和月末在产品之间分配生产费用，其分配方法有三大类型：

1. 先确定月末在产品成本，然后确定完工产品成本。这种方法是先采用一定的办法对月末在产品进行计价，然后将汇总的基本生产成本减去月末在产品成本，便可以计算出完工产品的总成本，总成本除以完工产品数量，即为产品的单位成本。对月末在产品计价的具体方法有：(1) 在产品按年初在产品成本计价法；(2) 在产品按定额成本计价法；(3) 不计算在产品成本法等。

2. 先确定完工产品成本，然后确定月末在产品成本。这种方法是先对完工产品按计划成本、定额成本或历史成本计算，然后将汇总的基本生产成本减去完工产品成本，即计算出月末在产品成本。这类方法属于倒扎账的办法，一般不宜采用。

3. 完工产品成本与在产品成本同时确定。这种方法是先选择一种分配标准，将完工产品成本和月末在产品成本按此分配标准的比例进行划分，即根据按此分配标准计算的分配率不分先后地计算出完工产品成本和月末在产品成本的一种方法。具体方法包括有：(1) 约当产量比例法；(2) 定额比例法。

完工产品与月末在产品成本划分应分别成本项目进行，一般来说，各成本项目的成本都应在完工产品与月末在产品之间划分，这样才能保证完工产品与在产品成本的完整和正确。但是在有些情况之下，如产品的直接材料成本占全部成本的比重很大，月末在产品完工程度又较低，那么，根据成本核算的重要性原则，为了简化成本计算工作，可将直接材料成本项目的成本在完工产品与在产品之间进行划分，而其余成本项目的成本全部由完工产品成本承担，在产品不承担。也就是说，在对产品成本计算正确性影响不大的情况下，为简化计算工作，月末在产品只承担部分成本项目的成本。

一、不计算在产品成本法

不计算在产品成本法，是指虽然月末有结存在产品，但月末在产品数量很少，价值很低，且各月在产品数量比较稳定的情况下，对月末在产品成本忽略不计的一种方法。采用这种方法是因为月初与月末在产品成本很小，月初在产品成本与月末在产品成本之差就更小，算不算各月末在产品成本对完工产品成本影响不大，因此，根据成本核算的重要性原则，为简化产品成本计算工作，可不计算月末在产品成本，例如自来水生产企业，采掘企业等可用此方法。在这种方法下，本月各产品发生的生产费用就是本月该种完工产品的总成本，除以本月完工产品产量，即可求得单位产品制造成本。

二、在产品按年初在产品成本计价法

在产品按年初在产品成本计价法，是对各月月末在产品成本按年初在产品成本计价的一种方法。这种方法适用于各月月末在产品结存数量较少，或者虽

第四章 生产费用在完工产品与在产品之间的分配

然在产品结存数量较多,但各月月末在产品数量稳定,起落变化不大的产品。在月末在产品结存数量较少,但价值较大,或者在产品数量较多的情况下,如采用前一种方法不对月末在产品计价,则会使成本计算不正确,而且会造成较大的账外财产,使会计反映失实。但如果月末在产品结存数量较少,或者在产品结存数量较多,但各月月末在产品结存数量稳定的情况下,由于各月月初在产品成本与月末在产品成本之间的差额很小,因此,以年初在产品成本对各月月末在产品进行计价,则对各月完工产品成本的影响就不大。所以,为简化产品制造成本的计算工作,对各月月末在产品可按年初在产品成本计价,这样,各月月末在产品成本不变,月初与月末在产品成本相等,那么每月各产品发生的生产费用即为本月该完工产品的总成本。

但在年末,应该根据实际盘点的在产品数量,具体计算在产品成本,据以计算12月份产品成本,并将算出的年末在产品成本作为下一年度各月固定的在产品成本,以免相隔时间过长,在产品成本与实际出入过大,影响产品成本计算的正确性。炼铁企业和化工企业的产品,由于高炉和化学反应装置的容积固定,其在产品成本就可以这样计算。在物价变动较大的情况下,采用此法应慎重,以防止成本计算不实。

[**例4-2**] 某企业A产品的在产品采用按年初在产品成本计算的方法。上年末在产品成本为:直接材料4 000元,燃料及动力2 000元,直接人工3 500元,制造费用3 000元,合计12 500元。本月发生的生产费用及本月完工产品成本,如表4-3所示。

表4-3　　　　　　　　　　产品成本明细账

产品名称：A产品　　　　　　2014年6月　　　　　　　　　　单位：元

摘要	直接材料	燃料及动力	直接人工	制造费用	合计
月初在产品成本	4 000	2 000	3 500	3 000	12 500
本月生产费用	50 000	21 000	38 000	32 000	141 000
生产费用合计	54 000	23 000	41 500	35 000	153 500
本月完工产品成本	50 000	21 000	38 000	32 000	141 000
月末在产品成本	4 000	2 000	3 500	3 000	12 500

三、在产品按所耗原材料费用计价法

采用这种分配方法时,月末在产品只计算其所耗用的原材料费用,不计算生产工人薪酬等加工费用,就是说,产品的加工费用全部由完工产品成本负担。某种产品的全部生产费用,减去月末在产品的原材料费用,就是完工产品的成本。

这种分配方法适用于各月末在产品数量较大,各月在产品数量变化也较大,且原材料费用在成本中所占比重较大的产品。这是因为,各月末在产品数量较大,各月在产品数量变化也较大的产品,既不能采用第一种方法,也不能采用第二种方法,而必须具体计算每月末的在产品成本。但是,由于该种产品的原材料费用比重较大,因而生产工人薪酬等加工费用比重不大,在产品成本中的加工费用,以及月初、月末在产品加工费用的差额不大,月初和月末在产品的加工费用基本上可以互相抵销。因此,为了简化计算工作,在产品可以不计算加工费用,这时,这种产品的全部生产费用,减去按所耗原材料费用计算的在产品成本,就是该种完工产品的成本。纺织、造纸和酿酒等工业的产品,原材料费用比重较大,都可以采用这种分配方法。

[例4-3] 某企业生产甲产品,甲产品成本中原材料费用所占比例较大,所以,甲产品的月末在产品成本只按所耗原材料费用计算。现已知甲产品的月初在产品成本(即月初在产品的原材料费用)为1 500元,本月发生直接材料28 500元,燃料及动力500元,直接人工800元,制造费用1 000元,本月完工产品500件,月末在产品100件。甲产品的原材料费用是在生产开始时一次投入。本月完工产品成本及月末在产品成本计算如下:

直接材料分配率 = $\frac{1\,500 + 28\,500}{500 + 100}$ = 50

完工产品负担直接材料费用 = 500 × 50 = 25 000(元)

月末在产品负担直接材料费用(即:月末在产品成本)= 100 × 50 = 5 000(元)

完工产品成本 = 25 000 + 500 + 800 + 1 000 = 27 300(元)

产品成本明细账如表4-4所示。

表4-4　　　　　　　　　　产品成本明细账
产品名称:甲产品　　　　　　　2014年6月　　　　　　　　　　单位:元

摘要	直接材料	燃料及动力	直接人工	制造费用	合计
月初在产品成本	1 500				1 500
本月生产费用	28 500	500	800	1 000	30 800

第四章 生产费用在完工产品与在产品之间的分配

续表

摘要	直接材料	燃料及动力	直接人工	制造费用	合计
生产费用合计	30 000	500	800	1 000	32 300
本月完工产品成本	25 000	500	800	1 000	27 300
月末在产品成本	5 000				5 000

四、约当产量比例法

约当产量比例法是将月末结存在产品的数量按其完工程度折算为相当于完工产品的数量,即约当产量,然后按照完工产品产量(也就是完工程度为100%的约当产量)与月末在产品约当产量的比例划分完工产品与月末在产品成本的一个种方法。本月完工产品产量加上月末在产品约当产量,称为约当总产量,亦简称为约当产量。由于约当产量比例法只要在正确统计月末在产品结存数量和正确估计月末在产品完工程度的前提下,就可以比较客观地划分完工产品与月末在产品成本,因此,约当产量比例法适用范围较广泛,特别是月末在产品结存数量较大,且各月末在产品结存数量不稳定,起落变化较大,其他分配方法受到限制不宜采用时,尤为适合。

约当产量比例法计算公式如下:

在产品约当产量 = 在产品数量 × 加工程度(或投料程度)

$$某项费用分配率 = \frac{该项费用总额}{完工产品产量 + 在产品约当产量}$$

完工产品应分配该项费用 = 完工产品数量 × 费用分配率

在产品应分配该项费用 = 在产品约当产量 × 费用分配率

或 = 费用总额 − 完工产品费用

[例4-4] 某企业生产B产品,本月完工3 000件,月末在产品1 000件,在产品完工程度50%,原材料在生产开始时一次投入。其他有关资料如表4-5所示。

表4-5 单位:元

项目	直接材料	直接人工	制造费用	合计
月初在产品成本	32 000	5 000	12 000	49 000
本月生产费用	48 000	16 000	58 000	122 000
合计	80 000	21 000	70 000	171 000

月末在产品的约当产量 = 1 000 × 50% = 500（件）

（1）直接材料的分配

直接材料分配率 = $\dfrac{80\,000}{3\,000 + 1\,000}$ = 20

完工产品应负担直接材料 = 3 000 × 20 = 60 000（元）

在产品应负担直接材料 = 1 000 × 20 = 20 000（元）

（2）直接人工的分配

直接人工分配率 = $\dfrac{21\,000}{3\,000 + 500}$ = 6

完工产品应负担直接人工 = 3 000 × 6 = 18 000（元）

在产品应负担直接人工 = 500 × 6 = 3 000（元）

（3）制造费用的分配

制造费用分配率 = $\dfrac{70\,000}{3\,000 + 500}$ = 20

完工产品应负担制造费用 = 3 000 × 20 = 60 000（元）

在产品应负担制造费用 = 500 × 20 = 10 000（元）

（4）编制完工产品和在产品成本计算表，如表 4-6 所示。

表 4-6　　　　完工产品和在产品成本计算表

产品名称：甲产品　　　　2014 年 6 月　　　　单位：元

项目	直接材料	直接人工	制造费用	合计
月初在产品成本	32 000	5 000	12 000	49 000
本月生产费用	48 000	16 000	58 000	122 000
生产费用合计	80 000	21 000	70 000	171 000
在产品完工程度或投料程度	100%	50%	50%	
在产品约当量	1 000	500	500	
完工产品产量	3 000	3 000	3 000	
分配率（单位成本）	20	6	20	46
完工产品成本	60 000	18 000	60 000	138 000
月末在产品成本	20 000	3 000	10 000	33 000

采用约当产量比例法，必须正确计算在产品的约当产量。由于在产品的约当产量是根据在产品数量和完工率计算的，因此，在产品完工率的测定，对于

第四章 生产费用在完工产品与在产品之间的分配

正确分配费用有着决定性的作用。

采用约当产量比例法时,由于月末在产品的投料程度和加工程度可能不一致,直接材料和直接工资、制造费用的投入程度也就可能不同,因此应分别成本项目计算月末在产品的约当产量。直接材料成本项目应根据月末在产品所耗直接材料的投入程度折算约当产量;直接工资、燃料及动力和制造费用成本项目应根据月末在产品的加工程度折算约当产量。最后还应分别成本项目计算约当产量单位成本、完工产品成本和月末在产品成本。

(一) 直接人工、制造费用等加工费用的分配

在计算分配直接人工和制造费用等加工费用所依据的在产品约当量时,采用的是在产品的加工程度(完工率)。在产品加工程度的确定方法及加工费用的分配方法如下:

1. 单一生产步骤下在产品完工程度的确定

$$完工程度 = \frac{已完成的加工工时}{产品工时定额} \times 100\%$$

[例 4-5] 某企业 A 产品单位工时定额为 20 小时,现有一件已完成加工工时 14 小时的在产品,则该在产品的完工程度为:

$$完工程度 = \frac{14}{20} \times 100\% = 70\%$$

在产品数量很多时,不可能逐一去认定它们的完工程度,为简化,一般按 50% 作为它们的平均完工程度。

2. 多个生产步骤下在产品完工程度的确定

(1) 各工序在产品数量较少时:

$$某工序在产品完工程度 = \frac{已完成的加工工时}{产品工时定额} \times 100\%$$

$$= \frac{前面各工序工时定额之和 + 本工序完成的工时}{产品工时定额} \times 100\%$$

[例 4-6] 某企业 A 产品单位工时定额 40 小时,经两道工序制成。第一道工序工时定额为 24 小时,第二道工序工时定额为 16 小时。第一道工序有在产品 1 件,已完成加工工时 12 小时;第二道工序有在产品 2 件,在产品 201 号 1 件在本工序已完成加工工时 8 小时,在产品 202 号 1 件在本道工序已完成加工工时 12 小时。各工序在产品完工率计算如下:

$$第一道工序在产品完工率 = \frac{12}{40} \times 100\% = 30\%$$

第二道工序在产品 201 号完工率 = $\frac{24 + 8}{40} \times 100\% = 80\%$

第二道工序在产品 202 号完工率 = $\frac{24 + 12}{40} \times 100\% = 90\%$

[例 4-7] 假定上例中，A 产品本月完工 10 件。A 产品月初加本月发生的加工费用：直接人工 60 000 元，制造费用 78 000 元。完工产品与月末在产品加工费用计算如下：

① 在产品约当量 = 1×30% + 1×80% + 1×90% = 2（件）

② 直接人工的分配：

分配率 = $\frac{60\ 000}{10 + 2}$ = 5 000

完工产品分配直接人工 = 10 × 5 000 = 50 000（元）

在产品分配直接人工 = 2 × 5 000 = 10 000（元）

③ 制造费用的分配：

分配率 = $\frac{78\ 000}{10 + 2}$ = 6 500

完工产品分配制造费用 = 10 × 6 500 = 65 000（元）

在产品分配制造费用 = 2 × 6 500 = 13 000（元）

（2）各工序在产品数量较多时：

为了加速成本的计算工作，可以按照各工序的累计工时定额占完工产品工时定额的比率计算，事前确定各工序在产品的完工率。计算公式如下：

某工序在产品完工率 = $\frac{\text{前面各工序工时定额之和} + \text{本工序工时定额} \times 50\%}{\text{产品工时定额}}$

公式中本工序（即在产品所在工序）工时定额乘以 50%，是因为该工序中各件在产品的完工程度不同，为了简化完工率的测算工作，在本工序一律按平均完工率 50% 计算。在产品从上一道工序转入下一道工序时，因上一道工序已经完工，所以前面各道工序的工时定额应按 100% 计算。

[例 4-8] 某企业甲产品单位工时定额 60 小时，经过三道工序制成。第一道工序工时定额为 24 小时，第二道工序工时定额为 12 小时，第三道工序工时定额为 24 小时。各道工序内在产品加工程度均按 50% 计算。各工序在产品完工率计算如下：

第一道工序在产品完工率 = $\frac{24 \times 50\%}{60} \times 100\% = 20\%$

第二道工序在产品完工率 = $\dfrac{24 + 12 \times 50\%}{60} \times 100\% = 50\%$

第三道工序在产品完工率 = $\dfrac{24 + 12 + 24 \times 50\%}{60} \times 100\% = 80\%$

根据各工序的月末在产品数量和各工序在产品完工率,计算出月末各工序在产品的约当产量及其总数,据以分配费用。

[**例 4 – 9**] 假定上例中甲产品本月完工 300 件。第一道工序在产品 25 件;第二道工序在产品 30 件;第三道工序在产品 50 件。根据各工序月末在产品的数量和各工序在产品的完工率,分别计算各工序月末在产品的约当产量及其总数。约当产量计算表如表 4 – 7 所示。

表 4 – 7   约当产量计算表

产品名称:甲产品   2014 年 6 月   单位:件

在产品 所在工序	在产品 完工率(%)	在产品数量		完工产品产量	产量合计
		结存量	约当量		
1	20	25	5		
2	50	30	15		
3	80	50	40		
合计	—	105	60	300	360

假定甲产品月初加本月发生的加工费用:直接人工为 21 600 元,制造费用为 25 200 元。完工产品与月末在产品加工费用计算分配如下:

① 直接人工的分配:

直接人工分配率 = $\dfrac{21\,600}{300 + 60} = 60$

完工产品分配直接人工 = $300 \times 60 = 18\,000$(元)

在产品分配直接人工 = $60 \times 60 = 3\,600$(元)

② 制造费用的分配:

制造费用分配率 = $\dfrac{25\,200}{300 + 60} = 70$

完工产品分配制造费用 = $300 \times 70 = 21\,000$(元)

在产品分配制造费用 = $60 \times 70 = 4\,200$(元)

(3)平均计算,即一律按 50% 作为各工序在产品的完工程度。这是各工序在产品数量和单位产品在各工序的加工量都相差不多的情况下,后面各工序在产品多加工的程度可以抵补前面各工序少加工的程度。这样,全部在产品完工程度可按50%平均计算。

(二)原材料费用的分配

在约当产量比例法下,在计算分配原材料费用所依据的在产品约当量时,采用的是在产品的投料程度。在产品的投料程度,根据原材料投入方式不同而有所不同。在产品投料程度的确定方法及原材料费用分配方法如下:

1. 单一生产步骤下投料程度的确定

(1)原材料在生产开始时一次投入。在这种情况下,在产品所消耗的原材料与完工产品相同,即在产品的投料率为100%。因此,原材料费用应按完工产品数量与月末在产品数量的比例进行分配。

(2)原材料随着生产进度陆续投入,且投料程度与生产工时投入的进度完全一致,或基本一致。在这种情况下,分配原材料费用所依据的在产品的约当产量可以按分配加工费用所采用的在产品约当产量加以确定。

(3)原材料随着生产进度分次投入,在这种情况下,应视具体投料情况及加工进度来确定投料程度。

[例4-10] 企业生产甲产品,月初在产品50件,加工程度40%,本月投产430件,完工400件,月末结存80件,加工程度50%。投料方式为:生产开始时,投入全部材料的80%,加工到60%时,再投入20%的其余材料。月初在产品及本月发生的材料费用合计13 920元。

要求:用约当产量比例法分配材料。

原材料费用分配如下:

月末在产品投料程度 = 80%

月末在产品约当产量 = 80 × 80% = 64(件)

原材料费用分配率 = $\dfrac{13\ 920}{400 + 64}$ = 30

完工产品分配原材料费用 = 400 × 30 = 12 000(元)

月末在产品分配原材料费用 = 64 × 30 = 1 920(元)

2. 多个生产步骤下投料程度的确定

(1)原材料在第一道工序生产开始时一次全部投入。各工序在产品所耗用的原材料同完工产成品,即各工序在产品的投料率均为100%。因此,原材料费用应按完工产成品的数量与月末各工序在产品数量之和的比例进行分配。

第四章 生产费用在完工产品与在产品之间的分配

（2）原材料随着生产进度陆续投入，但投料程度与生产工时投入的进度不一致。在这种情况下，为了提高原材料费用分配的正确性，应按每一道工序原材料的消耗定额计算投料率，进而计算确定月末在产品的约当产量。

$$某工序在产品投料率 = \frac{前面各工序材料消耗定额累计 + 本工序材料消耗定额 \times 50\%}{产品材料消耗定额} \times 100\%$$

［例 4-11］某企业产品需经过两道工序加工而成。原材料随生产进度陆续投入，其投料程度与生产工时投入的进度不一致。该种产品的原材料消耗定额为 1 000 千克，其中，第一道工序原材料消耗定额为 600 千克，第二道工序原材料消耗定额为 400 千克。月末在产品数量：第一道工序 300 件，第二道工序 200 件。本月完工产品为 1 000 件，月初在产品及本月发生的材料费用合计 150 000 元。各工序在产品投料率的计算过程及结果如表 4-8 所示。

表 4-8

工序	本工序原材料消耗定额（千克）	投料率	在产品约当产量（件）	完工产量（件）	合计（件）
1	600	$\frac{600 \times 50\%}{1\ 000} = 30\%$	$300 \times 30\% = 90$		
2	400	$\frac{600 + 400 \times 50\%}{1\ 000} = 80\%$	$200 \times 80\% = 160$		
合计	1 000	—	250	1 000	1 250

$$原材料费用分配率 = \frac{150\ 000}{1\ 000 + 250} = 120$$

完工产品分配材料费用 = 1 000 × 120 = 120 000（元）

月末在产品分配材料费用 = 250 × 120 = 30 000（元）

上例中，原材料是在每道工序随加工进度陆续投料的，因此每道工序在产品的投料程度按 50% 折算。

（3）原材料随着生产进度分工序投入，在每道工序中则是在工序开始时一次投入。在这种情况下，应将一次投料的计算方法与陆续投料的计算方法结合起来计算完工率（投料率），并在此基础上计算确定月末在产品的约当产量。

[例4-12] 某种产品经两道工序加工而成。原材料分工序投入（在每道工序开始时一次投入）。该产品的原材料消耗定额为800千克，其中，第一道工序的原材料消耗定额为500千克，第二道工序的原材料消耗定额为300千克。月末在产品的数量：第一道工序200件，第二道工序100件，本月完工产品为1 100件。月初在产品和本月发生的原材料费用共计112 625元。其每道工序在产品的投料率、在产品的约当产量，以及原材料费用的分配过程如表4-9所示。

表4-9 单位：元

工序	工序开始时一次投入的原材料定额（千克）	投料率	在产品约当产量（件）	完工产量（件）	合计（件）
1	500	$\frac{500}{800} \times 100\% = 62.5\%$	$200 \times 62.5\% = 125$		
2	300	$\frac{500+300}{800} \times 100\% = 100\%$	$100 \times 100\% = 100$		
合计	800	—	225	1 100	1 325

原材料费用分配率 = $\frac{112\ 625}{1\ 100 + 225}$ = 85

完工产品分配材料费用 = 1 100 × 85 = 93 500（元）

月末在产品分配材料费用 = 225 × 85 = 19 125（元）

上例原材料是在每道工序一开始就投入，在同一工序中各件在产品原材料的消耗定额，就是该工序的消耗定额，不应按50%折算，最后一道工序在产品的消耗定额为该种完工产品的消耗定额，完工率为100%。

五、在产品按完工产品成本计价法

这种分配方法是将在产品视同完工产品分配费用，即单位在产品与单位完工产品分配相等的费用。这种方法适用于月末在产品已经接近完工，或者产品已经加工完毕，但尚未验收或包装入库的产品。在这种情况下，在产品成本已接近完工产品成本，为了简化核算工作，将月末在产品视同完工产品，因此，按完工产品与在产品的数量比例分配费用。

[例4-13] 某产品月初在产品成本和本月投入生产费用合计数为：原材料费用30 000元，生产工人工资4 400元，制造费用6 600元。完工产品700

件，月末在产品 300 件，都已接近完工，可以视同完工产品计算成本。则费用分配结果如表 4-10 所示。

表 4-10 单位：元

成本项目	生产费用合计	费用分配率	完工产品 数量（件）	完工产品 费用	月末在产品 数量（件）	月末在产品 费用
①	②	③	④	⑤=④×③	⑥	⑦=⑥×③
直接材料	30 000	30	700	21 000	300	9 000
直接人工	4 400	4.4	700	3 080	300	1 320
制造费用	6 600	6.6	700	4 620	300	1 980
合计	41 000			28 700		12 300

表 4-10 中各项费用分配率是根据各该生产费用的累计数，除以完工产品数量与月末在产品数量之和计算的；各该费用分配率分别乘以完工产品数量和月末在产品数量，求得完工产品与月末在产品分配的各项费用。

六、月末在产品按定额成本计价法

这种分配方法是按照事先制定的单位产品材料及工时消耗定额和在产品数量及其完工程度，计算出月末在产品定额成本，然后从全部生产费用（月初在产品费用加上本月生产费用）中扣除月末在产品的定额成本，其余额作为完工产品成本。月末在产品的实际生产费用脱离定额的差异，全部计入当月完工产品成本。这种方法适用于定额管理基础比较好，各项消耗定额或费用定额比较准确、稳定，且各月在产品数量变化不大的产品。

在计算月末在产品定额成本时，原材料项目可根据单位产品材料消耗定额、材料单价和月末在产品数量及投料程度计算；其他项目一般根据单位产品工时定额、单位工时费用率和月末在产品数量及完工程度计算。

月末在产品定额成本计算公式如下：

直接材料定额成本 = 在产品约当产量 × 单位产品材料消耗定额 × 材料单价
直接人工定额成本 = 在产品约当产量 × 单位产品工时定额 × 小时工资率
制造费用定额成本 = 在产品约当产量 × 单位产品工时定额 × 小时制造费用率

［例 4-14］某企业乙产品月初在产品成本为：直接材料 14 400 元，直接人工 10 000 元，制造费用 8 500 元；本月生产费用为：直接材料 71 600 元，直

接人工 53 400 元，制造费用 34 000 元。原材料在开工时一次投入，完工程度为 50%。原材料费用定额为 60 元，工时定额为 20 小时，小时费用率为：直接人工 5.5 元，制造费用 4.4 元，月末在产品 200 件。根据以上资料，采用月末在产品按定额成本计价法计算的结果如表 4-11 和表 4-12 所示。

表 4-11　　　　　　　　　月末在产品定额成本计算表

成本项目	工时定额（小时）	小时费用率（元）	费用定额（元）	在产品约当产量（件）	定额成本（元）
直接材料			60	200	12 000
直接人工	20	5.5	110	100	11 000
制造费用	20	4.4	88	100	8 800
合　计					31 800

表 4-12　　　　　　　　　乙产品成本计算表　　　　　　　　　单位：元

成本项目	月初在产品成本	本月生产费用	费用总额	月末在产品成本	完工产品成本
直接材料	14 400	71 600	86 000	12 000	74 000
直接人工	10 000	53 400	63 400	11 000	52 400
制造费用	8 500	34 000	42 500	8 800	33 700
合　计	32 900	159 000	191 900	31 800	160 100

[例 4-15] 丙产品由两个 A 零件和一个 B 零件制成。单件零件的原材料费用定额为：A 零件 8 元，B 零件 10 元，原材料在零件生产开工时一次投入。该产品各工序工时定额和月末在产品数量如表 4-13 所示。

第四章 生产费用在完工产品与在产品之间的分配

表 4-13

零件名称	所在工序	本工序工时定额（小时）	在产品数量（件）
A	1	6	100
	2	4	80
	3	4	200
	小计	14	380
B	1	2	200
	2	8	150
	小计	10	350

丙产品原材料费用定额为 26 元，工时定额为 38 小时，每小时直接人工定额为 3 元，每小时制造费用定额为 2 元。该产品月初在产品定额成本和本月生产费用如表 4-14 所示。

表 4-14　　　　　　　　　　　　　　　　　　　　　　　　　　单位：元

项目	直接材料	直接人工	制造费用	合计
月初在产品定额成本	2 800	15 500	7 680	25 980
本月投入生产费用	18 200	43 000	30 000	91 200

本月完工丙产品 600 件。每道工序在产品的累计工时定额，按上一道工序累计工时定额加本道工序工时定额的 50% 计算。月末在产品的定额成本以及完工产品的成本计算如表 4-15 和表 4-16 所示。

表 4-15　　　　　　　月末在产品定额成本计算表　　　　　　　单位：元

零件名称	所在工序	在产品数量（件）	直接材料		工时（小时）		直接人工	制造费用	定额成本合计
			单件定额	定额费用	单件累计定额	定额工时			
A	1	100	8	800	3	300	900	600	2 300
	2	80	8	640	8	640	1 920	1 280	3 840
	3	200	8	1 600	12	2 400	7 200	4 800	13 600

续表

零件名称	所在工序	在产品数量（件）	直接材料 单件定额	直接材料 定额费用	工时（小时）单件累计定额	工时（小时）定额工时	直接人工	制造费用	定额成本合计
B	1	200	10	2 000	1	200	600	400	3 000
	2	150	10	1 500	6	900	2 700	1 800	6 000
合计				6 540			13 320	8 880	28 740

表4-16　　　　　　　　　　丙产品成本计算单

单位：元

产品成本项目	月初在产品费用（定额成本）	本月生产费用	生产费用合计	月末在产品费用（定额成本）	完工产品成本
直接材料	2 800	18 200	21 000	6 540	14 460
直接人工	15 500	43 000	58 500	13 320	45 180
制造费用	7 680	30 000	37 680	8 880	28 800
合计	25 980	91 200	117 180	28 740	88 440

表4-15中：

(1) A零件月末在产品定额成本：

第1道工序直接材料定额成本＝100×8＝800（元）

第1道工序直接人工定额成本＝100×6×50%×3＝900（元）

第1道工序制造费用定额成本＝100×6×50%×2＝600（元）

第2道工序直接材料定额成本＝80×8＝640（元）

第2道工序直接人工定额成本＝80×（6+4×50%）×3＝1 920（元）

第2道工序制造费用定额成本＝80×（6+4×50%）×2＝1 280（元）

第3道工序直接材料定额成本＝200×8＝1 600（元）

第3道工序直接人工定额成本＝200×（6+4+4×50%）×3＝7 200（元）

第3道工序制造费用定额成本＝200×（6+4+4×50%）×2＝4 800（元）

（2）B 零件月末在产品定额成本：
第 1 道工序直接材料定额成本 = 200 × 10 = 2 000（元）
第 1 道工序直接人工额定成本 = 200 × 2 × 50% × 3 = 600（元）
第 1 道工序制造费用额定成本 = 200 × 2 × 50% × 2 = 400（元）
第 2 道工序直接材料定额成本 = 150 × 10 = 1 500（元）
第 2 道工序直接人工定额成本 = 150 ×（2 + 8 × 50%）× 3 = 2 700（元）
第 2 道工序制造费用定额成本 = 150 ×（2 + 8 × 50%）× 2 = 1 800（元）

由上述举例可以看出，采用这种分配方法，月末在产品定额成本与实际成本之间的差异（脱离定额差异），全部由完工产品负担不尽合理。如前所述，在各项消耗定额或费用定额比较准确、稳定，又不需要经常修订定额的条件下，采用这种分配方法能够比较准确又较简便地解决完工产品与月末在产品之间分配费用的问题，否则会影响产品成本计算的正确性。采用这种分配方法，如果产品成本中原材料费用所占比重较大，为了进一步简化成本计算工作，月末在产品成本可以只按定额原材料费用计算，其他各项实际费用计入完工产品成本。也就是把前述第三种分配方法即在产品按所耗原材料费用计价法，与第六种分配方法在产品按定额成本计价法相结合应用，即在产品按定额原材料计价法，月末在产品只计算所耗原材料费用，而原材料又是按定额计算的。

七、定额比例法

在企业定额管理基础较好，各项消耗定额或定额成本比较准确、稳定的情况下，如果月末在产品各月数量比较稳定，起落变化不大，则可采用前文所介绍的在产品按定额成本计价的方法划分完工产品和月末在产品成本。但是，如果各月月末在产品数量变化较大，就不宜采用月末在产品按定额成本计价的方法。这是因为在这种方法下，月末在产品结存数量稳定，月初在产品脱离定额成本的差额与月末在产品脱离定额成本的差额就可能冲抵，对本月完工产品成本的影响就不大，但如果各月月末在产品结存数量不稳定，月初在产品脱离定额成本的差额与月末在产品脱离定额成本的差额相差较大，不能冲抵，从而就会影响本月完工产品成本的正确性。为了避免月末在产品按定额成本计价法的不足，在各月月末在产品结存数量波动较大的情况下，可以采用定额比例法。

定额比例法是产品的生产费用按照完工产品和月末在产品的定额消耗量或定额费用的比例，分配计算完工产品成本和月末在产品成本的方法。其中，原材料费用按照原材料定额消耗量或原材料定额费用比例分配；燃料及动力、直接人工、制造费用等各项加工费，按定额工时的比例分配，也可以按定额费用比例分配。由于月初和月末在产品费用之间脱离定额的差异,要在完工产品与月末在产品之间按比例分配,从而提高了产品成本计算的正确性。

定额比例计算公式如下:

公式1:

(1) 消耗量分配率 = $\dfrac{\text{月初在产品实际消耗量} + \text{本月实际消耗量}}{\text{完工产品定额消耗量} + \text{月末在产品定额消耗量}}$

(2) 完工产品实际消耗量 = 完工产品定额消耗量 × 消耗量分配率

(3) 完工产品分配费用 = 完工产品实际消耗量 × 原材料单价(或单位工时的工资、制造费用)

(4) 月末在产品实际消耗量 = 月末在产品定额消耗量 × 消耗量分配率

(5) 月末在产品分配费用 = 月末在产品实际消耗量 × 原材料单价(或单位工时的工资、制造费用)

按照上列公式分配,既可以提供完工产品和月末在产品的实际费用资料,还可以提供实际消耗量资料,便于考核和分析各项消耗定额的执行情况。但是,在各产品所耗原材料品种较多的情况下,采用这种分配方法工作量较大。为了简化核算工作,也可以采用下列公式计算分配。

公式2:

(1) 原材料费用分配率 = $\dfrac{\text{月初在产品实际原材料费用} + \text{本月实际原材料费用}}{\text{完工产品定额原材料费用} + \text{月末在产品定额原材料费用}}$

(2) 完工产品实际原材料费用 = 完工产品定额原材料费用 × 原材料费用分配率

(3) 月末在产品实际原材料费用 = 月末在产品定额原材料费用 × 原材料费用分配率

或 = 月初在产品实际原材料费用 + 本月实际原材料费用 − 完工产品实际原材料费用

(4) 人工(制造费用)分配率 = $\dfrac{\text{月初在产品实际人工(制造费用)} + \text{本月实际人工(制造费用)}}{\text{完工产品定额工时} + \text{月末在产品定额工时}}$

(5) 完工产品实际人工(制造费用) = 完工产品定额工时 × 人工(制造费用)分配率

第四章　生产费用在完工产品与在产品之间的分配

（6）月末在产品实际人工（制造费用）= 月末在产品定额工时 × 人工（制造费用）分配率

或 = 月初在产品实际人工（制造费用）+ 本月实际人工（制造费用）- 完工产品实际人工（制造费用）

[例 4 – 16] 企业生产甲产品，月初在产品直接材料定额费用为 12 500 元，定额工时为 5 000 小时。月初在产品的实际费用为：直接材料 13 100 元，燃料及动力 4 100 元，直接人工 3 890 元，制造费用 11 290 元。本月直接材料的定额费用为 25 200 元，定额工时为 7 000 小时。本月实际费用为：直接材料 23 469 元，燃料及动力 61 900 元，直接人工 48 910 元，制造费用 66 710 元。本月完工产品直接材料定额费用为 24 700 元，定额工时为 8 000 小时；月末在产品直接材料定额费用为 13 000 元，定额工时为 4 000 小时。

直接材料费用按直接材料定额费用比例分配，其他费用按定额工时比例分配。各项费用分配计算的结果如表 4 – 17 所示。

表 4 – 17　　　　　产品成本计算单

单位：元

成本项目		直接材料	燃料及动力	直接人工	制造费用	成本合计
月初在产品费用	定额	12 500		5 000		
	实际	13 100	4 100	3 890	11 290	32 380
本月生产费用	定额	25 200		7 000		
	实际	23 469	61 900	48 910	66 710	200 989
生产费用累计	定额	37 700		12 000		
	实际	36 569	66 000	52 800	78 000	233 369
费用分配率		0.97	5.5	4.4	6.5	
完工产品费用	定额	24 700	8 000	8 000	8 000	
	实际	23 959	44 000	35 200	52 000	155 159
月末在产品费用	定额	13 000	4 000	4 000	4 000	
	实际	12 610	22 000	17 600	26 000	78 210

表 4 – 17 中：

（1）直接材料分配率 = $\dfrac{36\ 569}{37\ 700}$ = 0.97

完工产品分配直接材料 = 24 700 × 0.97 = 23 959（元）

月末在产品分配直接材料 = 13 000 × 0.97 = 12 610（元）

(2) 燃料及动力费用分配率 = $\frac{66\,000}{12\,000}$ = 5.5

完工产品分配燃料及动力费用 = 8 000 × 5.5 = 44 000（元）

月末在产品分配燃料及动力费用 = 4 000 × 5.5 = 22 000（元）

(3) 直接人工分配率 = $\frac{52\,800}{12\,000}$ = 4.4

完工产品分配直接人工 = 8 000 × 4.4 = 35 200（元）

月末在产品分配直接人工 = 4 000 × 4.4 = 17 600（元）

(4) 制造费用分配率 = $\frac{78\,000}{12\,000}$ = 6.5

完工产品分配制造费用 = 8 000 × 6.5 = 52 000（元）

月末在产品分配制造费用 = 4 000 × 6.5 = 26 000（元）

定额比例计算过程中所计算的分配率，除了对完工产品与在产品成本划分计算有其作用以外，还可利用其进行成本的比较分析。直接材料成本项目的分配率表示直接材料成本的超支或节约的百分比，如上例，分配率为0.97，表示实际直接材料成本是直接材料定额成本的97%，节约了3%，分配率如果大于1，则表示超支，如分配率为1.05，则表示超支了5%；直接人工、制造费用成本项目的分配率可与计划工资率、计划制造费用分配率进行比较，以分析直接人工成本和制造费用成本的超支或节约情况。

依照上述公式计算分配费用，必须取得完工产品和月末在产品的材料定额消耗量（或定额费用）和定额工时资料。完工产品材料定额消耗量和定额工时是根据完工产品的实际产量乘以单位直接材料消耗定额和工时消耗定额计算的，完工产品材料定额费用和其他项目定额费用，是根据完工产品的材料定额消耗量和定额工时消耗量，乘以原材料计划单价或单位小时计划工资、制造费用等计算的。月末在产品材料定额消耗量和定额工时是根据月末在产品约当量乘以单位原材料消耗定额和工时消耗定额计算的；月末在产品材料定额费用和其他项目定额费用，是根据月末在产品的材料定额消耗量和定额工时消耗量，乘以原材料计划单价或单位小时计划工资、制造费用等计算的。采用这种方法，在在产品的种类和生产工序繁多时，核算工作量繁重。因此，月末在产品定额消耗量可采用简化的方法计算（倒挤的方法）。其计算公式如下：

月末在产品定额消耗量 = 月初在产品定额消耗量 + 本月投入的定额消耗量 - 本月完工产品定额消耗量

第四章 生产费用在完工产品与在产品之间的分配

上列公式中月初在产品定额消耗量,根据上月成本计算资料取得;本月投入的定额消耗量其中的原材料定额消耗量,根据领料凭证所列原材料定额消耗量等数据计算求得;本月投入的工时定额消耗量,根据有关定额工时的原始记录计算求得。按照上列倒挤方法计算月末在产品的定额数据,可以简化计算工作,但是,在发生在产品盘盈、盘亏的情况下,计算求得的成本资料就不能如实反映产品成本的水平。为了提高成本计算的正确性,必须每隔一定时期对在产品进行一次实地盘点,根据在产品的实存数计算一次定额消耗量。

[例 4-17] 企业生产甲产品,月初在产品的实际费用为:直接材料 2 800元,直接人工 1 900元,制造费用 1 400元。月初在产品直接材料定额费用为 2 700元,定额工时为 280 小时。本月实际费用为:直接材料 14 300元,直接人工 11 900元,制造费用 7 800元。本月投入生产的直接材料定额费用为 15 300元,定额工时为 2 020 小时。本月完工产品 1 000件,直接材料定额费用为 15 000元,定额工时为 2 000 小时。直接材料费用按原材料定额费用比例分配,其他费用按定额工时比例分配。各项费用分配计算的结果如表 4-18 所示。

表 4-18　　　　　　　　　　产品成本明细账

产品名称:甲产品　　　　　　　　　　　　　　　　　　　　　　　单位:元

成本项目	月初在产品		本月投入		合计		费用分配率	完工产品		月末在产品	
	定额	实际	定额	实际	定额	实际		定额	实际	定额	实际
①	②	③	④	⑤	⑥=②+④	⑦=③+⑤	⑧=⑦/⑥	⑨	⑩=⑨×⑧	⑪=⑥-⑨	⑫=⑪×⑧
直接材料	2 700	2 800	15 300	14 300	18 000	17 100	0.95	15 000	14 250	3 000	2 850
直接人工	280*	1 900	2 020*	11 900	2 300*	13 800	6	2 000*	12 000	300*	1 800
制造费用	280*	1 400	2 020*	7 800	2 300*	9 200	4	2 000*	8 000	300*	1 200
合计	—	6 100		34 000		40 100			34 250		5 850

* 单位为工时。

月末在产品直接材料定额费用 = 2 700 + 15 300 − 15 000 = 3 000(元)

月末在产品定额工时 = 280 + 2 020 − 2 000 = 300(小时)

八、完工产品成本结转的账务处理

通过第三章所讲述的生产费用在各种产品之间的分配和归集(生产费用的横向分配和归集),以及本章讲述的生产费用在完工产品和在产品之间的分配和归集（生产费用的纵向分配和归集）以后，就可以计算出各种完工产品的实际成本。在此基础上，应进行完工产品成本结转的账务处理工作。

工业企业的完工产品，包括产成品以及自制的材料、工具和模具等。在完工产品成本算出以后，它的成本应从"基本生产成本"科目和各种产品成本明细账的贷方转入各有关科目的借方：其中完工入库产成品的成本，应转入"库存商品"科目的借方；完工自制材料、工具、模具等的成本，应分别转入"原材料"和"低值易耗品"等科目的借方。"基本生产成本"科目的月末余额，就是基本生产在产品的成本，也就是占用在基本生产过程中的生产资金，应与所属各种产品成本明细账中月末在产品成本之和核对相符。

本章小结

本章在在产品数量核算的基础上，详细阐述了生产费用在完工产品与月末在产品之间各种分配方法的原理及其应用。

正确组织在产品数量的核算，是正确进行完工产品与月末在产品之间分配费用，正确计算完工产品和月末在产品成本的基础。

生产费用在完工产品与月末在产品之间的分配方法主要有七种，这些分配方法各有其不同的特点、适用范围和计算程序。某种产品采用哪种分配方法，是根据具体条件确定的，这些具体条件是：（1）月末在产品数量的多少；（2）各月在产品数量变化的大小；（3）各项费用比重的大小；（4）定额管理基础的好坏等。

完工产品与在产品之间分配费用的方法有：不计算在产品成本法、按年初数固定计算在产品成本法、在产品按所耗原材料费用计价法、约当产量比例法、在产品按完工产品成本计算法、在产品按定额成本计价法和定额比例法。这七种分配方法通常可以归纳为两类：一类是根据"本月完工产品成本 = 本月生产费用 + 月初在产品费用 − 月末在产品费用"公式，先确定月末在产品费用，再计算出完工产品费用；另一类是根据"月初在产品费用 + 本月生产费用 = 完工产品费用 + 月末在产品费用"公式，将前两项之和在后两项之间按一定的比例进行分配，同时计算出完工产品费用和月末在产品费用。

采用约当产量比例法是将月末在产品数量按照完工程度折算为相当于完工产品产量，即约当产量，然后按照完工产品产量（即完工程度为100%的约当产量）与月末在产品约当产量的比例，分配计算完工产品费用和月末在产品

第四章 生产费用在完工产品与在产品之间的分配

费用。采用约当产量比例法，必须正确计算在产品约当产量，而在产品约当产量正确与否，主要取决于在产品完工程度（完工率）的测定是否正确。测定在产品完工程度（完工率）的方法有两种：一种是平均计算，即各工序在产品的完工程度一律按 50% 计算；另一种是各工序分别测定完工率，也就是按照各工序的累计工时定额占完工产品工时定额的比率计算各工序的完工率，再分别计算各工序在产品的约当产量。这种分配方法适用于月末在产品数量较大，各月末在产品数量变化也较大，产品成本中原材料费用和直接人工费用等加工费用的比重相差不多的产品。

采用在产品按定额成本计价法分配费用的产品，其月末在产品的各项费用，按各该费用定额成本计算，即月末在产品按其数量和单位定额成本计算；某种产品的全部生产费用减去按定额成本计算的月末在产品成本，就是完工产品成本。这种分配方法适用于定额管理基础较好，各项消耗定额或费用定额比较准确、稳定，而且各月在产品数量变动不大的产品。

采用定额比例法分配费用的产品，其生产费用按照完工产品和月末在产品的定额消耗量或定额费用的比例进行分配。其中，原材料费用按照原材料定额消耗量或定额费用比例分配；工资及福利费等加工费按定额工时比例分配。这种分配方法适用于定额管理基础较好，各项消耗定额或费用定额比较准确、稳定，各月在产品数量变化较大的产品。该种分配方法的实际应用较为广泛。

学到这里，把第二章所列产品成本明细账（或基本生产明细账）的格式和成本核算账务处理基本程序图，第三章费用在各种产品之间的归集与分配（横向分配），与本章生产费用在完工产品与在产品之间的归集与分配（纵向分配）联系起来，就能够对产品成本核算的一般程序和基本原理有进一步的理解和掌握了。

本章思考题

1. 什么是广义在产品？具体内容包括哪些？
2. 生产费用在完工产品与月末在产品之间分配的具体方法有哪几种？各种方法的适用条件是什么？为什么需要这些适用条件？
3. 什么是约当产量比例法？约当产量如何计算？这种分配方法有何特点？

4. 在约当产量比例法下，用于分配直接材料费用的在产品完工率（投料率）如何确定？用于分配加工费用的在产品完工率如何确定？

5. 试述在产品按定额成本计价法的特点及其适用范围。

6. 试述定额比例法的特点及其适用范围。

本章案例

【资料】某企业生产甲产品需经过三道工序加工制成，本月完工 700 件，月末在产品 300 件。单位产品材料费用定额为 100 元，单位产品工时定额为 50 小时，各工序材料费用定额、工时定额及在产品数量如表 4-19 所示。

表 4-19

工序	本工序材料费用定额（元）	本工序工时定额（小时）	本工序在产品数量（件）
1	60	25	150
2	30	15	100
3	10	10	50
合计	100	50	300

材料在各工序生产开始时一次投入，各工序内在产品平均完工程度按 50% 计算。甲产品月初在产品成本及本月发生的生产费用如表 4-20 所示。

表 4-20

产品名称：甲产品　　　　　　　　　　　　　　　　　　　　　　　　　　　单位：元

项目	直接材料	直接人工	制造费用	合计
月初在产品成本	18 000	14 000	13 000	45 000
本月投入费用	882 000	376 000	357 000	1 615 000

【要求】

(1) 计算各步骤在产品的投料程度及加工程度。

(2) 分别采用投料程度及加工程度计算各步骤在产品的约当产量。

(3) 采用约当产量比例法计算完工产品成本和月末在产品成本。

第五章
产品成本计算方法

[引入案例]

学会计专业的小李刚大学毕业，应聘到一家啤酒生产企业从事成本会计核算工作。小李到啤酒厂报到后，财务科长安排他先到各个生产车间实习，要求他在每个车间至少工作一周，以便了解各生产车间的产品（劳务）性质、生产工艺流程、费用消耗等情况，为今后更好地从事成本核算工作打下基础。经过一段时间的实习，小李向财务科长汇报实习情况。小李总结出该企业生产啤酒的生产过程可以分为四道工序，依次是：糖化、发酵、过滤、包装。小李认为，该企业啤酒生产是典型的分步骤生产，因此，啤酒的成本计算应采用分步法。听完小李的汇报，财务科长眉头紧锁，若有所思。根据啤酒生产的特点，你认为小李所说的"啤酒的成本计算应采用分步法"是否科学合理？是否还有其他方法可供选择？

[学习目的与要求]

如何将成本计算的一般程序与企业的生产特点和管理要求结合起来，具体确定企业所应采用的产品成本计算方法，对于企业合理有效地组织产品成本核算，正确地计算产品成本具有十分重要的意义。如何运用产品成本计算方法计算产品成本，是成本核算的关键。通过本章学习，应该了解工业企业生产的各种类型，理解各种类型生产的特点和成本管理要求对产品成本计算的影响，掌握工业企业产品成本计算方法的种类及其应用条件，了解工业企业产品成本计算基本方法和辅助方法的划分标准，以及如何适应企业生产特点和成本管理要求确定企业所应采用的产品成本计算方法；应熟练掌握产品成本计算的品种法、分批法、分步法和分类法的特点、适用范围、计算程序和相应的账务处理。

第一节 生产类型与产品成本计算方法

产品成本核算是对企业生产经营过程中发生的直接材料、直接人工、制造费用等按照一定的对象和标准进行归集和分配，以计算出产品总成本和单位成本。成本核算一般分为两个阶段：第一阶段是生产费用的归集和分配，即把生产经营过程中所发生的各种费用按其性质进行归类汇总，按成本对象进行分配；第二阶段是计算各种产品及其他成本对象的总成本和单位成本。由于企业在生产的产品规模、周期及生产特点上千差万别，因而不同的产品生产有不同的成本计算方法和成本核算的组织方式。成本计算方法的确定主要取决于产品生产的特点和企业成本管理的要求。

一、生产特点和管理要求对产品成本计算方法的影响

（一）工业生产的主要类型

如前所述，生产费用的对象化过程，就是产品成本的计算过程，在这个过程中，关键的问题是如何将分散的、发生在不同生产车间、不同地点和用途的生产费用进行逐步的归集汇总，最终形成产品成本。生产费用的逐步归集汇总不是孤立进行的，它与企业的生产过程具有互相依存的关系，生产类型不同，其成本计算的过程也不同。生产类型体现了不同企业的生产特点，而生产特点主要表现在两个方面，即企业的生产工艺技术特点和生产组织特点。

1. 生产工艺技术特点

工业企业的生产，从工艺技术过程来看，基本上可分为连续式生产和装配式生产两大类型。

（1）连续式生产。所谓连续式生产，是指产品的生产要经过若干个连续的生产步骤，才能最终生产制造出产品的生产。其特点是原材料从第一个生产步骤投入，经第一个生产步骤制造完工后，依次转移到第二、第三等生产步骤继续进行加工制造，直至最终加工制造成产成品。这种类型的生产又可根据其生产过程是否可以间断分为连续式的简单生产和连续式的复杂生产。

连续式的简单生产，是指在生产工艺技术要求上，各个生产步骤之间是不可以中断的，自原材料投入生产后，各个生产步骤之间在时间上是不可以中断的，它们必须紧密衔接、连接不断地制造，直至最终生产出成品为止。所以，这种连续式生产实际上是属于单步骤的生产，其特点是，各个中间生产步骤所生产的半成品必须全部转移到下一个生产步骤，即各个中间步骤在会计期末不

第五章 产品成本计算方法

存在半成品。正由于此,可视为单步骤的简单生产,例如自来水厂自来水的生产、面粉厂面粉的生产、发电厂电的生产、化工厂化工产品的制造生产等,都属于这种生产类型。

连续式的复杂生产,是指在生产工艺技术要求上,各个生产步骤之间可以中断,完成了某一个加工步骤后不一定马上转移到下一个生产步骤,即其在时间上可以是不连续的。这种连续式生产属于多步骤的复杂生产,其特点是,除最后一个生产步骤完工的产成品外,其他各个中间生产步骤生产完成的都是半成品,而且在会计期末,这些中间生产步骤都有本步骤的库存半成品。如纺织企业从棉花到棉纱再到棉布的生产、钢铁厂从铁矿石到铁锭再到钢产品的生产,都属于这种生产类型。

(2) 装配式生产。所谓装配式生产,是指原材料平行地投入到各个生产车间,加工产品的某一部分,如产品的零部件等,然后再集中到其他生产车间(如总装车间)进行装配,最终制造出产成品。这种类型也属于多步骤的复杂生产,只是其各个步骤的生产是同时进行或平行进行的,这样,其各个生产步骤在会计期末都将有期末在产品。例如,机械厂对机械产品的制造、自行车厂对自行车的制造、汽车制造厂对各种汽车的制造、服装生产企业的服装生产等,都属于这种类型的生产。

2. 生产组织特点

生产组织,是指企业产品生产的方式,它体现着企业生产专业化和生产过程重复程度的高低。企业的生产组织可分为大量生产、成批生产和单件生产三种不同的类型。

(1) 大量生产。大量生产是指企业在某一会计期间内重复大量地生产某一种或几种特定的产品。这种生产类型的企业所生产的产品品种往往都较少,但每种产品的数量都比较大,而且每种产品的规格都比较单一。所以,这类企业的生产专业化水平一般都比较高。例如,上述所列举的自来水厂、面粉厂、化工厂、采掘企业、钢铁制造企业、造纸企业等,都属于这种生产组织类型。

(2) 成批生产。成批生产是指企业在某一会计期间按照不同品种、规格生产一定批量的产品。这种生产类型的企业所生产的产品品种一般都比较多,而且不同品种的产品又有不同的规格,至于每种产品的生产数量视不同的企业和不同品种的产品而有所不同,有的产品的产量可能比较大,而有的可能就很少。例如,服装厂服装的生产、机械厂机械产品的生产等,都属于这种生产组织类型。

（3）单件生产。单件生产是指企业在某会计期间内所生产数量少，种类多的产品。它一般是按客户要求的规格和数量来组织生产，由于不同客户对产品有不同的规格要求，所以产品的品种可能就比较多，但每种产品的数量一般都很少，而且生产完成后，该规格产品一般就不再重复生产。例如，造船厂船舶的生产、重型机械厂重型机械的生产等，都属于这种生产组织类型。

3. 生产工艺技术与生产组织的结合

在企业生产经营活动中，生产工艺技术与生产组织是结合在一起的。不同的生产工艺技术与生产组织的结合，就形成不同类型的生产企业。

一般来说，连续式生产的企业从生产组织方面看，不论是连续式的简单生产还是连续式的复杂生产，往往又都是大量生产的企业。因为企业为了保证生产活动的连续不断进行，就必须不断地投入原材料，并不断地生产出产品，而且这种企业的产品品种一般都比较少，所以各种产品的生产数量一般也都比较大。

装配式生产企业的情况比较复杂，由于这种企业的各生产车间平行地生产产品的某一个或某些零部件，然后再由总装车间装配成产品。那么各种零部件往往都是根据不同产品的特定要求而具有不同的规格，而且产品往往是根据客户的需要来组织生产的，所以它一般是属于单件生产或成批生产。但有些企业的产品则是根据市场的需求情况组织生产的，其批量一般都比较大，所以又属于大量生产。工业企业的生产类型如图 5-1 所示。

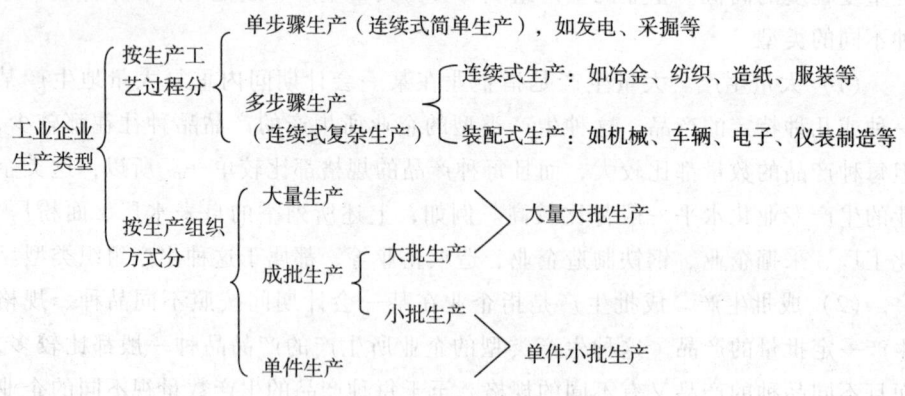

图 5-1　工业企业的生产类型

第五章 产品成本计算方法

（二）产品成本计算方法的组成内容

产品成本计算方法，是指把生产费用在企业生产的各种产品之间，完工产品与在产品之间进行分配的方法。构成一个产品成本计算方法，一般包括以下几方面的内容：

(1) 成本计算对象的确定；
(2) 生产成本明细账的设置；
(3) 成本项目的设置；
(4) 生产费用的归集及计入产品成本的程序；
(5) 间接费用的分配标准；
(6) 成本计算期的确定；
(7) 生产费用在完工产品与在产品之间的分配；
(8) 产品总成本和单位成本的计算。

（三）生产类型的特点和成本管理要求对产品成本计算方法的影响

生产类型不同，必然产生不同的成本控制问题，所以，对成本管理的要求也不一样，这些都将影响成本计算。其影响主要表现在成本计算对象、成本计算期以及生产费用在本期完工产品与期末在产品之间分配三个方面。

1. 对成本计算对象的影响

成本计算实际上就是将生产费用化为各个成本计算对象的成本，这里所指的成本计算对象，就是生产费用的承担者，即生产费用的归属对象。确定成本计算对象是进行成本计算的前提，因为只有确定了成本计算对象，才能在生产费用核算中，将企业为生产产品所发生的生产费用按照各个成本计算对象进行归集和分配。

企业生产经营活动主要是生产各种可供对外销售的产品，所以，企业所生产的各种产品就是生产费用的归属对象，而且一般是以企业最终制造完工产品作为其成本计算对象。例如，面粉加工厂的成本计算对象就是其所生产的面粉；生产电视机的企业，其成本计算对象就是企业所生产的各种类型的电视机；纺织厂的成本计算对象就是企业所生产的各种布料，等等。但在多步骤生产企业中，完成最终产品之前往往要经过若干个生产步骤。如果出于经营（如各步骤的半成品可以对外销售）或成本管理（如进行成本考核、成本预算）等需要，也可以计算各个阶段或步骤的半成品成本，所以，企业在各个生产步骤所生产的半成品也是成本计算对象。必须指出的是，企业对半成品进行成本计算，对于考核和编制成本预算等具有重要的意义，因为成本计算得越细，所提供的会计信息就越准确，越有利于成本预算的编制，但它将花费大量的人力和财力，很难及时地提供企业所需要的信息。所以，成本计算对象的确定，特别是对半成品成本计算对象的确定，必须考虑各个企业的生产特点、成本管理要求和进行成本计算的成本效益等方面的约束条件。

从产品生产的工艺技术过程特点看，单步骤生产其工艺技术过程不能间断，因而只能按照生产产品的品种计算成本。而在多步骤生产中，为了加强各个生产步骤的成本管理，往往不仅要求按照产品的品种和产品批别计算成本，而且要求按照产品生产的步骤考核生产费用，计算产品成本。但是，如果企业的生产规模较小，管理上不要求按照生产步骤计算产品成本，也可以不按照生产步骤计算产品成本，而只按照产品品种或产品批别计算成本。

从产品的生产组织特点看，在大量生产情况下，一种或若干种相同产品连续不断地重复生产，因而管理上只要求按照产品的品种计算成本，而且也只能按照产品的品种计算成本。大批生产往往集中投料，生产一批零部件供几批产品耗用；耗用量较多的零部件，也可以另行分批生产。在这种情况下，零部件生产的批别与产品生产的批别往往不一致，因而也就不能按照产品的批别计算成本，而只能按照产品的品种计算成本。小批、单件生产，由于生产产品的批量小，一批产品一般可以同时完工，因而有可能按照产品的批别或件别计算成本。

综合以上分析，生产特点和管理要求对成本计算对象的影响，如图5-2所示。

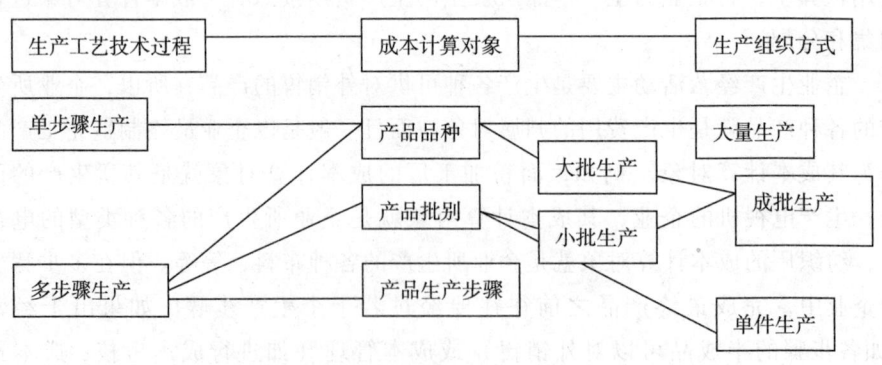

图5-2 生产特点和管理要求对成本计算对象的影响

从以上所述可看出，受企业生产特点和管理要求影响，在工业企业产品成本计算工作中有着三种不同的成本计算对象：

（1）产品品种；

（2）产品批别；

（3）产品生产步骤。

企业内部管理有相关要求的，还可以按照现代企业多维度、多层次的管理需要，确定多元化的产品成本核算对象。多维度，是指以产品的最小生产步骤或作业为基础，按照企业有关部门的生产流程及其相应的成本管理要求，利用现代信息技术，组合出产品维度、工序维度、车间班组维度、生产设备维度、客户订单维度、变动成本维度和固定成本维度等不同的成本核算对象。多层次，是指根据企业成本管理需要，划分为企业管理部门、工厂、车间和班组等成本管控层次。

成本计算对象的确定是设置产品成本明细账、归集生产费用和计算产品成本的前提。

2. 对成本计算期的影响

在不同的生产类型中，成本计算期也不尽相同。成本计算期如何则主要取决于生产组织的特点。

在单件、小批生产中，由于生产一般都是不重复进行的，所以，产品成本只能在某件或某批产品制造完工之后才能进行计算。因此，其成本计算是不定期的，而且成本计算期一般与生产周期相一致。

在大批、大量生产中，由于生产是连续不断进行的，企业不断地投入原材料，就不断地生产出产品来，而且投料与生产出产品在时间上往往都是交叉进行的。在这种情况下，按产品生产周期计算成本几乎是不可能的，所以，一般以会计报告期（如月份）作为成本计算期，并定期地进行成本计算。

3. 对生产费用在本期完工产品与期末在产品之间分配的影响

在连续式简单生产条件下，由于生产周期一般都比较短，而且生产过程又是连续不断地、均衡地进行，期末一般都没有在产品，或在产品数量很少而且各期的在产品数量大致相同。为了简化成本计算手续，一般都将当期发生的生产费用作为当期完工产品的成本处理，即不需要将生产费用在本期完工产品与期末在产品之间进行分配。

至于连续式的复杂生产和装配式生产，由于其生产周期一般比较长，会计期末通常都有在产品，而生产费用如何在完工产品与在产品之间分配，则应根据生产组织的不同而有所不同。在单件或小批生产下，由于以单件或小批作为成本计算对象，如果该件产品或该批产品没有完工，则所发生已归属于该件产品或该批产品负担的所有生产费用都是在产品的成本；如果该件产品或该批产品制造完工，则所发生已归属于该件产品或该批产品负担的所有生产费用都是完工产品的成本，所以也无需对生产费用在完工产品与在产品之间进行分配。

在大批、大量生产条件下，由于不断的生产投入，就不断有产成品的产出、投料与完工之间互相交错，因而经常有一定数量的期末在产品，这就需要将生产费用在本期完工产品与期末在产品之间进行分配。

二、产品成本计算方法的种类

前面介绍了生产类型特点和管理要求对成本计算的影响主要表现在成本计算对象的确定上。在产品成本计算工作中有着三种不同的成本计算对象：产品的品种、产品的批别、产品的生产步骤。以此为标志，产生了三种成本计算的基本方法：品种法、分批法和分步法。

（一）品种法

品种法是以产品品种为成本计算对象的产品成本计算方法。它一般适于单步骤的大量生产，例如发电、采掘等。品种法也可用于不需要分步骤计算成本的多步骤大量、大批生产，例如小型造纸厂、小型水泥厂等。品种法由于核算工作简单，故也称简单法。

（二）分批法

分批法是以产品批别为成本计算对象的产品成本计算方法。它适于小批、单件且在管理上不要求分步骤计算成本的多步骤生产，例如专用工具模具制造、重型机器制造、船舶制造等。这种方法常是按订货单位的订单来归集生产费用，核算产品成本，所以也称为订单法。

（三）分步法

分步法是以产品生产步骤为成本计算对象的产品成本计算方法。它适于大量、大批的多步骤生产，例如纺织、钢铁企业的生产。

品种法、分批法和分步法是三种产品成本计算的基本方法，这三种方法与不同生产类型特点有直接联系，是计算产品实际成本必不可少的方法。这三种方法与生产工艺过程特点和生产组织方式特点的关系，如表5-1所示。

第五章 产品成本计算方法

表 5-1　成本计算对象的确定与成本计算基本方法的形成

生产组织特点	生产工艺过程	成本管理要求	成本计算对象要素			成本计算基本方法
			计算主体	计算期	计算实体	
大量大批	单步骤生产	全厂核算成本	全厂	某月份	生产的某种产成品	品种法
	多步骤生产	不要求按步骤核算成本				
	多步骤生产	要求按步骤核算成本	各个步骤（车间）	某月份	生产的半成品与产成品	分步法
单件小批	单步骤或多步骤生产	全厂核算成本	全厂	某件或某一批产品的生产周期（从开工到完工）	产成品	分批法

在成本计算工作中，除了上述三种基本方法外，有的企业基于不同的需要，还广泛采用了一些辅助方法，例如在产品的品种、规格繁多的工业企业中，为了简化成本计算工作，采用了一种简便的产品成本计算方法——分类法；在定额管理工作有一定基础的工业企业中，为了配合和加强生产费用和产品成本的定额管理，采用了一种将符合定额的费用和脱离定额的差异分别核算的产品成本计算方法——定额法。此外，有些企业还学习和运用了西方发达国家在成本计算中使用的方法，例如，为了向企业的决策人提供进行短期生产经营预测和决策的数据，采用只计算产品生产的变动成本，而将固定生产成本直接计入当期损益的变动成本法；为了加强企业内部成本控制和分析，采用一种只计算产品的标准成本，而将实际成本与标准成本的差异直接计入当期损益的标准成本法；为了改变将间接计入费用分配到各种产品的标准，以提高产品成本计算的正确性，加强成本管理的作业成本法，等等。

财政部 2013 年颁发的《企业产品成本核算制度（试行）》还要求通信、软件等企业，可以根据经营特点和条件，利用现代信息技术，采用作业成本法对产品成本进行归集和分配。

第二节 产品成本计算的品种法

一、品种法的意义及成本计算的特点

产品成本计算的品种法，亦称简单法，是按照产品品种归集生产费用，计算产品成本的一种方法。它主要适用于大量、大批的单步骤生产，例如发电、采掘等生产。在这种类型的生产中，产品的生产工艺过程不可能或者不需要划分为几个生产步骤，因而也就不可能或者不需要按照生产步骤计算产品成本。在大量、大批的多步骤生产中，如果企业或车间的规模较小，或者车间是封闭式的，即从原料投入到生产出产品的全过程，都是在一个车间内进行的，或者生产是按流水线组织的，管理上不要求按照生产步骤计算产品成本，也可以采用品种法计算产品成本。例如小型水泥厂、织布厂以及辅助生产的供水、供电、蒸汽车间等。

由于品种法是以产品作为成本计算对象，归集生产费用、计算产品生产成本的，所以，如果企业只生产一种产品，那么其所发生的所有生产费用都是直接费用，可直接记入按产品设置的生产成本明细账，并根据该产品的产量，计算其单位成本。如果企业生产多种产品，应根据产品品种设置生产成本明细账，分别归集为生产各该产品所发生的直接费用；间接费用应先设置有关账户（如制造费用明细账）归集，然后采用适当的方法分配记入各生产成本明细账，以计算各产品的成本。

在连续式简单生产企业中，由于其生产组织一般是重复大量生产某种或某几种产品，产品生产是连接不断进行的，而且其生产周期一般都比较短，无法在产品制造完工时就立即计算产品的生产成本。所以，其成本计算期与生产周期就不能一致，一般以会计报告期（月份）作为成本计算期，分月计算各月份所生产产品的成本。

另外，由于连续式简单生产企业的生产周期比较短，而且在大量生产的情况下，在会计期末一般没有在产品，或各月份的月末在产品数量比较少而且比较均衡，对不同月份的产品成本不会产生多大的影响，为简化成本计算手续，可以忽略不计。所以，其各个月所发生的生产费用就不必在当月完工产品与月末在产品之间进行分配，即当月所发生的生产费用全部作为当月完工产品的生产成本。那么只要将当月所发生的生产费用除以当月完工产品数量，就可计算出各产品的单位成本。

第五章　产品成本计算方法

但是，如果将品种法用于那些小型的连续式多步骤生产企业，其月末一般会有在产品，而且在产品的数量比较多，这时，对于各生产成本明细账所归集的生产费用就必须采用一定的方法在本月完工产品与月末在产品之间进行分配。

二、品种法的成本计算程序

在品种法下，产品生产成本计算的程序如下：

（1）按产品品种设置和登记生产成本明细账。如果一个企业只生产一种产品，则只需设置一个生产成本明细账；如果企业生产多种产品，则应为不同的产品分别设置生产成本明细账。

（2）根据各种生产费用的耗用情况进行汇总，编制各有关费用耗费汇总表。例如，直接材料可根据领料单、限额领料单等凭证，并按照其用途编制原材料耗用汇总分配表；生产工人工资可根据考勤记录或产量记录编制工资汇总计算表。

其他间接费用也应根据具体的费用项目编制有关汇总计算表，如固定资产折旧计算表等。月末，采用一定的分配标准，将所汇总记录的间接费用分配给各具体产品负担。

（3）根据有关生产费用耗用汇总计算表、分配计算表等，分别登记按产品设置的生产成本明细账，并分别记入各生产成本明细账中的各成本项目专栏。通常，产品成本项目可分为直接材料、直接人工和制造费用等项目。其中，制造费用应先另行设置制造费用等明细账进行归集汇总，到会计期末，按一定分配标准分配并作相应的会计处理后，再登记记入各产品的生产成本明细账；如果企业只生产一种产品，期末可直接结转并登记到该产品的生产成本明细账中。

如果是小型的连续式多步骤生产企业，那么，应分别不同生产车间设置和登记各种产品的生产成本明细账，分别记录和反映各该生产车间为生产各种产品所发生的和应负担的生产费用。

（4）月末，将各种产品生产成本明细账所归集的生产费用根据不同情况分别进行计算分配。如果企业月末没有在产品，或虽然有在产品，但在产品的数量较少或较均匀，则可将生产成本明细账所归集的生产费用全部计入本月完工产品的成本，并根据本月完工产品的产量计算出各种产品的单位成本；如果企业有期末在产品，而且期末在产品的数量比较大，那么，就必须将生产成本明细账所归集的生产费用按照一定的方法在本期完工产品与期末在产品之间进行分配。对于计入本期完工产品的成本，应编制成本计算表，分别计算本期完工产品的总成本和单位成本。据此，品种法成本计算的程序如图5-3所示。

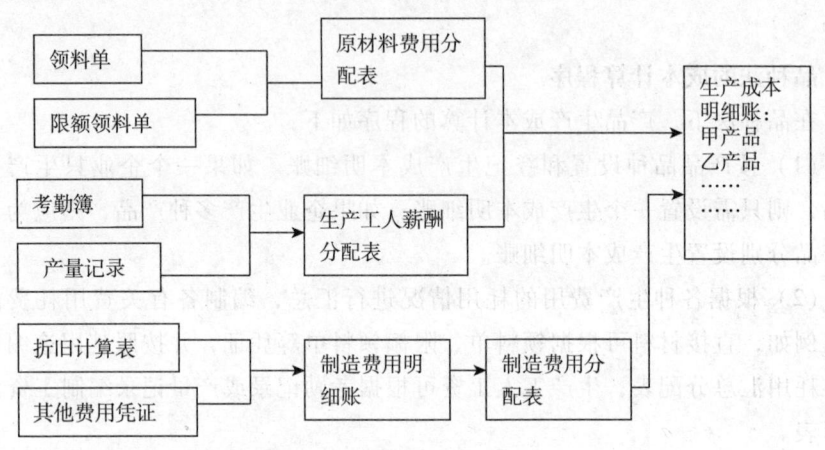

图5-3 品种法的成本计算程序

三、品种法成本计算程序及账务处理举例

[例5-1] 某厂大量生产甲、乙两种产品，其生产工艺过程属单步骤生产，因此采用品种法计算产品成本。该厂设有一个基本生产车间，同时还设有一个机修车间，为基本生产提供机修服务。2014年10月，该厂甲产品完工900件，月末在产品200件；乙产品完工600件，月末在产品400件。

注：为简化，在本章成本计算例题中的"应付职工薪酬"内未考虑社会保险费、住房公积金、工会经费及职工教育经费等。

产品成本计算的基本程序如下：

（一）设置成本计算单

该厂有两个成本计算对象，因此需要分别甲、乙产品设置成本计算单。甲、乙两产品在2014年10月初有在产品，因此尚需将9月份成本计算单上的期末在产品成本数分别转入本月甲、乙产品成本计算单中的"期初在产品成本"栏。甲、乙产品的成本计算单，如表5-12、表5-13所示。

（二）审核原始凭证

根据各项生产费用的原始凭证和其他有关资料，编制各种费用汇总分配表，分配各种要素费用。

（1）根据审核过的领料凭证，按用途编制"材料费用汇总分配表"如表

5-2所示。

表 5-2　　　　　　　　材料费用汇总分配表（一）

2014 年 10 月　　　　　　　　　　　　　　　　单位：元

应借账户	应贷账户	原材料			低值易耗品	合计
		原料及主要材料	辅助材料	小计		
基本生产成本	甲产品	345 000	8 000	353 000		353 000
	乙产品	224 800	5 000	229 800		229 800
	小计	569 800	13 000	582 800		582 800
辅助生产成本		28 000	6 500	34 500		34 500
制造费用	基本生产车间	6 000	4 500	10 500	2 000	12 500
	机修车间	2 000	600	2 600	1 500	4 100
	小计	8 000	5 100	13 100	3 500	16 600
管理费用		2 600	800	3 400	500	3 900
合计		608 400	25 400	633 800	4 000	637 800

根据表 5-2 编制记账凭证，会计分录如下：
①借：基本生产成本　　　　　　　　　　　　　　582 800
　　　辅助生产成本　　　　　　　　　　　　　　 34 500
　　　制造费用　　　　　　　　　　　　　　　　 13 100
　　　管理费用　　　　　　　　　　　　　　　　　3 400
　　贷：原材料　　　　　　　　　　　　　　　　633 800
②借：制造费用　　　　　　　　　　　　　　　　　3 500
　　　管理费用　　　　　　　　　　　　　　　　　　500
　　贷：周转材料　　　　　　　　　　　　　　　　4 000

（2）根据本月的工资结算表与规定的 14% 的职工福利费提取比例，编制"职工薪酬分配表"如表 5-3 所示，其中基本生产工人工资需进一步按生产工时分配到甲、乙产品上去，本月生产工时累计 20 000 小时，其中甲产品 12 000 小时，乙产品 8 000 小时。

根据表 5-3 编制记账凭证，会计分录如下：
③借：基本生产成本　　　　　　　　　　　　　　122 000

辅助生产成本	15 000
制造费用	10 500
管理费用	16 000
应付职工薪酬——职工福利	6 800
贷：应付职工薪酬——工资	170 300
④借：基本生产成本	17 080
辅助生产成本	2 100
制造费用	1 470
管理费用	3 192
贷：应付职工薪酬——职工福利	23 842

表 5-3　　　　　　　　职工薪酬分配表（二）

2014 年 10 月　　　　　　　　　　　　　　　　　　单位：元

应借账户	应贷账户	应付职工薪酬——工资			应付职工薪酬——职工福利	合计
		生产工时	分配率	金额		
基本生产成本	甲产品	12 000		73 200	10 248	83 448
	乙产品	8 000		48 800	6 832	55 632
	小计	20 000	6.10	122 000	17 080	139 080
辅助生产成本				15 000	2 100	17 100
制造费用	基本生产车间			7 500	1 050	8 550
	机修车间			3 000	420	3 420
	小计			10 500	1 470	11 970
管理费用				16 000	3 192	19 192
应付职工薪酬——职工福利				6 800		6 800
合计				170 300	23 842	194 142

（3）根据电表记录确定本月各部门实际耗电量及应付的电费，编制"外购动力费分配表"如表 5-4 所示。

根据表 5-4 编制记账凭证，会计分录如下：

⑤借：基本生产成本　　　　　　　　　　　　　　9 200
　　辅助生产成本　　　　　　　　　　　　　　3 400
　　制造费用　　　　　　　　　　　　　　　　1 580
　　管理费用　　　　　　　　　　　　　　　　1 360
　贷：应付账款　　　　　　　　　　　　　　　15 540

表 5-4　　　　　　　外购动力费分配表（三）
　　　　　　　　　　　2014 年 10 月　　　　　　　　分配率 0.40

应借账户		千瓦·小时	金额（元）
基本生产成本		23 000	9 200
辅助生产成本		8 500	3 400
制造费用	基本生产车间	3 200	1 280
	机修车间	750	300
	小计	3 950	1 580
管理费用		3 400	1 360
合计		38 850	15 540

计入基本生产成本的外购动力费用还需按生产工时分配到甲、乙产品上去，分配情况如表 5-5 所示。

表 5-5　　　　　　　基本生产动力费用分配表
　　　　　　　　　　　2014 年 10 月

产品	生产工时（小时）	分配率	金额（元）
甲	12 000		5 520
乙	8 000		3 680
合计	20 000	0.46	9 200

（4）该企业固定资产大修理费采用长期待摊方式摊销，根据固定资产折旧计算表与大修理费摊销表，编制"固定资产折旧及大修理费分配表"如表 5-6 所示。

根据表 5-6 编制记账凭证，会计分录如下：

⑥借：制造费用 96 000
　　　管理费用 27 000
　　贷：累计折旧 123 000
⑦借：制造费用 48 000
　　　管理费用 13 500
　　贷：长期待摊费用——大修理费 61 500

表5-6　　　　　　　　固定资产折旧及大修理费分配表（四）
2014年10月　　　　　　　　　　　　　　　　　单位：元

应借账户	应贷账户	累计折旧	长期待摊费用——大修理费	合计
制造费用	基本生产车间	82 000	41 000	123 000
	机修车间	14 000	7 000	21 000
	小　　计	96 000	48 000	144 000
管理费用		27 000	13 500	40 500
合　　计		123 000	61 500	184 500

（5）本月发生的其他费用包括：办公费支出9 500元（假定都以银行存款支付），其中，基本生产车间1 500元，机修车间1 000元，管理部门7 000元。本月应付水费3 000元，按水表记录，基本生产车间负担1 000元，机修车间应负担500元，管理部门负担1 500元，本月应计利息费用1 200元。

⑧借：制造费用——基本生产车间 1 500
　　　　　　　——机修车间 1 000
　　　管理费用 7 000
　　贷：银行存款 9 500
⑨借：制造费用——基本生产车间 1 000
　　　　　　　——机修车间 500
　　　管理费用 1 500
　　贷：应付账款 3 000
⑩借：财务费用 1 200
　　贷：应付利息 1 200

（三）登账

根据各项费用分配表和记账凭证，登记有关总分类账，同时平行登记各有

第五章　产品成本计算方法

关明细分类账。如甲、乙产品耗用的原材料、生产工人工资、动力费用等直接记入"基本生产成本"账户及成本计算单；综合费用，如辅助生产费用、制造费用等，要先在相应的集合分配账户汇集，再转入"基本生产成本"账户和分配计入各产品成本计算单。

1. 根据以上资料登记总分类账及其明细分类账

登记结果如表 5-7、表 5-9、表 5-10、表 5-12、表 5-13、图 5-4 所示。

2. 汇集和分配综合费用

（1）汇集和分配辅助生产费用。将辅助生产（机修）车间的制造费用转入辅助生产账户及其明细账，如表 5-7 所示。

⑪借：辅助生产成本　　　　　　　　　　　　　30 320
　　贷：制造费用——机修车间　　　　　　　　　　　30 320

表 5-7　　　　　　　　辅助生产成本明细账　　　　　　　　单位：元

2014年		摘要	直接材料	燃料及动力	直接人工	制造费用	合计
月	日	据分配表（一）	34 500				34 500
10	31	据分配表（二）			17 100		17 100
	31	据分配表（三）		3 400			3 400
	31	本月制造费用				30 320	30 320
	31	合计	34 500	3 400	17 100	30 320	85 320
	31	转出					85 320

编制"辅助生产费用分配表"如表 5-8 所示，将辅助生产费用按修理小时进行分配，分别转入制造费用与管理费用账户。机修所耗原材料费较大时，一般应单独分配，本例为简化起见，全部费用均按修理小时分配。

⑫借：制造费用——基本生产车间　　　　　　　　82 476
　　　管理费用　　　　　　　　　　　　　　　　　2 844
　　贷：辅助生产成本　　　　　　　　　　　　　　　85 320

表 5－8　　　　　　　　　　辅助生产费用分配表（五）
2014 年 10 月

受益部门	修理工时（小时）	分配率	金额（元）
基本生产车间	1 450		82 476
管理部门	50		2 844
合　计	1 500	56.88	85 320

（2）汇集和分配制造费用。编制"制造费用分配表"如表 5－11 所示，将费用分别分配到甲、乙产品上去；登记总账及明细分类账。

⑬借：基本生产成本　　　　　　　　　　　　　　230 306
　　贷：制造费用——基本生产车间　　　　　　　230 306

表 5－9　　　　　　　　　　制造费用明细账
车间：基本生产　　　　　　　　　　　　　　　　　　　　　　单位：元

2008 年		摘要	工资	职工福利	折旧费	修理费	办公费	水电费	机物料消耗	低值易耗品	合计
月	日										
10	31	据分配表（一）							10 500	2 000	12 500
	31	据分配表（二）	7 500	1 050							8 550
	31	据分配表（三）					1 280				1 280
	31	据分配表（四）			82 000	41 000					123 000
	31	办公费支出					1 500				1 500
	31	应计水费						1 000			1 000
	31	据分配表（五）				82 476					82 476
	31	合计	7 500	1 050	82 000	123 476	1 500	2 280	10 500	2 000	230 306
	31	转基本生产									230 306

表 5－10　　　　　　　　　　制造费用明细账
车间：机修　　　　　　　　　　　　　　　　　　　　　　　单位：元

2008 年		摘要	工资	职工福利	折旧费	修理费	办公费	水电费	机物料消耗	低值易耗品	合计
月	日										
10	31	据分配表（一）							2 600	1 500	4 100
	31	据分配表（二）	3 000	420							3 420

第五章　产品成本计算方法

续表

2008年		摘要	工资	职工福利	折旧费	修理费	办公费	水电费	机物料消耗	低值易耗品	合计
月	日										
	31	据分配表（三）						300			300
	31	据分配表（四）			14 000	7 000					21 000
	31	办公费支出					1 000				1 000
	31	应计水费						500			500
	31	合计	3 000	420	14 000	7 000	1 000	800	2 600	1 500	30 320
	31	转辅助生产									30 320

表5-11　　　　　　　　制造费用分配表（六）

2014年10月

产品	生产工时（小时）	制造费用	
		分配比例	金额（元）
甲	12 000	0.6	138 183.6
乙	8 000	0.4	92 122.4
合计	20 000	1	230 306

（四）计算产成品的总成本与单位成本

经过以上步骤的费用汇集与分配，本期发生的生产费用就全部汇集到基本生产成本账户的借方并按成本项目登记到产品成本计算单上。由于该厂期末有在产品，还需将费用在完工产品和在产品之间分配，才能求出产成品总成本和单位成本。

假定甲、乙产品所耗的原材料均在开工时一次投入，因此原材料费用按实际产量比例法进行分配，其他费用则按约当产量法（在产品按半数折合）进行分配，分配结果如表5-12、表5-13所示。

表 5-12　　　　　　　　　　产品成本计算单

2014 年 10 月

产品：甲产品　　　期末在产品：200 件　　　本月完工：900 件　　　　　　单位：元

成本项目	期初在产品成本	本期生产费用	生产费用合计	期末在产品成本	产成品成本	
					总成本	单位成本
直接材料	110 600	353 000	463 600	84 295	379 305	421.45
燃料及动力	1 000	5 520	6 520	652	5 868	6.52
直接人工	16 248	83 448	99 696	9 969.60	89 726.40	99.696
制造费用	25 000	138 183.6	163 183.6	16 321.6	146 862	163.18
合　计	152 848	580 154.6	732 999.6	111 238.2	621 761.4	690.85

表 5-12 中，甲产品的直接材料合计除以完工产品和在产品数量之和 1 100 件，得出单位材料费 421.45 元（保留 2 位小数），再乘上完工产品 900 件，即求出产成品原材料成本 379 305 元，直接材料费用合计减去产成品直接材料成本就得出期末在产品直接材料成本；动力费用合计除以完工产品和在产品约当产量之和 1 000 件（900＋200×50%），得出单位动力费 6.52 元，再乘以完工产品 900 件，即得出产成品动力费 5 868 元，动力费合计减去产成品动力费就得出在产品动力费 652 元；其他项目费用的分配与动力费类似。

表 5-13　　　　　　　　　　产品成本计算单

2014 年 10 月

产品：乙产品　　　期末在产品：400 件　　　本月完工：600 件　　　　　　单位：元

成本项目	期初在产品成本	本期生产费用	生产费用合计	期末在产品成本	产成品成本	
					总成本	单位成本
直接材料	87 450	229 800	317 250	126 900	190 350	317.25
燃料及动力	880	3 680	4 560	1 140	3 420	5.7
直接人工	13 542	55 632	69 174	17 292	51 882	86.47
制造费用	20 500	92 122.4	112 622.4	28 154.4	84 468	140.78
合　计	122 372	381 234.4	503 606.4	173 486.4	330 120	550.20

（五）结转产成品成本

在生产多种产品的企业，为了概括反映产品成本构成情况，一般需要汇编产成品成本汇总表，甲、乙产品的"产成品成本汇总表"如表 5-14 所示。

表 5-14　　　　　　　　　　产成品成本汇总表

2014 年 10 月　　　　　　　　　　　　　　　　　　　单位：元

产品名称	直接材料	燃料及动力	直接人工	制造费用	合计
甲产品	379 305	5 868	89 726.40	146 862	621 761.4
乙产品	190 350	3 420	51 882	84 468	330 120
合计	569 655	9 288	141 608.40	231 330	951 881.4

将产成品验收入库，会计分录如下：

⑭借：库存商品　　　　　　　　　　　　　　　　951 881.4
　　贷：基本生产成本　　　　　　　　　　　　　951 881.4

（六）将"基本生产成本"账户月末余额与产品成本计算单中的期末在产品成本之和相核对

图 5-4 中"基本生产成本"账户月末余额 284 724.6 = 甲产品期末在产品成本 111 238.2 + 乙产品期末在产品成本 173 486.4。

基本生产成本

期初余额	275 220	⑭	951 881.4
①	582 800		
③	122 000		
④	17 080		
⑤	9 200		
⑬	230 306		
	1 236 606		951 881.4
月末余额	284 724.6		

辅助生产成本

①	34 500	⑫	85 320
③	15 000		
④	2 100		
⑤	3 400		
⑪	30 320		
	85 320		85 320

制造费用

①	13 100	⑪	30 320
②	3 500	⑬	230 306
③	10 500		
④	1 470		
⑤	1 580		
⑥	96 000		
⑦	48 000		
⑧	2 500		
⑨	1 500		
⑫	82 476		
	260 626		260 626

库存商品

⑭	951 881.4
	951 881.4

图 5－4　总分类账图示（部分）

第三节　产品成本计算的分批法

一、分批法的意义及其特点

  分批法是指按照产品批别或订货合同来归集生产费用、计算产品成本的一种方法。它主要适用于小批、单件，管理上不要求分步骤计算成本的多步骤生产，例如重型机器制造、船舶制造、精密工具仪器制造，以及服装、印刷工业等。在这种生产类型企业中，由于生产多是根据购货单位的订货单组织的，因此，分批法也称订单法。
  在装配式复杂生产企业中，产品通常是根据与客户签订的购销合同或订单组织单件或小批生产。这种生产类型一般是先把原材料加工成各种零、部件，然后再由总装车间将各种零、部件集中并加工成产品。与大量生产不同，单件或小批生产的重复性一般都比较少，即使所生产的产品有重复，也是不定期的。所以，生产车间只有接到企业生产计划部门下达的生产通知单或工作令号时，才能开始生产。由于客户对产品的品种、规格、数量以及交货时间等都有

第五章　产品成本计算方法

特殊的要求，所以，生产车间一旦接到生产计划部门下达的生产通知单或工作令号后，就应该及时地组织产品的生产，以保证按时完工并交货。

（一）成本计算的运行程序

在实行按生产通知单或工作令号组织生产的企业，一般要依靠有效的生产管理系统，其详细程序由企业生产计划部门制定，并采取不同形式把这些生产指令下达到生产产品的各个车间和部门。其在整个生产组织中的运行程序如下：

（1）企业销售部门根据与客户签订的购销合同，确定客户所需要产品的品种、规格、数量以及交货日期。

（2）销售部门将与客户签订的合同通知生产计划部门，以便安排产品的生产。

（3）生产计划部门接到销售部门的产品订单，制订生产计划，并向生产车间下达生产通知单或工作令号，同时通知原材料采购供应及财会等部门。

生产通知单或工作令号是生产车间组织产品生产的依据，它一般应采用标准的格式事先印制好并连续编号，其内容必须包括以下几个方面：

①需要生产制造的产品名称、规格；

②产品的生产数量，并注明客户订购的数量以及企业自行安排生产的数量；

③产品生产所使用的原材料、加工制造方法等；

④开工、完工日期。

在企业所接受的客户订单中，有的客户订购的产品虽然只有一件产品，但是需要由许多零、部件经过加工装配后才能形成的大型产品，如造船厂接受客户制造船舶的订单，其生产周期一般都比较长，这就需要在企业内部按照产品组成的各个主要部件分别开出生产通知单或工作令号，由不同的车间分别组织生产。有时，同一客户签发的订单中可能包括各种不同规格的产品，为便于管理，往往要按照不同产品的规格分别开出生产通知单或工作令号，分别组织生产。但有时，企业接受不同客户的订单，所需要的则是同一种产品，而且交货期都很近，为了减少成本计算的手续，也可以将不同的订单集中在一起，开出一张生产通知单或工作令号来组织生产。企业也可能不是通过直接接受客户的订单来组织生产，而是根据市场对各种不同品种、规格产品的需求情况来确定各种产品的数量，形成不同的批别来组织生产，而且不同批别的产品具有明显的特性，这时也要开出内部订单来组织生产。

（4）生产车间根据生产计划部门下达的生产通知单或工作令号，从原材料仓库领用材料，并组织产品的生产。

（二）分批法的特点

1. 成本计算对象

成本计算对象就是产品的批别（单件生产为件别）。在小批和单件生产中，产品的种类和每批产品的批量，大多是根据购买单位的订单确定。因而按批、按件计算产品成本，往往也就是按照订单计算产品成本。但是，如果在一张订单中规定有几种产品，或虽然只有一种产品但其数量较大而又要求分批交货的，这时，如按订货单位的订单组织生产，就不利于按产品品种考核、分析成本计划的完成情况，从生产管理上也不便于集中一次投料，或满足不了分批交货的要求。针对这一情况，企业生产计划部门可以将上述订单按照产品品种划分批别组织生产，或将同类产品划分数批组织生产，计算成本。如果在一张订单中只规定一件产品，但其属于大型复杂的产品，价值较大，生产周期较长，如大型船舶制造，也可以按照产品的组成部分分批组织生产，计算成本。如果在同一时期内，企业接到不同购货单位要求生产同一产品的几张订单，为了经济合理地组织生产，企业生产计划部门也可以将其合并为一批组织生产，计算成本。在这种情况下，分批法的成本计算对象，就不是购货单位的订货单，而是企业生产计划部门签发下达的生产任务通知单，单内应对该批生产任务进行编号，称为产品批号或生产令号。会计部门应根据产品批号设立产品成本明细账。生产费用发生后，就按产品批别进行归集；直接计入费用直接归集，间接计入费用则要采用适当的分配方法，在各批产品之间进行分配，然后记入各产品成本明细账。由于分批法下存在多个成本计算对象，间接计入费用多，为了提高成本核算的正确性，要合理选择分配标准。

2. 成本计算期

由于是按生产通知单或工作令号来组织生产和归集生产费用，所以，只有等到各个工作令号的产品都制造完工时，才能将为生产各该工作令号产品而发生的生产费用得以全部归集，并计算出产品的生产成本。这样，其成本计算期就不可能与会计报告期一致，而必须与产品的生产周期一致。

3. 生产费用在完工产品与在产品之间的分配

在小批、单件生产下，由于完工产品成本计算期与产品的生产周期一致，因而在月末计算产品成本时，一般不存在生产费用在本月完工产品与月末在产品之间分配的问题。

第五章 产品成本计算方法

在单件生产中,产品完工前,产品成本明细账所记录的生产费用,都是在产品成本;产品完工时,产品成本明细账所记录的生产费用,就是完工产品的成本。因而在月末计算成本时,不存在完工产品与在产品之间费用分配的问题。

在小批生产中,由于产品批量较小,批内产品一般都能同时完工,或者在相距不久的时间内全部完工。月末计算成本时,或是全部已经完工,或是全都没有完工,因而一般也不存在完工产品与在产品之间费用分配的问题。但如批内产品有跨月陆续完工的情况,在月末计算成本时,一部分产品已完工,另一部分产品尚未完工,这时就有必要在完工产品与在产品之间分配费用,以便计算完工产品成本和月末在产品成本。如果跨月陆续完工的情况不多,月末完工产品数量占批量比重较少时,可以采用按计划单位成本、定额单位成本或近期相同产品的实际单位成本计算完工产品成本,从产品成本明细账中转出,剩余数额即为在产品成本。在该批产品全部完工时,还应计算该批产品的实际总成本和单位成本,但对已经转账的完工产品成本,不作账面调整。这样做主要是为了计算先交货的成本。这种分配方法核算工作虽然简单,但分配结果不甚正确,因而,在批内产品跨月陆续完工情况较多,月末完工产品数量占批量比重较大时,为了提高成本计算的正确性,则应采用适当的方法,在完工产品与月末在产品之间分配费用,计算完工产品成本和月末在产品成本。为了使同一批产品尽量同时完工,避免跨月陆续完工的情况,减少完工产品与月末在产品之间分配费用的工作,在合理组织生产的前提下,可以适当缩小产品的批量。

(三)分批法的类型

在小批、单件生产的企业或车间中,分配直接人工和制造费用等间接计入费用的方法一般有两种,即当月分配法和累计分配法。所谓当月分配法,是指将当月所发生的直接人工和制造费用等间接计入费用,全部分配给各批产品的成本计算单,而不管各该成本计算单的产品是否已完工。其计算公式如下:

$$间接计入费用当月分配率 = \frac{间接计入费用当月发生额}{当月分配标准(工时)总数}$$

某批产品应分配的间接计入费用 = 该批产品当月发生的分配标准(工时)数 × 间接计入费用当月分配率

间接计入费用按月分配的分批法,称为一般的分批法。但是,在小批、单件生产的企业或车间中,如果同一月份投产的产品批数很多,几十批甚至上百批,且月末未完工的批数也较多,例如,机械制造厂或修配厂就属于这种情况。

在这种情况下,如果将当月发生的间接计入费用全部分配给各批产品,而不管各批产品是否已经完工,费用分配的核算工作将非常繁重。因此,为了简化核算,这类企业或车间可采用累计分配法分配间接计入费用。

采用这种方法,仍应按照产品批别设立产品成本明细账,但在各批产品完工之前,账内需按月登记直接计入费用(例如原材料费用)和生产工时。每月发生的间接计入费用,不是按月在各批产品之间进行分配,而是先将其在基本生产成本二级账中,按成本项目分别累计起来,只有在有产品完工的那个月份,才对完工产品按照其累计工时的比例,分配间接计入费用,计算完工产品成本;而全部产品的在产品应负担的间接计入费用,则以总数反映在基本生产成本二级账中,不进行分配,不分批计算在产品成本。因此,这种方法可称之为不分批计算在产品成本的分批法,因能简化核算工作,也称之为简化的分批法。

对各批完工产品分配间接计入费用,一般是按照全部产品累计间接计入费用分配率和完工产品累计生产工时的比例进行分配。其计算公式如下:

$$全部产品累计间接计入费用分配率 = \frac{全部产品累计间接计入费用}{全部产品累计工时}$$

某批完工产品应负担的间接计入费用 = 该批完工产品累计工时 × 全部产品累计间接计入费用分配率

二、一般的分批法举例

[例 5-2] 某企业按购货单位的要求,小批生产 A、B、C、D 四种产品,采用分批法计算产品成本。该企业 2014 年 8 月份有关资料如下:

(1) 5 月份投产 A 产品 8 件,批号为 05001,本月份尚未完工。

(2) 6 月份投产 B 产品 10 件,批号为 05002,本月份全部完工入库。

(3) 7 月份投产 C 产品 20 件,批号为 05003,本月份完工 15 件,在产品 5 件。完工产品和在产品的成本按约当产量比例法计算,原材料系在开始生产时一次投入,在产品完工程度为 60%。

(4) 7 月份投产 D 产品 6 件,批号为 05004,本月份完工 2 件。完工产品按计划成本结转,计划单位成本如下:直接材料 17 000 元,燃料及动力 1 400 元,直接人工 2 200 元,制造费用 1 500 元。

本月份各批产品发生的生产费用如表 5-15 所示。

第五章 产品成本计算方法

表 5-15　　　　　　　　　各批产品生产费用分配表

2014 年 8 月　　　　　　　　　　　　　　　　单位：元

产品名称	直接材料	燃料及动力	直接人工	制造费用	合计
05001A 产品	15 000	320	2 100	900	18 320
05002B 产品	21 000	1 800	1 900	880	25 580
05003C 产品	31 000	3 700	5 100	4 200	44 000
05004D 产品	32 000	2 400	5 200	2 800	42 400
合计	99 000	8 220	14 300	8 780	130 300

根据上述资料，登记各批产品成本明细账，计算各批产品成本，如表 5-16、表 5-17、表 5-18、表 5-19 所示。

表 5-16　　　　　　　　　　产品成本明细账

2014 年 8 月　　　　　　　　　　　　　　　　单位：元

批号：05001　产品名称：A 产品　批量：8 件　开工日期：5 月份　完工日期：

月	日	摘要	直接材料	燃料及动力	直接人工	制造费用	合计
7	31	累计	40 000	1 200	8 500	3 200	52 900
8	31	材料费用分配表	15 000				15 000
8	31	动力费用分配表		320			320
8	31	职工薪酬分配表			2 100		2 100
8	31	制造费用分配表				900	900
8	31	累计	55 000	1 520	10 600	4 100	71 220

表 5-17　　　　　　　　　　产品成本明细账

2014 年 8 月　　　　　　　　　　　　　　　　单位：元

批号：05002　开工日期：6 月份

产品名称：B 产品　批量：10 件　完工日期：8 月 18 日

月	日	摘要	直接材料	燃料及动力	直接人工	制造费用	合计
7	31	累计	53 000	6 200	7 800	2 300	69 300
8	31	材料费用分配表	21 000				21 000
8	31	动力费用分配表		1 800			1 800

续表

月	日	摘要	直接材料	燃料及动力	直接人工	制造费用	合计
8	31	职工薪酬分配表			1 900		1 900
8	31	制造费用分配表				880	880
8	31	累计	74 000	8 000	9 700	3 180	94 880
8	31	转产成品（10件）	74 000	8 000	9 700	3 180	94 880
8	31	产成品单位成本	7 400	800	970	318	9 488

表 5-18　　　　　　　　　　产品成本明细账

2014 年 8 月　　　　　　　　　　　　　　　　单位：元

批号：05003　产品名称：C产品　批量：20件　开工日期：7月份　完工日期：

月	日	摘要	直接材料	燃料及动力	直接人工	制造费用	合计
7	31	累计	68 000	7 784	9 786	7 788	93 358
8	31	材料费用分配表	31 000				31 000
8	31	动力费用分配表		3 700			3 700
8	31	职工薪酬分配表			5 100		5 100
8	31	制造费用分配表				4 200	4 200
8	31	累计	99 000	11 484	14 886	11 988	137 358
8	31	转产成品（15件）	74 250	9 570	12 405	9 990	106 215
8	31	产成品单位成本	4 950	638	827	666	7 081
8	31	结余	24 750	1 914	2 481	1 998	31 143

表 5-18 中数字计算如下：

完工产品材料费用 $= \dfrac{99\ 000}{20} \times 15 = 74\ 250 (元)$

月末在产品材料费用 $= \dfrac{99\ 000}{20} \times 5 = 24\ 750 (元)$

或　　　　　　　　　$= 99\ 000 - 74\ 250 = 24\ 750 (元)$

完工产品燃料及动力费用 $= \dfrac{11\ 484}{15 + 5 \times 60\%} \times 15 = 9\ 570 (元)$

月末在产品燃料及动力费用 $= \dfrac{11\ 484}{15 + 5 \times 60\%} \times 5 \times 60\% = 1\ 914 (元)$

或　　　　　　　　　$= 11\ 484 - 9\ 570 = 1\ 914 (元)$

第五章 产品成本计算方法

完工产品直接人工 $= \dfrac{14\,886}{15+3} \times 15 = 12\,405$（元）

月末在产品直接人工 $= \dfrac{14\,886}{15+3} \times 3 = 2\,481$（元）

或 $\qquad\qquad\quad = 14\,886 - 12\,405 = 2\,481$（元）

完工产品制造费用 $= \dfrac{11\,988}{15+3} \times 15 = 9\,990$（元）

月末在产品制造费用 $= \dfrac{11\,988}{15+3} \times 3 = 1\,998$（元）

或 $\qquad\qquad\quad = 11\,988 - 9\,990 = 1\,998$（元）

表 5 – 19 产品成本明细账

2014 年 8 月　　　　　　　　　　　　　　　　单位：元

批号：05004　产品名称：D 产品　批量：6 件　开工日期：7 份　完工日期：

月	日	摘要	直接材料	燃料及动力	直接人工	制造费用	合计
7	31	累计	72 000	6 300	8 200	6 300	92 800
8	31	材料费用分配表	32 000				32 000
8	31	动力费用分配表		2 400			2 400
8	31	职工薪酬分配表			5 200		5 200
8	31	制造费用分配表				2 800	2 800
8	31	累计	104 000	8 700	13 400	9 100	135 200
8	31	转产成品（2 件）	34 000	2 800	4 400	3 000	44 200
8	31	产成品单位成本	17 000	1 400	2 200	1 500	22 100
8	31	结余	70 000	5 900	9 000	6 100	91 000

三、简化的分批法举例

[例 5 – 3] 某企业生产 A、B、C、D 四种产品，采用简化的成本计算方法进行成本计算。该企业设立和登记的"基本生产成本二级账"如表 5 – 20 所示。该企业 2014 年 8 月份的有关资料如下：

（1）0501 号 A 产品 10 件于 6 月份投产，本月份全部完工，如表 5 – 21 所示；

（2）0502 号 B 产品 8 件于 6 月份投产，本月完工 2 件，材料费用按完工产品与在产品数量比例分配，完工产品定额工时为 12 800 小时，如表 5 – 22

所示；

（3）0503号C产品10件于6月份投产，本月全部未完工，如表5-23所示；

（4）0504号D产品18件于6月份投产，本月全部未完工，如表5-24所示。

表5-20　　　　基本生产成本二级账（各批全部产品总成本）

2014年8月　　　　　　　　　　　　　　　　　　　　　　　　　单位：元

月	日	摘要	直接材料	生产工时	直接人工	制造费用	成本合计
7	31	在产品	180 000	150 000	84 000	75 000	339 000
8	31	本月发生费用	200 000	50 000	16 000	45 000	261 000
8	31	累计	380 000	200 000	100 000	120 000	600 000
8	31	全部产品累计间接计入费用分配率	—	—	0.5	0.6	
8	31	本月完工转出	81 750	49 300	24 650	29 580	135 980
8	31	在产品	298 250	150 700	75 350	90 420	464 020

基本生产成本二级账和各批产品成本明细账登记。二级账中各项数据的计算如下：

（1）在表5-20基本生产成本二级账中，7月31日在产品的生产工时和各项费用系上月末根据上月的生产工时和生产费用资料计算登记；本月发生的原材料费用和生产工时，应根据本月原材料费用分配表、生产工时记录，与各批产品成本明细账平行登记；本月发生的各项间接计入费用，应根据各该费用分配表汇总登记。

（2）全部产品间接计入费用累计分配率：

直接人工累计分配率 = $\dfrac{100\ 000}{200\ 000}$ = 0.5

制造费用累计分配率 = $\dfrac{120\ 000}{200\ 000}$ = 0.6

（3）本月完工转出产品的原材料费用和生产工时，应根据各批产品的产品成本明细账中完工产品的原材料费用和生产工时汇总登记；各项间接计入费用，可以根据账中完工产品工时分别乘以各项费用的累计分配率计算登记，也可以根据各批产品成本明细账中完工产品的各项费用分别汇总登记。以账中累

第五章 产品成本计算方法

计行的各栏数字分别减去本月完工产品转出数,即为 8 月末在产品的原材料费用、生产工时和各项间接计入费用。月末在产品的原材料费用和生产工时,也可以根据后列各批产品成本明细账中月末在产品的原材料费用和生产工时分别汇总登记;各项间接计入费用也可以根据其生产工时分别乘以各该费用累计分配率计算登记。两者计算结果应该相符。

该企业设立和登记的各批产品成本明细如表 5–21 至表 5–24 所示。

表 5–21　　　　　　　　　　产品成本明细账
2014 年 8 月　　　　　　　　　　　　　单位:元

产品批别:0501 号　产品名称:A 产品　投产日期:6 月份　完工日期:8 月

月	日	摘要	直接材料	生产工时	直接人工	制造费用	成本合计
6	30	本月发生	20 000	21 000			
7	31	本月发生	10 000	12 000			
8	31	本月发生	30 000	3 500			
8	31	累计数及累计间接计入费用分配率	60 000	36 500	0.5	0.6	
8	31	本月完工转出	60 000	36 500	18 250	21 900	100 150
8	31	完工产品单位成本	6 000		1 825	2 190	10 015

表 5–22　　　　　　　　　　产品成本明细账
2014 年 8 月　　　　　　　　　　　　　单位:元

产品批别:0502 号　产品名称:B 产品　投产日期:6 月份　完工日期:

月	日	摘要	直接材料	生产工时	直接人工	制造费用	成本合计
6	30	本月发生	15 000	17 000			
7	31	本月发生	22 000	18 000			
8	31	本月发生	50 000	14 800			
8	31	累计数及累计间接计入费用分配率	87 000	49 800	0.5	0.6	
8	31	本月完工转出	21 750	12 800	6 400	7 680	35 830
8	31	完工产品单位成本	10 875	—	3 200	3 840	17 915
		在产品成本	65 250	37 000			

表 5 – 23　　　　　　　　　　　产品成本明细账

2014 年 8 月　　　　　　　　　　　　　　　　　　单位：元

产品批别：0503 号　　产品名称：C 产品　　投产日期：6 月份　　完工日期：

月	日	摘要	直接材料	生产工时	直接人工	制造费用	成本合计
6	30	本月发生	44 000	31 000			
7	31	本月发生	13 000	15 000			
8	31	本月发生	70 000	17 000			

表 5 – 24　　　　　　　　　　　产品成本明细账

2014 年 8 月　　　　　　　　　　　　　　　　　　单位：元

产品批别：0504 号　　产品名称：D 产品　　投产日期：6 月份　　完工日期：

月	日	摘要	直接材料	生产工时	直接人工	制造费用	成本合计
6	30	本月发生	32 000	23 000			
7	31	本月发生	24 000	13 000			
8	31	本月发生	50 000	14 700			

在上述四批产品成本明细账中，对于没有完工产品的月份，只登记直接材料费用和生产工时，如例中 0503 号、0504 号两批产品 6—8 月及 0501 号、0502 号两批产品的 6、7 两个月；对于有完工产品的月份，包括批内产品全部完工或部分完工，除了登记本月发生的直接材料和生产工时及其累计数外，还应根据基本生产成本二级账登记各项间接计入费用累计分配率。第 0501 号产品，8 月末全部完工，因而其产品成本明细账中累计的直接材料和生产工时，就是完工产品的直接材料和生产工时，以其生产工时分别乘以直接人工和制造费用的累计分配率，即为该批完工产品应分配的直接人工 $36\ 500 \times 0.5 = 18\ 250$（元）和制造费用 $36\ 500 \times 0.6 = 21\ 900$（元）。第 0502 批产品，月末完工一部分，尚有一部分未完工，因而需将该批累计的各项生产费用在完工产品与月末在产品之间分配。

综上所述，简化的分批法与一般的分批法相比较，具有以下特点：

（1）采用简化的分批法必须设立基本生产成本二级账。从计算产品实际成本的角度来说，采用其他成本计算方法，可以不设立基本生产成本二级账；但采用简化的分批法，则必须设立这种二级账。其作用在于：①按月提供企业或车间全部产品的累计生产费用（包括直接计入费用和间接计入费用）和生产工时资料；②在有产品完工的月份，按照上列公式计算和登记全部产品累计间接计入费用分配率；③根据完工产品累计生产工时和累计间接计入费用分配率，计算和登记完工产品应负担的累计间接计入费用，并计算完工产品总成本；④以全部产品累计生产费用减去本月完工产品总成本，计算和登记月末各批在产品总成本。

(2) 每月发生的间接计入费用，不是按月在各批产品之间进行分配，而是先在基本生产成本二级账中累计起来，在有产品完工的月份，才按上列公式，在各批完工产品之间进行分配，计算完工产品成本；对未完工的在产品则不分配间接计入费用，只以总数反映在二级账中，即不分批计算在产品成本。显然，采用这种分批法，可以简化费用的分配和登记工作；月末未完工产品的批数越多，核算工作就越简化。

(3) 采用这种方法，各批产品之间分配间接计入费用的工作以及完工产品与月末在产品之间分配间接计入费用的工作，即生产费用的横向分配和纵向分配工作，都是利用累计间接计入费用分配率，到产品完工时合并在一起进行的。换言之，各项累计间接计入费用分配率，既是在各批完工产品之间，也是在完工产品批别与月末在产品批别之间，以及某批产品的完工产品与月末在产品之间分配各该费用的依据。基于这一特点，这种简化的分批法也称为累计间接计入费用分配法。

前面曾叙及，这种简化的分批法适用于产品生产周期比较长、同一月份投产的产品批数很多，且月末未完工批数也较多的企业。如果月末未完工的批数不多，则不宜采用。因为在这种情况下，绝大多数产品的批号仍然要分配登记各项间接计入费用，核算工作减少不多。另外，由于在这种方法下间接计入费用累计计算分配率，因而这种方法在各月间接计入费用水平相差悬殊的情况下也不宜采用。例如前几个月的间接计入费用水平低，而本月高，某批产品本月投产，当月完工，这时，按累计间接计入费用分配率分配计算该批完工产品成本，就会发生不应有的偏低。

第四节　产品成本计算的分步法

一、分步法的意义及其特点

产品成本计算的分步法，是按照产品的生产步骤（阶段）和产品品种（即分步骤分产品）归集生产费用、计算产品成本的方法。它主要适用于大量、大批的多步骤生产，管理上要求按步骤核算成本的产品成本计算。在多步骤生产的企业，产品生产可以划分为若干阶段进行。例如，在钢铁厂，先将铁矿石送进高炉冶炼，生产出生铁；然后将生铁（或铁水）送进转炉炼钢，生产出钢锭；再将钢锭轧制成各种规格型号的钢材，因此，钢铁厂可分为炼铁、炼钢等生产阶段（步骤）。又如，在纺织厂是先将棉花纺成纱，然后将纱再织成布，因而可以分为纺纱、织布等生产步骤；同样，机械厂可分为铸造、机加工、装配等步骤。

为什么要分步骤计算产品成本，而不像品种法一样，按全厂范围计算。一般来说，是由以下要求决定的：

（1）管理上的需要。为了加强各步骤的生产管理和成本管理，以及开展内部经济核算，应按步骤计算成本，以便提供及时和有效的信息，正确反映各步骤的生产耗费情况和经济效果。在具有一定规模的多阶段生产企业，应采用分步法。

（2）对外销售的半成品，如机械制造业的零部件，综合钢铁厂的生铁、钢锭，以及综合纺织厂的纱等半成品，为了正确定价和确定出售半成品的损益，必须计算该半成品的成本，因而也需要按步骤计算成本。

（3）有的企业一种半成品为几种产品所耗用，为了正确计算各种产品成本，必须采用分步法计算半成品的成本和产品成本。

（4）为了便于开展车间经济核算。

以下从四个方面介绍分步法的主要特点。

（一）成本计算对象

分步法的成本计算对象就是各种产品的生产步骤。因此，应该按照产品的生产步骤设立产品成本明细账。如果只生产一种产品，成本计算对象就是该种产成品及其所经过的各生产步骤，产品成本明细账应按照产品的生产步骤设立；如果生产多种产品，成本计算对象则是各种产成品及其所经过的各个生产步骤，产品成本明细账应该按照每种产品的各个生产步骤设立。在进行产品成本计算时，对发生的生产费用应先按生产步骤进行分配、归集，步骤内再按产品进行分配、归集（直接计入费用直接计入；间接计入费用分配计入），记入各步骤各种产品成本明细账的有关成本项目。

应该指出的是，产品成本计算的分步与实际的生产步骤不一定完全一致。为了简化成本计算工作，可以只对管理上有必要分步计算成本的生产步骤单独设立产品成本明细账，单独计算成本；管理上不要求单独计算成本的生产步

第五章 产品成本计算方法

骤,则可与其他生产步骤合并设立产品成本明细账,合并计算成本。例如,造纸企业的包装步骤,如果费用不大,为了简化成本计算工作,也可以与制纸步骤合并在一起计算成本。

此外,在按生产步骤设立车间的企业中,一般来说,分步骤计算成本也就是分车间计算成本。但是,如果企业生产规模很小,管理上不要求分车间计算成本,也可以将几个车间合并为一个步骤计算成本。相反,如果企业生产规模很大,车间内还可以分成几个生产步骤,管理上又要求分步计算成本,这时,也可以在车间内分步计算成本。因此,分步计算成本和分车间计算成本,有时也不是一个概念。

(二)成本计算期

分步骤成本计算工作是定期进行的。因为在大批、大量的多步骤生产企业中,原材料连续投入,产品连续不断地往下移动,生产过程中始终有一定数量的在产品,成本计算只能在每月底进行,所以成本计算工作是定期的,成本计算期与会计报告期一致,而与产品生产周期不一致。

(三)生产费用在完工产品与月末在产品之间的划分

在大批量连续多步骤的生产中,由于生产过程较多,但可以间断,月终计算成本时,各步骤内都有在产品,因此,为了计算完工产品成本,还需要根据企业的具体情况,采用适当的分配方法,将汇集在产品成本明细账中的生产费用,按成本项目在完工产品和在产品之间进行分配。

(四)各步骤之间成本的结转

由于产品生产是分步骤进行的,上一步骤生产的半成品是下一步骤的加工对象。因此,为了计算各种产品的产成品成本,还需要按照产品品种,结转各步骤成本。也就是说,与其他成本计算方法不同,在采用分步法计算产品成本时,在各步骤之间还有个成本结转问题。这是分步法的一个重要特点。

由于各个企业生产工艺过程的特点和成本管理上对各步骤提供的成本资料要求(要不要计算半成品成本)不同,各生产步骤成本的计算和步骤间成本的结转采用两种不同的方法:逐步结转和平行结转。因而,产品成本计算的分步法就相应地分为逐步结转(计算半成品成本)分步法和平行结转(不计算半成品成本)分步法两种。

二、**逐步结转分步法**

逐步结转分步法亦称顺序结转分步法,它是按照产品连续加工的先后顺序,根据生产步骤所归集的生产费用和产量记录,计算自制半成品成本,半成品成本随着半成品实物在各加工步骤之间顺序移动,最后计算完工产成品成本的一种方法。自制半成品从一个加工步骤转移到下一个加工步骤时,其成本从原加工步骤产品成本明细账中结转到下一加工步骤的产品成本明细账中。因此,在顺序结转方式下,产品成本的计算程序是:先计算第一步骤半成品成本,然后加上第二步骤的加工费用,计算出第二步骤半成品成本。随着加工步骤顺序累计结转,到最后一个步骤所计算出来的成本,就是产成品成本。由于这种方法要在生产成本明细账上反映半成品成本的转移,因此,又称为计算半成品成本法。这一核算程序如图5-5所示。

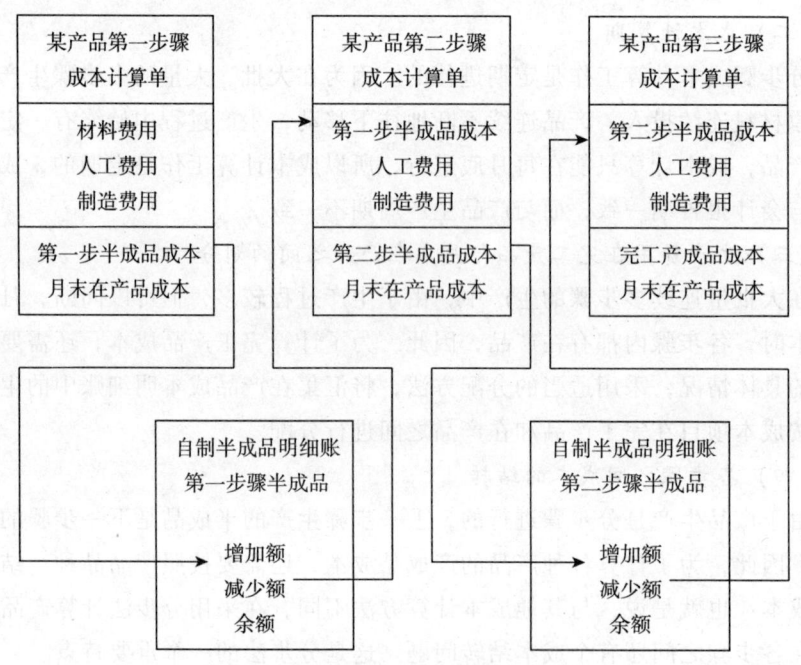

图5-5 逐步结转程序图

采用逐步结转分步法计算产品成本,半成品的成本随着实物的转移,从上一步骤成本计算单转入下一步骤的成本计算单。按照半成品成本从上一步骤转入下一步骤的结转方法不同或按照结转的半成品成本在下一下步骤产品成本明细账中反映的方式不同,逐步结转分步法又可分为综合结转分步法和分项结转分步法。逐步结转分步法按半成品成本结转形式不同,又分为半成品按实际成本结转和半成品按计划成本(定额成本)结转。

第五章 产品成本计算方法

（一）综合结转法

采用综合结转分步法计算产品成本，成本随着实物的转移而结转。各步骤半成品成本是按各步骤成本计算单中算出的完工半成品成本合计数转出，而并非分别按照各个成本项目从各步骤的成本计算单中转出。下步骤耗用上一步骤的半成品，按半成品的综合成本（即上步骤转入的半成品成本合计数），反映在该步骤产品成本明细账的"半成品"（或"原材料"）项目中。

1. 半成品按实际成本综合结转及成本还原

采用这种结转方法，各步骤所耗上一步骤的半成品费用，应根据所耗半成品的实际数量乘以半成品的实际单位成本计算。半成品如果经过半成品仓库，由于各月所产半成品的实际单位成本不同，所耗半成品实际单位成本的计算，可根据企业的实际情况，选择使用以下方法确定：先进先出法、全月一次加权平均法、移动加权平均法和个别认定法等。

（1）先进先出法。以先入库的先发出这一假定为根据，并根据这种假定的成本流转顺序对发出和结存的半成品进行计价。

（2）全月一次加权平均法。用期初结存半成品数量和本期各批收入半成品数量作为权数计算半成品平均单位成本的计价方法。其计算公式如下：

$$加权平均单位成本 = \frac{期初结存半成品的实际成本 + 本期收入半成品的实际成本}{期初结存半成品的数量 + 本期收入半成品的数量}$$

发出半成品成本 = 本期发出半成品数量 × 加权平均单位成本

期末结存半成品成本 = 期末结存半成品数量 × 加权平均单位成本

为了提高各步骤成本计算的及时性，在半成品月初余额较大，本月所耗半成品全部或者大部分是以前月份所生产的情况下，本月所耗半成品费用也可按上月末半成品的加权平均单位成本计算。

[例5-4] 假定乙产品要经过两个生产步骤连续加工而成，分别由两个车间进行。第一车间完工的半成品先入半成品仓库，第二车间从半成品仓库领用半成品继续加工，制成乙产成品。生产耗用的原材料在第一车间第一工序一次投入，第二车间领用的半成品按先进先出法计价，在第二车间第一工序一次投入。两个车间的月末在产品均按定额成本计价。成本计算程序如下：

（1）计算第一车间完工的乙半成品成本。根据4月份各种生产费用分配表、半成品入库单及第一车间月末在产品数量、加工程度、单位消耗定额等资料，登记第一车间乙半成品成本明细账，如表5-25所示。

表 5 – 25　　　　　　　　　　产品成本明细账

第一车间：乙半成品　　　　　2014 年 4 月　　　　　　　　　　　单位：元

摘要	产量（件）	直接材料	直接人工	制造费用	合计
月初在产品成本		7 000	6 000	5 000	18 000
本月发生费用		43 000	34 000	30 000	107 000
合计		50 000	40 000	35 000	125 000
完工转出半成品成本	200	44 000	35 000	31 000	110 000
月末在产品（定额成本）		6 000	5 000	4 000	15 000

在上列产品成本明细账中，由于在产品按定额成本计价，因而完工转出的半成品成本应根据生产费用的累计数，减去按定额成本计算的月末在产品成本计算。

根据第一车间半成品交库单（单中按所列交库数量和上列乙产品成本明细账中完工转出半成品成本登记）编制下列会计分录：

借：库存商品——乙半成品　　　　　　　　　　　110 000
　　贷：基本生产成本——第一车间——乙半成品　　　110 000

（2）根据乙半成品入库单和第二车间领用乙半成品的出库单，登记自制半成品明细账，如表 5 – 26 所示。

表 5 – 26　　　　　　　　　　自制半成品明细账

乙半成品　　　　　　　　　　2014 年 4 月　　　　　　　　　　　单位：元

月份	月初结存		本月增加		合计			本月发出	
	数量（件）	实际成本	数量（件）	实际成本	数量（件）	实际成本	单位成本	数量（件）	实际成本
4	40	22 480	200	110 000	240	132 480	552	220	121 480
5	20	11 000							

按先进先出法计算第二车间领用乙半成品成本如下：

第二车间领用半成品成本 $= 22\,480 + \dfrac{110\,000}{200} \times 180 = 121\,480$（元）

根据第二车间半成品领用单，编制会计分录：

借：基本生产成本——第二车间——乙产品　　　　121 480

第五章　产品成本计算方法

　　贷：库存商品——乙半成品　　　　　　　　　　　　　121 480

　　(3) 计算第二车间完工的乙产成品成本。根据4月份各种生产费用分配表、产成品入库单及第二车间月末在产品数量、加工程度、单位消耗定额等资料，登记第二车间乙产成品明细账，如表5-27所示。

表5-27　　　　　　　　　　　产品成本明细账

第二车间：乙产成品　　　　　2014年4月　　　　　　　　　　　　　单位：元

摘要	产量（件）	半成品	直接人工	制造费用	合计
月初在产品成本		28 520	4 750	4 260	37 530
本月发生费用		121 480	20 250	19 740	161 470
合计		150 000	25 000	24 000	199 000
完工转出产成品成本	210	117 600	19 740	18 900	156 240
完工产成品单位成本		560	94	90	744
月末在产品（定额成本）		32 400	5 260	5 100	42 760

　　明细账中增设了"半成品"成本项目，其中，本月半成品费用就是第二车间本月耗用第一车间半成品费用，是根据计价后的半成品领用单登记的，反映出半成品成本综合结转的特点。

　　根据第二车间的产成品交库单所列产成品交库数量和上列第二车间产品成本明细账中完工转出产成品成本，编制下列会计分录：

　　借：库存商品——乙产成品　　　　　　　　　　　　　156 240
　　　　贷：基本生产成本——第二车间——乙产成品　　　　156 240

　　(4) 成本还原。从上例中可以看出，在完工乙产成品的成本构成中，第二车间耗用第一车间半成品的费用占有较大比重，而直接人工和制造费用这些成本项目所占比重较小。这种情况明显地不符合企业产品中各成本项目的实际结构，这不便于进行同行业之间成本的比较，也不便于企业按产品成本项目分析产品成本的计划执行情况。为了了解完工产品成本中各成本项目的实际结构，必须将完工产品成本进行成本还原。

　　所谓成本还原，就是从最后一个生产步骤起，把产品成本中包含的自制半成品这种综合成本项目，运用一定的方法，逐步分解还原为原始成本项目，从而获得按原始成本项目反映的产品成本资料。

　　成本还原的方法一般有两种：成本结构比重法和还原分配率法。

①成本结构比重法。这种方法是从最后一个生产步骤起,将本步骤耗用上步骤半成品的综合成本,按照上步骤半成品的各成本项目的结构比例分解还原,自后一步骤向前一步骤推移,直到不包含"上步骤半成品"项目为止,然后将各步骤分解出来的相同的成本项目分别汇总,就可以计算出按原始成本项目反映的完工产品成本。

成本还原可分两步进行:

第一步:确定上步骤本月所产半成品中各成本项目的结构比重;

第二步:将本步骤完工半成品(最后步骤为完工产成品)中耗用上步骤半成品的综合成本,分别乘以上步骤半成品的各成本项目结构比例,就可将综合成本分解为各个成本项目。

分解以后的成本如仍有综合成本,即产品的生产步骤在两步以上的,可按以上方法逐步分解,直到各步骤的综合成本全部还原为原始成本项目。

②还原分配率法。这种方法的成本还原步骤仍可分为两步。

第一步:根据本步骤完工产品(或完工半成品)耗用上步骤半成品成本与上步骤本月所产半成品成本之间的比例,计算出还原分配率。其计算公式为:

还原分配率 = 本月本步骤完工产成品(或完工半成品)耗用上一步骤半成品成本/本月上步骤所产该种半成品成本

第二步:将还原分配率与本月上步骤所产该种半成品的各个成本项目金额分别相乘,即可得出本步骤完工产品(或完工半成品)耗用上步骤半成品成本的各成本项目的金额,即将耗用上步骤半成品的综合成本分解、还原为原始成本项目。其计算公式为:

$$\frac{某成本项}{目还原额} = \frac{本月上步骤所产该种半}{成品中某成本项目金额} \times 还原分配率$$

下面承[例5-4]资料,分别按成本结构比重法和还原分配率法进行成本还原,如表5-28、表5-29所示。

表5-28 产品成本还原计算表(成本结构比重法) 单位:元

项目	半成品	直接材料	直接人工	制造费用	合计
还原前产成品成本	117 600		19 740	18 900	156 240
本月所产该种半成品成本		44 000	35 000	31 000	110 000

第五章 产品成本计算方法

续表

项目		半成品	直接材料	直接人工	制造费用	合计
成本还原	半成品各成本项目占全部成本比重（％）		40	31.818	28.182	100
	还原额	－117 600	47 040	37 418	33 142	0
还原后产成品成本			47 040	57 158	52 042	156 240

第二车间完工转出的产成品成本中，耗用上一步骤半成品的成本为117 600元，按照上一步骤所产该种半成品110 000元的各成本项目的成本构成比重，求出按原始成本项目反映的乙产成品成本。

成本还原步骤如下：

首先，计算本月所产该种半成品各成本项目占全部成本比重：

直接材料的比重 $= \dfrac{44\,000}{110\,000} \times 100\% = 40\%$

直接人工的比重 $= \dfrac{35\,000}{110\,000} \times 100\% = 31.818\%$

制造费用的比重 $= \dfrac{31\,000}{110\,000} \times 100\% = 28.182\%$

然后，计算还原额，完工转出的产成品耗用上一步骤产成品的综合成本117 600元（即成本还原对象）还原为上一步骤的各成本项目为：

直接材料 = 117 600 × 40% = 47 040（元）

直接人工 = 117 600 × 31.818% = 37 418（元）

制造费用 = 117 600 × 28.182% = 33 142（元）

合计：117 600元

最后，计算还原后产成品按原始成本项目反映的成本：

直接材料 = 47 040（元）

直接人工 = 37 418 + 19 740 = 57 158（元）

制造费用 = 33 142 + 18 900 = 52 042（元）

合计：156 240元

采用上述还原方法，是以产成品成本中所耗半成品的各成本项目的比重，与本月上一步骤所产该种半成品的各成本项目比重完全一致为假设进行的。但是，产成品中所耗上一步骤的半成品，不一定都是本月上一步骤所生产的，而可能是或部分是以前月份生产的。

实际工作中,以前月份所产的半成品成本构成与本月所产半成品的成本构成不可能完全一致,因此,在各月所产半成品的成本构成变化较大的情况下,按照上述方法进行成本还原,对还原结果的正确性就会有较大的影响。如果半成品的定额成本或计划成本比较准确,为了提高还原结果的正确性,产成品所耗半成品费用可以按定额成本或计划成本的成本构成进行还原。

表 5-29　　　　　产品成本还原计算表(还原分配率法)　　　　　单位:元

项目	还原分配率	半成品	直接材料	直接人工	制造费用	合计
还原前产成品成本		117 600		19 740	18 900	156 240
本月所产该种半成品成本			44 000	35 000	31 000	110 000
成本还原	1.069091	-117 600	47 040	37 418	33 142	0
还原后产成品成本			47 040	57 158	52 042	156 240

将表 5-28 和表 5-29 的"还原前产成品成本"与"还原后产成品成本"对比分析,两者成本合计额相同,但成本项目构成不同。由此可以进一步理解成本还原的必要性。

2. 半成品按计划成本综合结转

采用这种结转方法,半成品日常收发的明细核算均按计划成本计价;在半成品实际成本计算出来后,再以实际成本与计划成本对比,计算半成品成本差异额和差异率,调整领用半成品的计划成本,而半成品收发的总分类核算则按实际成本计价。

半成品按计划成本综合结转所用账表的特点:

(1) 自制半成品明细账不仅要反映半成品收、发和结存的数量和实际成本,而且还要反映其计划成本,以及成本差异额和成本差异率。

(2) 在第二车间的产品成本明细账中,对于所耗上一步骤半成品的成本,可以直接按照调整成本差异后的实际成本登记;也可以按照计划成本、成本差异和实际成本分别登记,以便于分析上一步骤半成品成本差异对本步骤产品成本的影响。

现以 [例 5-4] 的资料为例,说明采用按计划成本综合结转半成品成本的方法。第一车间产品成本明细账与 [例 5-4] 相同,自制半成品明细账和第二车间产品成本明细账的格式,如表 5-30、表 5-31 所示。

第五章　产品成本计算方法

表 5－30　　　　　　　　　自制半成品明细账　　　　　　单位：元
乙半成品　　　　　　　　　　　2014 年 4 月　　　　　　　计划单位成本：555 元

	月份	4	5
月初结存	数量（件）	40	20
	计划成本	22 200	11 100
	实际成本	22 480	11 000
	成本差异	280	－100
本月增加	数量（件）	200	
	计划成本	111 000	
	实际成本	110 000	
	成本差异	－1 000	
合计	数量（件）	240	
	计划成本	133 200	
	实际成本	132 480	
	成本差异	－720	
本月发生	数量（件）	220	
	计划成本	122 100	
	实际成本	121 480	
	成本差异	－620	

表 5－30 中，发出自制半成品按先进先出法计价。有关指标计算如下：

发出半成品计划成本 ＝ 发出半成品数量 × 半成品计划单位成本

$$= 220 \times 555 = 122\ 100（元）$$

发出半成品成本差异 ＝ 发出月初半成品的成本差异 ＋ 发出本期入库的半成品的成本差异

$$= 280 + \frac{-1\ 000}{111\ 000} \times (122\ 100 - 22\ 200)$$

$$= -620$$

发出半成品实际成本 ＝ 发出半成品计划成本 ± 发出半成品成本差异

$$= 122\ 100 - 620 = 121\ 480（元）$$

表 5-31　　　　　　　　　　　　产品成本明细账

第二车间：乙产成品　　　　　　　　2014 年 4 月　　　　　　　　　　　　单位：元

摘要	产量（件）	半成品			直接人工	制造费用	合计
		计划成本	成本差异	实际成本			
月初在产品成本		28 520	—	28 520	4 750	4 260	37 530
本月发生费用		122 100	-620	121 480	20 250	19 740	161 470
合计		150 620	-620	150 000	25 000	24 000	199 000
完工转出产成品成本	210	118 220	-620	117 600	19 740	18 900	156 240
单位成本		562.95	-2.95	560	94	90	744
月末在产品（定额成本）		32 400	—	32 400	5 260	5 100	42 760

与按实际成本综合结转半成品成本方法相比较，按计划成本综合结转半成品成本方法的优点是：

第一，可以简化和加速半成品核算和产品成本计算工作。按计划成本结转半成品成本，可以简化和加速半成品收发的凭证和记账工作；半成品成本差异率如果不是按半成品品种，而是按类计算，更可以省去大量的计算工作；如果月初半成品结存量较大，本月耗用的半成品大部分甚至全部都是以前月份生产的，本月所耗半成品成本差异调整也可以根据上月半成品成本差异率计算。这样，不仅简化了计算工作，各步骤的成本计算也可以同时进行，从而加速产品成本的计算工作。

第二，便于各步骤进行成本的考核和分析。按计划成本结转半成品成本，在各步骤的产品成本明细账中，可以分别反映所耗半成品的计划成本、成本差异和实际成本，因而在分析各步骤产品成本时，可以剔除上一步骤半成品成本变动对本步骤产品成本的影响，有利于分清经济责任，考核各步骤的经济效益。

3. 综合结转及成本还原进一步举例

[例 5-5] 某厂有三个基本生产车间，一车间生产（甲-1）半成品，二车间将（甲-1）半成品加工成为（甲-2）半成品，三车间将（甲-2）半成品加工成为甲产品。上一步骤生产完工的半成品全部直接交下一步骤继续加工。各步骤在产品完工程度均为 50%。原材料在第一步骤加工时一次全部投入。

本月生产情况如表 5-32 所示。

第五章 产品成本计算方法

表 5-32　　　　　　　　　　　　　　　　　　　　　　　　　　单位：件

生产情况	一车间	二车间	三车间
月初在产品数量	20	24	28
本月投入或上一步骤转入数	196	200	192
本月完工转出数	200	192	208
月末在产品数量	16	32	12

　　本月发生的生产费用，根据原始凭证和各种费用分配表分别登记记入各步骤生产成本明细账。一车间、二车间和三车间的生产成本明细账如表5-33、表5-34、表5-35所示。

表 5-33　　　　　　　　　基本生产成本明细账

车间：一车间　　　　　　　2014 年 7 月

产品：（甲-1）半成品　　　　　　　　　　　　　　　　　　　单位：元

年		凭证号数（略）	摘要	直接材料	直接人工	制造费用	合计
月	日						
7	1		月初在产品成本	1 460	780	620	2 860
			本月发生费用	14 200	4 420	4 060	22 680
			合计	15 660	5 200	4 680	25 540
			结转下车间成本	14 500	5 000	4 500	24 000
7	31		月末在产品成本	1 160	200	180	1 540

表 5-34　　　　　　　　　基本生产成本明细账

车间：二车间　　　　　　　2014 年 7 月

产品：（甲-2）半成品　　　　　　　　　　　　　　　　　　　单位：元

年		凭证号数（略）	摘要	直接材料	直接人工	制造费用	合计
月	日						
7	1		月初在产品成本	2 600	960	720	4 280
			本月发生费用		6 840	5 520	12 360
			上车间转入成本	24 000			24 000
			合计	26 600	7 800	6 240	40 640
			结转下车间成本	22 800	7 200	5 760	35 760
7	31		月末在产品成本	3 800	600	480	4 880

表 5-35　　　　　　　　　　　基本生产成本明细账
车间：三车间　　　　　　　　　　2014 年 7 月
产品：甲产品　　　　　　　　　　　　　　　　　　　　　　　　　　　单位：元

年 月	日	凭证号数（略）	摘要	直接材料	直接人工	制造费用	合计
7	1		月初在产品成本	5 600	940	620	7 160
			本月发生费用		6 550	4 730	11 280
			上车间转入成本	35 760			35 760
			合计	41 360	7 490	5 350	54 200
			结转下车间成本	39 104	7 280	5 200	51 584
7	31		月末在产品成本	2 256	210	150	2 616

甲产品成本计算过程如下：

（1）计算一车间（甲-1）半成品和在产品成本。

①直接材料的分配。

待分配直接材料 = 1 460 + 14 200 = 15 660（元）

直接材料分配标准 = 200 + 16 = 216（件）

直接材料分配率 = $\dfrac{15\ 660}{216}$ = 72.5

（甲-1）半成品应分配材料 = 72.5 × 200 = 14 500（元）

在产品应分配材料 = 72.5 × 16 = 1 160（元）

②直接人工的分配。

待分配直接人工 = 780 + 4 420 = 5 200（元）

直接人工分配标准 = 200 + 16 × 50% = 208（件）

直接人工分配率 = $\dfrac{5\ 200}{208}$ = 25

（甲-1）半成品应分配人工 = 25 × 200 = 5 000（元）

在产品应分配人工 = 25 × 16 × 50% = 200（元）

③制造费用的分配。

待分配制造费用 = 620 + 4 060 = 4 680（元）

制造费用分配标准 = 200 + 16 × 50% = 208（件）

制造费用分配率 = $\dfrac{4\ 680}{208}$ = 22.5

第五章　产品成本计算方法

（甲－1）半成品应分配制造费用 = 22.5 × 200 = 4 500（元）

在产品应分配制造费用 = 22.5 × 16 × 50% = 180（元）

④汇总计算（甲－1）半成品及在产品成本。

（甲－1）半成品总成本 = 14 500 + 5 000 + 4 500 = 24 000（元）

（甲－1）半成品单位成本 = $\dfrac{24\ 000}{200}$ = 120（元）

（甲－1）在产品成本 = 1 160 + 200 + 180 = 1 540（元）

（2）计算二车间（甲－2）半成品和在产品成本。

①上步骤半成品费用的分配。

待分配上步骤半成品费用 = 2 600 + 24 000 = 26 600（元）

上步骤半成品费用分配标准 = 192 + 32 = 224（件）

上步骤半成品费用分配率 = $\dfrac{26\ 600}{224}$ = 118.75

（甲－2）半成品应分配上步骤半成品费用 = 118.75 × 192 = 22 800（元）

在产品应分配上步骤半成品费用 = 118.75 × 32 = 3 800（元）

②直接人工的分配。

待分配直接人工 = 960 + 6 840 = 7 800（元）

直接人工分配标准 = 192 + 32 × 50% = 208（件）

直接人工分配率 = $\dfrac{7\ 800}{208}$ = 37.5

（甲－2）半成品应分配人工费用 = 37.5 × 192 = 7 200（元）

在产品应分配人工费用 = 37.5 × 32 × 50% = 600（元）

③制造费用的分配。

待分配制造费用 = 720 + 5 520 = 6 240（元）

制造费用分配标准 = 192 + 32 × 50% = 208（件）

制造费用分配率 = $\dfrac{6\ 240}{208}$ = 30

（甲－2）半成品应分配制造费用 = 30 × 192 = 5 760（元）

在产品应分配制造费用 = 30 × 32 × 50% = 480（元）

④汇总计算（甲－2）半成品成本及在产品成本。

（甲－2）半成品总成本 = 22 800 + 7 200 + 5 760 = 35 760（元）

（甲－2）半成品单位成本 = $\dfrac{35\ 760}{192}$ = 186.25（元）

（甲－2）在产品成本 = 3 800 + 600 + 480 = 4 880（元）
（3）计算三车间完工产品和在产品成本。
①上步骤半成品费用的分配。
待分配上步骤半成品费用 = 5 600 + 35 760 = 41 360（元）
上步骤半成品费用分配标准 = 208 + 12 = 220（件）
上步骤半成品费用分配率 = $\dfrac{41\ 360}{220}$ = 188
甲产品应分配上步骤半成品费用 = 188 × 208 = 39 104（元）
在产品应分配上步骤半成品费用 = 188 × 12 = 2 256（元）
②直接人工的分配。
待分配直接人工 = 940 + 6 550 = 7 490（元）
直接人工分配标准 = 208 + 12 × 50% = 214（件）
直接人工分配率 = $\dfrac{7\ 490}{214}$ = 35
甲产品应分配人工费用 = 35 × 208 = 7 280（元）
在产品应分配人工费用 = 35 × 12 × 50% = 210（元）
③制造费用的分配。
待分配制造费用 = 620 + 4 730 = 5 350（元）
制造费用分配标准 = 208 + 12 × 50% = 214（件）
制造费用分配率 = $\dfrac{5\ 350}{214}$ = 25
甲产品应分配制造费用 = 25 × 208 = 5 200（元）
在产品应分配制造费用 = 25 × 12 × 50% = 150（元）
④汇总计算完工甲产品成本及在产品成本。
完工甲产品总成本 = 39 104 + 7 280 + 5 200
　　　　　　　　 = 51 584（元）
完工甲产品单位成本 = $\dfrac{51\ 584}{208}$ = 248（元）
在产品成本 = 2 256 + 210 + 150 = 2 616（元）
（4）成本还原。
该例中甲产品经过三个生产步骤加工完成，故成本还原需要进行两次。
A. 成本结构比重法：
①第一次还原。

第五章 产品成本计算方法

第一步：确定第二步骤（甲-2）半成品的各成本项目的结构比重。

根据表 5-34 的资料，（甲-2）半成品中各成本项目的结构比重为：

第一步骤半成品比重 = $\dfrac{22\,800}{35\,760} \times 100\% = 63.76\%$

直接人工比重 = $\dfrac{7\,200}{35\,760} \times 100\% = 20.13\%$

制造费用比重 = $\dfrac{5\,760}{35\,760} \times 100\% = 16.11\%$

第二步：将第三步骤完工甲产品耗用第二步骤（甲-2）半成品的综合成本，根据（甲-2）半成品各成本项目的结构比重进行分解。

根据表 5-35 的资料，完工甲产品中耗用第二步骤（甲-2）半成品的综合成本为 39 140 元。将其分解为：

第一步骤半成品 = 39 104 × 63.76% = 24 932.71（元）
第二步骤直接人工 = 39 104 × 20.13% = 7 871.64（元）
第二步骤制造费用 = 39 104 × 16.11% = 6 299.65（元）

经过第一次还原后，在第二步骤成本项目中仍有第一步骤半成品的综合成本，所以，还需进行第二次还原。

②第二次还原。

第一步：确定第一步骤（甲-1）半成品的各成本项目的结构比重。

根据表 5-33 的资料，（甲-1）半成品中各成本项目比重为：

直接材料比重 = $\dfrac{14\,500}{24\,000} \times 100\% = 60.42\%$

直接人工比重 = $\dfrac{5\,000}{24\,000} \times 100\% = 20.83\%$

制造费用比重 = $\dfrac{4\,500}{24\,000} \times 100\% = 18.75\%$

第二步：将第三步骤完工甲产品中耗用第一步骤（甲-1）半成品的综合成本，根据（甲-1）半成品各成本项目的结构比重进行分解。

根据第一次还原计算得知，完工甲产品中耗用第一步骤（甲-1）半成品的综合成本为 24 932.71 元，将其分解为：

直接材料 = 24 932.71 × 60.42% = 15 064.343（元）
直接人工 = 24 932.71 × 20.83% = 5 193.484（元）
制造费用 = 24 932.71 × 18.75% = 4 674.883（元）

③还原后的完工甲产品成本。

直接材料 = 15 064.343（元）

直接人工 = 5 193.484 + 7 871.64 + 7 280 = 20 345.124（元）

制造费用 = 4 674.883 + 6 299.65 + 5 200 = 16 174.533（元）

完工甲产品成本总额 = 15 064.343 + 20 345.124 + 16 174.533

= 51 584（元）

以上计算可通过编制成本还原计算表的方式列示，如表5-36所示。

表5-36　　　　　　　产品成本还原计算表（成本结构比重法）

产品：甲产品

产量：208件　　　　　　　　　　　　　　　　　　　　　　　　单位：元

步骤	项目	成本项目				合计
		上步骤半成品	直接材料	直接人工	制造费用	
三车间	还原前甲产品成本	39 104		7 280	5 200	51 584
二车间	（甲-2）半成品成本项目结构比重	63.76% (39 104)		20.13%	16.11%	100%
	（甲-2）半成品成本还原	24 932.71		7 871.64	6 299.65	
一车间	（甲-1）半成品成本项目结构比重		60.42% (24 932.71)	20.83%	18.75%	100%
	（甲-1）半成品成本还原		15 064.343	5 193.484	4 674.883	
合计	还原后甲产品总成本		15 064.344	20 345.124	16 174.533	51 584
	还原后甲产品单位成本		72.425	97.813	77.762	248

B. 还原分配率法：

（1）第一次还原。

第一次还原分配率 = $\dfrac{39\,104}{35\,760}$ = 1.0935

根据第一次还原分配率，将完工甲产品所耗第二步骤（甲-2）半成品的综合成本还原为：

（甲-1）半成品总成本 = 22 800 × 1.0935 = 24 932（元）

直接人工 = 7 200 × 1.0935 = 7 873（元）

制造费用 = 5 760 × 1.0935 = 6 299（元）

(2) 第二次还原。

第二次还原分配率 $= \dfrac{24\ 932}{24\ 000} = 1.0388$

根据第二次还原分配率,将完工甲产品所耗用第一步骤(甲-1)半成品的综合成本还原为:

直接材料 = 14 500 × 1.0388 = 15 063(元)

直接人工 = 5 000 × 1.0388 = 5 194(元)

制造费用 = 4 500 × 1.0388 = 4 675(元)

(3) 还原后的甲产品成本。

直接材料 = 15 063(元)

直接人工 = 5 194 + 7 873 + 7 280 = 20 347(元)

制造费用 = 4 675 + 6 299 + 5 200 = 16 174(元)

甲产品成本总额 = 15 063 + 20 347 + 16 174 = 51 584(元)

以上计算可通过编制成本还原计算表的方式列示,如表 5-37 所示。

表 5-37　　　　产品成本还原计算表(还原分配率法)

产品:甲产品

产量:208 件　　　　　　　　　　　　　　　　　　　　　　　单位:元

行次	项目	还原分配率	上步骤半成品	直接材料	直接人工	制造费用	合计
1	第三步骤还原前甲产品成本		39 104		7 280	5 200	51 584
2	第二步骤本月转入第三步骤半成品成本		(22 800)		(7 200)	(5 760)	(35 760)
3	第一次还原	39 104 ÷ 35 760 = 1.0935	24 932		7 873	6 299	39 104
4	第一步骤本月转入第二步骤半成品成本			(14 500)	(5 000)	(4 500)	(24 000)
5	第二次还原	24 932 ÷ 24 000 = 1.0388		15 063	5 194	4 675	24 932
6	还原后甲产品总成本			15 063	20 347	16 174	51 584

综上所述可以看出,采用综合结转法逐步结转半成品成本,从各步骤产品成本明细账中,可以了解其完工转出的产成品成本中有多少是耗用上一步骤半

成品费用，有多少是本步骤的加工费用，从而有利于车间的成本管理。但如果管理上要求提供按原始成本项目反映的产成品成本资料，特别是在产品种类多、产品加工步骤多的情况下，成本还原工作繁重。因此，这种方法只宜在管理上要求计算各步骤完工产品所耗半成品费用，而不要求进行成本还原的情况下采用。

（二）分项结转法

分项结转法是将各步骤所耗用的上步骤半成品成本，分别按照成本项目从上步骤转入下步骤相同产品成本明细账内相应的成本项目中，如果半成品通过半成品库收发，在自制半成品明细账中，也要分别按成本项目进行登记。

在产品成本是按实际成本反映的，为了正确地将费用分配于产成品和在产品上，需要将半成品成本与本车间发生的加工费分别反映、分别分配。

为了简化核算，在产品不多而且稳定、定额资料又较准确的情况下，可以将在产品按定额成本估价扣除。

采用分项结转可以直接提供各步骤半成品及完工产成品的原始成本项目构成情况，无须进行成本还原。但当生产步骤较多时，其计算工作量较大，成本结转工作较复杂。

[例5-6] 沿用[例5-4]的成本资料，采用分项结转法计算乙产品成本。

1. 第一车间乙半成品明细账，如表5-38所示（引自表5-25）。

表5-38　　　　　　　　产品成本明细账

第一车间：乙半成品　　　　　　2014年4月　　　　　　　　　　单位：元

摘要	产量（件）	直接材料	直接人工	制造费用	合计
月初在产品成本		7 000	6 000	5 000	18 000
本月发生费用		43 000	34 000	30 000	107 000
合计		50 000	40 000	35 000	125 000
完工转出半成品成本	200	44 000	35 000	31 000	110 000
月末在产品成本		6 000	5 000	4 000	15 000

2. 根据第一车间乙半成品明细账、第一车间半成品入库单和第二车间领用乙半成品的出库单，登记自制半成品明细账，如表5-39所示。

第五章 产品成本计算方法

表 5-39　　　　　　　　　　自制半成品明细账

乙半成品　　　　　　　　　　　　　　　　　　　　　　　　　　　单位：元

月份	摘要	数量（件）	直接材料	直接人工	制造费用	合计
4	月初结存	40	8 900	7 200	6 380	22 480
	本月增加	200	44 000	35 000	31 000	110 000
	合计	240	52 900	42 200	37 380	132 480
	单位成本		220.42	175.83	155.75	552
	本月发出	220	48 500	38 700	34 280	121 480
5	月初结存	20	4 400	3 500	3 100	11 000

按先进先出法计算第二车间领用乙半成品成本如下：

直接材料 = $8\,900 + \dfrac{44\,000}{200} \times 180 = 48\,500$（元）

直接人工 = $7\,200 + \dfrac{35\,000}{200} \times 180 = 38\,700$（元）

制造费用 = $6\,380 + \dfrac{31\,000}{200} \times 180 = 34\,280$（元）

合计 121 480 元

3. 计算第二车间完工的乙产品成本。根据 4 月份各种生产费用分配表、产成品入库单及第二车间月末在产品数量、加工程度、单位消耗定额资料，登记第二车间乙产品明细账，如表 5-40 所示。

表 5-40　　　　　　　　　　产品成本明细账　　　　　　　　　　　　单位：元

摘要	数量（件）	直接材料	直接人工	制造费用	合计
月初在产品成本		11 400	13 800	12 330	37 530
本月本步骤生产费用			20 250	19 740	39 990
本月耗用上一步骤半成品费用		48 500	38 700	34 280	121 480
合计		59 900	72 750	66 350	199 000
完工转出产成品成本	210	47 000	57 150	52 090	156 240
产成品单位成本		223.81	272.14	248.05	744
月末在产品成本（定额成本）		12 900	15 600	14 260	42 760

[例 5-7] 某企业生产 B 产品，经过三个生产步骤连续加工制成。2014

年 5 月，B 产品的产量及成本资料如表 5-41，表 5-42 所示。原材料在第一步骤生产开工时一次全部投入。采用约当产量比例法分配生产费用。

表 5-41   单位：件

项目	第一步骤	第二步骤	第三步骤
本月投入	80	60	40
本月完工	60	40	30
月末在产品	20	20	10
在产品完工程度	50%	50%	50%

表 5-42   单位：元

成本项目	第一步骤	第二步骤	第三步骤
直接材料	50 000		
直接人工	14 000	3 000	3 500
制造费用	7 000	2 100	2 450

成本计算过程如下：

1. 计算第一步骤完工半成品成本及月末在产品成本，现列表计算，如表 5-43 所示。

表 5-43   第一步骤产品成本计算单
产品名称：B 产品   2014 年 5 月   单位：元

项目	直接材料	直接人工	制造费用	合计
本月投入费用	50 000	14 000	7 000	71 000
分配标准	80	70	70	
分配率	625	200	100	
完工半成品成本	37 500	12 000	6 000	55 500
月末在产品成本	12 500	2 000	1 000	15 500

表 5-43 中有关数据计算如下：

（1）直接材料分配标准 = 60 + 20 × 100% = 80（件）

其他费用分配标准 = 60 + 20 × 50% = 70（件）

(2) 直接材料分配率 = $\frac{50\,000}{80}$ = 625

完工半成品直接材料费用 = 625 × 60 = 37 500（元）

月末在产品直接材料费用 = 625 × 20 = 12 500（元）

(3) 直接人工分配率 = $\frac{14\,000}{70}$ = 200

完工半成品直接人工费用 = 200 × 60 = 12 000（元）

月末在产品直接人工费用 = 200 × 10 = 2 000（元）

(4) 制造费用分配率 = $\frac{7\,000}{70}$ = 100

完工半成品制造费用 = 100 × 60 = 6 000（元）

月末在产品制造费用 = 100 × 10 = 1 000（元）

2. 经第一步骤加工后的半成品实物转入第二步骤继续加工，而分项结转分步法，其成本从第一步骤转入第二步骤是分别按各成本项目进行结转，现列表计算，如表 5-44 所示。

表 5-44　　　　　　　　　第二步骤产品成本计算

产品名称：B 产品　　　　　2014 年 5 月　　　　　　　　　　　单位：元

项目	直接材料	直接人工	制造费用	合计
本月投入费用		3 000	2 100	5 100
上一步骤转入费用	37 500	12 000	6 000	55 500
上一步骤转入费用分配标准	60	60	60	
上一步骤转入费用分配率	625	200	100	
本步骤投入费用分配标准		50	50	
本步骤投入费用分配率		60	42	
完工半成品成本	25 000	10 400	5 680	41 080
月末在产品成本	12 500	4 600	2 420	19 520

表 5-44 中有关数据计算如下：

(1) 上一步骤转入费用分配标准为上一步骤本月完工转入第二步骤的半成品数量 60 件。

(2) 上一步骤转入材料费用分配率 = $\frac{37\,500}{60}$ = 625

完工半成品分配上一步骤转入材料费用 = 40 × 625 = 25 000（元）

月末在产品分配上一步骤转入材料费用 = 20 × 625 = 12 500（元）

(3) 上一步骤转入人工费用分配率 = $\dfrac{12\ 000}{60}$ = 200

完工半成品分配上一步骤转入人工费用 = 40 × 200 = 8 000（元）

月末在产品分配上一步骤转入人工费用 = 20 × 200 = 4 000（元）

本步骤投入人工费用分配率 = $\dfrac{3\ 000}{40 + 20 \times 50\%}$ = 60

完工半成品分配本步骤投入人工费用 = 40 × 60 = 2 400（元）

月末在产品分配本步骤投入人工费用 = 10 × 60 = 600（元）

完工半成品直接人工费用 = 8 000 + 2 400 = 10 400（元）

月末在产品直接人工费用 = 4 000 + 600 = 4 600（元）

(4) 上一步骤转入制造费用分配率 = $\dfrac{6\ 000}{60}$ = 100

完工半成品分配上一步骤转入制造费用 = 40 × 100 = 4 000（元）

月末在产品分配上一步骤转入制造费用 = 20 × 100 = 2 000（元）

本步骤投入制造费用分配率 = $\dfrac{2\ 100}{40 + 20 \times 50\%}$ = 42

完工半成品分配本步骤投入制造费用 = 40 × 42 = 1 680（元）

月末在产品分配本步骤投入制造费用 = 10 × 42 = 420（元）

完工半成品制造费用 = 4 000 + 1 680 = 5 680（元）

月末在产品制造费用 = 2 000 + 420 = 2 420（元）

3. 计算第三步骤完工产品成本，如表 5 - 45 所示。

表 5 - 45　　　　　　　第三步骤产品成本计算单

产品名称：B 产品　　　　　2014 年 5 月　　　　　　　　单位：元

项目	直接材料	直接人工	制造费用	合计
本步骤投入费用		3 500	2 450	5 950
上一步骤转入费用	25 000	10 400	5 680	41 080
上一步骤转入费用分配标准	40	40	40	
上一步骤转入费用分配率	625	260	142	
本步骤投入费用分配标准		35	35	
本步骤投入费用分配率		100	70	
完工产品成本	18 750	10 800	6 360	35 910
月末在产品成本	6 250	3 100	1 770	11 120

第五章　产品成本计算方法

表 5–45 中有关数据计算如下：

（1）上一步骤转入费用分配标准为上一步骤本月完工转入第三步骤的半成品数量 40 件。

（2）上一步骤转入材料费用分配率 = $\dfrac{25\ 000}{40}$ = 625

完工产成品分配上一步骤转入材料费用 = 30 × 625 = 18 750（元）
月末在产品分配上一步骤转入材料费用 = 10 × 625 = 6 250（元）

（3）上一步骤转入人工费用分配率 = $\dfrac{10\ 400}{40}$ = 260

完工产成品分配上一步骤转入人工费用 = 30 × 260 = 7 800（元）
月末在产品分配上一步骤转入人工费用 = 10 × 260 = 2 600（元）

本步骤投入人工费用分配率 = $\dfrac{3\ 500}{30 + 10 \times 50\%}$ = 100

完工产成品分配本步骤投入人工费用 = 30 × 100 = 3 000（元）
月末在产品分配本步骤投入人工费用 = 5 × 100 = 500（元）
完工产成品直接人工费用 = 7 800 + 3 000 = 10 800（元）
月末在产品直接人工费用 = 2 600 + 500 = 3 100（元）

（4）上一步骤转入制造费用分配率 = $\dfrac{5\ 680}{40}$ = 142

完工产成品分配上一步骤转入制造费用 = 30 × 142 = 4 260（元）
月末在产品分配上一步骤转入制造费用 = 10 × 142 = 1 420（元）

本步骤投入制造费用分配率 = $\dfrac{2\ 450}{30 + 10 \times 50\%}$ = 70

完工产成品分配本步骤投入制造费用 = 30 × 70 = 2 100（元）
月末在产品分配本步骤投入制造费用 = 5 × 70 = 350（元）
完工产成品制造费用 = 4 260 + 2 100 = 6 360（元）
月末在产品制造费用 = 1 420 + 350 = 1 770（元）

月末结转本月完工产成品成本，编制会计分录：
借：库存商品——B 产品　　　　　　　　　　　　　35 910
　　贷：基本生产成本——B 产品　　　　　　　　　　　　　35 910

从以上两个例题可以看出，采用逐步分项结转法结转半成品及计算的产成品成本，可以直接提供按原始成本项目反映的产品成本资料，且不需要进行成本还原。但采用该方法其成本结转工作较复杂，若采用约当产量比例法分配费用，分配工作量较大，而且在各步骤完工产品成本中看不出所耗上一步骤半成品的费用及本步骤加工费用的水平，不便于进行完工产品成本分析。因此，这种计算方法一般适用于管理上不要求分别提供各步骤完工产品所耗半成品费用和本步骤加工费用的资料，但要求按原始成本项目反映产品成本的企业。

三、平行结转分步法

在有些连续加工生产的企业里，各步骤生产出来的半成品主要供本企业下一步骤加工，很少出售或根本不出售。在这种情况下，为了简化和加速成本计算工作，可以不计算各步骤完工半成品成本，各步骤之间也不结转所耗半成品成本，而只计算本步骤所发生的各项生产费用以及这些费用中应计入产成品的份额，然后，将各步骤应计入同一产成品成本的份额平行结转汇总，即可计算出该种产品的产成品成本。

平行结转分步法适用于多步骤复杂生产，其适用的企业可归纳为以下几类：

一是多步骤装配式复杂生产的企业，例如，机械制造企业。这类企业的几个加工车间平行加工各种零、部件，然后由装配车间将各车间加工的不同零、部件装配在一起，成为完工产品，这类企业最适宜采用平行结转分步法。

二是生产的半成品无独立经济意义的企业，例如，砖瓦厂生产的砖坯，无独立经济意义，这类企业采用平行结转分步法，可以减少成本核算的工作量。

三是虽然不属于上述两种情况，但管理上不要求单独提供各步骤半成品成本资料的企业。例如前面介绍的运用逐步结转分步法的企业都可运用平行结转分步法。平行结转分步法的成本核算程序如图 5-6 所示。

从上述成本核算程序中，可以看出平行结转分步法的主要特点：

（1）各生产步骤不计算半成品成本，只计算本步骤发生的生产费用，如果原材料是在第一步骤一次投入的，则第一步骤生产费用中包括材料费用、人工费用和制造费用，而以后步骤的生产费用只计算人工费用和制造费用。

（2）月末，本步骤发生的生产费用的分配对象是本月最终完工产品和本步骤的广义在产品。应由最终完工产品负担的生产费用，即生产费用中应计入产成品的份额，从本步骤生产成本明细账中转出，应由本步骤广义在产品负担的生产费用，仍留在本步骤的生产成本明细账中。

（3）半成品实物的转移与半成品成本的结转相分离。各步骤完工半成品在移交下一步骤继续加工或半成品仓库时，其半成品成本仍保留在本步骤，不随实物转移，因此，各步骤均只独立核算本步骤发生的生产费用，而不计算上

第五章 产品成本计算方法

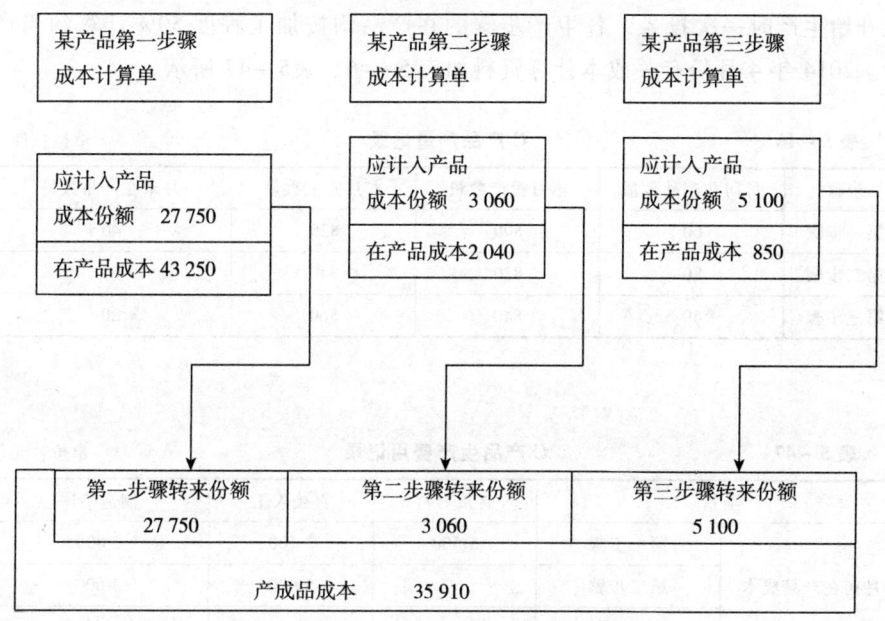

图 5-6 平行结转分步法成本核算程序

一步骤转入半成品的成本。

（4）将各步骤平行转入最终产成品成本汇总表的"份额"加以汇总，就可以计算出完工产成品的总成本和单位成本。

在平行结转分步法下，各步骤生产费用在完工产成品与广义在产品之间分配的方法，一般采用约当产量比例法和在产品按定额成本计价法或定额比例法。

采用约当产量比例法计算各步骤计入产成品成本份额的计算公式：

$$某步骤单位半成品费用 = \frac{该步骤月初在产品费用 + 该步骤本月发生的费用}{本步骤分配标准}$$

本步骤分配标准 = 完工产成品数量 + 月末本步骤的在产品约当量 + 以后各步骤月末在产品数量

各步骤应计入产成品成本份额 = 完工产成品耗用本步骤半成品数量 × 该步骤单位半成品费用

其中：完工产成品耗用本步骤半成品数量 = 完工产成品数量 × 单位产品耗用各该步骤半成品数量

[例 5-8] 某企业生产 C 产品，设有三个生产步骤，原材料于第一生产步

骤开始生产时一次投入,各生产步骤的在产品均按加工程度50%计算约当产量。2014年4月份有关成本计算资料如表5-46、表5-47所示。

表5-46　　　　　　　　　　　C产品产量记录　　　　　　　　　　　单位:件

步骤	月初在产品数量	本月投产数量	本月完工数量	月末在产品数量
第一步骤	60	800	820	40
第二步骤	80	820	840	60
第三步骤	40	840	860	20

表5-47　　　　　　　　　　C产品生产费用记录　　　　　　　　　　　单位:元

项目		直接材料	直接人工	制造费用
月初在产品成本	第一步骤	5 500	2 100	2 800
	第二步骤		5 000	3 000
	第三步骤		900	600
本月投入费用	第一步骤	43 500	17 100	26 000
	第二步骤		49 600	33 400
	第三步骤		70 440	47 250

成本计算过程如下:

(1) 计算第一步骤发生的生产费用中应计入产成品的份额。

①直接材料费用的分配:

待分配费用 = 5 500 + 43 500 = 49 000(元)

分配标准 = 860 + 40 + (60 + 20) = 980(件)

半成品材料费用分配率 = $\frac{49\ 000}{980}$ = 50

计入产成品成本份额 = 860 × 50 = 43 000(元)

在产品材料费用 = (40 + 60 + 20) × 50 = 6 000(元)

②直接人工的分配:

待分配费用 = 2 100 + 17 100 = 19 200(元)

分配标准 = 860 + 40 × 50% + 60 + 20 = 960(件)

半成品人工费用分配率 = $\frac{19\ 200}{960}$ = 20

第五章 产品成本计算方法

计入产成品成本份额 = 860 × 20 = 17 200（元）

在产品直接人工 =（40 × 50% + 60 + 20）× 20 = 2 000（元）

③制造费用的分配：

待分配费用 = 2 800 + 26 000 = 28 800（元）

分配标准 = 960 件

半成品制造费用分配率 = $\dfrac{28\ 800}{960}$ = 30

计入产成品成本份额 = 860 × 30 = 25 800（元）

在产品制造费用 =（40 × 50% + 60 + 20）× 30 = 3 000（元）

根据以上计算登记第一步骤产品成本计算单，如表 5 - 48 所示。

表 5 - 48　　　　　第一步骤产品成本计算单

产品名称：C 产品　　　　　2014 年 4 月　　　　　　单位：元

项目	直接材料	直接人工	制造费用	合计
月初在产品成本	5 500	2 100	2 800	10 400
本月投入费用	43 500	17 100	26 000	86 600
费用合计	49 000	19 200	28 800	97 000
分配标准（件）	980	960	960	—
分配率	50	20	30	—
应计入产成品成本份额	43 000	17 200	25 800	86 000
月末在产品成本	6 000	2 000	3 000	11 000

（2）计算第二步骤发生的生产费用中应计入产品成本的份额。

①直接人工费用的分配：

待分配费用 = 5 000 + 49 600 = 54 600（元）

分配标准 = 860 + 60 × 50% + 20 = 910（件）

半成品人工费用分配率 = $\dfrac{54\ 600}{910}$ = 60

计入产成品成本份额 = 860 × 60 = 51 600（元）

在产品直接人工费用 =（60 × 50% + 20）× 60 = 3 000（元）

②制造费用的分配：

待分配费用 = 3 000 + 33 400 = 36 400（元）

分配标准 = 860 + 60 × 50% + 20 = 910（件）

半成品制造费用分配率 = $\dfrac{36\,400}{910}$ = 40

计入产成品成本份额 = 860 × 40 = 34 400（元）

在产品制造费用 =（60 × 50% + 20）× 40 = 2 000（元）

根据以上计算登记第二步骤产品成本计算单，如表 5 – 49 所示。

表 5 – 49　　　　　　　　　第二步骤产品成本计算单

产品名称：C 产品　　　　　　　2014 年 4 月　　　　　　　　　　单位：元

项目	直接人工	制造费用	合计
月初在产品成本	5 000	3 000	8 000
本月投入费用	49 600	33 400	83 000
费用合计	54 600	36 400	91 000
分配标准（件）	910	910	—
分配率	60	40	—
应计入产成品成本份额	51 600	34 400	86 000
月末在产品成本	3 000	2 000	5 000

(3) 计算第三步骤发生的生产费用中应计入产成品的份额。

①直接人工费用的分配：

待分配费用 = 900 + 70 440 = 71 340（元）

分配标准 = 860 + 20 × 50% = 870（件）

半成品人工费用分配率 = $\dfrac{71\,340}{870}$ = 82

计入产成品成本份额 = 860 × 82 = 70 520（元）

在产品直接人工费用 = 10 × 82 = 820（元）

②制造费用的分配：

待分配费用 = 600 + 47 250 = 47 850（元）

分配标准 = 860 + 20 × 50% = 870（件）

半成品制造费用分配率 = $\dfrac{47\,850}{870}$ = 55

计入产成品成本份额 = 860 × 55 = 47 300（元）

在产品制造费用 = 10 × 55 = 550（元）

第五章 产品成本计算方法

根据以上计算登记第三步骤产品成本计算单,如表 5-50 所示。

表 5-50　　　　　　　　第三步骤产品成本计算单
产品名称:C 产品　　　　　　　2014 年 4 月　　　　　　　　单位:元

项目	直接人工	制造费用	合计
月初在产品成本	900	600	1 500
本月投入费用	70 440	47 250	117 690
费用合计	71 340	47 850	119 190
分配标准(件)	870	870	—
分配率	82	55	—
应计入产成品成本份额	70 520	47 300	117 820
月末在产品成本	820	550	1 370

(4)将各步骤应计入产品成本的份额进行汇总,计算产成品成本,如表 5-51 所示。

表 5-51　　　　　　　　产品成本汇总表
产品名称:C 产品　　　　　　　2014 年 4 月　　　　　　　　单位:元

项目	直接材料	直接人工	制造费用	合计
第一步骤应计入产成品成本份额	43 000	17 200	25 800	86 000
第二步骤应计入产成品成本份额		51 600	34 400	86 000
第三步骤应计入产成品成本份额		70 520	47 300	117 820
产成品总成本	43 000	139 320	107 500	289 820
单位成本	50	162	125	337

月末根据计算结果结转完工产成品成本,编制会计分录如下:
借:库存商品——C 产品　　　　　　　　　　289 820
　　贷:基本生产成本——C 产品　　　　　　289 820

[例 5-9] 某企业生产 D 产品,经两个生产步骤加工制成。生产费用在完工产品与在产品之间的分配采用定额比例法,其中原材料费用按原材料定额费用比例分配,其他加工费用均按定额工时比例分配。其成本核算程序如下:

(1) 有关 D 产品的定额资料如表 5-52 所示。

表 5-52　　　　　　　　　D 产品定额资料表　　　　　　工时单位：小时
2014 年 4 月　　　　　　　　　　费用单位：元

车间份额	月初在产品		本月投入		本月产成品				
	定额材料费用	定额工时	定额材料费用	定额工时	单件定额		产量（件）	定额材料费用	定额工时
					材料费用	工时			
第一车间份额	20 000	9 000	40 000	20 000	100	50	500	50 000	25 000
第二车间份额		2 000		21 600		40	500		20 000
合计	20 000	11 000	40 000	41 600	100	90	500	50 000	45 000

定额资料中，月初在产品的定额材料费用或定额工时，为上月末在产品的定额材料费用或定额工时；本期投入定额材料费用或定额工时，根据本期各步骤投入产品数量乘以单位材料费用定额或单位工时定额计算；产成品定额材料费用或定额工时，根据产成品数量乘以单位材料费用定额或单位工时定额计算。在产品的定额材料费用或定额工时，由于广义在产品的实物分散在各生产步骤和半成品仓库，具体的盘存、计算工作较烦琐，一般采用倒挤的方法计算。公式如下：

月末在产品定额材料费用（定额工时）＝月初在产品定额材料费用（定额工时）＋本月投入的定额材料费用（定额工时）－本月完工产品定额材料费用（定额工时）

本例中，第一车间月末在产品的定额资料计算如下：

月末在产品定额材料费用＝20 000＋40 000－50 000＝10 000（元）

月末在产品定额工时＝9 000＋20 000－25 000＝4 000（小时）

第二车间月末在产品定额资料计算如下：

月末在产品定额工时＝2 000＋21 600－20 000＝3 600（小时）

(2) 根据 D 产品的定额资料、各种生产费用分配表及产成品入库单，登记第一车间、第二车间产品成本明细账，如表 5-53、表 5-54 所示。

第五章 产品成本计算方法

表 5-53 产品成本明细账

第一车间：D 产品   2014 年 4 月   单位：元

摘要	产品数量（件）	直接材料 定额	直接材料 实际	定额工时	直接人工	制造费用	合计
月初在产品		20 000	21 000	9 000	14 625	24 536	60 161
本月生产费用		40 000	42 000	20 000	10 025	16 064	68 089
合计		60 000	63 000	29 000	24 650	40 600	128 250
费用分配率			1.05		0.85	1.4	
计入产成品的份额	500	50 000	52 500	25 000	21 250	35 000	108 750
月末在产品		10 000	10 500	4 000	3 400	5 600	19 500

表 5-53 中有关数据计算如下：

直接材料分配率 = $\frac{63\ 000}{60\ 000}$ = 1.05

计入产成品成本份额 = 50 000 × 1.05 = 52 500（元）

月末在产品材料费用 = 10 000 × 1.05 = 10 500（元）

直接人工分配率 = $\frac{24\ 650}{29\ 000}$ = 0.85

计入产成品成本份额 = 25 000 × 0.85 = 21 250（元）

月末在产品直接人工 = 4 000 × 0.85 = 3 400（元）

制造费用分配率 = $\frac{40\ 600}{29\ 000}$ = 1.4

计入产成品成本份额 = 25 000 × 1.4 = 35 000（元）

月末在产品制造费用 = 4 000 × 1.4 = 5 600（元）

表 5-54 产品成本明细账

第二车间：D 产品   2014 年 4 月   单位：元

摘要	产品数量（件）	直接材料 定额	直接材料 实际	定额工时	直接人工	制造费用	合计
月初在产品				2 000	7 172	8 496	15 668
本月生产费用				21 600	14 068	19 824	33 892
合计				23 600	21 240	28 320	49 560
费用分配率					0.9	1.2	

续表

摘要	产品数量（件）	直接材料 定额	直接材料 实际	定额工时	直接人工	制造费用	合计
计入产成品的份额	500			20 000	18 000	24 000	42 000
月末在产品				3 600	3 240	4 320	7 560

（3）将第一车间、第二车间产品成本明细账中应计入产成品成本的份额，平行结转、汇总记入 D 产品成本汇总表，计算 D 产品的总成本和单位成本，如表 5-55 所示。

表 5-55　　　　　　　　D 产品成本汇总表

2014 年 4 月　　　　　　　　　　　　　　　单位：元

车间份额	产量（件）	直接材料	直接人工	制造费用	合计
第一车间转入份额	500	52 500	21 250	35 000	108 750
第二车间转入份额	500		18 000	24 000	42 000
合计	500	52 500	39 250	59 000	150 750
单位成本	500	105	78.5	118	301.5

四、对逐步结转分步法和平行结转分步法的评价

（一）对逐步结转分步法的评价

采用逐步结转分步法，除了计算产成品成本，还计算各生产步骤的半成品成本，这就为分析和考核企业产品成本和各生产步骤半成品成本计划执行情况，为正确计算半成品销售成本提供了资料。不论是分项结转法还是综合结转法，半成品成本都是随半成品的转移而结转，即半成品的实物转移与费用结转相一致，各个生产步骤产品成本明细账中的生产费用余额，反映了留在各个生产步骤的在产品成本，因而能为在产品的实物管理和生产资金管理提供资料；若半成品通过半成品仓库收发，也能为库存半成品实物及价值管理提供资料。采用综合结转法结转半成品成本时，由于各生产步骤产品成本中包括所耗上一生产步骤半成品成本，从而能全面反映各步骤完工产品中所耗上一步骤半成品费用水平和本步骤加工费用水平，有利于各步骤的成本管理。采用分项结转法结转半成品成本时，可以直接提供按原始成本项目反映的产品成本，满足企业分析和考核产品成本构成和水平的需要。

但是，采用逐步结转分步法，成本计算工作量较大，结转过程较复杂，核算工作的及时性较差。如果采用综合结转法，还需要进行成本还原；如果采用分项结转法，结转的核算工作量大，尤其是采用约当产量比例法分配费用时，结转、分配的工作量更大；如果半成品按计划成本结转，还要计算和调整半成品成本差异；如果半成品按实际成本结转，各步骤则不能同时计算成本。因此，应用这一方法时，必须从实际出发，根据管理要求，权衡利弊，做到既满足管理要求，提供所需的各种资料，又能简化核算工作。

（二）对平行结转分步法的评价

采用平行结转分步法，各步骤可以同时计算产品成本，然后将应计入完工产成品成本的份额平行结转汇总计入产成品成本，不必逐步结转半成品成本，从而可以简化和加速成本计算工作。采用这一方法，一般是按成本项目平行结转汇总各步骤成本中应计入产成品成本的份额，因而能够直接提供按原始成本项目反映的产成品成本资料，不需要进行成本还原。

但是，由于采用平行结转分步法不计算结转各步骤的半成品成本，不能提供各步骤半成品成本资料及各步骤所耗上一步骤半成品费用资料，因而不能全面地反映各步骤生产耗费的水平，不利于各步骤的成本管理。

第五节 产品成本计算的分类法

一、分类法的特点及成本计算程序

（一）分类法的特点

产品成本计算的分类法是按照产品类别归集生产费用计算产品成本的一种方法。

在一些企业，生产的产品品种、规格繁多，若按照产品的品种、规格归集生产费用，计算产品成本，则成本计算的工作较为繁重。在这种情况下，如果不同品种、规格的产品可以按照一定的标准进行分类，为了简化成本核算工作，则可以采用分类法来计算产品成本。

分类法的主要特点是：按照产品的类别归集生产费用，计算该类产品成本；同类产品内各种品种（或规格）产品的成本，按照一定的分配方法分配确定。

（二）分类法的计算程序

在分类法下，产品生产成本计算的程序如下：

(1) 按产品品种设置和登记生产成本明细账。采用这种方法时,应根据产品所用原材料和生产工艺过程的不同,将产品划分为若干类别,按照产品类别开设成本明细账,按类归集产品的生产费用,计算各类产品的成本。

(2) 计算同类产品内各种产品的成本。选择合理的分配标准,分别将每类产品各项目的成本,在类内的各种产品之间进行分配,计算每类产品内各种产品的成本。

同类产品内各种产品之间分配费用的标准,一般有定额消耗量、定额成本、销售价格、计划成本以及产品的体积、长度和重量等。在选择费用分配标准时,主要应考虑与产品生产耗费的关系,即应选择与产品各项耗费有密切关系的分配标准。

在同类产品内各种产品之间分配费用时,各成本项目可以按同一分配标准进行分配;为了使分配结果更为合理,也可以根据各成本项目的性质,分别按照不同分配标准进行分配。例如,直接材料费用可以按照原材料定额消耗量或原材料定额费用比例进行分配,直接人工等其他费用可以按照定额工时比例进行分配。分配标准一经确定,在一定时期内应保持不变。

为了简化同类产品内各种产品之间的费用分配工作,可以将分配标准折算成相对固定的系数,然后按系数在同类产品内各产品之间分配费用。确定系数时,一般是在类内选择一种产量较大、生产稳定或规格折中的产品作为标准产品,将单位标准产品的系数定为1,再用类内其他产品的分配标准额分别与标准产品的分配标准额相比较,计算出其他各种产品的系数。系数确定后,将类内各产品的实际产量按系数分别折合为标准产量(或称总系数),再按照类内各种产品的标准产量比例分别计算出类内各种产品的总成本,最后根据各种产品的实际产量求得各种产品的单位成本。

分类法成本计算的一般程序如图5-7所示。

[例5-10] 某企业生产的甲、乙、丙三种产品的结构、所用的原材料和生产工艺过程基本相同,可合并为一类(A类),采用分类法计算产品成本。同类产品内各种产品之间分配费用的标准为:直接材料费用按各种产品的原材料费用系数分配,原材料费用系数按原材料费用定额确定,其他费用按定额工时比例分配。与甲、乙、丙三种产品成本计算有关的资料以及成本计算程序如下:

(1) 按照产品类别(A类)开设产品成本明细账。根据各项生产费用分配表登记产品成本明细账,计算该类产品成本(在产品成本按年初固定数计算),如表5-56所示。

第五章 产品成本计算方法

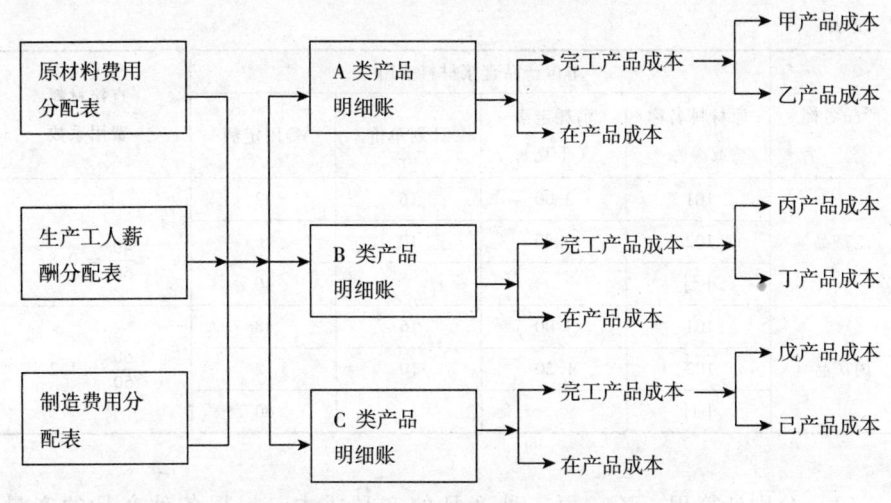

图 5-7 分类法下成本计算程序

表 5-56　　　　　　　　　产品成本明细账

产品名称：A 类产品　　　　　　　　　　　　　　　　　　　　　单位：元

项目	直接材料	直接人工	制造费用	合计
月初在产品成本	10 000	15 000	16 000	41 000
本月生产费用	105 400	150 500	120 400	376 300
生产费用合计	115 400	165 500	136 400	417 300
完工产品成本	105 400	150 500	120 400	376 300
月末在产品成本	10 000	15 000	16 000	41 000

（2）根据原材料费用定额计算甲、乙、丙三种产品的原材料费用系数，如表 5-57 所示。

表 5-57　　　　　　　　直接材料费用系数计算表　　　　　　　　　单位：元

产品名称	单位产品直接材料费用				直接材料费用系数
	原材料名称或编号	消耗定额（千克）	计划单价	费用定额	
甲产品（标准产品）	101	2.50	16	40	1
	102	1.00	10	10	
	小计			50	

续表

产品名称	单位产品直接材料费用				直接材料费用系数
	原材料名称或编号	消耗定额（千克）	计划单价	费用定额	
乙产品	101	2.00	16	32	$\dfrac{40}{50}=0.8$
	102	0.80	10	8	
	小计			40	
丙产品	101	3.00	16	48	$\dfrac{60}{50}=1.2$
	102	1.20	10	12	
	小计			60	

（3）分别计算甲、乙、丙三种产品的产品成本。根据各种产品的产量、原材料费用系数和工时消耗定额，将 A 类完工产品的总成本分配给甲、乙、丙三种产品，如表 5-58 所示。

表 5-58　　　　　　　　类内各种产品成本计算表　　　　　　　　单位：元

项目	产量（件）	直接材料费用系数	直接材料费用总系数	工时消耗定额	定额工时	直接材料	直接人工	制造费用	合计
分配率						62	10	8	
产品甲	500	1	500	12	6 000	31 000	60 000	48 000	139 000
产品乙	225	0.8	180	10	2 250	11 160	22 500	18 000	51 660
产品丙	850	1.2	1 020	8	6 800	63 240	68 000	54 400	185 640
合计	—	—	1 700	—	15 050	105 400	150 500	120 400	376 300

表 5-58 中，各项费用的合计数是分配对象，是根据该类产品成本明细账中产成品成本登记的，直接材料分配率是根据直接材料费用合计除以直接材料费用总系数的合计数计算填列，直接人工、制造费用分配率是根据各项费用的合计数分别除以定额工时的合计数计算填列。三个成本项目的分配率计算如下：

$$\text{直接材料分配率}=\frac{\text{A 类完工产品的直接材料费用总额}}{\text{A 类完工产品直接材料费用总系数}}=\frac{105\,400}{1\,700}=62$$

$$\text{直接人工分配率}=\frac{\text{A 类完工产品的直接人工费用总额}}{\text{A 类完工产品定额工时合计}}=\frac{150\,500}{15\,050}=10$$

第五章 产品成本计算方法

$$\text{制造费用分配率} = \frac{\text{A类完工产品的制造费用总额}}{\text{A类完工产品定额工时合计}} = \frac{120\,400}{15\,050} = 8$$

以直接材料分配率分别乘以各种产成品的原材料费用总系数，即可求得各种产成品的原材料费用；以直接人工、制造费用分配率分别乘以各种产成品的定额工时，即可求得各种产成品的直接人工和制造费用。

由此可见，按系数分配费用，实际上是以产量加权的总系数分配费用。在按消耗定额或费用定额计算系数的情况下，按系数比例分配费用的结果与直接按定额消耗量或定额费用比例分配费用的结果相同，因为两者的比例关系是一致的。

二、分类法的适用范围、优缺点和应用条件

（一）分类法的适用范围

分类法适用于产品品种、规格繁多，又可以按照一定标准（例如，耗用原材料种类、产品加工方式、产品的结构和用途等）将产品划分为若干类别的企业和车间。分类法与生产类型无直接关系，可以在各种类型的生产中应用。例如，钢铁厂生产的各种型号和规格的生铁、钢锭和钢材，食品厂生产的各种饼干、面包和糖果，针织厂生产的各种不同种类和规格的针织品，电线、电缆厂生产的不同规格的电线、电缆，照明电器厂生产的各种型号和规格的照明电器，等等。在这些企业中，如果按照品种、规格开设成本计算单，则产品成本核算的工作量太大，所以在这些企业或车间较适宜采用分类法核算各种产品的成本。

有些工业企业，对同一原料进行加工，可以同时生产出几种主要产品。例如，原煤经过洗选加工可以同时生产出块煤、精煤和末煤等产品；原油经过提炼加工可以同时生产出汽油、柴油和液化气等产品。这些联产品，所用原料和生产工艺技术过程相同，因而最适宜同时也只能归为一类，采用分类法计算成本。

另外，企业可能生产一些零星产品，例如，为协作单位生产的少量零部件，或自制少量材料或工具等，虽然所用原材料和工艺过程不一定完全相近，但其品种规格繁多，且数量少，费用比重小。为了简化核算工作，也可以将它们归为几类，采用分类法计算成本。

应当指出的是，有些工业企业，特别是轻工业企业，有时可能生产出品种相同但质量不同的产品。如果这些产品所用的原材料和生产工艺技术过程完全相同，质量上的差别是由于人工操作失误所造成的，这些不同质量的等级品，

其单位成本应该是相同的，不能把分类法原理应用到这种等级产品的成本计算中去，即不能根据等级产品的不同售价分配费用，不能为不同质量等级的产品确定不同的单位成本。这样会掩盖次级产品由于售价较低造成的损失，不利于企业加强成本管理，提高产品质量。但是，如果不同质量的产品是由于所用原材料的质量或工艺技术上的要求不同所致，这些产品就应视为同一品种不同规格的产品，可归为一类，采用分类法计算成本。

（二）分类法的优缺点和应用条件

采用分类法计算产品成本，领料单、工时记录等原始凭证和原始记录可以只按产品类别填列，在各种费用分配表中，可以只按产品类别分配费用，产品成本明细账可以只按产品类别开设，这样大大简化了成本计算工作；而且，在产品品种、规格繁多的情况下，能够分类掌握产品成本的情况。但是，采用这种方法时，产品分类是否恰当、类内产品的类距是否合适、分配标准的选择是否客观科学都将直接影响成本计算结果的正确性。产品分类的依据包括：产品的性质、结构、用途、耗用原材料、工艺过程是否相同或相近。对类内不同品种、规格产品进一步归类时，类距不能过大，否则成本计算就不细，造成品种、规格相差很大的产品成本却相近；但类距也不能过小，否则就会加大成本计算工作量，失去分类法简化成本计算工作的优越性。只有这样，才能使分类更为恰当。分配标准的选择是分类法正确计算各品种、规格产品成本的关键，选择的分配标准，必须与成本水平的高低具有密切联系，不同的成本项目可考虑选用不同的分配标准，以使其分配结果尽可能接近实际。但无论分配标准如何选择，分配的结果都具有一定的假定性。

三、联产品、副产品和等级品成本的计算

（一）联产品成本的计算

在有些工业企业，使用同一种原材料，经过同一加工过程，可以生产出多种不同的产品，例如，炼油厂将原油提炼可生产出汽油、柴油、液化气等产品，焦化厂可将原煤生产出焦炭、煤气和煤焦油等。这些产品有一个共同的特点，即它们属联合生产过程的产品，都是先经过同一生产过程，然后再分离出来的产品，一般称之为联产品。

1. 联产品的主要特点

联产品的主要特点包括：

（1）联产品都是企业的主要产品。它们虽然在性质和用途上不同，但在经济上都具有重要意义，都是企业生产活动的主要目的。

第五章 产品成本计算方法

（2）联产品给企业带来的经济收益较大。

（3）联产品是在生产过程中必然地、连带地生产的产品，即只要生产一种产品，就必然连带生产出其他联产品。根据各联产品之间产量消长关系，联产品可分为补充联产品和代用联产品两种：各联产品之间的产量是同比例增加或减少的称为补充联产品；各联产品之间的产量是此增彼减的称为代用联产品。

2. 联产品成本的计算方法

同一生产过程中生产出来的联产品，有的要到生产过程结束后才分离出来，有的则可能在生产过程中的某个步骤就先分离出来；有的分离出来后不需要进一步加工就成为商品产品，但也有些产品分离出来后还需进一步加工才能对外销售。联产品分离时的生产步骤称为"分离点"。在分离点之前，联合生产过程发生的费用称为联合成本。在这一阶段，很难将各种联产品按不同品种来归集生产费用，计算产品成本，所以，可将联产品视为同类产品归为一类，采用分类法来计算共同发生的成本。分离点，即是联合生产过程的结束，应该采取适当的分配方法，将前阶段发生的联合成本分配给各联产品。分离后不需要进一步加工的联产品，其分离点分配的联合成本就是该联产品的产成品成本。分离后需进一步加工的联产品，应该采用适当的方法计算分离后的加工成本。因分离后的加工成本可辨明其承担的主体，所以也称为可归属成本。分离后需加工的联产品的成本等于该产品应负担的联合成本与分离后的可归属成本之和。

综上所述，联产品的成本计算包括三部分：在分离点前归集联合成本；在分离点时，将发生的联合成本用适当的方法分配给各联产品；在分离点后，计算可归属成本。联产品的成本计算过程如图 5-8 所示。

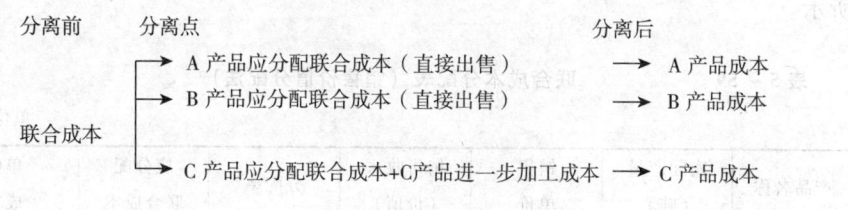

图 5-8　联产品成本计算程序图

在联产品成本计算中，汇总联合成本以及可归属成本的计算可运用前面已介绍的有关方法进行，而联合成本的分配是联产品成本计算的关键。联合成本分配的常用方法有：实物量分配法、系数分配法、销售价值分配法。

下面主要介绍销售价值分配法。

销售价值分配法是根据各联产品销售价值的比例来分配联合成本的方法，即售价较高的联产品应该相应地、成比例地负担较多的联合成本，售价较低的联产品则少负担联合成本。这样，各联产品可取得相同的毛利率。这种方法弥补了实物量分配法的不足，但其本身也存在着缺陷，因为并非所有的成本都仅与售价呈正相关；产品售价的高低除与成本高低有关外，还和其他因素有关，例如，与市场的供求有关。这一方法一般适用于分离后不再加工，而且价格波动不大的联产品成本计算。若某种联产品在分离后需进一步加工才能销售，应按这种联产品的销售收入扣减分离后发生的可归属成本后的净收入（或称净实现价值）来分配联合成本。

用销售价值分配法分摊联合成本的步骤是：

(1) 归集、计算联合成本总额。

(2) 计算分离点上所有联产品销售价值总额：

联产品销售价值总额 = $\sum$（某种联合产品的产量 × 该产品售价）

(3) 计算联合成本分配率：

$$联合成本分配率 = \frac{联合成本总额}{销售价值总额}$$

(4) 计算某种联产品应分摊的联合成本：

某种联产品应分摊的联合成本 = 该联产品的销售价值额 × 联合成本分配率

[例 5-11] 某炼油厂用裂化原料油同时生产出汽油、轻柴油、重柴油和液化气四种联产品，2014 年 5 月份发生原料成本 1 800 000 元，直接人工 302 000 元，制造费用 350 000 元。其他有关资料及联合成本分配如表 5-59 所示。

表 5-59　　　　　联合成本分配表（销售价值分配法）

单位：元

产品名称	实际产量（吨）	销售单价	销售收入（价值）	分配率	应分配联合成本	单位成本
汽油	300	5 000	1 500 000		1 200 000	4 000
轻柴油	200	4 500	900 000		720 000	3 600
重柴油	150	1 500	225 000		180 000	1 200
液化气	80	5 500	440 000		352 000	4 400
合计	—	—	3 065 000	0.8	2 452 000	

表 5-59 中的有关数据计算如下：

联合成本分配率 $= \dfrac{(1\,800\,000 + 302\,000 + 350\,000)}{3\,065\,000} = 0.8$

汽油应分配联合成本 = 1 500 000 × 0.8 = 1 200 000（元）

轻柴油应分配联合成本 = 900 000 × 0.8 = 720 000（元）

重柴油应分配联合成本 = 225 000 × 0.8 = 180 000（元）

液化气应分配联合成本 = 440 000 × 0.8 = 352 000（元）

（二）副产品成本的计算

副产品是指企业在生产主要产品的过程中，附带生产出的一些非主要产品。副产品不是企业的主要产品，但它尚有一定的用途，能满足某些方面的需要，如，粮油加工中产生的米糠、油饼，原油加工过程中产生的渣油等。有些企业在生产过程中产生的一些废气、废水、废渣，对于"三废"的综合利用、回收或提炼出来的产品，也可以视为副产品。

1. 副产品的主要特点

（1）副产品是企业的次要产品，它不是企业的主要生产目的；

（2）副产品的销售价格较低，在企业销售收入中的比重较低，给企业带来的经济收益较小；

（3）可对外销售；

（4）副产品与主要产品采用同一原料、在同一加工过程中形成，可以采用与分类法相类似的方法计算成本。

但是，主、副产品不是固定不变的，随着各种条件的变化，副产品也可能转化为主要产品。

2. 副产品成本的计算方法

与联产品类似，副产品也是与主产品经过同一生产过程而生产出来的产品，所以，副产品成本计算就是要确定副产品应负担的分离点前的联合成本。由于副产品是随着主要产品生产时附带出来的，其价值较低，所以副产品成本计算一般不像联产品那么复杂，只需将副产品按一定标准作价，从分离前的联合成本中扣除。由此可见，副产品成本计算的关键就是副产品按什么标准作价，即副产品的成本计价问题。

副产品成本的计价，对于正确计算主、副产品的成本是十分重要的。副产品成本的计价既不能过高，也不能过低，否则不仅不能正确反映副产品的生产耗费水平，而且会影响主产品成本的正确性。如果副产品的售价不能抵补其销售费用,则副产品不应计价,即不能从主产品成本中扣除副产品价值。

副产品的成本计算程序如图 5-9 所示。

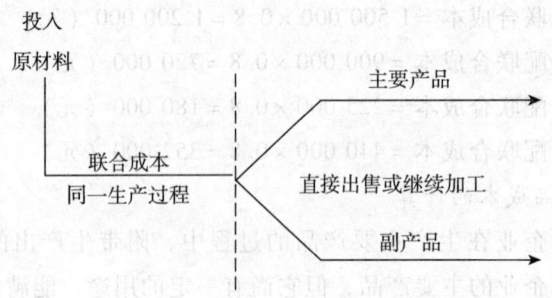

图 5-9 副产品的成本计算程序

副产品成本的确定方法一般有以下几种:
(1) 副产品成本 = 0;
(2) 副产品成本 = 计划成本;
(3) 副产品成本 = 售价 - 税金 - 利润;
(4) 按一定方法在主、副产品之间分配。

副产品分离后,可以作为产品直接对外销售,也可以进一步加工后再出售。所以,副产品的成本计价将由于这两种不同的情况分别采用以下两种方法:

(1) 分离后不再加工的副产品。如其价值较低的话,可以将其销售收入直接作为其他收益处理,即在这种方法下,副产品不负担分离前的联合成本。采用此种方法手续简单、核算方便,但因副产品不负担分离前的联合成本,必然使主产品的成本提高,影响了成本计算的正确性。如其价值较高的话,一般将其销售收入扣除税金和按正常利润率计算的销售利润后的余额作为副产品应负担的成本,也可以在此基础上确定固定的单价,以固定的单价计价。副产品的成本可以从直接材料成本项目中一笔扣除,也可以按比例从各成本项目中扣除。

[例 5-12] 某化工厂在生产甲、乙联产品的同时,还附带生产出丙副产品。假定本期共发生费用 500 000 元,其中直接材料 200 000 元,直接人工 140 000元,制造费用 160 000 元。丙副产品产量为 2 000 千克,每千克售价为 10 元,单位销售税金 0.5 元,销售利润率为 10%。假定副产品成本从各成本

第五章 产品成本计算方法

项目中扣除。

丙副产品成本的计算如表 5-60 所示。

表 5-60　　　　　　　　副产品成本计算表　　　　　　　　单位：元

成本项目	总成本	丙副产品应负担成本	甲、乙联产品应负担成本
直接材料	200 000	6 800	193 200
直接人工	140 000	4 760	135 240
制造费用	160 000	5 440	154 560
合计	500 000	17 000	483 000

表 5-60 中丙副产品成本计算如下：

副产品应负担的成本 = 2 000 × (10 - 0.5 - 1) = 17 000（元）

直接材料 = 17 000 × $\frac{200\ 000}{500\ 000}$ = 6 800（元）

直接人工 = 17 000 × $\frac{140\ 000}{500\ 000}$ = 4 760（元）

制造费用 = 17 000 × $\frac{160\ 000}{500\ 000}$ = 5 440（元）

(2) 分离后需要进一步加工的副产品。如果副产品和主产品分离以后，还需要进行继续加工，则应另行开设产品成本明细账，采用适当的方法单独计算副产品成本。

[例 5-13] 某企业在甲产品（主产品）的生产过程中，附带生产出可以制造乙产品（副产品）的原料。这种原料经过若干工序加工处理，即成乙产品。甲产品和乙产品的加工处理，都是单步骤的大量生产，在同一个车间内进行。乙产品的原料按固定的单价计算，甲、乙产品的在产品成本均按原料的定额费用计算。甲、乙两种产品的成本计算程序如下：

(1) 在甲、乙两种产品之间分配各种生产费用。其中，原材料费用直接计入甲、乙产品成本明细账；人工和其他费用按照生产工时的比例在甲、乙产品之间进行分配。

(2) 根据有关费用分配表、产品产量月报以及在产品定额成本等资料，登记甲产品成本明细账。

(3) 根据甲产品成本明细账、有关费用分配表、产品产量月报以及在产品定额成本等资料，登记乙产品成本明细账。

有关费用分配表和甲、乙产品成本计算如表5-61、表5-62和表5-63所示。

表5-61　　　　　　　　　　加工费用分配表　　　　　　　　　　单位：元

项目	工时（小时）	直接人工	制造费用
本月发生额	10 000	150 000	201 000
费用分配率		15	20.1
甲产品	9 500	142 500	190 950
乙产品	500	7 500	10 050
合计	10 000	150 000	201 000

表5-62　　　　　　　　　　产品成本明细账

产品名称：甲产品　　　　　　××××年×月　　　　　　　　　　单位：元

项目	产量（千克）	直接材料	直接人工	制造费用	合计
月初在产品（定额成本）		25 000			25 000
本月费用		535 000	142 500	190 950	868 450
扣除副产品原料6 000千克（每千克5元）		-30 000			
合计		530 000	142 500	190 950	863 450
产成品成本	10 000	500 000	142 500	190 950	833 450
单位成本		50	14.25	19.10	83.35
月末在产品（定额成本）		30 000			30 000

表5-63　　　　　　　　　　产品成本明细账

产品名称：乙产品　　　　　　××××年×月　　　　　　　　　　单位：元

项目	产量（千克）	原料	辅助材料	直接人工	制造费用	合计
月初在产品（定额成本）		2 800				2 800
本月费用		30 000	1 500	7 500	10 050	49 050
合计		32 800	1 500	7 500	10 050	51 850
产成品成本	5 000	29 700	1 500	7 500	10 050	48 750
单位成本		5.94	0.3	1.5	2.01	9.75
月末在产品（定额成本）		3 100				3 100

第五章 产品成本计算方法

如果副产品的加工处理时间不长,费用不大,为了简化计算工作,副产品也可以按照计划单位成本计价,而不计算其实际成本。这样从主、副产品的生产费用总额中,扣除按计划单位成本计价的副产品成本后的余额,即为主产品的成本。

第六节 各种成本计算方法的结合应用

以上介绍了产品成本计算常用的四种方法——品种法、分批法、分步法和分类法。

在实际工作中,一个企业可能有若干车间,一个车间也可能生产若干种产品,这些车间或产品的生产类型和管理要求并不一定完全相同,因而在一个企业或车间中,有可能同时应用几种不同的产品成本计算方法。即使一种产品,在该产品的各生产步骤,各种半成品和各个成本项目之间,它们的生产类型和管理要求也不一定完全相同,因而在一种产品的成本计算中,也可能将几种成本计算方法结合起来应用。

一、几种产品成本计算方法同时应用

一个企业或车间,在下列情况下,往往同时采用几种成本计算方法。

(一)一个企业的各个生产车间的生产类型不同,可以采用不同的成本计算方法

例如,基本生产车间和辅助生产车间的生产类型不同,基本生产车间大批量多步骤生产某种产品,而辅助生产车间大批量单步骤生产水、电、汽等,在这种情况下,对基本生产车间可以采用分步法计算产品成本,而对辅助生产车间则可采用品种法计算产品成本。即使同为基本生产车间,若生产类型不同也可以采用不同的成本计算方法。例如,第一、第二车间为两个封闭式的基本生产车间,第一车间大批量单步骤生产甲产品,第二车间小批单件生产乙产品。在这种情况下,可以采用品种法计算甲产品成本,采用分批法计算乙产品成本。

(二)一个企业的各个生产车间的生产类型相同,但管理要求不同,可以采用不同的成本计算方法

例如,第一、第二两个基本生产车间分别大批量多步骤生产 A、B 两种产品,管理上要求分步骤计算 A 产品成本,而对 B 产品则并不要求分步骤计算产品成本。在这种情况下,A 产品应采用分步法计算其成本,而对 B 产品则可

以采用品种法计算其成本。

（三）一个车间生产多种产品，由于各种产品的生产类型或管理上的要求不同，可以采用不同的成本计算方法

例如，一个基本生产车间生产丙、丁两种产品，丙产品已经定型，大批量进行生产，而丁产品处于小批试制阶段。在这种情况下，丙产品可以采用品种法计算产品成本，丁产品则应采用分批法计算产品成本。

二、几种产品成本计算方法结合应用

计算一种产品成本，在下列情况下，往往结合采用几种成本计算方法。

（一）一种产品的不同生产步骤，由于生产特点和管理要求不同，可以采用不同的成本计算方法

例如，在小批、单件生产的机械厂，最终产品是经过铸造、机械加工、装配等相互关联的生产阶段完成的。就其最终产品来看，产品成本的计算应采用分批法，但从其产品生产的各阶段来看，铸造车间可以采用品种法计算铸件的成本；加工、装配车间则可采用分批法计算各批产品的成本；而铸造和加工、装配车间之间，则可采用逐步结转分步法结转铸件的成本；如果在加工和装配车间之间要求分步骤计算成本，但加工车间所产半成品种类较多，又不外售，不需要计算半成品成本，则在加工和装配车间之间可以采用平行结转分步法结转成本。这样，该厂就在分批法的基础上，结合采用了品种法和分步法，在分步法中还结合采用了逐步结转和平行结转的方法。

（二）在一种产品的不同零、部件之间，由于管理上的要求不同，也可以采用不同的成本计算方法

例如，某种产品由若干零、部件组装而成，其中不外售的零、部件，一般不要求单独计算成本；经常外售的零、部件，管理上要求计算零、部件成本，则应按照这些零、部件的生产类型和管理要求，采用适当的成本计算方法单独计算成本。

（三）一种产品的不同成本项目，可以采用不同的成本计算方法

例如，大批量多步骤生产某种产品，在该产品原材料费用比重较大的情况下，则原材料费用可以采用逐步结转分步法，分步骤计算该产品的原材料费用；其他成本项目比重较小，则可采用品种法等适当的成本计算方法，不分步骤计算该产品的其他成本项目费用。

另外，分类法是为了简化成本计算工作而采用的方法，它与生产类型的特点没有直接联系，在各种类型的生产中都可以应用，但必须与基本的成本计算

第五章 产品成本计算方法

方法,即品种法、分批法、分步法,结合起来应用。例如,食品厂所产的饼干(单步骤大量生产)的成本,可以采用品种法和分类法相结合的方法计算:先采用品种法计算饼干这一类产品的成本,然后再采用分类法分配计算其中各种饼干的成本。

总之,在实际工作中,应根据企业不同的生产特点和管理的要求,并考虑到企业的规模和管理水平等具体条件,从实际出发,对各种成本计算方法加以灵活运用。

本章小结

本章全面、系统地阐述了品种法、分批法、分步法和分类法四种产品成本计算方法的特点、适用范围、计算程序以及相应的账务处理,并配以完整的举例,内容多、复杂、篇幅大。

品种法的计算程序体现着产品成本计算的一般程序,按照产品品种计算成本,是产品成本的最一般、最起码的要求,因而说品种法是产品成本计算方法中最基本的方法。

分批法也叫订单法,是按照产品的批别归集生产费用、计算产品成本的一种方法。它主要适用于小批、单件,管理上不要求分步骤计算成本的多步骤生产。简化分批法是我国会计人员在成本计算方面的创造和发展。学习简化分批法一定要弄清其"简化"所在。

分步法,是按照产品的生产步骤归集生产费用、计算产品成本法的一种方法。因此,为了计算各种产成品成本,在各步骤之间还有个成本结转问题。所采用的半成品成本(或费用)的结转方法有如下几种:

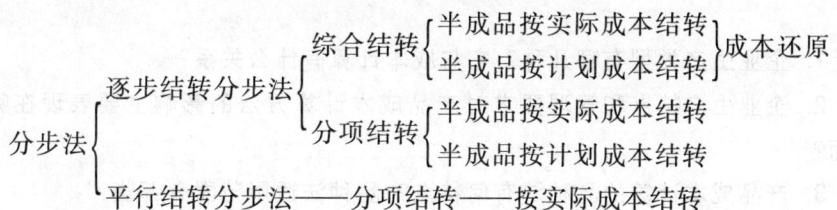

其中,逐步结转与平行结转、综合结转与分项结转、半成品按实际成本结转与按计划成本结转的优缺点正好相反。

产品成本计算实际上是会计核算中成本费用科目的明细核算。借助举例,将产品计算的一般程序与账务处理程序结合起来学习,可以加深对产品成本计算一般程序、对各种成本计算方法，以及产品成本计算与会计核算关系的理解。

分类法，是按照产品类别归集生产费用、计算产品成本的一种方法。类内不同品种（或规格）产品的成本，按照一定的标准分配确定。其计算程序是：（1）根据产品结构、所用原料和工艺过程的不同将产品划分为若干类，按照产品类别设立产品成本明细账，归集产品的生产费用，计算各类产品成本；（2）选择合理的分配标准，在每类产品的各种产品之间分配费用，计算每类产品内各种产品的成本。

分类法与生产类型无直接关系。凡是产品品种、规格繁多，又可以按照一定标准分类的企业或车间，均可以采用分类法计算成本。分类法可以简化成本计算工作，分类掌握产品成本情况。但其计算结果有一定的假定性。因此，在分类法下，恰当地进行产品分类，合理地选定类内产品之间费用的分配标准，是一个关键性的问题。

为了简化成本核算工作，对副产品可以不单独计算成本，而采用与分类法相类似的方法计算成本。

产品成本计算的品种法、分批法、分步法以及分类法是几种典型的成本计算方法。在实际工作中，在一个企业或车间中，有可能同时应用几种不同的成本计算方法；就一种产品来说，也有可能将几种不同的成本计算方法结合起来加以应用。

本章思考题

1. 企业生产类型有哪几种？它与成本计算有什么关系？
2. 企业生产特点和管理要求对产品成本计算方法的影响主要表现在哪些方面？
3. 产品成本计算的品种法有何特点？品种法适用范围有哪些？
4. 分批法的主要特点是什么？
5. 简要说明简化分批法的意义、特点及其优缺点。
6. 逐步结转分步法的特点是什么？为什么说它是品种法的多次连续应用？
7. 简要说明综合结转法和分项结转法的成本计算程序及其优缺点。

第五章　产品成本计算方法

8. 简要说明平行结转法的成本计算程序。
9. 简要说明逐步结转分步法和平行结转分步法的主要区别及其优缺点。
10. 分类法有哪些特点？其计算产品成本的一般程序是什么？

本章案例

实训资料：星星家具厂专业生产课桌、上课用的靠背椅及办公桌。设有三个车间，第一车间生产课桌及靠背椅，第二车间生产办公桌，第三车间为供电车间。采用约当产量比例法分配生产费用。课桌、靠背椅及办公桌均为大量生产，采用品种法计算产品成本。2014年1月有关生产及成本资料如下：

（一）产量资料（见表5-64）

表5-64

产品名称	月初在产品数量	本月投产数量	本月完工数量	月末在产品数量
课桌（张）	5	505	500	10 加工程度50%
靠背椅（把）	12	1 208	1 200	20 加工程度50%
办公桌（张）	2	102	100（不可修复废品1张）	4 加工程度50%
说明	废品残料100元，其中主要材料70元，辅助材料30元，废品损失单独设成本项目核算，由完工产品负担			

（二）生产用料资料

1. 生产课桌、靠背椅主要材料：中厚板、薄板、空心方钢管（做课桌、靠背椅脚等用）；

辅助材料：铆钉、排钉、强力胶水、底漆、面漆等。

2. 生产办公桌主要材料：中厚板、薄板、方料。

辅助材料：铰链、锁、抽屉滑轨、铆钉、排钉、强力胶水、底漆、面漆等。

3. 假设生产产品用料为生产开始时一次投入。

4. 材料消耗量定额（见表5-65）。

表 5-65

材料名称	课桌	靠背椅	办公桌
中厚板	1/3 块	1/6 块	1.5 块
薄板	1/5 块	—	1 块
方料	—	—	2 根
钢管	2 根	1 根	—
铰链	—	—	2 付
抽屉滑轨	—	—	5 付
锁	—	—	1 把
铆钉	16 个	8 个	20 个
排钉	1 排	—	2 排
强力胶水	1/4 瓶	1/8 瓶	1/2 瓶
底漆	1/30 桶	1/50 桶	1/20 桶
面漆	1/30 桶	1/50 桶	1/20 桶

5. 2014 年 1 月领料情况（见表 5-66 至表 5-68）。

表 5-66　　　　　　　　　　领料单一（汇总）

领料部门：一车间　　　　　　2014 年 1 月　　　　　　　　　仓库：材料

材料名称	计量单位	单位价格元	领用数量	用途
中厚板	块	98	380	生产课桌、椅
薄板	块	40	106	生产课桌
钢管	根	25	2 230	生产课桌、椅
铆钉	个	0.1	18 000	实务中按重量
排钉	排	3	520	
强力胶水	瓶	6	290	
底漆	桶	150	44	
面漆	桶	300	44	
润滑油	瓶	120	1	

第五章 产品成本计算方法

表 5-67　　　　　　　　　　领料单二（汇总）

领料部门：二车间　　　　　　　2014 年 1 月　　　　　　　　　仓库：材料

材料名称	计量单位	单位价格元	领用数量	用途
中厚板	块	98	160	生产办公桌
薄板	块	40	105	
方料	根	15	215	
铰链	付	5	220	
抽屉滑轨	付	10	550	
锁	把	15	102	
铆钉	个	0.1	2 200	实务中按重量
排钉	排	3	220	
强力胶水	瓶	6	55	
底漆	桶	150	7	
面漆	桶	300	7	
润滑油	瓶	120	1	

表 5-68　　　　　　　　　　领料单三

领料部门：三车间　　　　　　　2014 年 1 月　　　　　　　　　仓库：材料

材料名称	计量单位	单位价格元	领用数量	备注
维修工具	把	50	6	一次摊销
线材	卷	200	2	一次摊销
机油	桶	240	1	一次摊销

6. 2014 年 1 月材料结余情况（见表 5-69 和表 5-70）。

表 5-69　　　　　　　　　　一车间结余

材料名称	计量单位	月初	月末
中厚板	块	2	3
薄板	块	2	1
钢管	根	5	6
铆钉	个	125	150
排钉	排	10	15

续表

材料名称	计量单位	月初	月末
强力胶水	瓶	4	5
底漆	桶	1	1
面漆	桶	1	1
润滑油	瓶	0	0

表 5-70　　　　　　　　　二车间材料结余

材料名称	计量单位	月初	月末
中厚板	块	1	1.5
薄板	块	1	2
方料	根	3	10
铰链	付	4	6
抽屉滑轨	付	7	10
锁	把	2	4
铆钉	个	80	100
排钉	排	8	12
强力胶水	瓶	3	4
底漆	桶	1	1
面漆	桶	1	1
润滑油	瓶	0	0

（三）人工费用资料

一车间有6个生产工人，1个管理人员，1个技术人员和1个勤杂人员；二车间有5个生产工人，1个管理人员，1个技术人员和1个勤杂人员；三车间有1个电工。

1. 2014年1月工资汇总表（见表5-71）。

表 5-71　　　　　　　　　　　　　　　　　　　　　　　　　　单位：元

部门名称	生产工人	管理人员（含技术、勤杂人员）
一车间	24 000	13 500
二车间	21 000	13 800

续表

部门名称	生产工人	管理人员（含技术、勤杂人员）
三车间	3 600	
行政管理部门		29 000
合计	48 600	56 300

2. 该厂按如表 5 -72 所示比例计提有关工资附加费。

表 5 -72

工资附加费名称	计提比例
基本养老保险费	20%
基本医疗保险费	8%
工伤保险费	1%
失业保险费	2%

3. 产品工时消耗（小时）（见表 5 -73）。

表 5 -73

产品名称	课桌	靠背椅	办公桌
工时消耗定额	410	640	850

（四）折旧资料

该厂采用直线法计提折旧，车间及厂部办公用房月折旧率为 4‰，机器设备及运输车辆年折旧率为 7‰。2014 年 1 月初该厂固定资产原值资料如表 5 -74 至表 5 -77 所示（当月没有发生固定资产增减变动）。

表 5 -74　　　　　　　一车间固定资产相关资料　　　　　　　单位：万元

固定资产名称	原值
厂房	150
锯片机	20
风干机	30

续表

固定资产名称	原值
喷漆机	15
其他	10

表5-75　　　　二车间固定资产相关资料　　　　单位：万元

固定资产名称	原值
厂房	180
锯片机	25
风干机	30
喷漆机	20
其他	15

表5-76　　　　三车间固定资产相关资料　　　　单位：万元

固定资产名称	原值
厂房	60
配电设备	50

表5-77　　　　厂部固定资产相关资料　　　　单位：万元

固定资产名称	原值
办公楼	100
运输车辆	40
其他	8

（五）其他资料

1. 2014年1月供电车间入户电表总电数45 000度，每度电价1.2元，向厂内供电44 500度。各部门用电情况如表5-78所示（采用直接分配法分配）。

第五章 产品成本计算方法

表 5-78   单位：度

部门名称	耗电数量
第一车间（包括产品生产、照明、降温等用电）	21 500
第二车间（包括产品生产、照明、降温等用电）	19 000
第三车间	2 000
厂部	2 000
合计	44 500

2. 各部门用水情况如表 5-79 所示（以现金支付）。

表 5-79   单位：元

部门名称	金额
第一车间	150
第二车间	120
第三车间	90
厂部	200
合计	560

3. 以现金支付其他费用如表 5-80 所示。

表 5-80   单位：元

部门名称	金额
第一车间	5 500（其中修理费 2 000 元）
第二车间	6 500（其中修理费 2 500 元）
第三车间	2 000（其中修理费 1 500 元）
厂部	15 000
合计	29 000

(六)月初在产品成本(见表 5-81)

表 5-81   单位:元

产品名称	直接材料		直接人工	制造费用
	主要材料	辅助材料		
课桌	610	204	300	280
靠背椅	305	110	188	175
办公桌	275	318	800	520

【实训一】

依据上述资料,确定计算课桌、靠背椅及办公桌成本的基本程序。

(要求:应尽量详细或具体,顺序不能颠倒)

【实训二】

依据上述资料,设置归集费用和计算产品成本的明细账(基本要求:明细账格式要合理、内容要完整、项目要正确,须根据上述资料来设置,不能漏项目或出现无关项目,材料分主要材料和辅助材料)。

【实训三】编制材料费用分配表、会计分录,登记明细账。

【实训四】编制人工费用分配表、会计分录,登记明细账。

【实训五】编制固定资产折旧计算表、会计分录,登记明细账。

【实训六】编制其他费用分配表、会计分录,登记明细账。

【实训七】编制电费分配表、会计分录,登记明细账。

【实训八】编制制造费用分配表(按生产工人工时比例分配)、会计分录,登记明细账。

【实训九】编制废品损失计算表、会计分录,登记明细账。

【实训十】编制上述三种产品的成本明细账,计算三种产品的完工产品成本,编制会计分录,并编制完工产品成本汇总表。

第六章　成本报表的编制和分析

[引入案例]

星光公司的李总近期一直在为不断上升的成本费用而犯愁,他让财务经理报送公司的成本费用表。李总从中发现一些令他困惑的问题:产品成本表为什么要按照成本项目和产品种类编制?两个报表的上年实际和本年计划为什么金额不一样而本年累计实际又相同?另外,公司的甲产品降低额和降低率都超额完成了计划,可是乙产品成本降低额没有完成计划而成本降低率却超额完成了计划?他询问财务经理,财务经理解释道:按照成本项目编制的产品成本表能够了解生产费用的经济用途,按照产品种类编制的产品成本表能够了解生产费用的经济内容;产品成本降低额和产品成本降低率完成情况取决于多种因素。李总还是不能完全理解,他想知道生产费用的经济内容和经济用途是什么?影响产品成本降低任务完成的因素又有哪些?

[学习目的与要求]

通过本章的学习,应该理解成本报表的特点、种类和编制要求,了解成本报表的编制原理、成本报表分析的步骤,掌握企业的产品生产成本表、主要成本单位成本表和各种费用明细表的编制,掌握成本报表分析的对比分析法、比率分析法和因素分析法,并能够运用各种方法对各种成本报表进行具体分析。

第一节　成本报表概述

一、成本报表的特点

成本报表是根据产品成本和期间费用的核算资料以及有关的计划、统计资料编制的，用以反映和监督企业在一定时期产品成本和期间费用的水平及其构成情况的报告文件。成本是综合反映企业生产、技术、经营、管理工作水平的一项重要指标。企业的物质消耗、劳动效率、技术水平、生产经营管理以及外部因素（如物价、国家经济政策等），都会直接或间接地在产品成本和期间费用中表现出来。通过编制成本报表，可以考核成本、费用计划的执行情况，寻找降低成本、费用的途径。编制和分析成本报表是成本会计工作的一项重要内容。

成本报表作为对内报表，与对外报表相比较，具有以下特点：

（1）成本报表是服务于企业内部经营管理目的的报表。报表的种类、格式、编制时间、报送程序、报送范围都由企业根据需要自行规定，并且随着生产经营条件的变化、管理要求的提高，可以随时修改和调整。成本报表具有较大的灵活性与多样性。

（2）成本报表是以企业特定的生产环境为背景，对成本的反映与控制紧密联系着其生产工艺与生产组织的特点及企业对成本管理的要求，因此不同企业之间成本报表的个性差异是成本报表的特点之一。

（3）成本报表是会计核算资料与技术经济资料相结合的产物，其信息具有综合性与全面性的特点，如材料成本，既要从价格上反映，也要从消耗量上反映。因此对成本报表不能仅设置货币指标，在反映成本消耗的指标上要采取多种形式，容纳多方面的信息。同时，成本报表需要同时满足会计部门和各级生产部门、各职能部门对成本管理的需要，不仅要提供满足事后分析的资料，还要能够提供事前计划、事中控制所需的大量信息。

（4）成本报表还具有及时与灵敏的特点。由于编报的时间灵活，有日报、班报、旬报、月报等，能为日常成本控制提供及时有用的资料。

二、成本报表的种类

成本报表不是对外报送或公布的会计报表。因此，成本报表的种类、项目、格式和编制方法国家不作统一规定，由企业自行确定。主管企业的上级机构为了对本系统所属企业的成本管理工作进行领导，为了给国民经济管理提供

第六章　成本报表的编制和分析

所需的成本、费用数据，也可以要求企业将其成本报表作为会计报表的附表上报。在这种情况下，企业成本报表的种类、项目、格式和编制方法，也可以由企业的上级机构会同企业共同确定。

企业应根据实际情况，从管理的要求出发来设计和编报成本报表。为加强成本的日常管理，对于成本耗费的主要指标可以按旬、周、日编报；为了将成本管理与技术管理相结合，分析成本升降的具体原因，可将成本会计指标、统计指标和技术指标结合起来，合并编制报表；为了加强成本工作的预见性，还可以在计划执行过程中向有关部门和人员编报分析报告。

成本报表按其所反映的内容可以分为：

（1）反映成本情况的报表。主要反映企业为生产一定种类和数量产品所花费成本的水平及其构成情况，一般包括产品生产成本表、主要产品单位成本表。

（2）反映各种费用支出的报表。主要反映企业在一定时期内各种费用支出总额及其构成情况，一般包括制造费用明细表、销售费用明细表、管理费用明细表和财务费用明细表。

企业除了按期编报产品生产成本表、主要产品单位成本表、制造费用明细表和各种期间费用明细表外，还可以根据本身的生产特点和管理要求，编制其他成本报表，如材料考核表、人工考核表、损失报告表、责任成本报告等。

三、成本报表的编制要求

编制成本报表的主要资料来源有：报告期的主要账簿资料、本期成本计划及费用预算资料、以前年度的会计报表资料以及企业有关的统计资料和其他资料等。有了这些资料作为编制成本报表的主要依据，要真实、准确、完整清楚、及时地编制成本报表还应做到以下几点：

（1）数字准确。报表的指标必须如实反映情况，不能任意估计数字，更不能弄虚作假，篡改数字。成本报表上的各项指标大部分是来源于当期的成本账簿资料，为了保证账簿记录资料真实可靠，首先要检查所有经济业务是否按时全部入账，不能为了赶编报表而提前结账；其次要检查账实、账款是否相符，在编报前要认真核对账面记录与实物是否相符，账面记录与债权、债务以及银行存款是否相符，如有不符的账项应及时进行调整。只有在账实、账证、账账相符的情况下，才能编制成本报表。

（2）内容完整。编制的各种成本报表必须齐全，应填列的报表指标和文字说明必须全面，表内项目和表外补充资料，不论根据账簿资料直接填列还是分析计算填列，都应完整无缺，不得任意取舍。

（3）编报及时。应按照规定期限报送成本报表。只有这样才能保证利用准确完整的资料，及时地对企业成本计划完成情况进行检查和分析，从中发现问题，采取措施迅速加以解决，以充分发挥成本报表应有的作用。为此，企业财会部门应提前做好准备工作，并且要加强与各有关部门的协调与配合。要做到及时编报，首先要求企业搞好日常的成本核算；其次要使报送的成本报表指标能在企业成本管理中发挥作用，除报送的指标真实可靠外，还要有配套的计划、预算、统计以及历史成本资料，通过加工、计算、分析、综合才能及时揭示深层的矛盾问题，以便采取措施及时处理矛盾和问题，体现成本信息的效用。

第二节 成本报表的编制

成本报表中有的反映本期产品的实际成本，有的反映本期各种实际费用发生额，有的还可能反映实际成本或实际费用的累计数。为了考核和分析成本计划的执行情况，这些报表一般还列示了有关的计划数和其他有关资料。成本报表中的实际成本和实际费用，应根据有关的产品成本明细账和费用明细账的本期实际发生额填列；累计的实际成本、费用，应根据本期报表的本期实际成本、费用加上上期报表的累计实际成本、费用计算填列；计划数应根据有关的计划资料填列；其他有关资料，应根据报表编制要求填列。

一、产品生产成本表的编制

产品生产成本表是用来反映企业在报告期内生产的全部产品的总成本的报表。该表一般分为两种，一种按成本项目反映，另一种按产品种类反映。

（一）按成本项目反映的产品生产成本表的编制

1. 结构和作用

该表是按成本项目汇总反映企业在报告期内发生的全部生产费用以及产品生产成本合计数的报表。该表可分为生产费用和产品生产成本两部分。表中生产费用部分按成本项目反映报告期内发生的各种生产费用及其合计数；产品生产成本部分是在生产费用合计数的基础上，加上在产品和自制半成品的期初余额，减去在产品和自制半成品的期末余额，计算出产品生产成本的合计数。这些费用和成本，还可以按上年实际数、本年计划数、本月实际数和本年累计实际数分栏反映。

第六章 成本报表的编制和分析

现列示某工业企业 2014 年 12 月份按成本项目反映的产品生产成本表，如表 6-1 所示。

表 6-1 产品生产成本表（按成本项目反映）

2014 年 12 月　　　　　　　　　　　　　　　　　单位：元

项目	上年实际	本年计划	本月实际	本年累计实际
生产费用：				
直接材料费用	57 860	56 120	4 490	56 140
直接人工费用	23 250	24 050	1 850	23 000
制造费用	29 826	26 320	2 850	27 560
生产费用合计	110 936	106 490	9 190	106 700
加：在产品和自制半成品的期初余额	8 760	8 520	4 800	6 529
减：在产品和自制半成品的期末余额	6 529	6 632	5 700	5 700
产品生产成本合计	113 167	108 378	8 290	107 529

按成本项目反映的产品生产成本表的作用有：

（1）可以反映报告期内全部生产费用的支出情况和各项费用的构成情况，并据以进行生产费用支出的一般评价；

（2）将本年累计实际生产费用与本年计划和上年实际数相比较，可以考核和分析年生产费用计划的执行结果以及生产费用的升降情况；

（3）将各期产品成本合计数与各期产值、销售收入或利润进行对比，可以考核和分析各期的经济效益；

（4）将本年累计实际的产品生产成本与本年计划数和上年实际数相比较，可以考核和分析年度产品生产总成本计划的执行结果及升降情况，并据以分析影响成本升降的各项因素。

2. 编制

在按成本项目反映的产品生产成本表中，上年实际数应根据上年 12 月份本表的本年累计实际数填列；本年计划数应根据成本计划有关资料填列；本年累计实际数应根据本月实际，加上上月本表的本年累计实际数计算填列。现将表 6-1 中本月实际数的填列方法说明如下：

表中按成本项目反映的各项生产费用数，应根据各种产品成本明细账所记本月生产费用合计数按照成本项目分别汇总填列。

假定上例企业生产甲、乙、丙三种产品，各种产品成本明细账所记 12 月份的生产费用合计如下：

甲产品：直接材料890元，直接人工410元，制造费用560元，合计1 860元。

乙产品：直接材料1 640元，直接人工760元，制造费用950元，合计3 350元。

丙产品：直接材料1 960元，直接人工680元，制造费用1 340元，合计3 980元。

根据上列资料按照成本项目进行汇总，即可填列上例产品生产成本表中按成本项目反映的本月实际生产费用及其合计数。

表中的期初、期末在产品和自制半成品的余额应根据各种产品成本明细账的期初、期末在产品成本和各种自制半成品明细账的期初、期末余额分别汇总填列。

假定上例企业甲、乙、丙三种产品成本明细账所记12月份的月初、月末在产品成本如下：

月初在产品成本为：甲产品1 050元，乙产品1 550元，丙产品2 200元，合计4 800元。

月末在产品成本为：甲产品800元，乙产品2 100元，丙产品2 800元，合计5 700元。

假定上例企业12月份甲、乙、丙三种产品均无自制半成品。

根据上列资料，汇总填列产品生产成本表中在产品和自制半成品的期初余额数及期末余额数。

（二）按产品种类反映的产品生产成本表的编制

1. 结构和作用

该表是按产品种类汇总反映企业在报告期内生产的全部产品的单位成本和总成本的报表。该表可以分为实际产量、单位成本、本月总成本、本年累计总成本四部分。表中按产品种类分别反映本月产量、本年累计产量，以及上年实际成本、本年计划成本、本月实际成本和本年累计实际成本。

现列示上例企业2014年12月份的按产品种类反映的产品生产成本表，如表6-2所示。

第六章 成本报表的编制和分析

表 6-2　　　　　　　产品生产成本表（按产品种类反映）

2014 年 12 月　　　　　　　　　　　　　　　　　　　　　　单位：元

产品名称	实际产量		单位成本			本月总成本			本年累计总成本		
	本月	本年累计	上年实际平均	本年计划	本月实际	本年累计实际平均	按上年实际平均单位成本计算	按本年计划单位成本计算	本月实际	按上年实际平均单位成本计算	按本年计划单位成本计算	本年实际
甲	100	1 140	22.10	21.00	21.10	22.50	2 210	2 100	2 110	25 194	23 940	25 650
乙	280	3 050	12.50	11.00	10.00	11.10	3 500	3 080	2 800	38 125	33 550	33 855
丙	400	5 520	8.75	8.60	8.45	8.70	3 500	3 440	3 380	48 300	47 472	48 024
合计	—						9 210	8 620	8 290	111 619	104 962	107 529

在按产品种类反映的产品生产成本表中，对于主要产品，应按产品品种反映实际产量和单位成本，以及本月总成本和本年累计总成本；对于非主要产品，则可按照产品类别汇总反映本月总成本和本年累计总成本；对于上年没有正式生产过、没有上年成本资料的产品，一般称为不可比产品，不反映上年成本资料；对于上年正式生产过、具有上年成本资料的产品，一般称为可比产品，应反映上年成本资料。

按产品种类反映的产品生产成本表的作用有：

（1）可以分析和考核各种产品本月和本年累计的成本计划的执行结果，对成本的节约和超支情况进行一般的分析；

（2）可以分析和考核各种产品本月和本年累计的成本比上年的升降情况；

（3）可以分析和考核可比产品成本降低计划的执行情况，促使企业采取措施降低成本；

（4）可以了解哪些产品成本节约较多，哪些产品成本超支较多，为进行单位成本分析指明方向。

2. 编制

在该表中，各种产品的本月实际产量应根据相应的产品成本明细账填列。本年累计实际产量应根据本月实际产量加上上月本表的本年累计实际产量计算填列。上年实际平均单位成本应根据上年本表所列全年累计实际平均单位成本填列；本年计划单位成本应根据本年成本计划填列；本月实际单位成本应根据表中本月实际总成本除以本月实际产量计算填列。如果在产品成本明细账或产成品成本汇总表中有现成的本月实际产量、总成本和单位成本数据,表中这些项目都可以根据产品成本明细账或产成品成本汇总表填列。表中本年累计实际平均单位成本应分别根据表中本年累计实际总成本除以本年累计实际产量计算填列。按上年实际平均单位成本计算的本月总成本和本年累计总成本,应分别根据本月实际产量和本年累计实际产量乘以上年实际平均单位成本计算填列。按本年计划单位成本计算的本月总成本和本年累计总成本,应分别根据本月实际产量和本年累计实际产量乘以本年计划单位成本计算填列。本月实际总成本,应根据产品成本明细账或产成品成本汇总表填列。本年累计实际总成本,应根据产品成本明细账或产成品成本汇总表本年各月产成品成本计算填列。如果有不合格品,应单列一行,并注明"不合格品"字样,不应与合格品合并填列。

对于可比产品,如果企业或上级机构规定有本年成本比上年的降低额或降低率的计划内指标,还应根据该表资料计算成本的实际降低额或降低率,作为该表的补充资料列在表的下端。

可比产品成本的降低额或降低率的计算公式如下:

$$\text{可比产品成本降低额} = \text{可比产品按上年实际平均单位成本计算的本年累计总成本} - \text{本年累计实际总成本}$$

$$\text{可比产品成本降低率} = \frac{\text{可比产品成本降低额}}{\text{可比产品按上年实际平均单位成本计算的本年累计总成本}} \times 100\%$$

假设上例企业所产甲、乙、丙三种产品都是可比产品,有关资料如表6-3所示。

表6-3　　　　　　　　甲、乙、丙产品有关资料　　　　　　　　单位:元

产品名称	实际产量		单位成本		总成本	
	本月	本年累计	上年实际平均	本年计划	本月	1—11月累计实际
甲产品	100	1 140	22.10	21.00	2 110	23 540
乙产品	280	3 050	12.50	11.00	2 800	31 055
丙产品	400	5 520	8.75	8.60	3 380	44 644

根据上列资料,计算填列按产品种类反映的产品生产成本表如表6-2所示。全部可比产品的成本降低额和降低率如下:

$$\frac{可比产品}{成本降低额} = 111\ 619 - 107\ 529 = 4\ 090\ (元)$$

$$\frac{可比产品}{成本降低率} = \frac{4\ 090}{111\ 619} \times 100\% = 3.66\%$$

如果企业可比产品品种不多，其成本降低额和成本降低率也可以按产品品种分别计划和计算。

按产品种类反映的产品生产成本表中的本月实际总成本的合计和本年累计实际总成本的合计，应与按成本项目反映的产品生产成本表中的本月实际的产品生产成本合计和本年累计实际的产品生产成本合计分别核对相符（上例企业均为 8 290 元和 107 529 元）。但是，按产品种类反映的产品生产成本表中按上年实际平均单位成本计算的本年累计总成本 111 619 元和按计划单位成本计算的本年累计总成本 104 962 元，不能与按成本项目反映的产品生产成本表中的上年实际产品生产成本合计数 113 167 元和本年计划产品生产成本合计数 108 378 元核对相符。这是因为，按产品种类反映的产品生产成本表是根据本年产品的实际产量和实际品种比重条件下的产品核算资料编制的，而按成本项目反映的产品生产成本表中的上年实际产品生产成本合计数，是上年的实际产量、实际品种比重条件下的实际总成本；按成本项目反映的产品生产成本表中的本年计划产品生产成本合计数，是本年的计划产量、计划品种比重条件下计划的总成本，其中的产量和品种比重不同。

二、主要产品单位成本表的编制

主要产品单位成本表是反映企业在报告期内的各种主要产品单位成本构成情况的报表。该表应按主要产品分别编制，是按产品种类反映的产品生产成本表中某些主要产品单位成本的进一步反映。

（一）结构和作用

该表可以分为三部分：产量、单位成本和主要技术经济指标。产量包括本月计划和实际产量数、本年累计计划和实际产量数；单位成本分别反映历史先进水平、上年实际平均、本年计划、本月实际和本年累计实际平均单位成本；技术经济指标主要反映原料、主要材料、燃料和动力的消耗数量。主要产品单位成本表的格式和内容如表 6-4 所示。

表 6-4　　　　　　　　　　　　主要产品单位成本表

本月计划产量：9 件

本月实际产量：10 件

产品名称：A　计量单位：件　本年累计计划产量：100 件

产品规格：×××　销售单价：430 元　本年累计实际产量：150 件　　　　　　　单位：元

成本项目	历史先进水平	上年实际平均	本年计划	本月实际	本年累计实际平均
直接材料	117.50	120	120	118.75	120.50
直接人工	29.50	34.50	32.50	28.75	32.75
制造费用	35	35.50	35	36.25	37.50
产品单位成本	182	190	187.50	183.75	190.75
主要技术经济指标	耗用量	耗用量	耗用量	耗用量	耗用量
1. 甲材料（千克）	9.50	10.50	10	9	9
2. 乙材料（千克）	16	16.50	16	15	17

主要产品单位成本表的作用有：

（1）可以按照成本项目考核主要产品单位成本计划的执行结果，分析单位成本节约或超支的原因；

（2）可以按照成本项目将本月实际和本年累计实际平均单位成本与上年实际平均单位成本和历史先进水平单位成本进行对比，了解比上年的升降情况和与先进水平的差距，分析单位成本发展变化的趋势；

（3）可以分析、考核主要产品的各项经济技术指标的执行情况。

（二）编制

该表的产品销售单价应根据产品定价表填列。本月及本年累计计划产量应根据生产计划填列；本月及本年累计实际产量应根据产品成本明细账或产成品成本汇总表填列。历史先进水平应根据历史上该种产品成本最低年度的实际平均单位成本填列；上年实际平均单位成本应根据上年本表实际平均单位成本填列；本月实际平均单位成本应根据该种产品成本明细账或产成品成本汇总表填列；本年累计实际平均单位成本应根据该种产品成本明细账所记年初至报告期末止完工入库总成本除以本年累计实际产量计算填列。主要技术经济指标应根据业务技术核算资料填列。

三、制造费用明细表的编制

制造费用明细表是反映企业在报告期内制造费用及其构成情况的报表。由于辅助生产车间的制造费用已通过辅助生产费用的分配转入基本生产车间制造费

第六章 成本报表的编制和分析

用、管理费用等有关的成本、费用项目,因而该表的制造费用只反映基本生产车间制造费用,不包括辅助生产车间的制造费用,以免重复。

(一)结构和作用

该表一般按制造费用项目分别反映各该费用的本年计划数、上年同期实际数、本月实际数和本年累计实际数。如果需要,也可以根据制造费用的分月计划,在表中加列本月计划数。制造费用明细表的格式和内容如表6-5所示。

表6-5 制造费用明细表 单位:元

费用项目	本年计划	上年同期实际	本月实际	本年累计实际
职工薪酬	31 350	1 492	2 705	31 936
折旧费	21 350	1 746	1 785	21 910
修理费	13 455	1 290	1 160	13 475
办公费	14 975	1 164	1 060	13 705
水电费	17 450	1 394	1 430	17 437
机物料消耗	14 900	1 180	1 125	13 560
劳动保护费	17 585	1 488	1 390	16 581
在产品盘亏、毁损	—	1 191	1 065	7 448
停工损失	—	936	—	2 572
其他	12 970	1 809	1 770	8 679
合计	144 035	13 690	13 490	147 303

制造费用明细表的作用有:

(1)可以按费用项目分析制造费用本月数比上年同期实际数的增减变化情况,在表中列有本月计划数的情况下,还可以分析本月计划的执行结果;

(2)可以在年度内按照费用项目分析制造费用年度计划的执行情况,以便采取措施将制造费用控制在年度计划之内;在年度末,按照费用项目分析制造费用年度计划的执行结果,分析产生差异的原因;

(3)可以分析本月实际和本年累计实际制造费用的构成情况,与上年同期实际和计划构成情况进行比较,分析制造费用构成的发展变化情况和原因。

(二)编制

该表的本年计划数应根据成本计划中的制造费用计划填列;上年同期实际数应根据上年同期制造费用明细表的累计实际数填列;本月实际数、本年累计实际数应根据制造费用总账科目所属各基本生产车间制造费用明细账的本月数和各月末累计数汇总填列。

四、销售费用、管理费用和财务费用明细表的编制

销售费用、管理费用和财务费用明细表是反映企业在报告期内的经营管理费用及其构成情况的报表。编制经营管理费用明细表有以下作用：

（1）可以分析这些费用的本期实际数比上年同期实际数的增减变化情况；

（2）可以分析和考核这些费用的计划执行情况和执行结果；

（3）可以分析这些费用内部各项费用的构成情况。

（一）销售费用明细表的编制

销售费用明细表是反映企业在报告期内发生的销售费用及其构成情况的报表。该表一般按费用项目分别反映各该费用的计划数、上年同期实际数、本月实际数和本年累计实际数。该表的本年计划数应根据本年销售费用计划填列；上年同期实际数应根据上年同期销售费用明细表的累计实际数填列；本月实际数应根据销售费用明细账的本月合计数填列；本年累计实际数应根据销售费用明细账的本月末的累计实际数填列。如果需要，也可以根据销售费用的分月计划，在表中加列本月计划数。销售费用明细表的格式和内容如表6－6所示。

表6－6　　　　　　　　　销售费用明细表　　　　　　　　　单位：元

费用项目	本年计划	上年同期实际	本月实际	本年累计实际
包装费	18 775	1 655	1 635	19 755
运输费	25 900	2 039	2 090	25 630
装卸费	18 800	1 498	1 564	18 755
保险费	11 350	914	986	11 337
展览费	14 050	1 140	1 170	13 990
广告费	21 050	1 785	1 733	20 799
其他	17 100	1 398	1 449	17 405
合计	127 025	10 429	10 627	127 671

（二）管理费用明细表的编制

管理费用明细表是反映企业在报告期内发生的管理费用及其构成情况的报表。该表一般按费用项目分别反映各该费用的计划数、上年同期实际数、本月实际数和本年累计实际数。该表的本年计划数应根据管理费用计划填列；上年同期

第六章 成本报表的编制和分析

实际数应根据上年同期管理费用明细表的累计实际数填列；本月实际数应根据管理费用明细账的本月合计数填列；本年累计实际数应根据管理费用明细账的本月末的累计实际数填列。如果需要，也可以根据管理费用的分月计划，在表中加列本月计划数。管理费用明细表的格式和内容如表6-7所示。

表6-7　　　　　　　　　　　管理费用明细表　　　　　　　　　　　单位：元

费用项目	本年计划	上年同期实际	本月实际	本年累计实际
职工薪酬	23 400	2 056	1 949	23 355
折旧费	16 300	1 365	1 340	16 055
工会经费	7 850	665	655	7 855
业务招待费	18 750	1 519	1 573	18 790
印花税	8 550	692	712	8 505
房产税	10 850	920	905	10 390
车船税	5 800	480	489	5 842
土地使用税	5 200	435	435	5 215
无形资产摊销	11 950	990	965	11 995
职工教育经费	14 950	253	1 238	14 910
劳动保险费	6 750	605	565	5 755
失业保险费	10 200	789	843	10 098
技术转让费	11 550	1 406	1 731	13 615
材料产品盘亏、毁损	—	860	911	10 939
其他	11 850	1 095	1 159	13 912
合计	163 950	14 130	14 870	177 231

（三）财务费用明细表的编制

财务费用明细表是反映企业在报告期内发生的财务费用及其构成情况的报表。该表一般按费用项目分别反映各该费用的计划数、上年同期实际数、本月实际数和本年累计实际数。该表的本年计划数应根据财务费用计划填列；上年同期实际数应根据上年同期财务费用明细表的累计实际数填列；本月实际数应根据财务费用明细账的本月合计数填列；本年累计实际数应根据财务费用明细账的本月末的累计实际数填列。如果需要，也可以根据财务费用的分月计划，在表中加列本月计划数。财务费用明细表的格式和内容如表6-8所示。

表6-8　　　　　　　　　　　财务费用明细表　　　　　　　　　　　单位：元

费用项目	本年计划	上年同期实际	本月实际	本年累计实际
利息支出	21 350	1 628	1 733	20 905
汇兑损失	16 400	1 391	1 446	17 355

续表

费用项目	本年计划	上年同期实际	本月实际	本年累计实际
手续费	12 400	1 044	938	12 670
其他	6 050	506	479	5 755
合计	56 200	4 569	4 596	56 685

第三节 成本报表的分析

一、成本报表的分析步骤

成本报表的分析，大体上可按以下步骤进行。

（一）确定分析课题

在进行成本分析之前，要根据生产经营过程中出现的问题或管理上的需要，确定分析课题，明确分析的要求。开展成本分析，总的说来，是为了总结企业生产经营的成绩和缺点，更好地按经济规律办事。但是，企业在一定时期内，总有一些特殊的管理性的问题需要解决，对于成本分析的目的和要求，在不同企业或同一企业的不同时期不可能完全一样。因此，对每次成本分析，都要根据企业生产经营的具体情况，提出具体的分析目的和要求，并拟订分析工作计划，这样才能有目的地收集和运用各种资料，才能有步骤地开展成本分析工作。

（二）收集有关资料

大量占有完备的各种资料，是正确进行成本分析的基础。为了做好成本分析工作，必须全面收集有关的成本资料。既要收集反映计划完成过程和结果的会计、统计和业务核算的实际资料，又要收集各项计划和定额资料；既要收集有关的数字资料，又要收集会议记录、决议、纪要、报告和备忘录等文字资料；既要收集国内同行业先进水平企业的有关资料，又要收集国外先进水平企业的有关资料。企业收集的资料必须实事求是，只有这样才能使成本分析得出正确的结论和提出切实可行的建议。

（三）揭示存在的问题

在开展成本分析时必须运用对比分析的方法，对经济指标及其数据进行各种各样的比较。通过比较，确定差异，揭示矛盾，发现问题。这样，一方面可以明确必须进行深入分析的问题，找寻产生问题的原因；另一方面又为挖掘潜力指出方向和途径。

（四）分析影响因素

通过指标对比，只能看出数量上、现象上的差异，而不能说明差异的实质。因此，在揭示了成本工作存在的问题之后，还要相互联系地研究问题产生的原因。影响产品成本的因素是多种多样的：既有人的因素，又有物的因素；既有主观因素，又有客观因素；既有生产组织方面的因素，又有政治思想方面的因素；既有技术上的因素，又有管理上的因素。只有运用对立统一的观点来深入综合地分析，才能在多种矛盾中找出主要矛盾，从复杂因素中找出决定因素；才能查明成本指标形成与变动原因以及有关人员的经济责任；才能抓住问题的关键。

（五）提出改进措施

成本分析的根本目的在于通过对过去成本工作的总结与评价，来控制现在并规划未来。因为过去的已成为事实，即使有失误与不足也无法挽回。在找出差距、分析原因之后，还应针对成本工作中的关键问题和薄弱环节，提出切实可行的改进措施和实施方案，以全面挖掘降低产品成本的各种潜力，不断提高经济效益。

二、成本报表的分析方法

对成本报表进行分析的方法多种多样，采用哪种方法决定于分析的目的、企业的特点及其所掌握资料的性质和内容。常用的方法主要有对比分析法、比率分析法、因素分析法和积分法。

（一）对比分析法

对比分析法也称指标对比法，是成本报表分析的主要方法，使用比较广泛。它是把相同事物的指标在时间上和空间上进行对比，从数量上确定差异的一种分析方法。使用这种方法的目的是揭示成本差异、找出问题及其产生的原因，研究解决问题的途径和方法，达到降低成本的目的。对比分析法在成本报表分析工作中主要用于以下几种指标的对比分析：

1. 实际与计划或定额指标对比分析。主要是了解计划或定额完成情况，揭示完成情况与计划或定额的差距。

2. 本期实际与前期实际指标对比分析。与上期或上年同期实际指标对比，可以了解成本的发展趋势和方向，揭示本期比上期或上年同期的差距有多少；与历史先进水平对比，可以了解成本的发展速度是否已达到或超过历史先进水平。

3. 本期实际与同行业先进水平对比分析。这可以反映企业与国内外先进水平的差距，考察企业成本水平在同类企业同种产品中所处的地位，在更大范围内发现差距，推动企业改进经营管理。

对比分析法既可以是绝对指标的对比，也可以是相对指标的对比。无论采用哪种比较形式都必须注意指标之间的可比性，即对比指标采用的计量单位、计价标准、时间单位、指标内容和前后期采用的计算方法等应具有可比的基础和条件。在同类企业比较成本指标时，还应考虑它们在技术、经济上的可比性。如果用于对比分析的资料包含不可比因素，应将对比的指标作必要的调整换算。如对比费用指标时，可以先将随产量变化而变化的变动费用计划数，按产量增减幅度进行调整，再同实际指标相对比；与以前指标对比时，可以按不变价格换算或按物价、收费率等变动情况调整某些指标。但在分析时，也要防止将指标可比性绝对化。

（二）比率分析法

比率分析法是通过计算和对比经济指标的比率，进行数量分析的一种方法。采用这种方法，先要把对比的数值变成相对数，求出比率，然后再进行对比分析。比率分析法主要有相关指标比率分析法、构成比率分析法和趋势比率分析法三种。

1. 相关指标比率分析法，是通过计算两个性质不同而又相关的指标的比率，再以实际数与基数进行数量分析的方法。在实际工作中，由于企业规模不同等原因，单纯地对比产值、销售收入或利润等指标的绝对数，不能说明各企业经济效益的好坏。通常需要计算成本与产值、销售收入或利润相比的相对数，求出产值成本率、销售成本率和成本费用利润率，据以分析和比较生产耗费的经济效益。通过相关比率的计算，可以排除不同企业之间和同一企业不同时期的某些不可比因素，有利于企业经营管理者进行成本效益分析和经营决策。计算公式分别为：

$$产值成本率 = \frac{产品生产成本}{工业总产值} \times 100\%$$

$$销售成本率 = \frac{销售成本}{销售收入} \times 100\%$$

$$成本费用利润率 = \frac{利润总额}{成本费用总额} \times 100\%$$

2. 构成比率分析法，是通过计算某项指标的各个组成部分占总体的比重

第六章 成本报表的编制和分析

(即部分与全部的比率),然后将不同时期的构成比率相比较进行数量分析的方法。例如,将构成产品成本的各个成本项目与产品成本总额相比,确定成本构成的比率;将各个费用项目与费用总额相比,计算各项费用的构成比率等。通过计算产品成本中各个项目的比重和费用总额中各个费用项目的比重,且将不同时期的构成比率进行比较,可以反映产品成本或费用总额的构成是否合理;观察构成比率的变动,掌握经济活动情况,了解企业改进生产技术和经营管理对产品成本的影响,为寻求降低成本、节约费用的途径指明方向。计算公式分别为:

$$产品成本构成比率 = \frac{直接材料、直接人工或制造费用数额}{产品成本总额} \times 100\%$$

$$期间费用构成比率 = \frac{销售费用、管理费用或财务费用数额}{期间费用总额} \times 100\%$$

$$制造费用构成比率 = \frac{某费用项目数额}{制造费用总额} \times 100\%$$

3. 趋势比率分析法,又称动态比率分析法,是将几个时期的同类指标对比,求出比率,进行动态比较,据以分析该项指标的增减速度和变化趋势,从中发现企业生产经营方面的成就或不足。在连续的若干期之间,可以按绝对数进行对比,也可以按相对数进行对比;可以以某个时期为基期,其他各期均与该时期的基数进行对比,也可以在各个时期之间进行环比,分别以上一时期为基期,下一个时期与上一个时期的基数进行对比。

例如,某企业 A 产品某年四个季度单位产品成本和趋势比率见表 6-9。

表 6-9　　　　　　　　A 产品单位成本及趋势比率

指标	第一季度	第二季度	第三季度	第四季度
产品单位成本(元)	190	210	295	335
基期指数	100	110.53	155.26	176.32
环比指数	—	110.53	140.48	113.56

通过表 6-9 中趋势比率的计算和对比,可以看出该企业 A 产品的单位成本呈逐年上升趋势,且提高的幅度较大。企业必须采取有效的措施,解决生产和管理方面存在的问题。

比率分析法与对比分析法相比,具有容易判断、可比性强等特点。但由于它同样受会计资料、成本核算方法及行业特点的影响与制约，因此，在使用比率分析法时，同样需要结合实际对具体问题进行具体分析。不论采用什么比率法，分析时都将比率的实际数与基数进行比较，揭示其与基数之间的差异。例如，进行相关指标比率的成本利润率分析时，应将本期实际成本利润率与计划成本利润率、前期实际成本利润率进行对比，揭示其与计划指标、前期指标的差异。进行构成比率分析也是如此。

（三）因素分析法

因素分析法又称连环替换法，是将某一综合指标分解为若干个相互联系的因素，并分别计算、分析每个因素影响程度的一种方法。企业产品成本是一个综合性的价值指标，影响产品成本升降的因素很多，但概括起来无外乎是外部因素和内部因素两类。外部因素是指来自社会以及外部经济环境和条件的影响因素；内部因素则是企业本身经营管理所造成的。

通常在采用因素分析法时，首先要确定分析指标的构成因素；其次要确定各个因素与指标的关系，如加减关系、乘除关系等；再次要采用适当的方法，把指标分解成各个因素；最后再来确定各个因素对指标变动的影响方向与程度。具体计算程序如下：

(1) 将影响经济指标的各个因素按一定的顺序排列，并按其依存关系将指标分解为基数（计划数、上期实际数等）和实际数两个体系；

(2) 以成本的基数为基础，按预定的顺序依次用实际指标去替换各因素的基数指标，直至全部替换完为止；

(3) 将每次计算结构与前次计算结果相比，求得某一因素对成本指标变动的影响程度；

(4) 将各因素的影响数值相加，即为被分析指标实际数与基数的总差异数。

下面对因素分析法的分析原理作进一步阐述。

设成本指标 F 由 x、y、z 三个因素所构成，且三个因素与成本指标的关系为 $F = f(x, y, z) = xyz$，成本指标的基数和实际数分别为 $F_0 = x_0 y_0 z_0$，$F_1 = x_1 y_1 z_1$，成本指标的实际数与基数的差额为 $F_1 - F_0$。分析计算过程如下：

成本指标的基数 $F_0 = x_0 y_0 z_0$

第一次替换 $F_x = x_1 y_0 z_0$，$F_x - F_0 =$ x 变动的影响

第二次替换 $F_y = x_1 y_1 z_0$，$F_y - F_x =$ y 变动的影响

第三次替换 $F_z = F_1 = x_1 y_1 z_1$，$F_z - F_y =$ z 变动的影响

第六章　成本报表的编制和分析

x、y、z 三个因素变动影响总额 = $F_x - F_0 + F_y - F_x + F_z - F_y = F_1 - F_0$

[**例 6-1**] 假设某企业有关材料费用的计划和实际资料见表 6-10。

表 6-10　　　　　　　　　　材料成本资料

指标	单位	计划数	实际数
产品产量	件	200	220
单位产品材料消耗量	千克	20	18
材料单价	元	5	6
材料费用总额	元	20 000	23 760

材料费用总额实际脱离计划的差异：23 760 - 20 000 = 3 760（元），是产量增加、单位产品材料消耗量节约和材料单价提高三个因素综合影响的结果。用因素分析法测定各因素变动对材料费用总额的影响程度：

材料费用总额计划数：$200 \times 20 \times 5 = 20\ 000$（元）

第一次替换（产品产量）：$220 \times 20 \times 5 = 22\ 000$（元），产量增加对材料费用总额的影响 = 22 000 - 20 000 = 2 000（元）

第二次替换（单位产品材料消耗量）：$220 \times 18 \times 5 = 19\ 800$（元），单位产品材料消耗量节约对材料费用总额的影响 = 19 800 - 22 000 = -2 200（元）

第三次替换（材料单价）：$220 \times 18 \times 6 = 23\ 760$（元），材料单价提高对材料费用总额的影响 = 23 760 - 19 800 = 3 960（元）

综合各因素影响数：2 000 - 2 200 + 3 960 = 3 760（元）

分析表明，由于产量增加、材料价格提高使材料费用总额增加了 5 760 元（2 000 + 3 960），虽然单位产品材料消耗量节约使材料费用减少了 2 200 元，但总体结果还是造成材料费用总额超支了 3 760 元。对此，应进一步分析各因素变动的具体原因。

因素分析法在实际运用中通常采用简便的形式，即差额计算法。运用这一方法时，先确定各因素实际数与基数的差额，然后按各因素的排列顺序依此求出各因素变动的影响：某因素的实际数与基数的差额，乘以前面因素的实际数、后面因素的基数，乘积即为该因素对指标的影响程度。

仍按前例假设，成本指标的基数为 $F_0 = x_0 y_0 z_0$，实际数为 $F_1 = x_1 y_1 z_1$，成本指标的实际数与基数的差额为 $F_1 - F_0$。分析计算过程如下：

x 因素变动的影响 = $(x_1 - x_0) y_0 z_0$

y 因素变动的影响 = $(y_1 - y_0) x_1 z_0$

z 因素变动的影响 = $(z_1 - z_0) x_1 y_1$

x、y、z 三个因素变动影响总额 = $(x_1 - x_0) y_0 z_0 + (y_1 - y_0) x_1 z_0 + (z_1 - z_0) x_1 y_1 = x_1 y_1 z_1 - x_0 y_0 z_0$

仍以上例数字资料，以差额计算法测定各因素变动对材料费用总额的影响程度如下：

产量变动的影响 = $(220 - 200) \times 20 \times 5 = 2\,000$（元）

单位产品材料消耗量变动的影响 = $(18 - 20) \times 220 \times 5 = -2\,200$（元）

材料单价变动的影响 = $(6 - 5) \times 220 \times 18 = 3\,960$（元）

综合各因素影响数 = $2\,000 - 2\,200 + 3\,960 = 3\,760$（元）

差额计算法由于计算简便，所以应用比较广泛，特别是在影响因素只有两个时更为适用。

应用因素分析法时，必须注意以下几个基本要点：

（1）成本指标体系的组成因素，必须是能反映造成该项指标差异的内在原因。

（2）分析某一方面因素变动对成本差异的影响程度，只有暂时假定其他因素不变的情况下才有可能。

（3）各因素对成本指标差异数的影响，必须顺序连环地逐一进行，不可采用不连环的方法计算，否则算出诸因素的影响程度之和就不等于成本指标的差异数。

（4）各个因素替换的顺序不同，各个因素的影响差异程度也就不一样。因而，正确确定各因素的替换顺序非常重要。

（四）积分法

因素分析法能够揭示各因素变化对指标的影响程度和方向，但其计算结果并非各因素变化对指标影响值的客观真实反映。因为因素分析法最基本的特征就是分析过程中因素替换的连环性，不同的替换顺序会得出不同的计算结果。导致这一结果的根本原因在于因素分析法本身存在的弊端。对此，可通过对因素分析法的剖析而得到认识。

仍按前例假设，另外再设 Δ 表示增量，即 $\Delta F = F_1 - F_0$，$\Delta x = x_1 - x_0$，$\Delta y = y_1 - y_0$，$\Delta z = z_1 - z_0$ 等。

成本指标的基数为 $F_0 = x_0 y_0 z_0$

第六章 成本报表的编制和分析

成本指标的实际数为 $F_1 = F_0 + \Delta F = (x_0 + \Delta x)(y_0 + \Delta y)(z_0 + \Delta z) = x_0 y_0 z_0 + \Delta x\, y_0 z_0 + x_0 \Delta y\, z_0 + x_0 y_0 \Delta z + \Delta x \Delta y\, z_0 + \Delta x\, y_0 \Delta z + x_0 \Delta y \Delta z + \Delta z \Delta x \Delta y$

产生差异 ΔF 的原因：

x 因素变动的影响 $= \Delta x\, y_0 z_0$

y 因素变动的影响 $= x_0 \Delta y\, z_0 + \Delta x \Delta y\, z_0$

z 因素变动的影响 $= x_0 y_0 \Delta z + \Delta x\, y_0 \Delta z + x_0 \Delta y \Delta z + \Delta z \Delta x \Delta y$

由此可见，采用因素分析法时，排在最前面的因素只负担其基本影响额，而后面的因素除要负担各自的基本影响额外，还要负担一切与它有关的共同影响额部分。因此，因素排列越往后，负担的共同影响额部分越多。显然，这样的分配很不合理。因为共同影响额是由两个或两个以上的因素共同变动对指标的影响结果。正确的分配方法应当是将共同影响额部分在各影响因素之间进行分配。

根据高等数学知识，我们可以利用全微分的公式计算各个因素（自变量）的变动对经济指标（函数）的影响。

仍按前例假设，$F = f(x, y, z) = xyz$，各因素变动对指标的影响程度（分别以 A_x、A_y、A_z 表示）的计算公式为：

$$A_x = \int_0^{\Delta x} (y_0 + kx)(z_0 + lx)\, dx$$

$$A_y = \int_0^{\Delta x} k(x_0 + x)(z_0 + lx)\, dx$$

$$A_z = \int_0^{\Delta x} l(x_0 + x)(y_0 + kx)\, dx$$

式中，$k = \dfrac{\Delta y}{\Delta x}$；$l = \dfrac{\Delta z}{\Delta x}$

用积分法对上例资料中的材料费用总额超支 3 760 元的原因进行分析，则分析结果如下：

产品产量的影响 $= \int_0^{20} (20 - \dfrac{1}{10}x)(5 + \dfrac{1}{20}x)\, dx = 2\,086.67$（元）

单位产品材料消耗量的影响 $= \int_0^{20} -\dfrac{1}{10}(200 + x)(5 + \dfrac{1}{20}x)\, dx = -2\,313.33$（元）

材料单价的影响 $= \int_0^{20} \dfrac{1}{20}(200 + x)(20 - \dfrac{1}{10}x)\, dx = 3\,986.66$（元）

各因素影响之和 $= 2\,086.67 - 2\,313.33 + 3\,986.66 = 3\,760$（元）

积分法避免了因素分析法最棘手的因素排列顺序问题，这就能排除进行分析前人们对各种因素的作用所作的任何主观推测，从而使得分析结果能够客观正确地反映各因素变动对经济指标的实际影响程度。这还可以通过下面对积分法分析公式的进一步剖析而得到认识。

当 $F = f(x, y, z) = xyz$ 时，根据积分法得：

$$A_x = \int_0^{\Delta x}(y_0 + kx)(z_0 + lx)\,dx = \Delta x\, y_0 z_0 + \frac{\Delta x \Delta y z_0 + \Delta x y_0 \Delta z}{2} + \frac{\Delta x \Delta y \Delta z}{3} \text{同理，}$$

$$A_y = \int_0^{\Delta x} k(x_0 + x)(z_0 + lx)\,dx = x_0 \Delta y z_0 + \frac{\Delta x \Delta y z_0 + x_0 \Delta y \Delta z}{2} + \frac{\Delta x \Delta y \Delta z}{3}$$

$$A_z = \int_0^{\Delta x} l(x_0 + x)(y_0 + kx)\,dx = x_0\, y_0 \Delta z + \frac{\Delta x y_0 \Delta z + x_0 \Delta y \Delta z}{2} + \frac{\Delta x \Delta y \Delta z}{3}$$

可以看出，各因素的基本影响额是由各该因素自己负担的：A_x 中包含了 $\Delta x\, y_0 z_0$，A_y 中包含了 $x_0 \Delta y z_0$，A_z 中包含了 $x_0 y_0 \Delta z$；而共同影响额部分是在各有关因素之间根据因素的个数来分摊的：$\Delta x \Delta y\, z_0$ 是由 x、y 因素各分摊 1/2，$\Delta x\, y_0 \Delta z$ 是由 x、z 因素各分摊 1/2，$x_0 \Delta y \Delta z$ 是由 y、z 因素各分摊 1/2，$\Delta z \Delta x \Delta y$ 是由 x、y、z 因素各分摊 1/3。其实，按积分法分析的结果就是对影响经济指标的各因素按照各自可能的排列顺序都作一番替代计算，然后在此基础上计算出来的平均数。当函数值表现为自变量相乘时，这些自变量的顺序是可先可后的，不管怎样排列，函数值始终不变。如果我们在进行经济分析时，只承认其中一种因素排列顺序正确，这显然是与基本常识相违背的。各因素变动对经济指标的影响理应是在各种可能出现的排列顺序下计算出来的那个平均数。

以上所述只是常见的几种数量分析方法，企业还可以根据分析的目的和要求，采用分组法、指数法、图表法等其他数量方法。需要指出的是，不论采用什么分析方法，都只能为进一步调查研究指明方向，而不能代替调查研究。要确定成本、工作好坏的具体原因，并据以提出切实有效的建议和措施来改进工作，都必须在采用上述分析方法进行分析的基础上，深入实际调查研究。

三、产品生产成本表的分析

（一）按成本项目反映的产品生产成本表的分析

按成本项目反映的产品生产成本表，一般采用对比分析法、构成比率分析法和相关指标比率分析法进行分析。

采用比较分析法，将产品成本合计数、生产费用合计数及其各个成本项目费用的本年计划数进行对比，揭示差异，以便为进一步分析指明方向。

表 6-1 中的产品成本合计数，本年累计实际数不仅低于上年实际数，而

第六章 成本报表的编制和分析

且也低于计划数。可见该年产品总成本是降低的。成本降低的原因是多方面的,可能是由于单位成本的降低,也可能是由于产品产量和产品品种构成的变动。应进一步分析影响产品成本变动的主要因素和具体原因,才能对产品成本的降低是否合理作出评价。

就表 6-1 中的生产费用合计来看,本年累计实际数虽然低于上年实际数,但高于计划数。这是由于产品生产成本本年累计实际数低于上年实际数(107529 - 113167),计划的期初、期末在产品和自制半成品的余额(8520 - 6632)大于实际的期初、期末在产品和自制半成品的余额(6529 - 5700)。就各个成本项目来看,直接材料费用、直接人工费用和制造费用的本年累计实际数与上年数和计划数相比,升降的情况和程度各不相同,应进一步查明原因。

对于各项生产费用,还可计算构成比率,并在本年实际、本月实际、本年度计划和上年实际之间进行对比。各项指标的计算如下:

本年实际构成比率:

直接材料费用比率 $= \dfrac{56\,140}{106\,700} \times 100\% = 53\%$

直接人工费用比率 $= \dfrac{23\,000}{106\,700} \times 100\% = 22\%$

制造费用比率 $= \dfrac{27\,560}{106\,700} \times 100\% = 25\%$

本月实际构成比率:

直接材料费用比率 $= \dfrac{4\,490}{9\,190} \times 100\% = 49\%$

直接人工费用比率 $= \dfrac{1\,850}{9\,190} \times 100\% = 20\%$

制造费用比率 $= \dfrac{2\,850}{9\,190} \times 100\% = 31\%$

本年计划构成比率:

直接材料费用比率 $= \dfrac{56\,120}{106\,490} \times 100\% = 53\%$

直接人工费用比率 $= \dfrac{24\,050}{106\,490} \times 100\% = 23\%$

制造费用比率 $= \dfrac{26\,320}{106\,490} \times 100\% = 24\%$

上年实际构成比率:

直接材料费用比率 = $\dfrac{57\ 860}{110\ 936} \times 100\% = 52\%$

直接人工费用比率 = $\dfrac{23\ 250}{110\ 936} \times 100\% = 21\%$

制造费用比率 = $\dfrac{29\ 826}{110\ 936} \times 100\% = 27\%$

根据以上各项构成比率的计算，可以看出，本年实际构成与本年计划构成相比，直接人工费用的比重有所降低，而制造费用的比重有所提高；与上年实际构成相比，三项费用比重都有所变化，其中直接材料费用和直接人工费用比重都有所提高，而制造费用的比重则有所降低；本月各项费用构成的变化还是较大的，应分析其产生变化的具体原因。

为了比较各期相对的经济效益，可将产品生产成本与产值、销售收入或利润相比，计算相关指标比率，即产值成本率、销售收入成本率或成本利润率，然后进行比较，以计算和了解企业的经济效益情况及其变动的趋势。

（二）按产品种类反映的产品生产成本表的分析

按产品种类反映的产品生产成本表的分析，一般可以从以下两个方面进行：（1）本期实际成本与计划成本的对比分析；（2）本期实际成本与上年实际成本的对比分析。

1. 本期实际成本与计划成本的对比分析

将产品生产成本表中所列全部产品和各种主要产品的本月实际总成本和本年累计实际总成本分别与本月计划总成本和本年累计计划总成本进行比较，对全部产品和各种主要产品的成本计划完成情况进行总括评价。

下面对表6-2中的本年累计总成本计划的完成情况进行分析，分析情况见表6-11。

表6-11　　　　　全部产品成本计划完成情况分析　　　　　单位：元

产品名称	计划总成本	实际总成本	成本降低额	成本降低率
甲产品	23 940	25 650	1 710	7.14%
乙产品	33 550	33 855	305	0.91%
丙产品	47 472	48 024	552	1.12%
合计	104 962	107 529	2 567	2.44%

计算表明，本年全部产品累计实际总成本超过计划2 567元，升高

第六章 成本报表的编制和分析

2.44%。就产品品种来看,甲、乙、丙三种产品本年累计实际总成本都超过计划,但甲产品成本超过计划较多,超支幅度也较大,应进一步分析甲产品成本超支的原因。值得注意的是,从表 6-2 可知,本月全部产品总成本实际比计划降低了 330 元,降低 3.83%,说明年末工作有所好转。

2. 本期实际成本与上年实际成本的对比分析

可比产品的实际成本,除了与计划比较外,还应进一步与上年实际成本对比,确定可比产品较上年成本的降低额和降低率,并同成本计划中规定的降低额和降低率相比较,以考察可比产品成本降低计划的执行结果。

可比产品成本升降情况的分析,可以按产品品种进行,也可以按全部可比产品进行。由于可比产品成本降低计划一般按全部可比产品综合规定,因而可比产品成本降低计划执行结果的分析一般按全部可比产品进行。分析时,应首先将全部可比产品本年累计实际总成本和本年按上年实际平均单位成本计算的累计总成本进行比较,计算可比产品本期实际成本降低额和降低率,确定可比产品成本降低计划的执行结果;在此基础上,进一步对影响可比产品成本降低任务完成情况的因素进行分析。

影响可比产品成本降低任务完成情况的因素,概括起来有三个:

(1) 产品产量。可比产品计划降低额是根据各种产品计划产量制定的,而实际成本降低额是根据各种产品实际产量制定的。所以,在产品品种结构和单位成本不变的情况下,产品产量的增减会使成本降低额同比例增减,因而不会影响成本降低率的变化,这时只需计算出产品产量变动对成本降低额的影响程度。其计算公式为:

$$\text{产量变动对成本降低额的影响} = [\sum(\text{实际产量} \times \text{上年实际平均单位成本}) - \sum(\text{计划产量} \times \text{上年实际平均单位成本})] \times \text{计划成本降低率}$$

$$= [\sum(\text{实际产量} \times \text{上年实际平均单位成本}) \times \text{计划成本降低率}] - \text{计划成本降低额}$$

(2) 产品品种结构。产品品种结构是指各种可比产品在全部可比产品中所占的比重。全部可比产品成本降低率实质上是以各种产品的个别成本降低率为基础计算出来的,由于各种可比产品成本降低率不同,如果成本降低率大的产品在全部可比产品中所占比重比计划提高,那么,全部可比产品成本降低率就会多降低,降低额也会相应地多降低;反之,则降低率和降低额都会降低得少些。产品成本结构因素的影响可以用结构变动后的降低额减去结构变动前的降低额反映。其计算公式为：

$$\text{品种结构变动对成本降低额的影响} = \left[\sum\left(\text{实际产量} \times \text{上年实际平均单位成本}\right) - \sum\left(\text{实际产量} \times \text{计划单位成本}\right)\right]$$

$$- \left[\sum\left(\text{实际产量} \times \text{上年实际平均单位成本}\right) \times \text{计划成本降低率}\right]$$

$$\text{品种结构变动对成本降低率的影响} = \frac{\text{品种结构变动对成本降低额的影响}}{\sum(\text{实际产量} \times \text{上年实际平均单位成本})} \times 100\%$$

(3) 单位成本。可比产品成本降低任务的完成程度实际上是各种产品单位成本发生变动所致。产品单位成本比计划降低越多，成本降低额和降低率也就越大；相反，成本降低额和降低率就越小。产品单位成本的变动与成本降低额和降低率的变动方向相反。其计算公式为：

$$\text{产品单位成本变动对成本降低额的影响} = \sum\left[\text{实际产量} \times (\text{计划单位成本} - \text{实际单位成本})\right]$$

$$= \sum\left(\text{实际产量} \times \text{计划单位成本}\right) - \sum\left(\text{实际产量} \times \text{实际单位成本}\right)$$

$$\text{单位成本变动对成本降低率的影响} = \frac{\text{单位成本变动对成本降低额的影响}}{\sum(\text{实际产量} \times \text{上年实际平均单位成本})} \times 100\%$$

假定表 6-2 所列企业全部可比产品成本的计划降低额为 4 789 元，计划降低率为 4.23%。根据该企业 12 月份按产品种类反映的产品生产成本表的补充资料，可以了解该企业该年全部可比产品成本实际的降低额为 4 090 元，降低率为 3.66%。实际脱离计划的差异为：

降低额 = 4 090 - 4 789 = -699（元）

降低率 = 3.66% - 4.23% = -0.57%

可以看出，该企业该年度全部可比产品的实际总成本虽然比上年有所下降，但成本降低计划规定的成本降低要求较高，成本降低额和成本降低率均未完成计划。产品产量、产品品种结构和产品单位成本三因素变动对可比产品成本降低计划执行结果影响程度计算如下：

①产品产量变动的影响：

对成本降低额的影响 =（111 619 × 4.23%）- 4 789 = -68（元）

②产品品种构成变动的影响：

对成本降低额的影响 =（111 619 - 104 962）-（111 619 × 4.23%）= 1 936（元）

第六章 成本报表的编制和分析

对成本降低率的影响 $= \dfrac{1\,936}{111\,619} \times 100\% = 1.73\%$

③产品单位成本变动的影响：

对成本降低额的影响 $= 104\,962 - 107\,529 = -2\,567$（元）

对成本降低率的影响 $= \dfrac{-2\,567}{111\,619} \times 100\% = -2.30\%$

以上三因素的影响程度可列表如表6-12所示。

表6-12　　　　　　　　各因素影响程度汇总表

因素	对成本降低额影响	对成本降低率影响
产品产量变动	-68	0
产品品种构成变动	1 936	1.73%
产品单位成本变动	-2 567	-2.30%
合计	-699	-0.57%

以上分析结果表明，该企业该年度可比产品成本没有完成降低计划的主要原因，是由于产品单位成本升高，使成本少降低2 567元，约合降低率2.30%。其中主要是甲产品成本升高，而乙产品和丙产品成本却是降低的。值得注意的是，本月（12月）甲产品单位成本低于上年和本年累计实际平均成本，略高于本年计划；而乙产品和丙产品本月实际单位成本比上年实际平均、本年计划和本年累计实际平均成本都低，应进一步结合单位成本分析查明原因。此外，产量减少使成本实际比计划少降低了68元，而品种结构变动却使成本比计划多降低了1 936元。对于这一变动原因需结合生产分析和销售分析查明原因。

3. 对两种情况的说明

进行可比产品成本降低任务完成情况的分析，既包括分析成本降低额，也包括分析成本降低率。成本降低额是用绝对数来反映企业通过降低成本所取得的节约额是多少，而成本降低率是用相对数来表示成本水平节约的程度。在一般情况下，企业可比产品成本降低额计划与降低率计划的完成情况是一致的，同时各可比产品成本降低任务与全部可比产品成本降低任务的完成情况也是一致的。但是，在实际工作中情况并非如此简单，有时也会出现刚好相反的现象。

（1）成本降低额计划与成本降低率计划的完成情况相矛盾。这是指企业没有完成某种产品的成本降低额计划,但却完成了成本降低率计划;或者企业完成了某种产品的成本降低额计划,而成本降低率计划却没有完成。

[例 6-2] 某企业生产的可比产品 A、B,其成本计划资料如表 6-13 所示。

表 6-13　　　　　　　A、B 产品成本计划资料　　　　　　　单位:元

产品名称	计划产量（件）	单位成本		总成本		成本降低额	成本降低率
		上年实际平均	本年计划	按上年实际平均计算	本年计划		
A 产品	200	750	700	150 000	140 000	10 000	6.67%
B 产品	500	380	370	190 000	185 000	5 000	2.63%
合计	—	—	—	340 000	325 000	15 000	4.41%

现根据两种假设的执行结果,编制产品成本计算分析表见表 6-14、表 6-15。

表 6-14　　　　　　　A、B 产品成本计算分析表　　　　　　　单位:元

产品名称	实际产量（件）	单位成本		总成本		成本降低额	成本降低率
		上年实际平均	本年累计实际平均	按上年实际平均计算	本年累计实际		
A 产品	180	750	695	135 000	125 100	9 900	7.33%
B 产品	400	380	370	152 000	148 000	4 000	2.63%
合计	—	—	—	287 000	273 100	13 900	4.84%

表 6-15　　　　　　　A、B 产品成本计算分析表　　　　　　　单位:元

产品名称	实际产量（件）	单位成本		总成本		成本降低额	成本降低率
		上年实际平均	本年累计实际平均	按上年实际平均计算	本年累计实际		
A 产品	300	750	705	225 000	211 500	13 500	6%
B 产品	600	380	375	228 000	225 000	3 000	1.32%
合计	—	—	—	453 000	436 500	16 500	3.64%

第六章 成本报表的编制和分析

从表6-13与表6-14的对比分析中我们发现,该企业可比产品成本的计划降低额为15 000元,实际降低额为13 900元,成本降低额计划没有完成,但成本降低率却由计划的4.41%上升到实际的4.84%,超计划完成。从表6-13与表6-15的对比分析中我们又发现,该企业可比产品成本的实际降低额为16 500元,成本降低额指标超计划完成,但成本降低率却下降到3.64%,未能完成计划。

致使成本降低额计划与成本降低率计划完成情况相矛盾的原因是,影响成本降低额的因素只有单位成本和品种结构这两个,而影响成本降低率的因素除此之外还有产品产量。当产品产量实际较计划减少,而产品单位成本实际又较计划降低时,就有可能出现成本降低率完成计划而成本降低额未能完成计划的现象。产品产量实际较计划增加,而产品单位成本实际又较计划上升时,就有可能出现成本降低额完成计划而成本降低率未能完成计划的现象。因此,为了全面客观地评价企业成本工作的好坏,必须将成本降低额和成本降低率结合起来考核。

(2)个别产品的成本降低率计划与综合的成本降低率计划完成情况相矛盾。这是指企业的各种产品的成本降低率指标都超计划完成了,但总的成本降低率计划却没有完成;或者,企业没有一种产品能完成成本降低率计划,但总的成本降低率计划却完成了。

[例6-3] 承[例6-2]企业情况,根据这样两种假设的实际资料,编制产品成本分析表见表6-16、表6-17。

表6-16　　　　　A、B产品成本计算分析表　　　　　　单位:元

产品名称	计划产量(件)	单位成本		总成本		成本降低额	成本降低率
		上年实际平均	本年累计实际平均	按上年实际平均计算	本年累计实际		
A产品	150	750	695	112 500	104 250	8 250	7.33%
B产品	800	380	368	304 000	294 400	9 600	3.16%
合计	—	—	—	416 500	398 650	17 850	4.29%

表 6–17　　　　　　　　A、B 产品成本计算分析表　　　　　　　　单位：元

产品名称	计划产量（件）	单位成本		总成本		成本降低额	成本降低率
		上年实际平均	本年累计实际平均	按上年实际平均计算	本年累计实际		
A 产品	400	750	702	300 000	280 800	19 200	6.4%
B 产品	550	380	372	209 000	204 600	4 400	2.11%
合计	—	—	—	509 000	485 400	23 600	4.64%

　　从表 6–13 和表 6–16 的对比分析中我们发现，该企业 A、B 产品的实际成本降低率分别高于计划 0.66% 和 0.53%，但是综合的成本降低率实际却低于计划 0.12%。从表 6–13 和表 6–17 的对比分析中我们又发现，该企业 A、B 产品都未能完成成本降低率计划，分别低于计划 0.27% 和 0.52%，但是可比产品成本综合降低率实际却高于计划 0.23%。致使各个产品的成本降低率计划与综合的成本降低率计划完成情况相矛盾的原因是产品品种结构发生了变化。可比产品的成本降低率指标不仅受各个产品的成本降低率大小的影响，同时还受产品品种结构变动的影响。即：

$$\text{成本综合降低率} = \sum (\text{各个产品的成本降低率} \times \text{各该产品的比重})$$

　　所以，在企业各可比产品的单位成本实际较计划降低的情况下，只要将降低率较小的产品的比重提高到一定程度，就必然会发现各种产品的成本降低率都完成计划，而综合成本降低率却不能完成计划的现象；或者，在企业各可比产品的单位成本实际较计划提高的情况下，只要将降低率较大的产品的比重提高到一定程度，就必然会发现各种产品的成本降低率都未能完成计划，而综合成本降低率却超计划完成的现象。因此，在对可比产品成本降低率指标进行考核的时候，必须将各个产品的成本降低率与综合降低率联系起来，以便更正确地认识和评价企业的经营管理工作。

四、主要产品单位成本表的分析

　　主要产品单位成本表的分析应选择成本超支或节约较多的产品有重点地进行，以揭示产品单位成本及其成本项目的变动情况，查明单位成本升降的具体原因。分析时，可先根据本期实际的生产成本与其他各种生产成本（计划、上年实际、历史最好水平等）进行对比，进行一般分析；然后，按成本项目分析其增减变动，查明造成单位成本升降的具体原因。在可能的条件下，还可

第六章 成本报表的编制和分析

以组织厂际间同类产品单位成本的对比分析。

（一）主要产品单位成本变动情况分析

现以某企业 A 产品的单位成本表为例，说明一般分析方法。

1. 主要产品单位成本的水平分析

[例 6-4] 根据 A 产品单位成本表，编制 A 产品单位成本比较分析表，以了解 A 产品单位成本的升降情况及其原因，见表 6-18。

表 6-18　　　　　A 产品单位成本比较分析表　　　　　单位：元

成本项目	上年成本	计划成本	实际成本	实际比上年降低或超支			实际比计划降低或超支		
				金额	降低率	对单位成本影响	金额	降低率	对单位成本影响
直接材料	120	120	118.75	-1.25	-1.04%	-0.66	-1.25	-1.04%	-0.66
直接人工	34.50	32.50	28.75	-5.75	-16.67%	-3.02	-3.75	-11.54%	-2
制造费用	35.50	35	36.25	+0.75	+2.11%	+0.39	+1.25	+3.58%	+0.66
合计	190	187.50	183.75	-6.25	-3.29%	-3.29	-3.75	-2%	-2

比较分析的结果看，A 产品的单位成本比上年降低 6.25 元，降低率为 3.29%，主要是由于直接材料和直接人工的降低使单位成本降低，尤其是直接人工降低幅度比较大，使单位成本显著降低。A 产品的单位成本与计划相比较降低了 3.75 元，降低率为 2%，是由于直接材料和直接人工的降低和制造费用提高共同影响的结果。

2. 主要产品单位成本的垂直分析

[例 6-5] 根据 A 产品单位成本表，编制 A 产品单位成本结构分析表，以了解 A 产品单位成本的构成情况及其变动原因，见表 6-19。

表 6-19　　　　　A 产品单位成本结构分析表　　　　　单位：元

成本项目	上年成本	计划成本	实际成本	成本构成（%）			构成变动	
				上年	计划	实际	实际与上年比	实际与计划比
直接材料	120	120	118.75	63.16	64	64.63	+1.47	+0.63
直接人工	34.50	32.50	28.75	18.16	17.33	15.65	-2.51	-1.68
制造费用	35.50	35	36.25	18.68	18.67	19.72	+1.04	+1.05
合计	190	187.50	183.75	100	100	100	—	—

从以上分析可以看出，该产品单位成本的构成与上年相比，直接材料和制造费用的比重有所提高，而直接人工所占比重额有所降低。与本年度计划相比，直接人工所占比重有所降低，制造费用的比重有所提高，而直接材料的比重则变化不大。

此外，为了了解产品单位成本的发展变化情况，还可以对产品单位成本进行趋势分析。运用多年的产品单位成本资料，计算定基比率及环比比率，揭示各期间单位成本的增减变化，并据以预测单位成本的发展趋势。

（二）主要产品单位成本的分项目分析

企业一定时期的产品单位成本的高低，是与企业的生产技术、生产组织的状况和经营管理水平，以及采取的技术组织措施效果紧密相连的。因此，紧密结合企业技术经济方面的资料，查明成本升降的具体原因，是进行产品单位成本各个成本项目分析的特点。

下面以直接材料、直接人工和制造费用几个主要成本项目为例，说明分析的一般方法。

1. 直接材料项目的分析

直接材料费用在产品成本中所占比重一般较大，节约使用材料是降低产品成本的一个重要内容，也是增加产品产量的一个重要条件。因此，对直接材料要进行重点分析，以便制定节约使用材料的有效措施，在保证产品质量的条件下，进一步降低原料、材料、燃料及动力的消耗，争取最大的节约。

在分析直接材料项目变动的原因时，首先将各种主要材料成本的实际数与基数（计划数、上年数等）相比较，查明哪种材料或哪几种材料的升降较大；其次，分析直接材料费用升降的原因。一般情况下，直接材料费用的升降取决于材料的消耗量和材料价格两个因素。材料耗用量和价格变动对直接材料成本的影响，可通过下列公式计算：

材料耗用量变动的影响 =（实际耗用量 − 计划耗用量）× 计划价格

材料价格变动的影响 =（实际价格 − 计划价格）× 实际耗用量

[例6-6] 根据某企业生产A产品的成本计划和成本核算的有关资料，编制的直接材料成本差异明细表见表6-20。

第六章 成本报表的编制和分析

表 6-20　　　　　　　　A 产品直接材料费用分析表

材料名称	计量单位	耗用量		单价		直接材料费用	
		计划	实际	计划	实际	计划	实际
甲	公斤	10	9	6.75	7	67.5	63
乙	公斤	16	15	4.35	4.50	69.6	67.50
合计	元					137.10	130.50
废料回收	元					17.10	11.75
合计	元					120	118.75

A 产品直接材料成本实际比计划降低 1.25 元，其中，材料耗用量和价格两因素变动使直接材料成本降低了 6.60 元，废料回收价值的减少使直接材料成本升高了 5.35 元。

材料耗用量变动的影响：甲材料 =（9 - 10）×6.75 = -6.75（元）

乙材料 =（15 - 16）×4.35 = -4.35（元）

合计 -11.10 元

价格变动的影响：甲材料 =（7 - 6.75）×9 = 2.25（元）

乙材料 =（4.50 - 4.35）×15 = 2.25（元）

合计 4.50 元

材料耗用量减少使直接材料成本降低了 11.10 元，材料价格上涨使直接材料成本升高了 4.50 元，两因素的共同影响使直接材料成本实际较计划降低了 6.60 元。在此基础上，还要进一步分析材料耗用量、材料价格变动的原因，以便寻求降低直接材料成本的具体途径。

影响材料耗用量变动的原因很多，归纳起来主要有：

（1）产品结构的变化。在保证或提高产品性能和产品质量的前提下，不断改变产品设计，使产品简化结构、缩小体积、减轻重量，就会减少产品生产中的材料消耗，降低材料成本。

（2）材料加工方式的变化。改进工艺和加工方式或采取合理的套材下料措施，减少毛坯的切削余量和工艺损耗，就能提高原材料利用率，节约原材料消耗，降低产品成本。

（3）材料质量和规格的变化。企业生产中使用优质材料，不仅可以提高产品质量，还可以节约材料消耗，但材料费用会升高；如果质量低于计划要求，价格虽然较低，但会增大材料的消耗量，增加生产操作时间，或者降低产品质量。如果材料规格与生产所需要的不符，造成大材小用，长材短用，优材劣用，也会使生产中多消耗材料数量。

（4）材料代用或配料比例的变化。在保证产品质量的前提下，采用廉价的代用材料，选用经济合理的技术配方，就会节约材料消耗或降低材料费用。

（5）材料综合利用。在利用原材料生产主产品的同时，开展原材料的综合利用，生产副产品，将同样多的材料费用分配到更多品种和数量的产品中去，从而降低主产品的材料费用。

（6）产生废品和废料的回收利用情况。生产中所出现的废品越多，单位合格品所负担的材料消耗量就越多。加工过程中所产生的废料，如能得到很好的回收利用，也能相对地减少材料消耗。

此外，生产工人的操作和技术水平、生产设备性能的优劣以及有关材料管理制度的健全状况及其实施情况等，都会影响材料消耗量的增减。

影响材料价格变动的原因也很多，常见的有：

（1）材料买价的变动。材料价格是由买价和采购费用两部分所组成。材料买价的变动一般属于客观因素，但从企业内部来看，同供应部门的工作质量往往存在一定的联系。

（2）运输费用的变动。这种费用的变动可能是由于运价发生变化，也可能是由于材料采购地点变化，或者是运输方式的变化。分析时应区别两种情况，一是与企业工作质量无关的客观因素，如运价的调整；另一种是由企业的组织管理工作所决定的，属主观因素，如运输线路、方式的选择。

（3）运输途中的材料损耗。运输途中的损耗在合理范围内，都要计入材料的采购成本。运输途中材料的损耗状况，必然会影响入库材料的价格。

此外，采购部门的经营管理和经费支出水平，也会影响到材料价格。

2. 直接人工项目的分析

直接人工费用是指直接从事产品生产工人的工资、福利费、社会保险费、住房公积金等。直接人工费用的多少，反映企业劳动组织是否合理，工时利用是否充分以及劳动生产率的高低。

单位产品中直接人工费用的多少，既取决于企业所实行的工资制度，同时也与企业所采用的工资分配方法有关。当企业实行计件工资制度时，计件单价不变，单位产品的直接人工成本一般也不变，除非生产工艺或劳动组织方面有所改变。当企业实行计时工资制度时，单位产品的直接人工成本则同劳动生产率有关。劳动生产率提高，一定时期所生产的产品就增多（或降低），单位产

品所负担的直接人工成本就减少(增多)。对直接人工成本项目的分析,可以分以下两种不同的情况:

(1) 生产一种产品。此时,企业发生的直接人工费用都由该种产品负担,单位产品直接人工成本的多少,决定于生产这种产品该种产品产量和工资数额这两个因素。它们之间的关系为:

$$单位产品直接人工成本 = \frac{生产工人工资总额}{产品产量}$$

如果产品产量的增长速度大于生产工人工资的增长速度,单位产品直接人工成本就会下降;如果产品产量的增长速度小于生产工人工资的增长速度,单位产品直接人工成本就会上升。

[例 6 – 7] 某企业生产 B 产品,直接人工成本有关资料见表 6 – 21。

表 6 – 21　　　　　　　B 产品直接人工费用分析表

项　目	本年计划	本年实际	差异
生产工人工资总额(元)	4 500	5 040	540
产品产量(件)	100	120	20
单位产品直接人工成本(元)	45	42	– 3

B 产品单位产品直接人工成本较计划降低了 3 元,其原因是:

$$生产工人工资总额变动的影响 = \frac{5\ 040}{100} - \frac{4\ 500}{100} = 5.40 (元)$$

$$产品产量变动的影响 = \frac{5\ 040}{120} - \frac{5\ 040}{100} = -8.40 (元)$$

生产工人的工资总额,主要受工人人数的增减、工人工资的调整、工人出勤情况等原因的影响。产品产量主要受工人人数、劳动生产率、生产工艺等因素的影响。

(2) 生产多种产品。由于各种产品的使用价值不同,也就不能按实物量将各种产品加以汇总,即不能得到一个以实物量反映的产品总产量指标。这时,应将生产工人工资按一定标准在各有关产品之间进行分配。产品中的直接人工费用,一般是按生产工时比例分配计入的,这时,产品单位成本中的直接人工成本取决于生产单位产品的工时消耗和每小时工资两个因素。它们之间关系为:

$$单位产品直接人工成本 = 单位产品工时消耗 \times 小时工资率$$

生产单位产品消耗的工时越少,成本中分摊的直接人工费用就越少,而每小时工资的变动则受计时工资总额和生产工时总数的影响。其变动原因需从这两个因素的总体去查明。单位产品消耗工时和小时工资率两个因素变动对直接人工成本的影响,可通过下列公式计算:

单位产品消耗工时变动的影响 =(实际工时 – 计划工时)× 计划小时工资率

小时工资率变动的影响 =(实际小时工资率 – 计划小时工资率)× 实际工时

单位产品工时消耗变动,反映了劳动生产率的高低,劳动生产率越高,单位产品的生产工时消耗就越少;小时工资率反映了生产工人平均工资的高低,小时工资率越高,单位产品成本中包含的工资费用就越高。分析单位产品的直接人工费用,应结合生产技术、工艺和劳动组织等方面的情况,重点查明单位产品生产工时和每小时工资变动的原因。

[例6-8] A产品每件所耗工时数和每小时工资的计划数和实际数见表6-22。

表6-22　　　　　　　　　A产品直接人工费用分析表

项目	单位产品所耗工时（小时）	每小时工资费用（元）	单位产品成本中的直接人工（元）
本年计划	4	8.125	32.50
本月实际	5	5.75	28.75
直接人工差异	+1	-2.375	-3.75

A产品实际单位产品直接人工成本较计划降低3.75元的原因是:
单位产品所耗工时变动的影响 = +1 × 8.125 = +8.125（元）
每小时工资变动的影响 = -2.375 × 5 = -11.875（元）

3. 制造费用项目的分析

对制造费用成本项目的分析,可仿照直接人工成本项目的分析方法来进行。

在生产单一产品的企业或车间里,单位产品费用的多少,直接受产量的高低和费用增减两个基本因素的影响,它们之间的关系为:

第六章 成本报表的编制和分析

$$单位产品应负担的制造费用 = \frac{制造费用总额}{产品产量}$$

产品产量和制造费用总额两因素变动的影响可通过下列公式计算：

$$产量变动的影响 = \frac{计划制造费用}{实际产量} - 单位产品计划制造费用$$

$$制造费用总额变动的影响 = 单位产品实际制造费用 - \frac{计划制造费用}{实际产量}$$

在生产多种产品的企业或车间，一般是按各种产品的工时数分配制造费用的，单位产品的制造费用是按下列公式来计算的：

单位产品的制造费用 = 单位产品工时消耗 × 制造费用分配率

单位产品工时消耗和制造费用分配率两因素变动的影响的计算公式为：

单位产品工时消耗变动的影响 =（实际工时 – 计划工时）× 制造费用计划分配率

制造费用分配率变动的影响 =（制造费用实际分配率 – 制造费用计划分配率）× 实际工时

[例 6 – 9] A 产品每件所耗工时数和制造费用分配率的计划数和实际数见表 6 – 23。

表 6 – 23　　　　　　　　A 产品制造费用分析表

项目	单位产品所耗工时（小时）	制造费用分配率	单位产品成本中的制造费用（元）
本年计划	4	8.75	35
本月实际	5	7.25	36.25
制造费用差异	+1	-1.50	+1.25

A 产品实际单位产品制造费用较计划升高 1.25 元的原因是：

单位产品所耗工时变动的影响 = +1 × 8.75 = +8.75（元）

制造费用分配率变动的影响 = -1.50 × 5 = -7.50（元）

在进行产品成本计划完成情况分析时，还应注意以下问题：

（1）成本计划本身的正确性。计划如果不正确、不科学，就难以作为衡量的标准和考核的依据。尤其是不可比产品，因为过去没有正式生产过，缺乏完整、可靠的成本资料作为制订计划的依据。

（2）成本核算资料的真实性。如果成本计划是正确的，而成本核算资料不真实,也难以正确评价企业成本计划的完成程度和生产耗费的经济效益。检查成本核算资料是否真实,关键是看生产费用的归集和分配是否严格遵守了规定的成本开支范围,是否正确划分了各个月份、各个产品以及完工产品与在产品之间的费用界限,有无挤占成本、少计成本等任意调节成本的现象。

(3) 为了分清企业或车间在降低成本方面的主观和客观因素的影响,划清经济责任界限,在评价企业成本工作时,应从实际成本中扣除客观因素和相关车间、部门工作的影响。

(三) 单位产品成本厂际分析

以上进行的成本分析,一般都是局限于企业内部,即以成本指标的实际数与计划数或上年数进行的对比分析。这种对比分析,对正确评价企业的成本管理工作,挖掘降低成本的潜力,无疑是很重要的,但仅有这样的对比还不够。在市场经济条件下,为了在竞争中取胜,一定要了解竞争对手的情况,要与竞争对手进行横向比较,以开阔眼界,掌握信息,明确自己的优势与不足。为此,各企业应积极创造条件,开展厂际成本的对比分析。

厂际成本分析通常是以企业主要产品的单位成本和各成本项目,以及直接有关的技术经济指标作为分析对象。一般按以下步骤:首先,对比分析同类型产品的单位成本及各成本项目,找出差距;其次,分析影响成本变动的各个因素,找出造成成本差距的主要原因;最后,研究和制订改进企业工作的措施方案。

[例 6-10] 某钢厂与先进企业 A 厂每吨钢锭的成本资料见表 6-24。

表 6-24 钢锭单位成本分析表

成本项目	本厂(元)	A 厂(元)	差异额(元)	差异率(%)
直接材料	1 720	1 500	+220	+14.67
直接人工	156	120	+36	+30
制造费用	60	50	+10	+20
单位成本	1 936	1 670	+266	+15.93

可见,本厂每吨钢锭的单位成本较 A 厂高 266 元,幅度达 15.93%,就各个成本项目来看,也都不同程度地高于 A 厂,这说明在生产经营的各个方面可能存在着浪费、损失、低效等现象。企业应根据有关技术经济指标和消耗定额等资料,进一步分析单位成本中各成本项目高于先进水平的原因。

第六章 成本报表的编制和分析

1. 直接材料成本项目原因分析

假定有关直接材料成本的资料见表 6-25。

表 6-25　　　　　　　钢锭直接材料费用分析表

项目	本厂	A 厂	差异
合格钢锭收合率（％）	90.70	96	-5.30
每千克金属料的平均单价（元）	1.56	1.44	+0.12
每吨钢锭的直接材料成本（元）	1 720	1 500	+220

表 6-25 中，合格钢锭收合率是指合格钢锭重量和投入的金属料重量之比。指标值越大，说明企业熔炼过程中金属料的利用越充分；否则，就说明熔炼过程中金属料的浪费越严重。

现根据资料，对直接材料成本产生差异的原因进行分析：

（1）由于合格钢锭收合率比 A 厂低 5.30％，使每吨钢锭直接材料成本增加：

$$\text{合格钢锭收合率变动对直接材料成本的影响} = \left(\frac{1\,000}{90.70\%} - \frac{1\,000}{96\%}\right) \times 1.44 = 88\text{（元）}$$

（2）由于金属料平均单价比 A 厂高 0.12 元，使每吨钢锭的直接材料成本增加：

$$\text{金属料价格变动对直接材料成本的影响} = \frac{1\,000}{90.70\%} \times 0.12 = 132\text{（元）}$$

钢锭的直接材料成本是由合格钢锭收合率和金属料价格这两个因素所构成的，而这两个因素本身又受到一系列因素变动的影响。所以，分析时，应结合生产实际，具体查明主、客观原因，以促使钢锭成本的不断降低。

2. 直接人工成本项目原因分析

假定有关直接人工的资料见表 6-26。

表 6-26　　　　　　　钢锭直接人工费用分析表

项目	本厂	A 厂	差异
每一生产工人平均工资（元）	170	174	-4
每一生产工人平均钢产量（吨）	1.09	1.45	-0.36
每吨钢锭的直接人工成本（元）	156	120	+36

据此，可分析出本厂每吨钢锭的直接人工成本较 A 厂高 36 元的原因：

(1) 由于劳动生产率（每一生产工人平均钢产量）低于 A 厂，使每吨钢锭中的直接人工成本增加：

$$\text{生产工人平均工资变动对直接人工成本的影响} = \left(\frac{174}{1.09} - \frac{174}{1.45}\right) = 39.60 \text{（元）}$$

(2) 由于每一生产工人平均工资低于 A 厂，使每吨钢锭中的直接人工成本减少：

$$\text{劳动生产率变动对直接人工成本的影响} = \left(\frac{174}{1.09} - \frac{170}{1.09}\right) = 3.60 \text{（元）}$$

至于影响单位产品直接人工的两个因素——生产工人平均工资和劳动生产率，又是由许多原因变动所引起的。对此，应结合生产统计资料的生产技术与组织等具体原因，进行深入分析。

3. 制造费用项目原因分析

假设有关制造费用的资料见表 6-27。

表 6-27　　　　　　　　　　钢锭制造费用分析表

项目	本厂	A 厂	差异
每一生产工人平均制造费用（元）	65.40	72.50	-7.10
每一生产工人平均钢产量（吨）	1.09	1.45	-0.36
每吨钢锭的制造费用（元）	60	50	+10

据上述资料可知，本厂单位产品所负担的制造费用之所以比 A 厂高 10 元，其原因是：

(1) 由于劳动生产率水平比 A 厂低，使单位成本上升：

$$\text{劳动生产率变动对制造费用的影响} = \left(\frac{72.50}{1.09} - \frac{72.50}{1.45}\right) = 16.51 \text{（元）}$$

(2) 由于每一生产工人平均制造费用比 A 厂低，使单位成本降低：

$$\text{生产工人平均制造费用变动对制造费用的影响} = \left(\frac{72.50}{1.09} - \frac{65.40}{1.09}\right) = 6.51 \text{（元）}$$

同样，影响每一生产工人平均制造费用和每一生产工人平均钢产量的因素也很多，要真正找到降低人均制造费用和提高人均钢产量的具体途径，尚需结合企业的实际，作深入、细致的分析研究。

通过厂际成本的对比分析，不仅能开阔眼界、看到不足，而且还能促进企

第六章 成本报表的编制和分析

业之间相互学习、共同提高，这对加强成本管理、降低成本水平将起到积极作用。

进行厂际成本对比分析，必须注意对比对象之间的可比性。这不仅要求被比较的产品其功能、结构和质量应当一致，同时，企业间的技术装备、原材料来源、运输条件、专业化和协作化水平也应当基本相同，并且产品成本的构成内容、生产费用的分配方法也要求相同。

五、产品成本的技术经济分析

技术经济指标是指与企业生产技术特点具有密切内在联系的那些经济指标。由于企业在产品生产过程中具有各自不同的生产技术特点，即拥有不同的技术装备、耗用不同的原材料、采用不同的加工方法和工艺过程，所以用来考核和分析各类企业的技术经济指标也是各不相同的。如冶金企业生产中的锅炉有效容积利用系数和焦比，机械企业生产中的机床利用率、铸件成品率，酿酒企业生产中的出酒率，电力企业生产中的标准煤耗率等。技术经济指标能够综合反映企业的经济与技术状况，各项技术经济指标完成得好坏，都会直接或间接地影响到产品成本。因此，通过对技术经济指标变动对产品成本影响的分析，可以使经济分析与技术分析结合起来，使成本分析深入生产技术领域。

各项技术经济指标变动对产品成本的影响方式是不同的。有的直接影响产品总成本，如原材料、燃料和动力的消耗量；有的通过产量间接地对单位成本产生影响，如设备利用率；还有些技术经济指标既直接影响产品总成本，还会通过产量间接地影响单位成本。正因为各企业有反映生产经营特点的不同技术经济指标，并且各项技术经济指标对产品成本的影响方式又不一样，这就决定了产品技术经济分析的多样性与灵活性。一般可以从产量、产品生产质量、劳动生产率和材料利用率等几个方面进行分析。

（一）原材料等物资消耗变动对产品成本的影响

原材料等物资消耗在产品成本中占很大比重，并且随着劳动生产率的提高这些费用在成本中所占比重还将随之提高。因此，努力降低原材料等物资消耗对降低产品成本具有重要意义。原材料等物资消耗变动对产品成本的影响，可按下列公式计算：

$$\text{产品成本降低率} = \text{材料（包括燃料和动力）消耗定额降低率} \times \text{材料（包括燃料和动力）成本占总成本的计划比重}$$

[例 6 – 11] 某产品计划原材料成本在总成本中所占比重为 60%，燃料和动力占 12%；实际由于采取了某项技术措施，使原材料消耗定额降低 8%，燃

料和动力消耗定额降低 10%。则：

产品成本降低率 = 60% × 8% + 12% × 10% = 6%

一般情况下，材料成本占总成本的比重是相对稳定的，降低产品成本的主要途径是降低材料消耗定额。材料消耗定额降低可采用下列方法：

1. 改进产品设计，减轻产品重量

设计中的失误将会给企业带来巨大的损失和浪费，一项好的产品设计要做到：体积由大变小，结构由繁变简，重量由重变轻，效能由低变高。改进产品设计，减轻产品重量对产品成本的影响可按下列公式计算：

$$\text{重量变动对产品成本的影响} = \left(\frac{\text{改变后的产品重量}}{\text{改变前的产品重量}} - 1\right) \times \text{改变前的原材料成本}$$

[例 6 – 12] 某产品原来的重量为 300 千克，原材料成本为 240 元，现在通过改进产品设计，使产品重量降至 275 千克。则：

$$\text{重量变动对产品成本的影响} = \left(\frac{275}{300} - 1\right) \times 240 = -20 \text{（元）}$$

2. 提高材料利用率

材料利用率是说明材料利用程度的相对指标，它反映了投入生产的材料消耗量和实际利用重量之间的比例关系。其一般计算公式为：

$$\text{材料利用率} = \frac{\text{生产中利用重量}}{\text{投入生产的材料消耗量}} \times 100\%$$

材料利用率变动对材料成本影响程度，可用单位产品材料成本降低率来表示，可按下式计算：

$$\text{单位产品材料成本降低率} = 1 - \frac{\text{原来的材料利用率}}{\text{变动后的材料利用率}} \times 100\%$$

$$\text{或} = \frac{\text{变动前的材料单位成本} - \text{变动后的材料单位成本}}{\text{变动前的材料单位成本}} \times 100\%$$

[例 6 – 13] 某产品变动前的材料单位成本为 30 元，材料利用率为 60%，变动后的材料单位成本为 24 元，材料利用率为 75%。提高材料利用率对材料成本的影响为：

$$\text{提高材料利用率对材料成本的影响} = \frac{30 - 24}{30} \times 100\% = 20\%$$

$$\text{或} = \left(1 - \frac{60\%}{75\%}\right) \times 100\% = 20\%$$

在此基础上，再乘以材料成本在产品中所占的比重，就可以确定材料利用率提高对产品成本的影响程度。假设上列材料在产品成本中占 70%，则由于材料利用率提高使产品成本降低14%（20%×70%）。

3. 合理采用代用材料

在保证产品质量不受影响的前提下，合理采用代用材料，通常可以扩大材料来源，促进生产发展，同时也可以使产品成本得到降低。采用代用材料对产品成本的影响，可按下式计算：

$$\dfrac{材料成本}{降低额} = 原耗用材料数量 \times 该材料单价 - 耗用代用材料数量 \times 代用材料单价$$

[例6-14] 某产品原来每件耗用A材料38千克，材料单价为7元。后来通过研制，改用价格比较低廉的B材料，B材料的单价为6.4元，单位产品需消耗B材料40千克。则由于材料代用，使单位产品材料成本降低了10元。则：

$$\dfrac{材料成本}{降低额} = 38 \times 7 - 40 \times 6.4 = 10（元）$$

（二）产量变动对产品成本的影响

产量变动对成本的影响是通过固定成本而引起的。固定成本总额在企业保持一定规模的条件下，一般不受产量变动的影响。产量的变动会对分摊到单位产品上成本产生影响，当产量增加时，单位产品所分摊的份额就会相应减少；反之，当产量减少时，单位产品所分摊的份额就会相应增加。产量变动对单位成本的影响可按下列公式计算：

$$\dfrac{产品成本}{降低率} = \left(1 - \dfrac{1}{1 + 产品产量增长率}\right) \times \dfrac{固定成本占}{总成本的计划比重}$$

[例6-15] 某企业生产某产品100件，单位成本20元，其中，固定成本8元，变动成本12元。而实际产量为118件。则：

$$\dfrac{产量变动对}{产品成本的影响} = \left(1 - \dfrac{1}{1 + 18\%}\right) \times 40\% = 6.1\%$$

实际上，固定成本总额只是相对稳定，并非绝对不变。当固定成本总额发生增减变化时，只要固定成本的增长幅度小于产品产量的增长幅度，就会减少单位成本所分摊的固定成本，从而使单位产品成本降低。当固定成本变动时，可按下列公式来计算产品产量和固定成本两个因素变动对单位成本的影响：

$$\dfrac{产品成本}{降低率} = \left(1 - \dfrac{1 + 固定成本增长率}{1 + 产品产量增长率}\right) \times \dfrac{固定成本占}{成本的计划比重}$$

仍按照上例资料，假定固定成本总额由计划的800元增加到840元，则：

$$\dfrac{产量变动对}{产品成本的影响} = \left(1 - \dfrac{1 + 5\%}{1 + 18\%}\right) \times 40\% = 4.41\%$$

(三) 质量变动对产品成本的影响

产品质量是衡量企业经营管理水平高低的重要指标。提高产品质量,对于企业本身的发展和社会需要的满足具有重大意义。产品质量的好坏,直接影响着产品成本的高低。产品质量好,成品率高,次品率低,产品成本就下降;反之,产品成本就上升。在实行按质论价、推行质量差价的情况下,产品质量的优劣也决定着企业的收入和经济效益。质量变动对产品单位的影响可分以下两种情况进行:

1. 等级系数变动对产品成本的影响

可以划分等级的产品,其质量水平可以通过平均等级系数来表示。平均等级系数越大,说明其有效的总产量越多,即折合为一级品的总产量越多,这样,在总成本一定的条件下,折合产量的单位成本就必然降低;反之,折合产量的单位成本就上升。等级系数变动对产品成本的影响,可按下列公式计算:

$$\text{产品成本降低率} = \frac{\text{实际平均等级系数} - \text{计划平均等级系数}}{\text{实际平均等级系数}} \times 100\%$$

[例 6-16] 某企业有关资料见表 6-28。

表 6-28　　　　　各等级产品产量和成本资料

产品等级	等级系数	产量(件) 计划	产量(件) 实际	成本(元) 计划	成本(元) 实际
一级品	1	300	350	3 600	4 200
二级品	0.8	150	110	1 800	1 320
三级品	0.6	50	40	600	480
合计		500	500	600	6 000

$$\text{计划平均等级系数} = \frac{300 \times 1 + 150 \times 0.8 + 50 \times 0.6}{500} = 0.9$$

$$\text{实际平均等级系数} = \frac{350 \times 1 + 110 \times 0.8 + 40 \times 0.6}{500} = 0.924$$

$$\text{平均等级系数变动对产品成本的影响} = \frac{0.924 - 0.9}{0.924} \times 100\% = 2.597\%$$

2. 废品率变动对产品成本的影响

废品率变动对产品成本变动有着直接的影响。因为废品不计入产品产量,而废品损失却包括在合格品的成本中,所以,废品率越高,即意味着合格品数量越少,并且这较少的合格品还要负担更多的废品损失,产品单位成本就必然升高;反之,单位成本就会降低。废品率变动对产品成本的影响,可按下列公式计算:

$$\frac{产品成本}{降低率} = \frac{废品率 \times (1-废品残值率)}{1-废品率} \times 100\%$$

[例 6-17] 企业生产某产品 50 件,单位成本 100 元。检查发现产品的废品率为 10%,废品可收回残值占原废品成本的百分比为 30%。则,废品率变动对产品成本的影响为:

$$\frac{废品率变动对}{产品成本的影响} = \frac{10\% \times (1-30\%)}{1-10\%} \times 100\% = 7.78\%$$

(四) 劳动生产率变动对产品成本的影响

劳动生产率的提高意味着单位产品所消耗生产时间的减少,从而使单位产品负担的工资成本也会相应减少。但是,劳动生产率的增长往往伴随着工资率的增长,从而使单位产品成本提高。因此,要计算劳动生产率增长对成本的影响,要看劳动生产率的增长速度是否快于工资率的速度。劳动生产率的增长速度超过工资的增长速度,才能降低单位成本,保证既增加工资,又提高企业盈利。两因素的共同作用对产品成本的影响可用下列公式计算:

$$\frac{产品成本}{降低率} = \left(1 - \frac{1+工资增长率}{1+劳动生产率增长率}\right) \times \frac{生产工人工资占}{成本的计划比重}$$

[例 6-18] 某产品,工资占产品成本的比重为 20%,当劳动生产率增长 14%,工资增长 10% 时,可对该产品成本降低率进行测算:

$$\frac{劳动生产率变动}{对产品成本的影响} = \left(1 - \frac{1+10\%}{1+14\%}\right) \times 20\% = 0.7\%$$

上述计算方法指的是整个企业或车间的总体情况,在生产多种产品的企业和车间里,直接人工通常是按产品的生产工时消耗数进行分配的,单位产品成本中的直接人工费用直接受到单位产品工时消耗和小时工资率这两个因素的影响。单位产品的工时消耗和小时工资率两因素的变动对产品单位成本的影响程度,可按下列公式计算:

$$\frac{产品成本}{降低率} = \left[1 - \left(1+\frac{小时工资}{率增长率}\right) \times \left(1-\frac{单位产品工时}{消耗降低率}\right)\right] \times \frac{生产工人工资占}{成本的计划比重}$$

[例 6-19] 某产品单位产品工时数:计划为 50 小时,实际为 40 小时;小时工资率:计划为 8 元,实际为 9 元。直接人工在产品成本中的比例为

20%。则，单位产品工时消耗降低率为20%，小时工资率增长率为12.5%，两因素的变动对单位成本的影响程度为：

$$\text{劳动生产率变动对产品成本的影响} = [1 - (1 + 12.50\%) \times (1 - 20\%)] \times 20\% = 2\%$$

六、各种费用明细表的分析

制造费用、销售费用、管理费用和财务费用，虽然有的是作为生产费用计入产品成本，有的是作为期间费用计入当期损益，但是它们都是由许多具有不同经济性质和不同经济用途的费用组成的。对各种费用明细表进行分析时，可采用对比分析法和构成比率分析法。

在采用对比分析法进行分析时，应将本月实际数和上年同期实际数进行对比，揭示本月实际和上年同期实际之间的增减变化；在列有本月计划数的情况下，应将本月实际数和计划数对比，以分析月份计划的执行结果。在将本年累计实际数与本年计划数进行对比时，如果不是12月份的报表，差异只是反映年度内计划的执行情况；如果是12月份的报表，则差异就是全年费用计划执行结果。

由于各项费用所包含的费用项目具有不同的经济性质和用途，各项费用的变动又分别受不同因素变动的影响，因此，在确定费用实际支出脱离计划差异时，应根据各项费用组成项目分别进行，而不能只检查各项费用总额计划的完成情况，不能用其中一些项目的节约额来抵补其他项目的超支。同时，要注意不同费用项目支出的特点，不能简单地把任何超过计划的费用支出都看作是不合理的；同样，对某些费用项目支出的减少也要作具体分析：有的可能是企业的工作成就，有的则可能是企业工作中的问题。总之，不能孤立地看费用是超支了还是节约了，应结合其他有关情况，结合各项技术组织措施效果来分析，结合各项费用支出的经济效益进行评价。

在按费用组成项目进行分析时，由于费用项目较多，应选择超支或节约较大或者费用比重较大的项目有重点地进行。还应特别注意那些非生产性的损失项目，如材料、在产品和产成品等存在的盘亏和毁损。这些费用的发生与企业管理不善直接相关。在采用构成比率法进行分析时，可以计算某项费用占费用合计数的构成比率，与企业或车间的生产、技术特点联系起来，分析其构成是否合理；也可以将本月实际和本年累计实际的构成比率与本年计划的构成比率和上年同期实际的构成比率进行对比，分析其差异和增减变动是否合理。

在对各种费用明细表进行分析时，还应注意以下问题：

第六章　成本报表的编制和分析

（1）对于变动费用项目，应联系业务量的变动计算其相对节约或超支额。变动费用随着生产或销售等业务量变动而变动，如销售费用中的包装费、运输费、装卸费等都会由于产品销售量增减而相应地增减。对于这些项目的超支或节约，要与业务量联系起来进行分析。在销售费用明细表（见表6-6）中，运输费和装卸费的本年累计实际数都低于本年计划，看起来是节约数，但如果本年的实际销售量少于计划销售量，则可能是超支数。

（2）只有固定项目，才能用实际数与基数相比较的绝对差异确定其节约或超支。固定费用不随生产、销售等业务量变动而变动，例如管理费用中的工资及福利费、折旧费、工会经费等，不会由于产销等业务量增减而增减。对于这些费用的超支或节约，可以通过本期实际数与计划和上期实际数等基数的比较直接确定。在管理费用明细表（见表6-7）中，职工薪酬本年累计实际与本年计划数的差异45元（23 355 - 23 400），就是该项费用的节约数；工会经费本年累计实际与本年计划数的差异5元（7 855 - 7 850），就是该项费用的超支数。

（3）对于某些支出和损失项目，应结合其抵销数进行分析。例如财务费用中的利息支出和汇兑损失，应查明有无利息收入和汇兑收益的抵销数；又如管理费用中的材料产品盘亏毁损的损失，应查明有无材料产品盘盈，以便确定材料产品的实际损失。在财务费用明细表（见表6-8）中，利息支出的本年累计实际比本年计划数减少445元（20 905 - 21 350），假定本年有利息收入1 505元，则本年的利息支出实际上不是节约，而是超支1 060元。

本章小结

成本报表是根据产品成本和期间费用的核算资料以及有关的计划、统计资料编制的，用以反映和监督企业在一定时期产品成本和期间费用的水平及其构成情况的报告文件。成本报表作为对内报表，与对外报表相比较，具有以下特点：首先，成本报表是服务于企业内部经营管理目的的报表；其次，不同企业之间成本报表的个性差异是成本报表的特点之一；再次，成本报表是会计核算资料与技术经济资料结合的产物，其信息具有综合性与全面性的特点；最后，成本报表还具有及时与灵敏的特点。

成本报表不是对外报送或公布的会计报表，其种类、项目、格式和编制方法国家不作统一规定，由企业自行确定。成本报表按其所反映的内容可以分为反映成本情况的报表和反映各种费用支出的报表，一般包括产品生产成本表、主要产品单位成本表、制造费用明细表、销售费用明细表、管理费用明细表和各种期间费用明细表。此外，企业还可以根据本身的生产特点和管理要求，编制其他成本报表。

编制成本报表的主要资料来源有：报告期的账簿资料、本期成本计划及费用预算资料、以前年度的会计报表资料以及企业有关的统计资料和其他资料等。要真实、准确、完整清楚、及时地编制成本报表还应做到以下几点：数字准确，内容完整，编报及时。成本报表中有的反映本期产品的实际成本，有的反映本期各种实际费用发生额，有的还可能反映实际成本或实际费用的累计数。为了考核和分析成本计划的执行情况，这些报表一般还列示了有关的计划数和其他有关资料。成本报表中的实际成本和实际费用，应根据有关的产品成本明细账和费用明细账的本期实际发生额填列；累计的实际成本、费用，应根据本期报表的本期实际成本、费用加上上期报表的累计实际成本、费用计算填列；计划数应根据有关的计划资料填列；其他有关资料，应根据报表编制要求填列。

成本报表的分析，大体上可按以下步骤进行：确定分析课题，收集有关资料，揭示存在的问题，分析影响因素，提出改进措施。对成本报表进行分析的方法是多种多样的，采用哪种方法取决于分析的目的、企业的特点及其所掌握资料的性质和内容。常用的方法主要有对比分析法、比率分析法、因素分析法和积分法。

按成本项目反映的产品生产成本表，一般采用对比分析法、构成比率分析法和相关指标比率分析法进行分析；按产品种类反映的产品生产成本表的分析，一般可以从以下两个方面进行：本期实际成本与计划成本的对比分析，本期实际成本与上年实际成本的对比分析。主要产品单位成本表的分析，可先根据本期实际的生产成本与其他各种生产成本（计划、上年实际、历史最好水平等）进行对比，进行一般分析；然后，按成本项目分析其增减变动，查明造成单位成本升降的具体原因。产品成本的技术经济分析具有多样性与灵活性的特点，一般可以从产量、产品生产质量、劳动生产率和材料利用率等几个方面进行分析。对各种费用明细表进行分析时，可采用对比分析法和构成比率分析法。

第六章 成本报表的编制和分析

本章思考题

1. 为什么要编制成本报表?
2. 成本报表作为内部报表,在编制上有哪些要求?
3. 简述对比分析法的特点和适用范围。
4. 比率分析法的具体形式有哪几种?
5. 因素分析法的特点是什么?
6. 如何利用产品生产成本表对企业全部产品成本计划的完成情况进行总括评价?
7. 影响可比产品成本降低计划完成情况的因素有哪几个?其变动影响的特点是什么?
8. 在分析产品成本计划完成情况时,应注意哪些问题?
9. 技术经济指标变动对产品单位成本影响的途径有哪几种?
10. 如何分析各种费用明细表?

本章案例

星火公司是一家生产制造企业,公司产品的相关信息如下:

(一) A、B 两种产品的成本明细账中,2014 年 7 月份生产费用合计数见表 6-29。

表 6-29　　　　　　　A、B 产品生产成本表
2014 年 7 月　　　　　　　　　　　　　　　　　　　　单位:元

项目	成本项目	A 产品	B 产品
本月生产费用	直接材料	162 960	138 860
	直接人工	13 566	10 374
	燃料及动力	64 172	50 968
	制造费用	55 894.61	39 695.39
	合计	296 592.61	239 897.39

（二）A、B 两种产品的成本明细账中，2014 年 7 月初和 7 月末的在产品成本见表 6-30。

表 6-30　　　　　　　　A、B 产品在产品成本表
2014 年 7 月　　　　　　　　　　　　　　　　单位：元

项目	成本项目	A 产品	B 产品
本月生产费用	期初	47 150	99 520
	期末	94 300	43 614.56

（三）截至 2014 年 7 月末，产品实际成本与计划成本对比表见表 6-31。

表 6-31　　　　　产品实际成本与计划成本对比表　　　　　单位：元

项目	上年实际数	本年计划数	本年累计实际数
生产费用：			
直接材料	3 602 970	3 581 820	2 612 330
直接人工	280 312	276 290	206 480
燃料及动力	1 516 710	1 434 200	1 035 370
制造费用	1 123 400	1 167 110	934 100
生产费用合计	6 523 392	6 459 420	4 788 280
加：在产品、自制半成品期初余额	210 110	197 810	195 230
减：在产品、自制半成品期末余额	159 310	148 800	137 914.56
产品生产成本合计	6 574 192	6 508 430	4 845 595.44

（四）A 产品的账簿记录中，总成本的相关资料见表 6-32。

表 6-32　　　　　　　　A 产品总成本比较表　　　　　　　　单位：元

项目	本月生产费用合计	本年生产费用累计
直接材料	162 960	1 181 250
直接人工	13 566	103 250
燃料及动力	64 172	483 000
制造费用	55 894.61	420 350
主要材料用量（千克）	16 500	141 575

第六章 成本报表的编制和分析

(五) A产品的账簿记录中,单位成本的相关资料见表6-33。

表6-33　　　　　　　　A产品单位成本比较表　　　　　　　　单位:元

项目	直接材料	直接人工	燃料及动力	制造费用	生产成本	主要材料用量(千克)
历史先进水平	670	61	272	237	1 240	81
上年实际平均水平	679	62	274	240	1 255	82
本年计划	676	60	275	239	1 250	81.5

另外,该公司本年7月份各基本生产车间制造费用明细账中的本年累计实际数为:职工薪酬42 100元,折旧费52 810元,机物料消耗314 100元,办公费15 300元,水电费17 600元,运输费151 200元,保险费21 500元,修理费301 800元,其他17 690元,总计934 100元。该公司上年7月份各基本生产车间制造费用明细账中的制造费用为:职工薪酬3 650元,折旧费4 500元,机物料消耗31 120元,办公费1 300元,水电费1 510元,运输费16 100元,保险费1 800元,修理费34 210元,其他600元,总计94 790元。

本年度该公司制造费用预算表中的本年计划数为:职工薪酬57 080元,折旧费68 910元,机物料消耗405 100元,办公费21 480元,水电费24 200元,运输费191 410元,保险费27 710元,修理费342 750元,其他28 470元,总计1 167 110元。

要求:

(1) 分别编制A产品7月份按产品种类和按成本项目反映的产品生产成本表;

(2) 编制A产品7月份主要产品单位成本表;

(3) 编制A产品7月份制造费用明细表。

第三篇
其他行业成本核算

第三下

其物工业の資本

第七章
商品批发零售企业成本核算

[引入案例]

　　小李原在上海某工厂从事鞋业制造生产，积攒了一些资金。但他认为鞋业生产前途不容乐观。国家的"一带一路"建设战略激发了他二次创业的热情，考虑到新疆自然条件以及当今人们对保健食品的需求，他毅然选择了红枣作为新的起步点，第一年由于生产管理经验不足，红枣产量只有1吨，他把红枣批发出去了，第二年他请教了技术员，使红枣产量达到了6吨，于是他有了想法，准备再收购一些红枣，同时作批发和零售，探索出一条自己的销售之路。那么，批发和零售有哪些不同呢？

[学习目的与要求]

　　通过本章的学习，理解商品批发零售企业的含义及其成本核算的特点；掌握商品批发零售企业成本费用的内容；掌握商品批发企业成本核算的方法及内容；掌握商品零售企业成本核算的方法及内容。

第一节 商品批发零售企业成本核算的特点

一、商品批发零售企业的含义

商品批发企业是以批量从生产企业或其他企业购进的商品销售给其他商业企业继续流通或销售给其他生产企业进一步加工的企业。其经营活动的特点有：(1) 购销业务发生的次数少，但每次成交金额较大；(2) 一般商品需要经储存后才能销售；(3) 商品经营多按购销合同执行；(4) 商品价格受供求关系、批量大小、购销地点远近、结算方式等多因素影响，往往不稳定。这些特点都会影响到商品购销成本的核算。

商品零售企业是指从批发企业或生产企业购进商品，销售给个人或集体消费者消费的企业。零售企业是商品流通的最终环节，其购销活动的特点与批发企业不同，因此，零售企业商品采购和销售成本核算要适应其商品购销活动的特点和经营管理要求。零售企业商品购销活动的主要特点：(1) 商品品种和规格繁多；(2) 库存数量不大；(3) 销售数量零星，金额小；(4) 购销活动频繁，购销关系不稳定。

二、商品批发零售企业成本核算的特点

企业经营活动的特点不同，商品流通企业商品流转的核算方法也有所不同，主要区别在于企业的库存商品明细账的价格记账方法以及在库存商品的明细账上是否反映商品的实物数量。按照库存商品明细账所提供的核算指标来划分，库存商品的核算方法分为数量金额核算法和金额核算法。不同类型的商品流通企业，可以根据本企业的经营特点及经营管理的要求来选择采用不同的库存商品核算方法。

数量金额核算法是对库存商品的增减变动和结存情况同时采用实物和货币两种度量进行计量和记录的核算方法，它既可以提供商品的数量指标，又可以提供库存商品的金额指标。数量金额核算法又可分为数量进价金额核算法和数量售价金额核算法。它主要适用于商品批发企业业务。

金额核算法是对库存商品的增减变动和结存情况仅以货币进行计量和记录的核算方法。金额核算法又可分为售价金额核算法和进价金额核算法。它主要适用于商品零售企业。

(一) 商品批发企业成本核算的特点

商品批发企业库存商品核算方法一般有两种：一种是数量进价金额核算

第七章 商品批发零售企业成本核算

法；另一种是数量售价金额核算法。由于批发企业商品经营活动具有自身的特点，企业为了加强对库存商品实物的管理，保护商品的安全、完整及正确计算成本，库存商品的核算方法采用数量进价核算法。数量进价金额核算法下，库存商品明细账按商品种类、名称、规格等设置，并根据有关凭证进行登记，商品验收入库后，根据收货单等有关凭证及时登记销售数量，已销商品的进价金额采用适当方法计算并登记，随时结出库存数量。这种方法主要适用于大中型批发企业，农副产品收购企业以及经营品种单纯的专卖店和经营贵重商品的商店。其优点是能够同时提供各种商品的数量指标和金额指标，便于加强商品管理。其缺点是要按商品品种逐笔登记商品明细账，核算工作量大。

数量售价金额核算法是指库存商品的总账和明细账都按商品的销售价格记账，并同时核算商品实物数量和售价金额，对于库存商品进价与销售价之间的差额，需设置商品成本差价账户进行调整，以便计算已售商品的进价成本。这种方法主要适用于基层批发企业，零售企业中需要掌握数量的贵重商品也可以采用这种方法进行核算。其优点是可以对库存商品从数量和金额两方面进行控制，便于加强商品管理。月末可以按照商品的存销比例来分摊商品进销差价，便于计算商品销售成本。

（二）商品零售企业成本核算的特点

零售企业商品采购和销售成本核算，要适应其商品购销活动的特点和经营管理的要求，其方法有售价金额核算法和进价金额核算法。除鲜活商品外，一般采用售价金额核算法，即零售企业的库存商品价值一般按售价确定，且只核算金额不核算数量。

1. 售价金额核算法

库存商品按售价核算，要求企业具备以下条件：一是购进商品能及时确定售价；二是同一商品在同一时间的售价统一且稳定；三是管理上不需要提供各种库存商品进价金额资料。商品流通企业应根据经营特点和实际情况选择库存商品价值的核算方法。

售价金额核算法的主要内容有：

（1）建立实物负责制。在售价金额核算法下，库存商品明细账只记金额，不记数量，不利于加强库存商品实物的管理。为了克服这个不足，需要相应的实物负责制度，在这种制度下，按经营商品的种类和管理的要求，划分若干个经营小组，并确定实物负责人，由其对所经营的商品数量、质量负责。

（2）库存商品按售价金额入账。库存商品总账按照售价（含增值税）金额登记,按售价金额总括反映库存商品的增减变化及其结果。库存商品明细账按实物负责人分户,按批次登记商品收发存的售价金额,并以售价金额控制实物负责人经营和保管的商品。

(3) 设置"商品进销差价"账户。在售价金额核算法下,商品购进时,应按售价金额转入"库存商品"账户;商品销售时,也按售价金额从"库存商品"账户转入"主营业务成本"账户,而商品的实际成本应是进价成本,因而必须设置"商品进销差价"账户来调整库存商品的价值或冲销"主营业务成本"中高于进价成本的部分。

"商品进销差价"账户核算企业在采用售价金额核算前提下,商品售价与进价之间的差额,是"库存商品"账户的调整账户。该账户的贷方登记企业购入、加工收回以及销售退回等增加的库存商品售价金额与进价金额的差额;借方登记已销商品应分摊的进销差价金额。该账户明细账的设置应与库存商品明细账的设置一致,或按实物负责人设置明细账。

(4) 加强实地盘点制度。每月应对库存商品进行盘点,将各实物负责人所经营的各种商品盘存数量分别乘以各该商品售价的积数总和与账面核对相符。以考核各实物负责人责任制执行情况和加强对库存商品实物的管理。

(5) 建立健全各业务环节手续制度。零售企业要建立健全商品购进、销售、调价、盘点、升溢、损耗等各项业务手续制度,并填制有关的业务凭证加强物价管理、商品管理和销售管理。

售价金额核算法的优点是把大量按各种不同品种开设的库存商品明细账归并为按实物负责人来分户的少量的明细账,从而简化了核算工作。

2. 进价金额核算法

进价金额核算法又称"进价记账、盘存计销"。其特点为:一是建立实物负责制,库存商品明细账都按实物负责人分户。二是库存商品的总账和明细账都按商品进行记账,只记进价金额,不记数量;库存商品按金额控制。三是商品销售后按实收销售货款登记销售收入,平时不计算结转商品销售成本,也不注销库存商品。四是对于商品的升溢、损耗和所发生的价格变动,平时不作账务处理。五是定期进行实地盘点商品,期末按盘点商品的数量乘以最后一次进货单价或原进价求出期末结存商品金额,再用"以存计销"的方法倒挤出商品销售成本并据以结转商品销售成本。

这种方法主要适用于经营鲜活商品的零售企业。其优点是每日对商品购销业务的会计处理很简便,简化了核算手续。其缺点是对于商品经营过程中所发生的溢余或短缺都挤入商品销售成本,而在平时并不予以反映,因此核算上不够严密,管理上极易出现漏洞。

第二节　商品批发零售企业成本费用的内容

一、商品批发零售企业成本费用概述

商品批发零售企业不同于制造企业,其最大区别在于无产品生产过程,因此也就不存在生产资金的耗费过程。它的基本经济活动是商品的购进和销售,为此,要发生商品的进货费用和销售成本。同时,商品批发零售企业在经营活动中还会发生销售费用、管理费用和财务费用。商品批发零售企业成本费用内容有:

1. 商品采购费用

商品批发零售企业在采购商品过程中会发生一系列采购费用,如运输费用、装卸费用、保险费用。它有三种处理方法:

(1) 直接计入商品的采购成本。商品批发零售企业可以把采购商品的过程中发生的采购费用直接计入商品的采购成本中。

①买价,是指商品的采购价款。

②相关税费,是指购买商品发生的进口关税、资源税和不能抵扣的增值税。

③采购费,是指运杂费、装卸费、保险费、仓储费、整理费、合理损耗以及其他可归属于商品采购成本的费用。

(2) 直接计入当期损益。商品批发零售企业把采购费用直接计入销售费用,月份终了再将其转入"本年利润",这种方法较为简便。但采购成本全部计入当期的销售费用,由当期的商品负担,没能体现出权责发生制原则。一般适合于商品规格多、采购金额较小的商品批发零售企业。

(3) 先归集后分摊。先把采购费用归集到"进货费用"账户,期末再将其按照商品的存销比例进行分摊。也就是说,已经销售出去的商品负担的进货费用,作为已销商品成本的组成部分转入"主营业务成本"账户,由储存的在库的未销商品负担的采购费用,则转入"库存商品"账户,作为期末库存商品的成本。这种核算方法工作量较大,一般适合于商品品种多、采购费用较大的商品批发零售企业使用。

2. 商品销售成本

商品销售成本是指已销商品的进价成本。虽然每次购进商品时即已确定了其进价成本，但由于同一商品的供货渠道、进货时间、付款条件等不同，其进货单价也不一定相同。因此，在商品销售以后，需要采取适当的方法计算出销售商品的进货单价，以便准确计算结转销售商品的销售成本。

3. 商品流通费用

商品流通费用是在商品流通过程中发生的不能计入商品采购成本的间接费用，主要包括销售费用、管理费用、财务费用。

（1）销售费用，是指商品批发零售企业在进货、储存、销售等经营环节所发生的各项费用。其主要包括运输费、装卸费、包装费、保险费、展览费、保管费、检验费、广告费、商品损耗、进出口商品累计佣金、销售人员的工资及福利费用等。

（2）管理费用，是指企业行政管理部门为组织和管理企业经营活动而发生的费用。其包括行政管理人员工资及福利费、业务招待费、技术开发费、住房公积金、咨询费、聘请中介机构费、诉讼费、税金、业务招待费等。

（3）财务费用，是反映在企业理财活动过程中所提出的各项费用，包括利息费用（减利息收入）、汇总损益（减汇总收益）以及相关的手续费、发生的现金折扣或收到的现金折扣等。

二、商品批发零售企业主要账户设置

1."主营业务收入"账户

商品批发零售企业销售商品并实现销售收入后，将商品销售收入记入"主营业务收入"账户的贷方。该账户借方登记销售退回数；其贷方余额表示月内销售收入累计数，月末应转入"本年利润"账户的借方，结转后应无余额。

2."主营业务成本"账户

仓库销售一般是在月末结转已售商品的销售成本，企业结转已售商品的销售成本时，按已售商品的进价成本借记"主营业务成本"账户，并将已售商品从"库存商品"账户中转出。该账户贷方登记冲减销售成本数；其借方余额表示月内销售成本累计数，月末应转入"本年利润"账户的借方，结转后应无余额。

3."应交税费"账户

为了核算增值税，商品批发零售企业应设置"应交税费——应交增值税"

账户，还须在该账户下设置"进项税额"、"销项税款"、"转出未交增值税"、"减免税款"、"已交税金"、"出口退税"、"进项税额转出"、"出口抵减内销产品应纳税额"、"转出多交增值税"等明细账户，进行明细分类核算。

4."商品采购"账户

"商品采购"账户核算企业购入商品的采购成本，购入商品包括国内采购和国外进口的商品。该账户的借方反映按进价确定的商品采购成本，贷方反映已验收入库商品按进价转入"库存商品"账户的商品采购成本，期末借方余额反映企业在途商品的采购成本。

商品批发零售企业采购商品也可以不通过本科目核算。因采购商品而在期末发生的在途商品，以及采用实际成本核算商品的企业，可将本科目改为"在途物资"，并按照在途物资核算方法进行核算。

5."商品进销差价"账户

商品进销差价账户核算企业采用售价进行日常核算的商品售价和进价之间的差额。企业购入、加工收回以及销售退回等增加的库存商品，按商品售价，借记"库存商品"账户，按商品进价，贷记"银行存款"、"委托加工物资"等账户，按售价与进价之间的差额，贷记"商品进销差价"账户。期末分摊已销商品的进销差价，借记"商品进销差价"账户，贷记"主营业务成本"账户。该账户期末贷方余额，反映企业库存商品的商品进销差价。

第三节　商品批发企业成本的核算

一、商品批发企业采购成本的核算

商品批发企业购入商品的采购成本由采购价格、相关税费和其他成本等构成。商品批发企业进行商品流转时的核算一般采用数量进价金额核算法。在数量进价金额核算法下，企业在购进商品时，将购进商品的采购成本即商品进价记入"库存商品"账户，同时登记购进商品的实物数量。

企业对于所购进的商品，应相应设置"库存商品"、"应交税费"等账户进行核算。

商品批发企业在购进商品时，应按商品的购进价格和进货费用借记"库存商品"科目，并按照发票上注明的增值税额借记"应交税费——应交增值税（进项税额）"科目；按应付或实际支付的货款贷记"应付账款"、"应付票据"、"银行存款"等科目。

[例7-1] 某商品批发企业从本地甲工厂购进 A 产品 10 000 件，进价为 50 元/件，货款共计 500 000 元，增值税进项税额共计 85 000 元，款项以银行存款支付。

编制会计分录如下：

借：库存商品——A 商品　　　　　　　　　　　　500 000
　　应交税费——应交增值税（进项税额）　　　　 85 000
　　贷：银行存款　　　　　　　　　　　　　　　585 000

二、商品批发企业销售成本的核算

商品批发企业销售成本核算的方法有数量进价金额核算法和数量售价金额核算法。

（一）数量进价金额核算法

采用数量进价金额核算法的商品批发企业进行商品的核算时，一方面应相应设置"主营业务收入"、"应交税费"、"应收账款"、"银行存款"等科目，对已确认的收入进行核算；另一方面还应设置"主营业务成本"、"库存商品"等科目对已确认的销售成本进行核算。

商品批发企业销售商品并实现销售收入后，按商品销售收入贷记"主营业务收入"账户，将按规定收取的增值税销项税额贷记"应交税费——应交增值税（销售税款）"账户，并按已收入或应收的款项借记"银行存款"、"应收账款"、"应收票据"等账户。

仓库销售一般是在月末结转已售商品的销售成本，企业结转已售商品的销售成本时，按已售商品的进价成本借记"主营业务成本"账户，并将已售商品从"库存商品"账户中转出，贷记"库存商品"账户。

[例7-2] 某商品批发企业向本地 C 商品零售企业销售一批 J 种商品，售价为 260 000 元，增值税销项税额为 44 200 元，共计 304 200 元，收到款项已存入银行。该批已售商品原价为 200 000 元。编制会计分录如下：

（1）商品售出取得销货款时：

借：银行存款　　　　　　　　　　　　　　　　304 200
　　贷：主营业务收入　　　　　　　　　　　　 260 000
　　　　应交税费——应交增值税（销项税额）　　 44 200

（2）结转已售商品的进价成本时：

借：主营业务成本　　　　　　　　　　　　　　200 000
　　贷：库存商品　　　　　　　　　　　　　　200 000

第七章 商品批发零售企业成本核算

（二）数量售价金额核算法

采用数量售价金额核算法对已售商品的销售成本进行核算时，具体核算方法与售价金额核算法是相同的，区别只在于在登记"库存商品"明细账时，既要登记库存商品的实物数量，也要登记库存商品的售价金额。

在计算已售商品的销售成本时，也要计算商品进销差价，据以调整按零售价结转的商品销售成本。调整的方法可以采用差价率法或实际差价法，也可以根据库存商品明细分类账登记的各种商品期末结存数量和售价金额，再依据该种商品的实际进价或最后进价计算出已售商品应分摊的商品进销差价。其计算公式如下：

结存商品进价成本 = 该种商品期末结存数量 × 该种商品实际进价（最后进价）

结存商品进销差价 = 结存商品售价金额 − 该结存商品进价成本

已售商品进销差价 = 月末结账前"商品进销差价"账户余额 − 结存商品进销差价

[例7－3] 某商业企业采用数量售价金额核算法进行商品流转的核算。本期末各种商品的资料如表7－1所示。

表7－1　　　　　　　　商品资料表

品名	结存数量（件）	最后进货单价（元）	"库存商品"账户余额（元）	月末分摊前"商品进销差价"账户余额（元）
甲	100	220	36 000	25 000
乙	20	400	8 600	4 860
合计				29 860

根据以上资料计算各种已销商品应分摊的商品进销差价，如表7－2所示。

表7－2　　　　已销售商品应分摊的商品进销差价　　　　　　单位：元

品名	进货成本	结存商品进销差价	已售商品进销差价
甲	220 × 100 = 22 000	36 000 − 22 000 = 14 000	25 000 − 14 000 = 11 000
乙	400 × 20 = 8 000	8 600 − 8 000 = 600	4 860 − 600 = 4 260
合计	30 000	14 600	15 260

根据以上计算结果，编制会计分录如下：

借：商品进销差价——甲　　　　　　　　　　　　　　11 000
　　　　　　　　——乙　　　　　　　　　　　　　　 4 260
　　贷：主营业务成本　　　　　　　　　　　　　　　　15 260

第四节　商品零售企业成本的核算

一、商品零售企业采购成本的核算

零售企业商品采购成本的核算与批发企业相同。

企业购入商品时，根据增值税专用发票上列示的价款和增值税额，借记"商品采购"账户，"应交税费——应交增值税（进项税额）"账户；根据应付或实付的金额，贷记"应付账款"、"应付票据"、"银行存款"等账户。采购商品到货，应由实物负责人验收，并根据供货单位的发货单和经企业物价部门核定的售价，填制零售商品的验收单，列明商品的品名、规格、进价、售价和进销差价等，作为收货凭证。商品验收入库后，根据"商品验收单"，按商品的售价借记"库存商品"账户，按商品的进价贷记"商品采购"账户，按商品的进销差价贷记"商品进销差价"账户。

[例7-4] 云海零售商场，从本市五金批发公司购进商品一批，增值税专用发票上注明进价共计20 000元，增值税额为3 400元，货款已开出转账支票支付。经物价部门核定含税零售价总值33 200元，商品由三号柜组验收并负责保管实物。

（1）根据供货单位的专用发票和本企业的支票存根，编制会计分录如下：
借：商品采购　　　　　　　　　　　　　　　　　　　20 000
　　应交税费——应交增值税（进项税额）　　　　　　 3 400
　　贷：银行存款　　　　　　　　　　　　　　　　　　23 400
（2）根据"零售商品验收单"，编制会计分录如：
借：库存商品——三号柜组　　　　　　　　　　　　　33 200
　　贷：商品采购　　　　　　　　　　　　　　　　　　20 000
　　　　商品进销差价　　　　　　　　　　　　　　　　13 200

二、商品零售企业销售成本的核算

（一）售价金额核算法下商品销售成本的核算

1. 零售商品销售的核算

第七章　商品批发零售企业成本核算

商品零售企业采用售价金额核算法进行核算。在每日营业终了时，各营业柜组（实物负责小组）清点货款，填制商品进销日报及内部缴款单，连同销货款额递交企业财会部门据以入账。

商品零售企业由于采用售价金额核算法对库存商品实行售价记账实物负责制，当商品销售出去，该库存减少时，实物负责人或营业柜组的实物负责责任也相应地减少了。因此在会计处理上，要作两方面的账务处理：

（1）作确认销售的记录。按零售价格借记"银行存款"等账户，贷记"主营业务收入"账户，待月末进行价税分离时，将代收的增值税销项税额借记"主营业务收入"账户，贷记"应交税费——应交增值税（进项税额）"账户。

（2）由于商品零售企业的"库存商品"账户是按零售价记账的，则在注销实物负责人对已销售商品的实物责任时应暂按零售价结转商品销售成本，待到月末再进行调整。商品销售时借记"主营业务成本"科目，贷记"库存商品"账户。在月末，商品零售企业采用一定的方法计算出已售商品的进销差价后，再将平时按售价结转的商品销售成本调整为销售商品的进价成本。调整时借记"商品进销差价"账户，贷记"主营业务成本"账户。

[**例7-5**] 某日某零售商店营业终了时，各营业柜组的销货情况如下：针织柜6 000元，服装柜20 000元，食品柜10 000元，共计36 000元。销货款送存银行。编制会计分录如下：

（1）取得销售收入时：
借：银行存款　　　　　　　　　　　　　　　36 000
　　贷：主营业务收入　　　　　　　　　　　　　　　36 000

（2）按零售价注销已售商品，结转商品销售成本时：
借：主营业务成本　　　　　　　　　　　　　36 000
　　贷：库存商品——针织柜　　　　　　　　　　　6 000
　　　　　　——服装柜　　　　　　　　　　　20 000
　　　　　　——食品柜　　　　　　　　　　　10 000

（3）月末，假定全部零售商品含增值税销售收入为9 600 000元，则企业进行价税分离时应编制会计分录如下：
借：主营业务收入
　　　　［9 600 000/（1+17%）×17%］1 394 871.79
　　贷：应交税费——应交增值税（销项税额）　　1 394 871.79

2. 已售商品进销差价的调整

由于商品零售企业的库存商品是按零售价格记账的，商品销售时也是按零售价格结转主营业务成本的，则核算已销售商品的销售成本时，就要在期末计算已销售商品的进销差价，据以调整计算已销售商品的销售成本。调整的方法主要有差价率法和实际差价法。

(1) 差价率法。商品零售企业在月末，一般采用商品进销差价率计算法来计算已销售商品的进销差价。具体做法：首先计算商品零售企业全部商品的进销差价率，进而据以计算出企业本月已销售商品的进销差价额，再将已销售商品的进销差价额从"商品进销差价"账户转出，并对"主营业务成本"账户金额进行调整。

商品进销差价率 = 月末分摊前"商品进销差价"账户余额/（月末"库存商品"账户余额 + 本月"主营业务成本"账户余额）×100%

本月已售商品应分摊的进销差价额 = 本月已售商品售价总额 × 商品进销差价率

[例 7-6] 本月某零售店"主营业务成本"科目借方发生额为 9 600 000元，"库存商品"科目余额为 6 400 000 元，分摊前"商品进销差价"账户余额为 800 000 元。根据以上资料计算已售商品进销差价如下：

商品进销差价率 = 800 000/（6 400 000 + 9 600 000）×100% = 5%
本月已售商品应分摊的商品进销差价额 = 9 600 000 × 5% = 480 000（元）
根据计算结果编制调整分录如下：

借：商品进销差价　　　　　　　　　　　　　480 000
　　贷：主营业务成本　　　　　　　　　　　　480 000

调整后的"主营业务成本"科目的余额为 9 120 000 元（9 600 000 - 480 000），是按售价计算的已售商品额减去已售商品的进销差价后的数额，即为本月已售商品的实际进价成本。而调整后的"商品进销差价"账户余额是将已售商品的进销差价转出后的剩余数额，即结存商品应保留的进销差价额。

(2) 实际差价法，又称为盘存商品进销差价计算法。其具体做法是在对库存商品进行盘点的基础上，根据各种商品的盘存数量，逐项计算其盘存的进价、售价金额，求出已售商品进销差价。

采用这种方法时，将各种商品的实际盘存数量分别乘以该种商品的原进价或最后进价，求出各种商品以进价计算的实际盘存金额，然后加总求出全部商

第七章 商品批发零售企业成本核算

品的进价总金额,再用月末"库存商品"科目的售价总金额减去实际盘存商品进价总金额,计算出月末结存商品的实际进销差价。最后用月末分摊前"商品进销差价"账户余额减实际盘存商品进销差价,则可计算出已售商品应分摊的进销差价额。

计算公式如下:

盘存商品实际进销差价 = 期末库存商品售价总额 - 盘存商品进价总额

已售商品进销差价 = 月末分摊前"商品进销差价"账户余额 - 月末盘存商品实际进销差价

[例7-7] 某零售企业期末"库存商品"科目余额为450 000元,月末分摊进销差价前"商品进销差价"账户余额为800 000元,期末盘点时分别将各种商品进价金额加总后,全部盘存商品的实际进价总额为280 000元。已售商品进销差价计算如下:

盘存商品实际进销差价 = 450 000 - 280 000 = 170 000(元)

已售商品进销差价 = 800 000 - 170 000 = 630 000(元)

根据计算结果编制调整会计分录:

借:商品进销差价　　　　　　　　　　　　630 000
　　贷:主营业务成本　　　　　　　　　　　　　　630 000

采用盘存商品进销差价计算方法时,虽然能够正确地反映结存商品的实际库存价值,但其核算工作和盘点工作量较大,因此企业在平时不采用这种方法。一般在年终为确定库存商品的实际价值并对"商品进销差价"账户进行核实调整时,企业才采用此方法。

(二)进价金额核算法下商品销售成本的核算

进价金额核算法又称"进价记账、盘存计销",经营鲜活商品的零售企业多采用此种方法进行核算。在进价金额核算法下,企业的"库存商品"账户按实物负责人或营业柜组设置明细账。在购进商品时,只记商品的进价金额,不记实物数量;在售出商品时,按取得的销售收入贷记"主营业务收入"科目,而不同时结转商品销售成本,也不注销"库存商品"账上的已售商品。待到月末结算时,通过实地盘点,根据盘点的结存商品实物数量再乘以该商品的实际进价或最后进价,计算出本月结存商品的进价成本,再用倒挤的方法计算已售商品的销售成本。计算公式如下:

月末结存商品的进价成本 = 月末盘存数量 × 实际进价或最后进价

本月已售商品的销售成本 = 月初结存商品进价成本 + 本月购进商品进价成

本-月末结存商品进价成本

[**例 7-8**] 本月某经营鲜活商品的零售商店甲柜组的月初结存进价成本为 3 000 元,该柜组购进商品的进价成本累计为 70 000 元,该柜组取得的商品销售收入累计为 120 000 元。月末企业进行商品盘点,甲柜组商品实际盘存数量为 120 千克,该商品的最后进货单价为 14 元/千克。

(1) 平日进货时,应编制会计分录如下:

借:库存商品——甲柜组　　　　　　　　　　70 000
　　贷:银行存款　　　　　　　　　　　　　　　70 000

(2) 平日销货时,应编制会计分录如下:

借:银行存款　　　　　　　　　　　　　　120 000
　　贷:主营业务收入　　　　　　　　　　　　120 000

计算结转本月甲柜组商品的销售成本如下:

月末结存商品的进价成本 = 14 × 120 = 1 680(元)

本月已售商品的进价成本 = 3 000 + 70 000 − 1 680 = 71 320(元)

根据计算结果,应编制会计分录如下:

借:主营业务成本　　　　　　　　　　　　　71 320
　　贷:库存商品——甲柜组　　　　　　　　　　71 320

本章小结

商品批发零售企业是指从事商品流通的独立核算企业。商品批发零售企业在经营活动过程中会发生商品采购成本、商品销售成本、商品流通费用等成本费用。批发企业成本的核算方法有:数量进价金额核算法和数量售价金额核算法。

数量进价金额核算法下,库存商品明细账按商品种类、名称、规格等设置,并根据有关凭证进行登记,商品验收入库后,根据收货单等有关凭证及时登记销售数量,已销商品的进价金额采用适当方法计算并登记,随时结出库存数量。这种方法主要适用于大中型批发企业,农副产品收购企业以及经营品种单纯的专卖店和经营贵重商品的商店。其优点是能够同时提供各种商品的数量指标和金额指标,便于加强商品管理。其缺点是要按商品品种逐笔登记商品明细账,核算工作量大。

数量售价金额核算法是指库存商品的总账和明细账都按商品的销售价格记

第七章 商品批发零售企业成本核算

账，并同时核算商品实物数量和售价金额，对于库存商品进价与销售价之间的差额，需设置商品成本差价账户进行调整，以便计算已售商品的进价成本。这种方法主要适用于基层批发企业，零售企业中需要掌握数量的贵重商品也可以采用这种方法进行核算。其优点是可以对库存商品从数量和金额两方面进行控制，便于加强商品管理。月末可以按照商品的存销比例来分摊商品进销差价，便于计算商品销售成本。

零售企业成本核算方法有：售价金额核算法和进价金额核算法。

售价金额核算法，即零售企业的库存商品价值一般按售价确定，且只核算金额不核算数量。售价金额核算法的优点是把大量按各种不同品种开设的库存商品明细账归并为按实物负责人来分户的少量的明细账，从而简化了核算工作。

进价金额核算法又称"进价记账、盘存计销"。其特点为：一是建立实物负责制，库存商品明细账都按实物负责人分户。二是库存商品的总账和明细账都按商品进行记账，只记进价金额，不记数量；库存商品按金额控制。三是商品销售后按实收销售货款登记销售收入，平时不计算结转商品销售成本，也不注销库存商品。四是对于商品的升溢、损耗和所发生的价格变动，平时不作账务处理。五是定期进行实地盘点商品，期末按盘点商品的数量乘以最后一次进货单价或原进价求出期末结存商品金额，再用"以存计销"的方法倒挤出商品销售成本并据以结转商品销售成本。

这种方法主要适用于经营鲜活商品的零售企业。其优点是每日对商品购销业务的会计处理很简便，简化了核算手续。其缺点是对于商品经营过程中所发生的溢余或短缺都挤入商品销售成本，而在平时并不予以反映，因此核算上不够严密，管理上极易出现漏洞。

商品批发零售企业成本核算有采购的成本和商品销售成本的核算。

本章思考题

1. 简述批发企业成本核算的方法、特点及内容。
2. 简述零售企业成本核算的方法、特点及内容。

本章案例

某公司从事奢侈品钻石机器检测仪零售业务,商品销售对象既有国内客户也有国外客户。今年2月初"库存商品"账户月初余额为10 000元,"商品进销差价"账户月初余额为1 960元。本月购进该类商品,其成本为390 000元,售价金额为488 000元。本月该类商品销售收入为4 200 000元。

要求:分析该类商品3月份的进销差价率及已销商品成本。

第八章　物流企业成本核算

[引入案例]

迪克是一个怀揣梦想的年轻人，正在考虑帮助他的啤酒公司——布鲁克林公司开拓朝鲜市场。经过一番筹划，他向公司建议将啤酒航运到朝鲜，并通过广告宣传其啤酒具有独一无二的新鲜度。这是一个营销战略，也是一种物流作业，因为高成本使得目前还没有其他酿酒厂通过航空将啤酒出口到朝鲜。摆在迪克面前有三个主要问题：运输，空运能够保证啤酒的新鲜度，但成本却高于海运5倍；时间与价格，新鲜啤酒能够超过一般价值定价，但报关、装运需要耗费许多时间；包装，桶装啤酒和瓶装啤酒相比减少了玻璃破碎而使啤酒损毁的机会，而且对保护性包装的要求也比较低，但会影响销售的便利性。

物流成本管理的实质是什么？你能帮助迪克分析物流成本的构成，实施有效的物流成本控制吗？

[学习目的与要求]

本章阐述了物流成本的概念、物流成本核算的基本原理以及物流成本计算。通过本章的学习，应理解物流成本的概念及分类，掌握物流成本核算范围的确定、核算对象的选取以及核算的基本方法。

第一节 物流成本概述

一、物流成本概念

物流,是指物资实物形态的流动,即物资借助于人力、物力和信息在空间上的实体运动。它是一种广泛存在的综合性很强的系统活动,一般包括供应、生产、销售、废弃和退货物流等基本内容。

随着生产的日益社会化,物流作为一种广泛存在的经济活动,普遍存在于企业内部。从原材料采购开始,到顺利加工成零部件,把零部件组装成产成品,最后产成品出厂投入消费领域,自始至终都离不开物流活动。企业物流过程,是创造、实现价值和使用价值的过程。保证企业物流活动有秩序、高效率、低消耗地进行,需要耗费一定的人力和物力,投入一定的劳动。一方面,物流劳动同其他生产劳动一样,也创造价值,物流成本在一定程度上,即在社会需要的限度内会增加商品价值,扩大生产耗费,成为生产一定种类及数量产品的社会必要劳动时间的一项内容,其总额必须在产品销售收入中得到补偿;另一方面,它又不完全等同于其他生产劳动,它并不增加产品使用价值总量,相反,产品总量往往在物流过程中因损坏、丢失而减少。同时,为了进行物流活动,还要投入大量的人力、物力和财力。因此,企业物流成本是"使商品变贵而不追加商品使用价值的费用"。

在物流过程中,为了提供有关的物流服务,要占用和耗费一定的活劳动和物化劳动。这些活劳动和物化劳动的货币表现,即为物流成本,也称物流费用。

物流成本有广义和狭义之分。狭义的物流成本是物流作业发生的费用支出,仅指由于物品移动而产生的运输、包装、装卸等费用。广义的物流成本是指生产、流通、消费全过程的物品实体与价值变化而发生的全部费用,包括了从生产企业内部原材料的采购、供应开始,经过生产制造中的半成品、产成品的仓储、搬运、装卸、包装、运输以及在消费领域发生的验收、分类、仓储、保管、配送、废品回收等发生的所有成本。

二、物流成本的构成及分类

物流成本是企业的物流系统为实现物资在空间、时间上的转移而发生的各种耗费。为了正确认识和分析物流成本的构成,加强企业物流成本的管理,落实企业降低物流成本的方法措施,可将物流成本按一定的标准进行分类。

第八章 物流企业成本核算

（一）按物品流通的环节分类

物流成本按流通环节可分为运输成本、流通加工成本、配送成本、包装成本、装卸搬运成本和仓储成本。

1. 运输成本

在现代企业物流中，运输在其经营业务中占有主导地位，物流运输费用在整个物流业务中占有较大比例。因此，物流合理化在很大程度上依赖于运输合理化，而运输合理与否直接影响着物流运输费用的高低，进而影响物流成本的高低。物流运输成本主要包括：

（1）人工费用，如工资、福利费、奖金、津贴和补贴等；

（2）营运费用，如营运车辆的燃料费、轮胎费、折旧费、维修费、租赁费、车辆牌照检查费、车辆清理费、养路费、过路费、保险费、公路运输管理费等；

（3）其他费用，如差旅费、事故损失、相关税金等。

2. 流通加工成本

流通加工是在商品从生产者向消费者流动的过程中，为了促进销售，维护商品质量，实现物流的高效率所采用的使商品发生形状和性质的变化，比如剪板加工、冷冻加工、分装加工、组装加工、精致加工等。流通加工成本主要有：

（1）流通加工设备费用，是在流通加工过程中流通加工设备由于使用而发生实体损耗和价值转移，购置设备的支出以流通加工费的形式转移到被加工的产品中去；

（2）流通加工材料费用，是在流通加工过程中投入到加工过程中的一些材料消耗的费用；

（3）流通加工劳务费用，是在流通加工过程中支付给从事加工活动的工人及有关人员的工资、奖金等费用；

（4）流通加工其他费用，除上述费用外，在流通加工中耗用的电力、燃料、油料以及管理费用等。

3. 配送成本

配送是与市场经济相适应的一种先进的物流方式，是指企业物流按用户订单或配送协议进行配货，选择经济合理的运输路线与运输方式，在用户指定的时间内，将符合要求的货物送达指定地点的一种商品供应方式。一般的配送集装卸、包装、保管、运输于一身，特殊的配送还包括加工在内。根据配送流程及配送环节，配送成本应由以下费用构成：

（1）配送运输费用，主要包括配送运输过程中发生的车辆费用和营运间接费用；

（2）分拣费用，主要包括配送分拣过程中发生的分拣人工费用及分拣设备费用；

（3）配装费用，主要包括配装环节发生的材料费用、人工费用；

（4）流通加工费用，主要包括流通加工环节发生的设备使用费、折旧费、材料费及人工费用。

4. 包装成本

包装是生产的终点和物流的起点。包装过程中发生的耗费占流通费用的比重较大，加强包装费用的管理与核算，可以降低物流成本，提高企业的经济效益。包装成本构成一般包括以下几个方面：

（1）包装材料费用，包装材料的种类繁多，各种包装材料功能不同，成本差异也较大；

（2）包装机械费用，主要包括设备折旧费、低值易耗品摊销、维修费等；

（3）包装技术费用，是对采用的包装技术进行的设计、实施，以使包装的功能能够充分发挥其作用，达到最佳的包装效果所支出的费用，如实施缓冲包装、防潮包装、防伪包装等发生的支出；

（4）包装辅助费用，主要包括包装标记、标志的设计费用、印刷费用、辅助材料费用、赠品费以及相关的能源消耗费用等；

（5）包装的人工费用，是指从事包装工作的工人与其他有关人员的工资、奖金、福利费等。

5. 装卸与搬运成本

装卸与搬运是指在指定的地点以人力或机械设备装入或卸下物品。发生在同一地域范围内，以改变"物"的存放、支承状态的活动称为装卸；以改变"物"的空间位置的活动称为搬运。装卸与搬运成本的主要内容包括：

（1）人工费用，如工人工资、福利费、奖金、津贴、补贴等；

（2）营运费用，如固定资产折旧费、维修费、能源消耗费、材料费等；

（3）装卸与搬运合理损耗费用，如装卸与搬运中发生的货物破损、散失、损耗、混合等费用；

（4）其他费用，如办公费、差旅费、保险费、相关税金等。

第八章 物流企业成本核算

6. 仓储成本

仓储管理的主要任务是用最低的费用在适当的时间和适当的地点取得适当数量的存货。在许多企业中,仓储成本是物流总成本的一个重要组成部分,物流成本的高低常常取决于仓储管理成本的大小。而且,企业物流系统所保持的库存水平对于企业为客户提供的物流服务水平起着重要作用。仓储成本主要包括以下几个方面:

(1)仓储持有成本,是指企业为保持适当的库存而发生的成本,包括仓储设备的折旧费、维修费、仓库职工工资、仓库的挑选整理费、仓储商品的毁损和变质损失等;

(2)缺货成本,是指由于库存供应中断而造成的损失,包括原材料供应中断造成的停工损失、产成品库存缺货造成的延迟发货损失和丧失销售机会损失等;

(3)在途库存持有成本。在途物资在交给客户之前仍然属于企业所有,运货方式及所需的时间是影响储存成本的重要因素,企业应该对运输成本与在途存货持有成本进行分析。在途库存持有成本一般包括库存的资金占用成本、保险费用、仓储风险成本等。

(二)按物流成本的性态分类

成本性态是指物流成本与物流业务量之间的依存关系。按物流成本的性态分类,可将物流成本分为变动成本和固定成本。

在企业的物流活动中,企业发生的资源耗费与物流业务量之间的关系可以分为两类:一是随物流业务量的变化而近似成比例变化的成本,如包装材料的消耗、工人的工资、能源消耗等;二是在一定业务量范围内,与业务量的增减变化无关的成本,例如物流设备折旧费、管理部门的办公费等。对于这两类不同性质的成本,我们将前者称为变动成本,而将后者称为固定成本。

在企业的物流活动中,还存在一些既不与物流业务量的变化成正比变化也非保持不变,而是随着物流业务量的增减变动而适当变动的成本,这种成本被称为混合成本,例如物流设备的日常维修费、辅助费用等。对于混合成本,可按一定方法将其分解成变动和固定两部分,并分别划归到变动成本与固定成本。

(三)按物流成本是否具有可控性分类

按物流成本是否具有可控性,可分为可控成本与不可控成本。

可控成本是指考核对象对成本的发生能够控制的成本,由于可控成本对各责任中心来说是可以控制的,因而必须对其负责。不可控成本是指考核对象对成本的发生不能予以控制,因而也不予负责的成本。例如,包装部门的经营管理水平与包装材料的耗用量相关,而与包装设备的折旧费无关,所以,包装材料费是包装部门的可控成本,而包装设备折旧费则是不可控成本。

可控成本与不可控成本都是相对的,而不是绝对的。对于一个部门来说是可控的,对另一部门来说是不可控的。并且从整个企业来考察,一切费用都是可控的,只是这种可控性需分解落实到相应的责任部门。

除此之外,物流成本还存在其他一些分类方式。如按物流成本支付形态可分为材料费、人工费、公益费、维护费、一般经费、特殊经费和委托物流费用;按物流活动范围可分为供应物流费、企业内物流费、销售物流费、退货物流费和废弃物流费,等等。

三、物流成本的几种重要理论学说

(一)"黑大陆"学说

在财务会计中把企业的生产经营管理费用划分为生产费用、管理费用、销售费用、财务费用和营业外费用等,再把销售费用按各种支付形态分类。这样,在损益表中所能看到的物流成本在整个销售额中只占很小的比重,因此物流的重要性当然不会被认识到,是未被了解的"黑暗大陆"。

由于物流成本管理存在的问题以及有效管理对企业盈利、发展的重要作用,1962 年世界著名管理学家彼得·德鲁克在《财富》杂志上发表了题为《经济的黑色大陆》一文,他将物流比作"一块未开垦的处女地",强调应高度重视流通以及流通过程中的物流管理。彼得·德鲁克指出:"流通是经济领域里的黑暗大陆。"这里彼得·德鲁克虽然泛指的是流通,但是由于流通领域中的物流活动的模糊性特别突出,是流通领域中人们认识不清的领域,所以"黑大陆"学说主要是针对物流而言的。

"黑大陆"主要意味着尚未认识、尚未了解。在"黑大陆"中,如果理论研究和实践探索照亮了这块黑大陆,那么摆在人们面前的可能是一片不毛之地,也可能是一片宝藏之地。"黑大陆"学说是对 20 世纪经济学界存在的一种愚昧认识的批驳和反对,指出在市场经济繁荣和发达的情况下,科学技术也好,经济发展也好,都没有止境。"黑大陆"学说也是对物流本身的正确评价:这个领域未知的东西还很多,理论与实践都不成熟。

从某种意义上看,"黑大陆"学说是一种未来学的研究结论,是战略分析的结论,带有较强的哲学抽象性,这一学说对于研究物流成本领域起到了启迪

第八章 物流企业成本核算

和动员作用。

(二) 物流成本冰山理论

冰山的特点是大部分沉在水面之下,而露出水面上的仅仅是冰山的一角。"物流冰山"学说是日本早稻田大学西泽修教授提出来的。他在研究物流成本时发现,现行的财务会计制度和会计核算方法都不能掌握物流费用的实际情况,因而人们对物流费用的了解是一片空白,甚至有很大的虚伪性。物流便是一座冰山,其中沉在水面以下的是我们看不到的黑色区域,而我们看到的不过是物流成本的一部分。

西泽修教授从物流成本角度诠释了彼得·德鲁克的"黑大陆"学说。事实证明,物流领域的方方面面对于我们而言还是不清楚的,在"黑大陆"中和"冰山"的水下部分正是物流尚待开发的领域,也正是物流的潜力所在。

决算表中记载的物流费用只是公司外部支付的部分,如果把它误解为"冰山全貌",忽略物流成本管理,企业就会面临险境。只有对物流成本进行全面计算,才能够解释清楚混在有关费用中的物流部分成本。传统会计中,工厂生产的产品从工厂运到商业部门的物流成本,是计算在成本中的;购买原材料所支付的物流费用是计算在原材料成本中的;自营运输费和自营保管费是计入销售费用中的;另外与物流有关的利息和其他利息一起是计入财务费用中的。如果把这些来自生产成本、原材料、销售费用和财务费用之中的有关物流部分费用划分出来,并单独加以汇总计算,就会对物流费用的全部有进一步的了解,并会为其巨大的金额而感到惊讶。

(三) "第三利润源"说

在生产力相对落后、社会产品处于供不应求的历史阶段,由于市场商品匮乏,制造企业无论生产多少产品都能销售出去,于是就大力进行设备更新改造、扩大生产能力、增加产品数量、降低生产成本,以此来创造企业的剩余价值,即第一利润。当产品充斥市场,转为供大于求,销售产生困难时,也就是第一利润达到一定极限,很难持续发展时,便寻求新的利润源泉。采取依靠科技进步提高劳动生产率,降低人力消耗或采用机械化、自动化来降低劳动耗用,从而降低成本,增加利润,这称之为"第二利润源"。然而,在前两个利润源潜力越来越小,利润开拓越来越困难的情况下,物流领域的潜力被人们所重视,于是出现西泽修教授的"第三利润源"说。

第三利润源,是对物流潜力及效益的描述。经过半世纪的探索,人们已肯定这"黑大陆"虽不清楚,但绝不是不毛之地,而是一片富饶之源。第三利润源的理论主要包括以下内容：

（1）物流是可以完全从流通中分化出来，自成体系、有目标、有管理，因而能进行独立的总体判断；

（2）物流和其他独立的经济活动一样，它不是总体的成本构成因素，而是单独盈利因素，物流可以成为"利润中心"；

（3）从物流服务角度来说，通过有效的物流服务，可以给接受物流服务的生产企业创造更好的盈利机会，成为生产企业的"第三利润源"；

（4）通过有效的物流服务，可以优化社会经济系统和整个国民经济的运行，降低整个社会的运行成本，提高国民经济总效益。

这三个利润源着重开发生产力的三个不同要素：第一个利润源挖掘对象是生产力中的劳动对象；第二个利润源挖掘对象是生产力中的劳动者；第三个利润源挖掘对象则是生产力中劳动工具的潜力，同时注重劳动对象与劳动者的潜力，因而更具有全面性。

（四）效益背反理论

"效益背反"指的是物流的若干功能要素之间存在着损益矛盾，即某一功能要素的优化和利益发生的同时，却会存在另一个或几个功能要素的利益损失，反之也如此。这是一个此消彼长、此盈彼亏的现象，虽然在许多领域中这种现象都是存在的，但在物流领域中，这个问题似乎尤为严重。

物流系统的效益背反包括物流成本与服务水平的效益背反和物流各功能活动的效益背反。

1. 物流成本与服务水平的效益背反

物流服务水平与物流成本变化之间有六种组合，可归纳为四个情形：

（1）物流成本提高，物流服务水平降低；物流成本降低，物流服务水平降低；物流成本提高，物流服务水平不变。以上三种均不可取，其原因是降低了企业的物流服务水平或提高物流成本而未能改变物流服务水平。

（2）物流服务水平不变，物流成本降低。在不改变物流服务水平的情况下，通过改进物流系统来降低物流成本，提高物流价值。这种通过优化系统结构降低物流成本来维持一定物流服务水平的方法称为追求效益法。

（3）物流服务水平提高，物流成本提高。这是许多企业提高物流服务水平的做法，是企业物流面对特定客户或其面临竞争对手时所采取的具有战略意义的做法。

（4）物流成本不变，服务水平提高。这是一种积极的物流成本对策，是

第八章　物流企业成本核算

一种追求效益的方法，也是一种有效的利用物流成本性能的方法。

高水平的物流服务是由高水平的物流成本作保证的。在没有较大的技术进步的情况下，企业物流很难做到既提高了物流服务水平，同时也降低了物流成本。一般来讲，提高物流服务，物流成本即上升，两者之间存在着效益背反。而且，物流服务水平与物流成本之间并非呈现线性关系，即投入相同的物流成本并非可以得到相同的物流服务增长。

企业采取哪种物流成本策略，在对物流服务和物流成本作决策时，以价值工程理论为指导要考虑各个方面的综合因素，这些因素包括商品战略、流通战略和物流系统所处的环境及竞争对手的情况等。

企业物流管理肩负着"降低企业物流成本"和"提高企业物流服务水平"两大任务，物流管理目标就在于降低物流成本的投入并取得较大的经营效益。物流系统就是以成本为核心，按最低成本的要求，使整个物流系统化，它强调的是调整各要素之间的矛盾，把它们有机地结合起来，使物流总成本最小。

2. 物流各功能活动的效益背反

现代物流是由运输、包装、仓储、装卸及配送等物流活动组成的集合。物流的各项活动处于这样一个相互矛盾的系统中，要想较多地达到某个方面的目的，必然会使另外一些方面的目的受到一定的损失，这便是物流各功能活动的效益背反。

例如，减少物流网络中仓库的数目并减少库存，必然会使库存补充变得频繁而增加运输的次数，这样降低了库存成本，却使得运输成本增加；将铁路运输改为航空运输，虽然增加了运费，却提高了运输速度，减少了库存，降低了库存费用。再如包装问题，在产品销售市场和销售价格不变的情况下，假定其他成本要素也不变，那么包装方面每少花一分钱，这一分钱就必然转到收益上来，包装越省，利润则越高。但是，商品一旦进入流通之后，如果包装降低了产品的防护功能，造成了大量损失，就会造成储存、装卸、运输功能要素的工作损失和效益减少。显然，包装活动的效益是以其他功能要素的损失为代价的。

这都表明，在设计物流系统时，要综合考虑各方面因素的影响，使整个物流系统达到最优。美国营销专家P.科特勒指出："物流的目的必须引进系统效率概念，才能得出较好的定义。"即把物流看成是由多个效益背反的要素所构成的系统，避免为了片面达到某一单一目的，而损害企业整体利益。

除了上述物流成本理论学说之外，还有一些其他物流成本学说，较有影响的主要有：

(1) 成本中心说。其含义是：物流是企业成本的重要产生点，因而解决物流的问题，并不只是搞合理化、现代化，不只是为了支持保障其他活动，重要的是通过物流管理和物流的一系列活动降低成本。所以，成本中心既是指主要成本的产生点，又是指降低成本的关注点，物流是"降低成本的宝库"等说法正是这种认识的形象表述。

(2) 利润中心说。其含义是：物流可以为企业提供大量直接和间接的利润，是形成企业经营利润的主要活动。非但如此，对于国民经济而言，物流也是国民经济中创利的主要活动。物流的这一作用，被表述为"第三利润源"。

(3) 服务中心说。这种理论认为，物流活动最大的作用，并不在于为企业节约了消耗，降低了成本或增加了利润，而是在于提高企业对客户的服务水平进而提高了企业的竞争能力。它特别强调其服务保障的职能，通过物流的服务保障，企业以其整体能力来压缩成本，增加利润。

(4) 系统说。物流是"第三利润源"，容易产生误解，使企业经营者急于求成，动辄向物流要效益。物流费用的降低当然可以直接体现出物流利润的增加，但物流速度的提高所产生的效益主要表现为生产周期的缩短，企业物资及资金流转速度加快；客户满意度的提高有利于产品形象和企业形象的优化。物流产生利润实际上包括：物流时间的节省，物料、半成品、产成品在物流各环节停留时间的减少带来的物资和资金流转速度加快；物流费用降低；客户满意度增加。物流利润的大部分会间接转移到企业整体效益的提高上，不能仅从物流费用的节省来简单地衡量物流利润。

(5) 战略说。在学术界和产业界，越来越多的人已逐渐认识到，物流更具有战略性，是企业发展的战略而不是一项具体操作性任务。当前既能提供成本优势又能提供价值优势的管理领域是极少的，而物流管理则是这些为数不多的管理领域之一。高效、合理的物流管理，既能够降低企业经营成本，又能为客户提供优质的服务。因此，物流管理日益受到企业的重视，被纳入企业战略管理的范围，甚至成为企业发展的基石。

四、企业物流成本的影响因素

(一) 竞争性因素

企业所处的市场环境充满了竞争，企业之间的竞争除了产品的价格、性能、质量外，从某种意义上讲，优质的客户服务是决定竞争成败的关键。而高效的物流系统是提高客户服务水平的重要途径。如果企业能够及时可靠地提供产品和服务,则可以有效地提高客户服务水平,这都依赖于物流系统的合理化。而客户的服务水平又直接决定物流成本的高低,因此物流成本在很大程度上是由于日趋激烈的竞争而不断发生变化的,企业必须对竞争作出反应。影响物流成本的竞争性因素主要有以下几个方面:

(1) 订货周期。企业物流系统的高效必然可以缩短企业的订货周期,降低客户的库存,从而降低客户的库存成本,进而提高企业的客户服务水平,进而提高企业的竞争力。

(2) 库存管理。无论是生产企业还是流通企业,对存货实行控制,严格掌握进货数量、次数和品种,都可以减少资金占用、贷款利息支出,降低库存、保管、维护成本。另外,良好的物品保管、维护、发放制度,可以减少物品的损耗、霉变、丢失等事故,从而降低物流成本。相反,若在保管过程中,物品损耗、霉烂、丢失等时有发生,物流成本必然增加。

(3) 运输。不同的运输工具和方式,成本高低不同,运输能力大小不等。运输工具和方式的选择,一方面取决于所运货物的体积、重量及客户的要求,另一方面又取决于企业对某种物品的需求程度及工艺要求。所以,选择运输工具和方式要同时兼顾既保证生产与销售的需要,又要力求物流成本最低两个方面。

(二) 产品因素

产品的特性不同也会影响物流成本,主要有:

(1) 产品价值。产品价值的高低会直接影响物流成本的大小。随着产品价值的增加,每一物流活动的成本都会增加。一般来讲,产品的价值越大,对其所需使用的运输工具要求越高,仓储和库存成本也随着产品价值的增加而增加。

(2) 产品密度。产品密度越大,相同运输单位所装的货物越多,运输成本就越低。同理,仓库中一定空间领域存放的货物也越多,库存成本就会降低。

(3) 产品废品率。影响物流成本的一个重要方面还在于产品的质量,也即产品废品率的高低。生产高质量的产品可以杜绝因次品、废品等回收、退货而发生的各种物流成本。

(4) 易损性。物品的易损性对物流成本的影响是显而易见的,易损性的产品对物流各环节如运输、包装、仓储等都提出了更高的要求。

(三) 空间因素

空间因素是指物流系统中企业制造中心或仓库相对于目标市场或供应点的

位置因素。若企业距离目标市场太远，则必然会增加运输及包装等成本；若在目标市场建立或租用仓库，则会增加库存成本。另外，进货方向决定了企业货物运输距离的远近及运输成本的高低。因此，空间因素对物流成本的影响是较大的。

（四）管理因素

管理成本与生产和流通没有直接的数量依存关系，但却直接影响着物流成本的大小，节约办公费、水电费、差旅费等管理成本相应可以降低物流成本总水平。另外，企业利用贷款开展物流活动，必然要支付一定的利息（如果是自有资金，则存在机会成本问题），资金利用率的高低，影响着利息支出的大小，从而也影响着物流成本的高低。

第二节 物流成本核算的基本原理

一、物流成本核算的范围

企业在进行物流成本核算时，首先应确定计算的口径，即从哪个角度计算物流成本，物流成本的核算范围包括哪些内容。从目前看，我国对物流成本的核算范围还没有形成统一的规范，参照日本运输省流通对策本部制定的《物流成本计算统一标准》，适应我国物流管理的需要，物流成本可以从以下三个方面来分类计算。

（一）按物流范围计算

物流成本按照物流范围可以分为供应物流费、生产物流费、销售物流费、回收物流费和废弃物流费等五种。

（1）供应物流费是指从商品（包括容器、包装材料）采购直到批发、零售业者进货为止的物流过程中所产生的费用。

（2）生产物流费是指从购进的商品到货或由本企业提货时开始，直到最终确定销售对象的时刻为止的物流过程中所需要花费的费用，包括运输、包装、保管、配货等费用。

（3）销售物流费是指从确定销售对象开始，直到商品送交客户为止的物流过程中所需要的费用，包括包装、商品出库、配送等方面的费用。

（4）回收物流费是指材料、容器等由销售对象回收到本企业的物流过程中所需要的费用。

（5）废弃物流费是指在商品、包装材料、运输容器的废弃过程中而产生

第八章 物流企业成本核算

的物流费用。

（二）按物流支付形态计算

按支付形态的不同，物流成本分为本企业支付的物流费和其他企业支付的物流费。本企业支付的物流费又可以分为企业本身的物流费和委托物流费，其中，企业本身的物流费又分为材料费、人工费、公益费、维护费、一般经费和特别经费等。

要准确地掌握物流成本，就必须以企业财务会计为基础。从财务会计核算的相关项目中分离出物流成本资料，虽然是物流成本核算中最困难的工作，却是最为重要的基础工作。如果不能从财务会计中取得物流活动的费用资料，物流成本计算就只是一句空话。按支付形态，将物流成本分为材料费、人工费、公益费、维护费、一般经费、特别经费和委托物流费以及其他企业支付的物流费，是物流成本计算的基础。

（1）材料费，是指因物料的消耗而发生的费用。由物料材料费、燃料费、消耗性工具、低值易耗品摊销以及其他物料消耗等费用组成。

（2）人工费，是指因人力劳务的消耗而发生的费用，包括工资、奖金、福利费、医药费、劳动保护费及职工教育培训费和其他一切用于职工的费用。

（3）公益费，是指为公益事业所提供的公益服务而支付的费用，包括水费、电费、煤气费、冬季取暖费、绿化费及其他费用。

（4）维护费，是指土地、建筑物、机械设备、车辆、船舶、搬运工具、器具备件等固定资产的使用、运转和维修保养所产生的费用，包括维修保养费、折旧费、房产税、车船税、租赁费、保险费，等等。

（5）一般经费，是指差旅费、交通费、会议费、书报资料费、文具费、邮电费、零星购进费、城市维护建设税、能源建设税及其他税款，还包括物资及商品损耗费、物流事故处理及其他杂费等一般支出。

（6）特别经费，是指采用不同于财务会计的计算方法所计算出来的物流费用，包括按实际使用年限计算的折旧费和企业内利息等。

（7）委托物流费，是指将物流业务委托给第三方物流企业时向其支付的费用，包括支付的包装费、运费、保管费、出入库手续费、装卸费、特殊服务费等。

（8）其他企业支付的物流费，是指在物流成本中，还应当包括向其他企业支付的物流费。比如商品购进采用送货制时包含在购买价格中的运费和商品销售采用提货制时从销售价格中扣除的运费等。在这些情况下，虽然表面上看本企业并未发生物流活动，但却发生了物流费用，这些费用也应该计入物流成本之内。

（三）按物流功能计算

按照物流功能的不同，物流成本大体可以分为物品流通费、信息流通费和物流管理费三大类。

（1）物品流通费，是指为完成商品、物资的物理性流通而发生的费用。该部分费用还可进一步细分为包装费、运输费、保管费、装卸搬运费、流通加工费和配送费等。

①包装费，是指商品运输、装卸、保管的需要而进行包装的费用，即运输包装费，不包括销售包装。

②运输费，是指把商品从某一场所转移到另一场所需要的运输费用。除了委托运输费外还包括由本企业的自有运输工具进行运输的费用，但要将伴随运输的装卸费除外。

③保管费，是指一定时期内因保管商品而需要的费用。除了包租或委托储存的仓储费外，还包括在本企业自有仓库储存时的保管费。

④装卸费，是指伴随商品包装、运输、保管、流通加工等业务而发生的商品在一定范围内进行水平或垂直移动所需要的费用。它还可以分为包装装卸费、运输装卸费、保管装卸费和流通加工装卸费。如果在实际业务中单独计算装卸费或进行这种分离很困难，也可以将装卸费分别计算在相应的费用中。

⑤流通加工费，是指在商品流通过程中为提高物流的效率而进行的商品加工所需要的费用。物流中的流通加工费不包括流通交易及生产职能的加工费用。流通过程中的加工活动可以分为属于物流的流通加工、属于商流（交易）的流通加工和属于生产的流通加工。尽管从理论上讲应该把只属于物流加工的费用计入物流成本中，但在实际业务中难以将它与其他流通加工的费用分开时，或从管理上讲以不分离为更方便时，也可将这些费用计入物流成本中。

⑥配送费，是指按客户要求的商品品种和数量，在配送中心进行分拣、配装后将商品送交客户的过程中所产生的费用，包括包装、分拣、配货、装卸、短途运输等费用。

（2）信息流通费，是指因处理、传输有关的物流信息而产生的费用，包括与订货处理、储存管理、为客户服务等有关的费用。在企业中，要将传输、处理的信息分为与物流有关的信息和物流以外的信息是十分困难的，但从物流成本的计算上来讲却是十分重要的。

第八章 物流企业成本核算

（3）物流管理费，是指进行物流的计划、调整、控制、监督、考核等活动所需要的费用。它既包括企业物流管理部门的管理费，也包括作业现场管理费。

二、物流成本计算的对象

成本计算对象是指企业或成本管理部门为归集和分配各项成本费用而确定的、以一定期间和空间范围为条件而存在的成本计算实体。

物流成本如何归集与计算，取决于对所评价和考核的成本计算对象的选取。在计算物流成本或收集物流成本数据时，明确成本计算对象是前提条件。成本计算对象的选取方法不同，得出的物流成本的结果也就不同，从而导致了不同的成本评价对象与评价结果。在实际工作中，之所以计算出来的物流成本对物流成本管理以及通过成本来管理物流存在着无功而返的现象，其中一个主要原因就是不能正确地选取与确认物流成本的计算对象。

（一）物流成本计算对象的影响因素

物流成本是物流作业发生的费用支出。企业的各项物流活动发生的费用，都需要从其发生期间、发生地点和承担实体三个方面进行合理划分。因此，物流成本计算对象主要受三个方面因素的影响。

1. 成本费用承担实体

成本费用承担实体是指其发生并应合理承担各项费用的特定经营成果的体现形式，包括有形的各种产品和无形的各种服务作业。例如，工业企业的某种、某批或某类产品；服务行业的某一经营项目；施工企业的某项工程；运输企业的运输劳务等。对于企业物流来讲，其成本费用承担实体，主要是各种不同类型的物流活动或物流作业。

2. 成本计算期

成本计算期，是指汇集生产经营费用、计算生产经营成本的时间范围。物流成本计算期从理论上应是某项物流经营活动从开始到完成这一周期，但在企业物流经营活动连续不断进行的情况下，难以对某一项物流经营活动确定经营期和单独计算成本。因此，往往根据权责发生制原则，一般以月份作为物流成本计算期，对于一些特殊的物流活动，也可以经营周期作为成本计算期。

3. 成本计算空间

成本计算空间，是指成本费用发生并能组织企业成本计算的地点或区域，如工业企业的车间、分厂、某个工段或某一生产步骤，服务性企业的部门、分支机构或班组等。

企业物流成本计算空间的划分一般是指对物流活动的范围、物流功能范围以及物流成本控制的重点进行的选取。

(1) 对物流活动范围的选取。成本计算对象对物流活动范围的选取，从物流成本计算对象的角度看，是指对物流的起点与终点以及起点与终点间的物流活动过程的选取，也就是对物流活动过程的空间上的截取。

物流按其活动范围可分两大类：企业内部物流与社会物流。企业内部物流是企业内部的物品实体流动，主要是企业内部的生产经营活动中所发生的加工、检验、搬运、储存、包装、装卸等物流活动。社会物流是企业外部的物流活动总称。

在这些活动中，究竟从哪里开始到哪里为止作为物流成本的计算对象。换句话说，对于每个物流成本计算对象，都存在着物流活动的起止点的选取问题。起止点选取不同，其成本计算结果也就不同。显然对于某一物流部门来讲，其物流成本计算对象的物流起止点在确定之后，不能任意改变，以符合成本计算上的可比性原则和一贯性原则。

(2) 对物流功能范围的选取。物流功能范围，是指在运输、搬运、储存、保管、包装、装卸、流通加工和物流信息处理等物流功能中，选取哪些功能作为物流成本计算对象。把所有的物流功能作为成本计算对象与只把运输、保管这两种功能作为成本计算对象，所反映的物流功能范围的成本显然是不同的。

(3) 物流成本控制的重点。物流成本计算对象的选取，应当放在成本控制的重点上。就物流成本管理来讲，物流成本的计算并非越全越细越好，其成本计算对象也并非越全越好。过细过全的成本计算是不必要的，也是不经济的、不可能的。物流成本控制的重点应包括：按成本责任划定的责任成本单位；当前成本费用开支比重较大、有必要分清并分别计算不同部门及不同作业活动成本的物流活动；新开发的物流作业项目。

(二) 物流成本计算对象的选取

根据对物流成本计算对象三个基本构成要素的分析，结合企业物流成本管理的基本要求，企业物流成本计算对象存在以下几种情况。

1. 形态别物流成本核算

形态别物流成本核算，是指以物流费用的支付形态为成本计算对象所进行的物流成本核算。具体指：①企业内部物流费计算，即汇总、归集企业自己进行各项物流活动所发生的物流费用，它是相对于委托物流费计算而言的。企业内物流费计算又可分为材料费计算、人工费计算、水电气费计算、维护费计算、物流利息计算、其他费用计算等。②委托物流费计算,即汇总和归集企业委托外单位进行运输、保管、装卸、包装、流通加工等物流活动所支付的各项费用。③外企业支付物流费计算,包括供应外企业支付物流费计算和销售外企业支付物流费计算。

形态别物流成本的核算是企业物流成本核算的基础。通过形态别物流成本核算,可以为制定标准物流成本和编制物流成本预算提供资料,可以为企业进行有关的决策提供资料。例如,企业物流活动是否委托外单位进行,企业应该采用何种交货方式采购物料或销售产品等。

2. 功能别物流成本核算

功能别物流成本核算,是指以物流活动的功能为成本计算对象所进行的物流成本核算,即对企业一定时期的物流费用按其发生用途不同进行分类、归集,包括运输费计算、保管费计算、装卸费计算、包装费计算、流通加工费计算及物流管理费计算等。

通过功能别物流成本核算,可以了解物流成本的功能别构成,便于我们更好地协调物流各环节的关系。各功能成本的计算可通过各功能的成本计算表进行,并在此基础上可进一步汇总各功能成本计算表的资料,编制整个企业的物流成本汇总表。

3. 范围别物流成本核算

范围别物流成本核算,是指以物流活动的范围为成本计算对象所进行的物流成本核算,即对企业一定时期的物流费用按发生于物流活动的不同过程所进行的汇总、归集,具体包括供应物流费计算、生产物流费计算、销售物流费计算、退货物流费计算和废弃物物流费计算等。

通过范围别物流成本核算,便于发现不同过程物流活动中所存在的问题,分清有关部门对此应负的责任,并为不同过程物流活动的协调、控制提供依据。在进行范围别物流成本核算时,凡是发生在某一物流过程的物流费用都必须计入该过程的物流成本中,以便据以考核其负责部门的工作业绩。例如,凡是在物料供应过程中发生的物流费用都应计入供应物流费中。范围别物流成本核算可通过各物流范围物流费用汇总表进行,并在此基础上可进一步编制企业物流成本汇总表。

4. 制品别物流成本核算

制品别物流成本核算,对供应部门是以各种原材料、包装材料为成本计算对象所进行的物流成本计算;对生产部门是以在产品、半成品、产成品为成本计算对象所进行的成本计算；对整个企业和销售部门是以销售产品为成本计算对象所进行的成本计算。制品别物流成本计算表的编制见表8-1。

表 8-1　　　　　　　　　　　制品别物流成本计算表

功能＼制品	运输费	保管费	装卸费	包装费	流通加工费	合计
制品 A 直接费						
制品 A 间接费						
制品 A 小计						
制品 B 直接费						
制品 B 间接费						
制品 B 小计						
制品 C 直接费						
制品 C 间接费						
制品 C 小计						
合计 直接费						
合计 间接费						
合计 小计						

5. 地域别物流成本核算

地域别物流成本核算，即按物料购入和产品销售地区不同所进行的核算。地域别物流成本计算表见表8-2。

表 8-2　　　　　　　　　　　地域别物流成本计算表

功能＼地域	运输费	保管费	装卸费	包装费	流通加工费	合计
甲地区 直接费						
甲地区 间接费						
甲地区 小计						

第八章 物流企业成本核算

续表

功能 地域	运输费	保管费	装卸费	包装费	流通加工费	合计
乙地区	直接费					
	间接费					
	小计					
丙地区	直接费					
	间接费					
	小计					
合计	直接费					
	间接费					
	小计					

从上述制品别、地域别物流成本计算结果中，可以知道各地域、各制品的物流耗费状况，从而有利于企业物流管理抓住重点、合理组织购销活动。

6. 变动物流成本核算

变动物流成本核算，是根据企业物流费用的发生与物流业务量的关系不同所进行的核算，包括随物流业务量增加而增加的变动物流费的计算和不随物流业务量增减的固定物流费计算。具体方法有高低点法、散布图法、最小二乘法等。这种核算可以为企业进行各种物流决策提供资料。

7. 责任物流成本核算

责任物流成本核算，是按物流成本发生的责任归属不同对责任中心的物流成本所进行的核算。责任的划分应以可控原则为基础，即一定层次、一定部门和人员的责任物流成本必须是其权力活动范围内可以控制或影响其发生额大小的成本。在已经实行责任成本核算的企业，责任物流成本的核算可结合到现行责任成本核算之中，作为现行责任成本报告的附录资料反映出来。进行责任物流成本计算，有利于评价各责任单位的物流活动状况，加强其责任心，从而有利于控制和降低物流成本。

8. 特殊物流成本核算

特殊物流成本核算，是指为满足物流管理进行某些物流决策的需要，对各物流活动方案的机会成本、差别成本、沉没成本等所进行的计算比较，它是一种临时性的计算。

综上所述，企业进行物流成本管理的目的不同，其所需要的物流成本资料也就有所不同，由此产生出了不同的成本计算对象和方法。企业应根据其生产经营的特点和物流成本管理的要求，具体确定物流成本计算对象。

三、物流成本核算的基本方法

上述物流成本核算体系中的各种物流成本信息可通过以下方法来取得。

（一）会计方式的物流成本核算方法

所谓会计核算方法，就是通过凭证、账户、报表对物流耗费予以连续、系统、全面的记录、计算和报告的方法。会计方式的物流成本核算，具体包括两种形式：其一是双轨制，即把物流成本核算与其他成本核算截然分开，单独建立物流成本核算的凭证、账户、报表体系。在单独核算的形式下，物流成本的内容在传统成本核算和物流成本核算中得到双重反映。其二是单轨制，即物流成本核算与企业现行的其他成本核算如产品成本核算、责任成本核算、变动成本核算等结合进行，建立一套能提供多种成本信息的共同的凭证、账户、报表核算体系。在这种情况下，要对现有的凭证、账户、报表体系进行较大的改革，需要对某些凭证、账户、报表的内容进行调整，同时还需要增加一些凭证、账户和报表。这种结合无疑是比较困难的，但并不是不可能的，因为企业物流成本的大部分内容包括在产品成本中，责任物流成本是责任中心成本的一部分，变动物流成本则是企业变动成本的一部分。

运用会计方式进行物流成本核算时，提供的成本信息比较系统、全面、连续，且准确、真实，这是其优点。但这种方法比较复杂，或者需要重新设计新的凭证、账户、报表核算体系，或者需要对现有体系进行较大的甚至可以说是彻底的调整。

企业物流成本会计核算是采用"单轨制"还是采用"双轨制"，应根据每个企业的具体情况而定。不过，从发展的观点来看，最好是采用单轨制会计核算方式。当然，采用单轨制会计核算方式还必须具备一定的条件：①核算人员必须有较高的业务素质；②企业管理基础工作必须比较健全；③管理人员必须具备综合的现代成本管理意识；④企业的成本工作必须实现标准化和现代化，有基本的组织保证。

（二）统计方式的物流成本核算方法

所谓统计方式，就是说它不要求设置完整的凭证、账户和报表体系，而主要是通过对企业现行成本核算资料的解剖分析，从中抽出物流耗费部分（即物流成本的主体部分），再加上一部分现行成本核算没有包括进去但要归入物流成本的费用,如物流信息费、外企业支付的物流费等,然后再按物流管理的要求对上述费用重新归类、分配、汇总,加工成物流管理所需要的成本信息。具体做法如下:

(1) 通过对材料采购、管理费用账户的分析,抽出供应物流成本部分,如材料采购账户中的外地运输费,管理费用账户中的材料市内运杂费,原材料仓库的折旧修理费,保管人员的工资等,并按功能类别、形态类别进行分类核算。

(2) 从生产成本、制造费用、辅助生产、管理费用等账户中抽出生产物流成本,并按功能类别和形态类别进行分类核算。例如,人工费部分按物流人员的人数比例或物流活动工时比例确定,折旧修理费用按物流固定资产占用资金比例确定。

(3) 从销售费用中抽出销售物流成本部分,包括销售过程发生的运输、包装、装卸、保管、流通加工等费用,委托物流费按直接发生额计算。

(4) 外企业支付物流费部分,现有成本核算资料没有反映。其中供应外企业支付的物流费可根据在本企业交货的采购数量,每次以估计单位物流费率进行计算;销售外企业支付的物流费根据在本企业交货的销售数量乘以估计单位物流费率进行计算;单位物流费率的估计可参考企业物资供应、销售给对方企业交货时的实际费用水平。

(5) 物流利息的确定可按企业物流资产占用额乘以内部利率进行计算。

(6) 从管理费用中抽出退货物流成本。

(7) 废弃物物流成本对于企业来说,数额一般较小,可以不单独抽出,而是并入其他物流费用中。

委托物流费的计算比较简单,它等于企业对外支付的物流费用。而企业内部物流耗费及外企业支付物流费用的计算比较复杂,总的原则是单独为物流活动所耗费的部分直接计入;间接为物流活动所耗费的部分,以及物流活动与其他非物流活动共同耗费的部分,则按一定标准或比例,如物流人员的比例、物流工时比例、物流资金数额等分配计算。

与会计方式的物流成本核算比较起来,由于统计方式的物流成本核算没有对物流耗费进行连续、全面、系统的跟踪,所以据此得来的信息,其精确程度受到很大的影响,但正由于它不需要对物流耗费作全面、系统、连续的反映,所以运用起来比较简单、方便。

(三) 统计方式与会计方式相结合的物流成本核算方法

所谓统计方式与会计方式相结合,即物流耗费的一部分内容通过统计方式予以核算，另一部分内容通过会计方式予以核算。运用这种方法，也需要设置一些物流成本账户，但不像第一种方法那么全面、系统，而且这些物流成本账户不纳入现行成本核算的账户体系，对现行成本核算来说，它是一种账外核算，具有辅助账户记录的性质。具体做法如下：

(1) 辅助账户设置。一般来说，企业应设置物流成本总账，核算企业发生的全部物流成本；同时按物流范围设置供应、生产、销售、退货、废弃物流成本二级账；在各二级账下按物流功能设置运输费、保管费、装卸费、包装费、流通加工费、物流管理费三级账，并按费用支付形态设置专栏。

(2) 对于现行成本核算已经反映，但分散于各科目的物流费用，在按照会计制度的要求编制凭证、登记账簿、进行正常成本核算的同时，据此凭证登记相关的物流成本辅助账户，进行账外的物流成本核算。如计入管理费用中的对外支付的材料市内运杂费、物流固定资产折旧、本企业运输车队的费用、仓库保管人员的工资、产成品和原材料的盘亏损失、停工待料损失，计入制造费用的物流人员职工薪酬、物流固定资产的折旧修理费、运输费、保险费、在产品盘亏和毁损，等等。

(3) 对于现行成本核算没有包括，但属于物流成本应该包括的费用，其计算方法与统计方式下的计算方法相同。

(4) 月末根据各物流成本辅助账户所提供的资料编制范围类别、功能类别、形态类别等各种形态的物流成本报表。

这种方法的优缺点介于第一种方法和第二种方法之间，即它没有第一种方法复杂，但它也没有第一种方法准确、全面；与第二种方法比较，情形则恰恰相反。

四、物流成本核算存在的难点问题

(一) 物流成本没有独立的会计科目

物流成本在企业财务会计制度中没有单独的项目，而是与其他成本一起列在费用一栏中，因此很难对企业发生的物流成本作出准确、全面的计算与分析，也无法同其他企业的物流成本进行比较。

(二) 物流成本计算不完整、不全面

一般情况下，企业会计科目中，只把支付给外部运输、仓储企业的费用列入物流成本，实际这些费用在整个物流费用中确实犹如冰山一角。因为物流基础设施建设费和企业利用自己的车辆运输、利用自己的库房保管货物、由自己的工人进行包装、装卸等费用都没有列入物流费用科目内。一般来说，企业向

外部支付的物流费用是很小的一部分，真正的大头儿是企业内部发生的物流费用。

物流成本难以确定的原因主要有三个方面。（1）物流成本的计算范围太大。物流包括：原材料物流、工厂内部物流、从工厂到仓库和配送中心的物流、从配送中心到商店的物流等，成本计算的范围不同，物流费用的大小相距甚远。（2）物流成本的计算对象难以确定。运输、包装、保管、装卸及信息等各物流环节中，以不同环节作为物流成本的计算对象，计算结果差别相当大。（3）物流成本计算内容难以归集。向企业外部支付的运输费、保管费、装卸费等费用一般都很容易列入物流成本，但是本企业内部发生的物流费用，如与物流相关的人工费、物流设施建设费、设备购置费以及折旧费、维修费、电费、燃料费等，都难以准确地确定应列入物流成本的项目和金额。

（三）存在制度性缺陷，实际操作难度大

由于物流成本大部分发生在企业内部，而且范围大、流通环节多、涉及的单位较多，因此许多已经发生的物流费用在具体分解时存在很大的困难。现行会计制度通常将一些应计入物流成本的费用，如仓储保管费用、仓储办公费用、仓储物资的合理损耗等计入企业的经营管理费用。同时，将物资采购中发生的物资运输费用、保险费用、合理损耗、装卸费用、挑选整理费用等计入物资采购成本或经营费用。因此，在实际计算物流成本时，对上述费用的分解还同时存在一个制度规范的问题。而且，如果要分解这些隐藏的费用，在操作上也存在很大的难度，操作成本较高。

（四）物流成本范围边缘不清，难以掌握和比较

对物流成本的计算和控制，各企业通常是分散进行的，各企业根据自己不同的理解和认识来把握物流成本。由于没有统一的计算标准致使各企业物流成本包含的范围不同，因此企业无法进行物流成本的比较，也无法得出企业物流成本的平均值；又由于各企业的物流成本缺乏相互比较的基础，所以无法真正衡量企业相对的物流绩效，物流管理失去了依据。

（五）无法掌握和控制的物流成本较多，增加了物流成本管理的难度

在企业中，物流部门无法掌握和控制的物流成本较多。比如，由于过量进货、过量生产而产生的保管费，紧急运输产生的费用和过量服务所产生的成本都包括在其中，从而增加了物流成本管理的难度。

第三节 物流成本核算的实施

目前在我国企业中尚未进行过系统的物流成本计算，物流成本核算体系也不完善，在此我们可以借鉴日本《物流成本计算统一标准》中的物流成本计算方法来实施物流成本核算。

此种物流成本的计算方法是从"按支付形态不同分类"入手，从企业财务会计核算的全部相关科目中抽出所包含的物流成本，然后以表格的形式从不同角度逐步计算出各类物流成本。其计算步骤如下：

一、分类计算物流成本

按支付形态不同分类从各相关科目中分离出物流成本，并进行计算。

（一）材料费

材料费是由物流消耗而产生的费用。直接材料费可以通过用各种材料的实际消耗量乘以实际的购进价格来计算。材料的实际消耗量可以按物流成本计算期末统计的材料支出数量计算，在难以通过材料支出单据进行统计时，也可以采用盘存计算法。材料的购进价格应包括材料的购买费、进货运杂费、保险费、关税等。

（二）人工费

人工费是指对物流活动中消耗的劳务所支付的费用。物流人工费的范围包括职工所有报酬（工资、奖金、其他补贴）的总额、职工劳动保护费、保险费、按规定提取的福利基金、职工教育培训费等。

在计算人工费的本期实际支付额时，报酬总额按计算期内支付该从事物流活动的人员的报酬总额或按整个企业职工的平均报酬额计算。职工劳动保护费、保险费、按规定提取的福利基金以及职工培训教育费等都需要从企业这些费用项目的总额中把用于物流人员的费用部分抽出来。但当实际费用难以抽出来计算时，也可将这些费用的总额按从事物流活动的职工人数比例分摊到物流成本中。

（三）公益费

公益费是指对公共事业所提供的公益服务（自来水、电、煤气、取暖、绿化等）所支付的费用。严格地讲，每一物流设施都应安装计数表直接计费。但对没有安装计量仪表的企业，此部分费用可以从整个企业支出的公益费中按物流设施的面积和物流人员的比例计算得出。

第八章 物流企业成本核算

(四) 维护费

维护费根据本期实际发生额计算,对于经过多个期间统一支付的费用(如租赁费、保险费等),可按期间分摊计入本期相应的费用中。对于物流业务中可以按业务量或物流设施来掌握和直接计算的物流费,在可能的限度内直接算出维护费,对于不能直接算出来的,可以根据建筑物面积和设备金额等分摊到物流成本中。折旧费应根据固定资产原值、经济使用年限和相应折旧方法计算,对于使用年限长且有价格变动的物流固定资产折旧,可采用重置价格计算。

(五) 一般经费

一般经费是指不能归属于其他项目的一般性经常费用。其中,对于差旅费、交通费、会议费、书报资料费等使用目的明确的费用,直接计入物流成本;对于一般经费中不能直接计入物流成本的,可按职工人数或设备比例分摊到物流成本中。

(六) 特别经费

特别经费包括按实际使用年限计算的折旧费和企业内利息等。

利息在传统会计中是以有利率负债的金额为基础,根据融资期间和规定的利率来计算的。但在物流成本计算中,企业内部物流利息实际上是物流活动所占用的全部资金的资金成本。企业内部利息的计算,对物流作业中使用的固定资产(土地、建筑物、机械设备、车辆等)以征收固定资产占用税时的评估价格乘以企业内利息率,对存货(商品、包装材料等)以账面价值乘以企业内利息率来计算。之所以对固定资产以征收固定资产占用税时的计价额为基础,对存货以账面价值为基础,根据期末余额和企业内利率来计算,是因为:第一,固定资产使用在征收占用税时的评估价格较为客观、公允,可以排除利用固定资产原值的不合理性和利用时价的随意性;第二,存货的周转率很高,直接使用账面价值,也可以排除通货膨胀的影响;第三,企业内利息以资本成本的形式计算,作为附加成本计入物流成本,可以恰如其分地计算物流成本,同时还有利于降低资本利息,进而有效地利用物流资产。

(七) 委托物流费

委托物流费根据本期实际发生额计算,包括托运费、市内运输费、包装费、装卸费、保管费和出入库费、委托物流加工费等。除此之外的间接委托的物流费按一定标准分摊到各功能的费用中。

(八) 其他企业支付的物流费

其他企业支付的物流费,以本期发生购进对其他企业支付和发生销售对其他企业支付物流费的商品重量或件数为基础,乘以费用估价来计算。

其他企业支付的物流费虽然不是本企业的物流费支付,但对购进商品来说,实际上已经将商品从产地运到销售地点的运费、装卸费等物流费用包含在进货价格中,如果到商品产地购进,则这部分物流费显然是要由本企业支付的。对于销售的商品,买方提货所支付的运费也相当于扣减了销售价格,如果销售的商品采用送货制,则这部分物流费也要由本企业支付。因此,其他企业支付的物流费实际上是为了弥补应由本企业承担的物流费而计入物流成本的。

其他企业支付的物流费的计算,必须依靠估价的费用单价,但当本企业也承担与此相当的物流费时,也可以用本企业相当的物流费来代替。

二、编制各物流功能成本计算表

根据计算物流成本的需要,将以上通过计算得出的数据资料编制各物流功能的成本计算表,如运输费计算表、保管费计算表等。如果把所有的功能都作为成本计算对象,每一种功能分别编制一张物流成本计算表,则需要编制七张成本计算表;如果只计算其中某几项功能的费用,可根据实际需要填制。根据各物流功能成本计算表,即可汇总编制整个企业的物流成本计算表。根据需要,可按支付形态、范围汇总计算物流成本,也可按物流功能、支付形态汇总计算物流成本,还可按物流范围、功能汇总计算物流成本。

[例8-1] 某企业通过对管理费用、财务费用、销售费用等费用项目的分析,按一定比率计算出的物流部门的费用,如表8-3所示。

表8-3　　　　　　　　　　物流费用计算表　　　　　　　　　　单位:元

项目	管理费用等	物流费用	备注
车辆租赁费	50 040	50 040	全额
包装材料费	15 092	15 092	全额
工资津贴费	315 667.50	89 334	按人数比率计算
水电气暖费	6 322.50	3 332	按面积比率计算
保险费	5 123.50	2 700	按面积比率计算
修缮维护费	9 798	5 163.50	按面积比率计算
折旧费	19 902	10 488.50	按面积比率计算
办公费	9 638	4 057.50	按物流费用比率计算
易耗品费	10 658	4 487	按物流费用比率计算
资金占用利息	11 930.50	5 022.50	按物流费用比率计算

第八章 物流企业成本核算

续表

项目	管理费用等	物流费用	备注
税金	16 553	6 968.50	按物流费用比率计算
通讯费	5 183	2 182	按物流费用比率计算
软件租赁费	8 874	3 736	按物流费用比率计算
物流成本合计	484 782	202 603.50	物流费占费用总额比率

（一）计算各物流功能的成本

根据会计账簿记录和其他相关资料，上述各项物流成本资料分析如下：

（1）公司供应和销售物流共同费用的分配比为1∶2。

（2）车辆租赁费为公司运输部门所发生的费用。本月运输部门提供物流运输劳务3 200吨/公里，其中采购材料耗用1 200吨/公里，产品销售耗用2 000吨/公里。

供应物流负担额 = 50 040 × 1 200/3 200 = 18 765（元）

销售物流负担额 = 50 040 × 2 000/3 200 = 31 275（元）

（3）包装材料费为仓库实施包装作业所耗用。

（4）工资津贴费按各物流作业职工人数进行分配。其中，包装作业6人，运输作业12人，保管作业4人，装卸作业10人，物流管理人员4人。

包装作业的工资津贴费 = 89 334 × 6/36 = 14 889（元）

运输作业的工资津贴费 = 89 334 × 12/36 = 29 778（元）

　　其中：供应物流负担额 = 29 778 × 1/3 = 9 926（元）

　　　　　销售物流负担额 = 29 778 × 2/3 = 19 852（元）

保管作业的工资津贴费 = 89 334 × 4/36 = 9 926（元）

装卸作业的工资津贴费 = 89 334 × 10/36 = 24 815（元）

　　其中：供应物流负担额 = 24 815 × 1/3 = 8 271.50（元）

　　　　　销售物流负担额 = 24 815 × 2/3 = 16 543.50（元）

物流管理作业的工资津贴费 = 89 334 × 4/36 = 9 926（元）

　　其中：供应物流负担额 = 9 926 × 1/3 = 3 308.50（元）

　　　　　销售物流负担额 = 9 926 × 2/3 = 6 617.50（元）

（5）水电气暖费为物流作业管理所耗用，其分配计算为：供应物流负担1 110.50元，销售物流负担2 221.50元。

（6）保险费按各物流作业设施的账面价值分配。其中，包装设备价值为

480 000 元，运输设备价值为 1 740 000 元，保管设备价值为 987 000 元，装卸设备价值为 216 000 元，物流管理部门设备价值为 147 000 元。

包装作业的保险费 = 2 700 × 480 000/3 570 000 = 363（元）

运输作业的保险费 = 2 700 × 1 740 000/3 570 000 = 1 316（元）

其中：供应物流负担额 = 1 316 × 1/3 = 438.50（元）

销售物流负担额 = 1 316 × 2/3 = 877.50（元）

保管作业的保险费 = 2 700 × 987 000/3 570 000 = 746.50（元）

装卸作业的保险费 = 2 700 × 216 000/3 570 000 = 163.50（元）

其中：供应物流负担额 = 163.50 × 1/3 = 54.50（元）

销售物流负担额 = 163.50 × 2/3 = 109（元）

物流管理作业的保险费 = 2 700 × 147 000/3 570 000 = 111（元）

其中：供应物流负担额：111 × 1/3 = 37（元）

销售物流负担额 = 111 × 2/3 = 74（元）

(7) 修缮维护费和折旧费的发生和分配同保险费。计算如下：

包装作业的维护和折旧费 =（5 163.50 + 10 488.50）× 480 000/3 570 000 = 2 104.50（元）

运输作业的维护和折旧费 =（5 163.50 + 10 488.50）× 1 740 000/3 570 000 = 7 628.50（元）

其中：供应物流负担额 = 7 628.50 × 1/3 = 2 543（元）

销售物流负担额 = 7 628.50 × 2/3 = 5 085.50（元）

保管作业的维护和折旧费 =（5 163.50 + 10 488.50）× 987 000/3 570 000 = 4 327.50（元）

装卸作业的维护和折旧费 =（5 163.50 + 10 488.50）× 216 000/3 570 000 = 947（元）

其中：供应物流负担额 = 947 × 1/3 = 315.50（元）

销售物流负担额 = 947 × 2/3 = 631.50（元）

物流管理作业的维护和折旧费 =（5 163.50 + 10 488.50）× 147 000/3 570 000 = 644.50（元）

其中：供应物流负担额 = 644.50 × 1/3 = 215（元）

销售物流负担额 = 644.50 × 2/3 = 429.50（元）

(8) 易耗品费可根据材料领料单分配确定。其中，包装作业耗用 1 448 元，保管作业耗用 1 878 元，管理部门耗用 1 161 元（供应物流负担 387 元，销售物流负担 774 元)。

(9) 办公费为物流作业管理发生,其分配计算为:供应物流负担 1 352.50 元,销售物流负担 2 705 元。

(10) 资金占用利息为企业存货资金所占用的利息。

(11) 税金为固定资产占用税,分配方法同保险费。计算如下:

包装作业的税金 = 6 968.50 × 480 000/3 570 000 = 937 (元)

运输作业的税金 = 6 968.50 × 1 740 000/3 570 000 = 3 396.50 (元)

其中:供应物流负担额 = 3 396.50 × 1/3 = 1 132 (元)

销售物流负担额 = 3 396.50 × 2/3 = 2 264.50 (元)

保管作业的税金 = 6 968.50 × 987 000/3 570 000 = 1 926.50 (元)

装卸作业的税金 = 6 968.50 × 216 000/3 570 000 = 421.50 (元)

其中:供应物流负担额 = 421.50 × 1/3 = 140.50 (元)

销售物流负担额 = 421.50 × 2/3 = 281 (元)

物流管理作业的税金 = 6 968.50 × 147 000/3 570 000 = 287 (元)

其中:供应物流负担额 = 287 × 1/3 = 95.50 (元)

销售物流负担额 = 287 × 2/3 = 191.50 (元)

(12) 通讯费和软件租赁费为信息流通费,其分配计算为:供应物流负担 1 972.50 元,销售物流负担 3 945.50 元。

(13) 本月企业支付的委托物流费为 60 420 元。其中购买材料的市内运输费 24 020 元,仓库保管费 36 400 元。

(14) 本月外企业支付的物流费为 28 170 元。其中,本月发生购进对其他企业支付的物流费(运费)为 17 130 元,本月发生销售对其他企业支付的物流费(运费)为 11 040 元。

根据上述分析计算,编制包装费、运输费、保管费、装卸费、信息流通费和物流管理费的成本计算表见表 8-4 至表 8-9。

表 8 – 4　　　　　包装费计算表　　　　　　　　单位：元

支付形态			范围	供应物流费	企业内物流费	销售物流费	退货物流费	废弃物物流费	合计
企业物流费	本企业支付物流费	企业本身物流	材料费		16 540				16 540
			人工费		14 889				14 889
			维护费		3 404.50				3 404.50
			一般经费						
			特别经费						
			企业本身物流费		34 833.50				34 833.50
		委托物流费							
		本企业支付的物流费			34 833.50				34 833.50
	外企业支付的物流费								
	企业物流费总计				34 833.50				34 833.50

表 8 – 5　　　　　运输费计算表　　　　　　　　单位：元

支付形态			范围	供应物流费	企业内物流费	销售物流费	退货物流费	废弃物物流费	合计
企业物流费	本企业支付物流费	企业本身物流	材料费						
			人工费	9 926		19 852			29 778
			维护费	22 878.50		39 502.50			62 381
			一般经费						
			特别经费						
			企业本身物流费	32 804.50		59 354.50			92 159
		委托物流费		24 020					24 020
		本企业支付的物流费		56 824.50		59 354.50			116 179
	外企业支付的物流费			17 130		11 040			28 170
	企业物流费总计			73 954.50		70 394.50			144 349

第八章 物流企业成本核算

表 8-6　　　　　　　　　　　　保管费计算表　　　　　　　　　　　单位：元

支付形态		范围	供应物流费	企业内物流费	销售物流费	退货物流费	废弃物物流费	合计
企业支付物流费	本企业支付物流费	企业本身物流	材料费		1 878				1 878
			人工费		9 926				9 926
			维护费		7 000.50				7 000.50
			一般经费						
			特别经费		5 022.50				5 022.50
		企业本身物流费		23 827				23 827
		委托物流费		36 400				36 400
		本企业支付的物流费		60 227				60 227
	外企业支付的物流费							
	企业物流费总计			60 227				60 227

表 8-7　　　　　　　　　　　　装卸费计算表　　　　　　　　　　　单位：元

支付形态		范围	供应物流费	企业内物流费	销售物流费	退货物流费	废弃物物流费	合计
企业支付物流费	本企业支付物流费	企业本身物流	材料费						
			人工费	8 271.50		16 543.50			24 815
			维护费	510.50		1 021.50			1 532
			一般经费						
			特别经费						
		企业本身物流费	8 782		17 565			26 347
		委托物流费						
		本企业支付的物流费	8 782		17 565			26 347
	外企业支付的物流费							
	企业物流费总计	8 782		17 565			26 347

表 8-8　　　　　　　　　信息流通费计算表　　　　　　　　　单位：元

支付形态		范围	供应物流费	企业内物流费	销售物流费	退货物流费	废弃物物流费	合计
企业支付物流费	本企业支付物流费	企业本身物流	材料费						
			人工费						
			维护费						
			一般经费	1 972.50		3 945.50			5 918
			特别经费						
			企业本身物流费	1 972.50		3 945.50			5 918
		委托物流费						
		本企业支付的物流费	1 972.50		3 945.50			5 918
	外企业支付的物流费							
	企业物流费总计		1 972.50		3 945.50			5 918

表 8-9　　　　　　　　　物流管理费计算表　　　　　　　　　单位：元

支付形态		范围	供应物流费	企业内物流费	销售物流费	退货物流费	废弃物物流费	合计
企业支付物流费	本企业支付物流费	企业本身物流	材料费	387		774			1 161
			人工费	3 308.50		6 617.50			9 926
			维护费	347.50		695			1 042.50
			一般经费	2 463		4 926.50			7 389.50
			特别经费						
			企业本身物流费	6 506		13 013			19 519
		委托物流费						
		本企业支付的物流费	6 506		13 013			19 519
	外企业支付的物流费							
	企业物流费总计		6 506		13 013			19 519

（二）汇总编制整个企业的物流成本计算表

根据各物流功能成本计算表，汇总编制整个企业的物流成本计算表，见表 8-10。

第八章 物流企业成本核算

表 8-10　　　　　物流成本计算表（形态别、范围别）　　　　　单位：元

支付形态		范围	供应物流费	企业内物流费	销售物流费	退货物流费	废弃物物流费	合计
企业支付物流费	企业本身物流	材料费	387	18 418	774			19 579
		人工费	21 506	24 815	43 013			89 334
		维护费	23 736.50	10 405	41 219			75 360.50
		一般经费	4 435.50		8 872			13 307.50
		特别经费		5 022.50				5 022.50
		企业本身物流费	50 065	58 660.50	93 878			202 603.50
	委托物流费		24 020	36 400				60 420
	本企业支付的物流费		74 085	95 060.50	93 878			263 023.50
外企业支付的物流费			17 130		11 040			28 170
企业物流费总计			91 215	95 060.50	104 918			291 193.50

（三）按物流功能、支付形态分类计算物流成本

如果要想了解按物流功能、支付形态分类的物流成本的支出情况时，可以将按物流形态别、范围别编制的物流成本计算表支付形态项目的合计数进行汇总，编制按物流功能别、形态别的物流成本计算表，可以明确看出哪种物流功能的成本最大，都发生在哪些物流活动中。见表 8-11。

表 8-11　　　　　物流成本计算表（形态别、功能别）　　　　　单位：元

支付形态		功能	物品流通费				信息流通费	物流管理费	合计
			包装费	运输费	保管费	装卸费			
企业支付物流费	企业本身物流费	材料费	16 540		1 878			1 161	19 579
		人工费	14 889	29 778	9 926	24 815		9 926	89 334
		维护费	3 404.50	62 381	7 000.50	1 532		1 042.50	75 360.50
		一般经费					5 918	7 389.50	13 307.50
		特别经费			5 022.50				5 022.50
		企业本身物流费	34 833.50	92 159	23 827	26 347	5 918	19 519	202 603.50
	委托物流费			24 020	36 400				60 420
	本企业支付的物流费		34 833.50	116 179	60 227	26 347	5 918	19 519	263 023.50
外企业支付的物流费				28 170					28 170
企业物流费总计			34 833.50	144 349	60 227	26 347	5 918	19 519	291 193.50

（四）求出按物流范围、功能分类的物流成本

如果想要求出按物流范围、功能分类的物流成本，同样可以将按物流形态别、范围别编制的物流成本计算表物流范围项目的合计数进行汇总，编制按物流功能别、范围别的物流成本计算表，这样可以了解哪个范围、哪种功能的物流成本高，并且还能算出销售额与物流成本的比例，以及根据销售数量算出的单位物流成本。见表8-12。

表8-12　　　　　物流成本计算表（范围别、功能别）　　　　　单位：元

功能 范围	物品流通费				信息 流通费	物流 管理费	合计
	包装费	运输费	保管费	装卸费			
供应物流费		73 954.50		8 782	1 972.50	6 506	91 215
企业内物流费	34 833.50		60 227				95 060.50
销售物流费		70 394.50		17 565	3 945.50	13 013	104 918
退货物流费							
废弃物物流费							
合计	34 833.50	144 349	60 227	26 347	5 918	19 519	291 193.50
销售额							
销售成本							
销售数量							

计算物流成本时要注意，每进行一次物流成本的计算，都要明确计算的范围，以使计算结果有可比性。明确计算范围的方法就是直接利用上述各种物流成本计算表，因为这些成本计算表能够计算出物流成本的总额。当实际计算过程中只计算部分成本时，同样可以利用这些成本计算表，只需将非计算对象的成本栏空出。这样，就能通过把本年度的计算结果与前一年相比较的方法，看出计算范围上的差别。此外，由于物流成本计算的范围明确了，在与其他企业进行比较或进行时间序列分析时，就可以消除因计算范围不同所引起的成本计算结果上的差别。

第八章 物流企业成本核算

本章小结

在物流过程中，为了提供有关的物流服务，要占用和耗费一定的活劳动和物化劳动，这些活劳动和物化劳动的货币表现即为物流成本。物流成本可按物品流通的环节、物流成本的性态和物流成本是否具有可控性等不同标准进行分类。物流成本的几种重要理论学说包括："黑大陆"学说，物流成本冰山理论，"第三利润源"说，效益背反理论。企业物流成本的影响因素有：竞争性因素，产品因素，空间因素，管理因素。

我国对物流成本的核算范围还没有形成统一的规范，参照国外物流成本的计算标准，物流成本可以从以下三个方面来分类计算：按物流范围计算供应物流费、生产物流费、销售物流费、回收物流费和废弃物流费；按物流支付形态计算本企业支付的物流费、其他企业支付的物流费；按物流功能计算物品流通费、信息流通费和物流管理费。

物流成本计算对象主要受三个方面因素的影响：成本费用承担实体，成本计算期，成本计算空间。根据物流成本计算对象的基本构成要素，结合企业物流成本管理的基本要求，企业物流成本计算对象存在以下几种情况：形态别物流成本核算，即以物流费用的支付形态为成本计算对象所进行的物流成本核算；功能别物流成本核算，即以物流活动的功能为成本计算对象所进行的物流成本核算；范围别物流成本核算，即以物流活动的范围为成本计算对象所进行的物流成本核算；制品别物流成本核算，对供应部门以各种原材料、包装材料为对象，对生产部门以在产品、半成品、产成品为对象，对整个企业和销售部门以销售产品为对象；地域别物流成本核算，即按物料购入和产品销售地区不同所进行的核算；变动物流成本核算，即根据企业物流费用的发生与物流业务量的关系不同所进行的核算；责任物流成本核算，即按物流成本发生的责任归属不同对责任中心的物流成本所进行的核算；特殊物流成本核算，即指为满足物流管理进行某些物流决策的需要，对各物流活动方案的机会成本、差别成本、沉没成本等所进行的核算。

物流成本核算的实施可从按支付形态不同分类入手，从企业财务会计核算的全部相关科目中抽出所包含的物流成本，然后以表格的形式从不同角度逐步计算出各类物流成本。计算步骤包括：分类计算物流成本，按支付形态不同分类从各相关科目中分离出材料费、人工费、公益费、维护费、一般经费、特别经费、委托物流费、其他企业支付的物流费等物流成本,并进行计算;编制各物流功能成本计算表,根据计算物流成本的需要,将以上通过计算得出的数据资料编制各物流功能的成本计算表,根据各物流功能成本计算表,即可汇总编制整个企业的物流成本计算表。

本章思考题

1. 简述物流成本的影响因素。
2. 为适应我国物流管理的需要,应如何确定物流成本核算的范围?
3. 简述物流成本核算对象的选取。
4. 简述物流成本核算的基本方法。
5. 在现行制度环境下,物流成本核算存在哪些难点问题?

本章案例

某生产性企业产销 A、B 两种产品,A、B 产品的工艺过程基本相同,两者的区别主要表现在所提供的物流服务上:A 产品实施的是大批量、低频率的物流配送服务,每批数量为 40 000 件;B 产品实行多频率小额配送服务,每批数量为 10 件。该企业采用主要成本法计算产品的物流成本,所涉及的作业主要有 7 项:订单处理、挑选包装、包装设备调整、运输装卸、质量检查、传票管理、一般管理。其他资料如下:

本月该企业销售 A 产品 5 批,共 20 000 件,B 产品 140 批,共 1 400 件。

订单处理作业全月有能力处理 1 008 份订单。本月实际处理订单 800 份,其中 A 产品 500 份,B 产品 300 份。

包装机共 4 台,全月共可利用 640 机器小时。包装机每包装一批新产品就需要调整一次,连续包装同一产品达 1 000 件时也需要进行一次调整,每台包装机调整一次需要 24 分钟。包装机如果用于包装 A 产品,每件 1.5 分钟,如果用于包装 B 产品,每件 2 分钟。

运输装卸作业全月共能提供 840 工作小时的生产能力,其中用于 A 产品运输装卸每批需 120 小时,用于 B 产品运输装卸每批需 0.4 小时。

A、B 产品的质量检查过程完全相同,该企业全月有能力检查 800 件产品。对于 A 产品每批需要随机抽检 10 件,对于 B 产品每批需要随机抽检

第八章 物流企业成本核算

3件。

该企业进行传票管理作业是采用计算机辅助设计系统来完成，该系统全月共能提供840个机时。本月用于A产品产品管理的机时数为168个，用于B产品产品管理的机时数为420个。

本月人员及设备的利用程度为75%。

A产品每件消耗直接材料1.5元，B产品每件消耗直接材料1.8元。

要求：采用作业成本法计算该企业两种产品的物流成本。

第九章
建筑施工企业成本核算

[引入案例]

某建筑公司现已发展为冶炼工程施工承包一级企业，下设土建公司、管道公司、筑炉公司、机械化公司、混凝土公司等十家分公司，主要负责工程项目的具体施工，公司总人数约2 300多人。总公司职能部门主要有总经理办公室、人力资源部、计划经营部、工程部、安全部、技术部、物资部、财务部等，主要负责工程项目的招投标管理、合同签订、物资采购、设备管理、财务核算等管理事项。总公司的管理人员约200多人。该建筑公司依据施工项目的地点设立项目部，项目管理人员由总公司负责抽调，其他施工人员由各个分公司组建，目前在很多省市已设立了项目部。

该公司去年承接多个项目工程，各分公司分别有不同的合作。至年底，各工程项目的完工状态不尽相同，这样在成本会计处理时，就需要充分结合工程合同具体情况确定成本核算对象进行独立核算，各个分公司从总部领用的材料物资也不能简单地归集，而需要在不同的项目之间进行有效的计算和分配，才能体现出不同项目的成本和收益状态。

但该公司采用的是传统单一的成本核算体系，由总公司财务部统一进行成本核算，其他分公司配备相应的成本核算人员仅仅对分摊成本进行二次分配，编制一些简单的成本分配报表，没有进行独立的成本核算。因此年终考核评比意见很大，认为现行核算方式没能正确反映各分公司工程成本真实水平，势必造成鞭打快牛现象，不利于调动分公司科学控制成本有效提高项目经济效益积极性，同时也弱化了公司的成本控制，总公司无法及时对各分公司进行事前和事中成本控制。

[学习目的与要求]

本章主要介绍了建筑施工企业的生产经营特点，产品成本的内容和成本计算对象，以及成本核算中专用会计科目的运用。

通过本章的学习，应切实掌握工程成本的归集和分配，完工成本的计算与结转，深刻理解和领会建筑施工企业生产经营中成本核算的步骤和程序。

第九章 建筑施工企业成本核算

第一节 建筑施工企业生产经营的主要特点

一、建筑施工企业的概念

建筑施工企业，通常也称为建筑企业，一般是指从事建筑施工、设备安装和其他专门工程施工的企业。建筑施工企业是具有独立的法人组织治理结构并在经济上实行自主经营、独立核算、自负盈亏的经济实体。

为了促进规范建筑市场，使建筑市场竞争有序、和谐发展，施工企业按照在建筑市场上所处领域、施工方式不同，可以将其进行不同分类。例如，按照生产方式不同，可以分为安装企业、修缮装饰企业；按照施工的资质不同，可以分为特级资质、一级资质等；按承接工程的能力和规模不同，可以分为总承包、专业承包、装饰分包、劳务分包等。

二、建筑施工企业生产经营的主要特点

建筑施工企业与其他行业相比，无论其生产的产品还是其生产经营活动等，都具有较大差异，具有一些显著的特点。研究这些特点，对于加强企业的经营管理与成本核算都具有重要的意义。这些特点主要表现为以下五个方面：

（一）经营模式的特殊性

施工企业在经营方式上与其他企业有显著的不同，施工企业一般是通过招投标或议标等方式取得工程项目承包合同。合同建设的周期长，投资金额大，需要分期、分部位来确认合同完成情况，进行工程款的支付。从项目的开工建设开始，经历项目正常施工，项目完工验收，项目交付使用，直到质保期满、质保金支付完毕，是一个长期复杂的过程。除了施工企业外，业主和监理方对项目建设进行全过程持续监控，如果是政府项目建设的过程中或完工后还要进行政府审计。

（二）生产产品的特殊性

施工企业建造的产品主要包括房屋、建筑物、桥梁、道路、码头和设备的安装等，很多涉及国家的基础建设项目和国计民生工程。这些工程通常为不动产，每项建筑产品都有其特定的用途和建设要求，具有固定性、使用年限长、产品单一性、多样化等特点。

（三）生产方式的特殊性

首先，施工企业是通过建筑、安装等方式来完成施工产品的，这具有独特

性。其次，建筑产品是固定的，但配置的资源是流动的，工程项目的人员、机构、材料、物资等要在不同地区、不同类别的工程间流动施工。最后，施工企业还要借助大量的临时设施和专项设备才能完成项目建设，大部分临时设施和专项设备可以周转使用，但有些就只能使用一次。

（四）系统模式的特殊性

施工企业是订单式生产，其生产产品的特殊性，要求必须在现场完成施工，才能最终完成产品的设计要求。这就要求施工企业的机构、物资、设备和人员，始终围绕项目建设变动的特性，也决定了施工企业组织模式的特殊性。目前，施工企业采用项目法施工模式组织生产经营，项目经理部作为内部独立机构管理项目，工程项目建设开工前，项目经理部成立；工程项目完成竣工并交付后，该项目经理部撤销。以完成工程项目建设为核心来进行资源配置，以工程项目为成本或利润中心来考核经营业绩。

（五）风险存在的特殊性

首先，由于正常施工一般是室外作业，这造成工作条件千变万化，即使同一张图纸，因地质、气象、水温等条件不同，所生产的产品也会有很大的区别；加之作业时间长，隐蔽性工程多，施工过程中不确定自然因素非常多，如地震、洪水、飓风、滑坡、溶洞地质、水文变化等，都会给施工企业带来不可预知的风险。其次是来自社会上的风险，施工企业外埠施工项目，当地组工现象普遍存在，如果承揽工程施工队伍的施工水平不过硬，容易影响到工程建设质量，造成各种索赔，让施工企业遭受不必要的损失。

第二节　建筑施工企业产品成本内容及成本计算对象

一、建筑施工企业产品成本内容

建筑施工企业在生产经营活动中所发生的各项生产费用可分为工程成本和期间费用两部分。

（一）工程成本

建筑安装工程成本由直接费和管理费组成。一般应当设置人工费、材料费、机械使用费、其他直接费和管理费五个成本项目。建筑企业将部分工程分包的，还可以设置分包成本项目。

第九章 建筑施工企业成本核算

（1）人工费，包括按照国家规定支付给施工过程中直接从事建筑安装工程施工的工人以及在施工现场直接为工程制作构件和运料、配料等工人的基本工资、工资性津贴和应计入成本的各种奖金。

（2）材料费，包括在施工过程中所耗用的、构成工程实体的材料、结构件和有助于工程形成的其他材料以及周转材料的摊销费和租赁费。

（3）机械使用费，包括施工过程中使用自有施工机械所发生的机械使用费、使用外单位施工机械的租赁费，以及按照规定支付的施工机械进出场费。

（4）其他直接费，包括施工现场直接耗用的水、电、蒸汽等费用，施工现场发生的二次搬运费，冬雨季施工增加费，夜间施工增加费，流动施工津贴，特殊地区施工增加费，铁路、公路工程行车干扰费，送电工程干扰通讯保护措施费，特殊工程技术培训费等。

上述各项其他直接费，在预算定额中，如果分别列入材料费、人工费、机械使用费项目的，企业也应分别在相应的成本项目中核算。

（5）间接费用，包括企业为组织和管理工程施工所发生的全部支出。包括建筑施工单位工作人员工资、生产工人辅助工资、应提取的职工福利基金及工会经费、办公费、差旅费、固定资产使用费、工具用具使用费、劳动保护费、检验试验费、职工教育经费、利息支出、房产税和车船税，以及定额测定、预算编制、定位复测、工程点交、场地清理、现场照明等其他费用。

（6）分包成本，是指按照国家规定开展分包，支付给分包单位的工程价款。

企业可以根据主管部门的规定，结合本单位的具体情况，对上述成本项目作适当增减和合并。如使用结构件较多的工程，可以单列"结构件"成本项目，等等。

（二）期间费用

建筑施工企业的期间费用包括管理费用和财务费用，这些费用均不能计入工程成本，而是作为期间费用计入当期损益。建筑施工企业的管理费用和财务费用核算内容及方法与工业企业基本相同，此处不再赘述。

二、建筑施工企业成本计算对象

企业应当根据本企业施工组织的特点、承包工程的实际情况和加强成本管理的要求，确定建筑安装工程成本核算对象。建筑施工企业一般按照订立的单项合同确定成本核算对象。单项合同包括建造多项资产的，企业应当按照企业会计准则规定的合同分立原则，确定建造合同的成本核算对象。为建造一项或数项资产而签订一组合同的，按合同合并的原则，确定建造合同的成本核算对象。

（1）建筑安装工程一般应以每一独立编制施工图预算的单位工程为成本核算对象。

（2）一个单位工程由几个施工单位共同施工时，各施工单位都应以同一单位工程为成本核算对象，各自核算自行完成的部分。

（3）规模大、工期长的单位工程，可以将工程划分为若干部位，以分部位的工程作为成本核算对象。

（4）同一建设项目，由同一个单位施工、同一施工地点、同一结构类型、开竣工时间相接近的若干个单位工程，可以合并作为一个成本核算对象。

（5）改建、扩建的零星工程，可以将开竣工时间相接近、属于同一建设项目的各个单位工程，合并作为一个成本核算对象。

（6）土石方工程、打桩工程，可以根据实际情况和管理需要，以一个单项工程为成本核算对象，或将同一施工地点的若干个工程量较小的单项工程合并作为一个成本核算对象。

第三节 工程成本核算的会计科目

《企业会计准则》规定："建造承包商建造工程合同成本应当包括从合同签订开始至合同完工止发生的、与执行合同有关的直接费用和间接费用。"建造工程合同成本在建筑企业通常称为建筑工程成本。施工企业为反映在工程施工过程中发生的各项费用支出，需要设置"工程施工"、"辅助生产"、"机械作业"、"工程结算"等会计科目。

一、会计科目

（一）工程施工

1. 企业应设置"工程施工"科目核算企业（建造承包商）实际发生的合同成本和合同毛利。

2. 本科目可按建造合同，分别"合同成本"、"间接费用"、"合同毛利"进行明细核算。

3. 企业施工的主要账务处理：

（1）企业进行合同建造时发生的人工费、材料费、机械使用费以及施工现场材料的二次搬运费、生产工具和用具使用费、检验试验费、临时设施折旧

第九章　建筑施工企业成本核算

费等其他直接费用，借记本科目（合同成本），贷记"应付职工薪酬"、"原材料"等科目。发生的施工、生产单位管理人员职工薪酬、固定资产折旧费、财产保险费、工程保修费、排污费等间接费用，借记本科目（间接费用），贷记"累计折旧"、"银行存款"等科目。期（月）末，将间接费用分配计入有关合同成本，借记本科目（合同成本），贷记本科目（间接费用）。

（2）确认合同收入、合同费用时，借记"主营业务成本"科目，贷记"主营业务收入"科目，按其差额，借记或贷记本科目（合同毛利）。

（3）合同完工时，应将本科目余额与相关工程施工合同的"工程结算"科目对冲，借记"工程结算"科目，贷记本科目。

4. 本科目期末借方余额，反映企业尚未完工的建造合同成本和合同毛利。

（二）机械作业

1. 企业应设置"机械作业"科目核算企业（建造承包商）及其内部独立核算的施工单位、机械站和运输队使用自有施工机械和运输设备进行机械作业（包括机械化施工和运输作业等）所发生的各项费用。

企业及其内部独立核算的施工单位，从外单位或本企业其他内部独立核算的机械站租入施工机械发生的机械租赁费，在"工程施工"科目核算。

2. 本科目可按施工机械或运输设备的种类等进行明细核算。

施工企业内部独立核算的机械施工、运输单位使用自有施工机械和运输设备进行机械作业所发生的各项费用，可按成本核算对象和成本项目进行归集。成本项目一般分为人工费、燃料及动力费、折旧及修理费、其他直接费用、间接费用（为组织和管理机械作业生产所发生的费用）。

3. 机械作业的主要账务处理：

（1）企业发生的机械作业支出，借记本科目，贷记"原材料"、"应付职工薪酬"、"累计折旧"等科目。

（2）期（月）末，企业及其内部独立核算的施工单位、机械站和运输队为本单位承包的工程进行机械化施工和运输作业的成本，应转入承包工程的成本，借记"工程施工"科目，贷记本科目。对外单位、专项工程等提供机械作业（包括运输设备）的成本，借记"劳务成本"科目，贷记本科目。

4. 本科目期末应无余额。

（三）辅助生产

1. 企业应设置"辅助生产"科目核算企业非独立核算的辅助生产部门为工程施工、产品生产、机械作业、专项工程等生产材料和提供劳务（如设备维修，构件的现场制作，铁木件加工，供应水、电、气，施工机械的安装、拆卸的辅助设备的搭建工程等）所发生的各项费用。

企业下属的生产车间、单位和部门，如机械车间、木工车间、混凝土车间、供水站、运输队等，如果实行内部独立核算，所发生的生产费用应在"工业生产"、"机械作业"科目核算，不使用本科目。

2. 本科目应按车间、单位或部门和成本核算对象设置明细账，并按规定的成本项目分设专栏进行明细核算。

3. 辅助生产的主要账务处理：

辅助生产部门所发生的各项费用，应按成本核算对象和成本科目进行归集。发生的辅助生产费用支出，借记本科目，贷记"应付职工薪酬——工资"、"库存材料"等有关科目。月末，按受益对象分配辅助生产费用。对外单位专项工程提供的部分，借记"其他业务成本"科目，贷记本科目；对本单位工程提供的部分，借记"专项工程支出"科目，贷记本科目；对本单位的工程施工、产品生产、机械作业、管理部门等提供的部分，借记"工程施工"、"工业生产"、"机械作业"、"管理费用"等科目，贷记本科目。

4. 本科目期末借方余额为辅助生产部门在产品的实际成本。

（四）工程结算

1. 企业应设置"工程结算"科目核算企业（建造承包商）根据建造合同约定向业主办理结算的累计金额。

2. 本科目可按建造合同进行明细核算。

3. 工程结算的主要账务处理：

企业应向业主办理工程价款结算，按应结算的金额，借记"应收账款"等科目，贷记本科目。

合同完工时，应将本科目余额与相关工程施工合同的"工程施工"科目对冲，借记本科目，贷记"工程施工"科目。

4. 本科目期末贷方余额，反映企业尚未完工建造合同已办理结算的累计金额。

二、核算程序

施工企业在进行工程成本的总分类核算时，必须按照规定正确地使用上述账户。其一般核算程序简述如下：

1. 将本期发生的施工费用，按其发生的地点和经济用途分别归集和分配到有关的施工费用账户。

2. 将归集在"工程施工——间接费用"账户的费用，按照一定的分配标准分配入有关的工程成本。

3. 将归集在"辅助生产"账户中的费用，按各受益对象进行分配，并转入"工程施工"、"机械作业"和"管理费用"等账户。

4. 将归集在"机械作业"账户中的费用，按照受益对象进行分配，并转入"工程施工"等账户。

5. 期末，将已计算确定的已完工程实际成本从"工程施工"账户转入"工程结算成本"账户。

第四节　工程成本的归集与分配

在施工生产过程中，按照国家规定支付给生产工人的基本工资、工资性津贴和应计入成本的奖金，耗用的各种材料，使用自有的和租入的施工机械、运输设备的费用，应当根据有关部门提供的手续完备的凭证和资料，在"人工费"、"材料费"、"机械使用费"、"其他直接费"和"管理费"等成本项目内进行汇集，直接计入或按规定的方法分配计入有关成本核算对象。

1. 生产工人的计件工资，直接计入有关成本核算对象；计时工资应按实际工时或定额工时进行分配，计入有关成本核算对象。工资性津贴和按照规定应计入成本的各种奖金，比照计件和计时工资的分配方法，直接计入或分配计入有关的成本核算对象。

支付给分包单位的人工费，直接计入该分包工程的"人工费"成本项目。

2. 直接用于工程施工的各种材料，凡能够确定受益成本核算对象的，应直接计入受益的成本核算对象；由几个成本核算对象共同使用的材料，应确定合理的分配标准，在受益的成本核算对象之间进行分配。

租用周转材料的租赁费，应直接计入受益的成本核算对象。使用自有周转材料的摊销价值，应按规定的摊销方法一次或分次计入受益的成本核算对象。

采用计划成本进行材料日常核算的企业，在计算工程成本时，必须将耗用材料的计划成本调整为实际成本。材料计划成本与实际成本的差异，一般应当按照材料类别进行核算，不能将所有材料都使用一个综合差异率。材料的类别由主管部门或企业根据本单位实际情况和加强管理的要求自行确定。

材料成本差异的计算期必须与成本计算期相同，按期分摊，不得在年末一次计算。耗用材料应负担的材料成本差异，除委托外部加工材料可以按上期的差异率计算外，都应使用当期的实际差异率。

采用实际成本进行材料日常核算的企业，耗用材料实际成本的计算方法，可以在"先进先出法"、"加权平均法"、"移动平均法"、"分批实际法"中选定一种。

施工现场储备的材料，应当作为企业库存材料处理，不得计入成本。实际耗用的材料，必须按成本计算期内实际耗用的数量计算，不得以领代用。已领未用的材料，下期不用的，应及时办理退料手续；下期继续使用的，要办理"假退料"手续。

工程竣工后，应将剩余材料退回仓库，已经计入工程成本的，要冲减成本。现场回收可利用的废料，按可利用价值或回收价值，冲减成本。

3. 租用施工机械支付的租赁费，凡能确定受益成本核算对象的，应直接计入有关成本核算对象；由几个成本核算对象共同受益的，应确定合同的分配标准，在有关的成本核算对象之间进行分配。

自有施工机械在施工过程中发生的各项费用，应按一定的方法在各有关成本核算对象之间进行分配，一般只包括直接费，不包括管理费。实际发生的管理费，直接列入有关成本核算对象的"管理费"项目。

施工机械的安装、拆卸、辅助设施和进出场费，应直接计入有关成本核算对象的"机械使用费"项目。

4. 施工生产过程中实际支付的其他直接费，能分清受益对象的，应直接计入受益成本核算对象的"其他直接费"项目；与若干个成本核算对象有关的，应按规定的方法分配计入有关的成本核算对象。

5. 各项管理费用，应分别管理部门和规定的费用项目进行汇集，将属于应由工程成本负担的部分，采取合理的分配方法计入有关成本核算对象的"管理费"项目。

6. 固定资产的折旧费，应按《企业产品成本核算制度（试行）》的规定，按月提取，并按固定资产的使用单位和部门进行分配。属于工程成本负担的，应按不同的成本核算对象分配计入"机械使用费"和"管理费"项目；属于工业生产、辅助生产、材料采购、专项工程等成本负担的，应采用合理的分配方法和标准分别计入有关成本项目和核算对象。

固定资产的修理费用，要严格分清大修理费用和经常性中小修理费用。固定资产的大修理费用，应按规定的提取率按月提取大修理基金，分配计入有关成本核算对象。实际发生的大修理费用，在提取的大修理基金中开支。实际发生的中小修理费用，一次或分次计入有关成本核算对象。

7. 领用的低值易耗品，应按规定的摊销方法，一次或分次计入有关成本核算对象的"管理费"项目。低值易耗品报废时的残值和向过失人收回的赔偿款，应冲减当期摊销数。

8. 企业及其内部独立核算单位所属非独立核算的辅助生产车间、单位或部门发生的各项费用支出，应按不同的车间、单位或部门和成本核算对象（如各种自制材料、劳务的种类等）以及自行规定的成本项目进行汇集，并按照规定的分配方法全部分配给各受益单位。

辅助生产车间、单位或部门为本单位的施工生产和管理部门提供的材料和劳务，不负担管理费用，但对外单位、本企业基建部门和其他内部独立核算单位、专项工程和福利事业单位销售材料和提供劳务，均应负担管理费用。

第五节 完工工程成本的计算与结转

一、未完工程、已完工程和竣工工程成本

1. 企业必须按照规定的成本计算期计算未完工程、已完工程和竣工工程的实际成本。

2. 企业在期末应对未完工程进行盘点，按照预算定额规定的工序，折合成已完分部分项工程量；再根据分部分项工程的预算单价计算期末未完工程成本。

期末未完工程成本一般不负担管理费。如果期末未完工程成本数额较大，并且期初、期末的数量相差很大的，则应分摊管理费。

未完工程工程量占当期全部工程量的比重很小，或期初、期末数量相差不大的，可以不计算未完工程成本。

3. 本期已完工程实际成本根据期初未完工程成本、本期实际发生的生产费用和期末未完工程成本进行计算。

4. 工程竣工后，企业应当根据成本记录汇集的各项生产费用，核算自开工起至竣工止的全部工程实际成本。

二、完工工程成本的计算和结转

施工企业必须按照规定的成本计算期计算未完工程、已完工程和竣工工程成本。采用按月结算工程价款办法的工程，应按月结转已完工程成本；采用竣工后一次结算或分段结算工程价款的工程，应按合同规定的工程价款结算期，结转已完工程成本。已完工程成本可根据下列公式计算：

本期已完工程成本 = 期初未完工程成本 + 本期工程实际成本 - 期末未完工程成本

在上列公式中，等式右边第一、第二因素反映在"工程施工"账户借方，是已知数，所以只要采用一定的方法计算出期末未完成工程成本就可以通过上列公式计算出已完工工程成本。

未完工程成本是指期末尚未办理工程价款结算的工程成本。实际工作中通常采用"估量法"计算确定。所谓估量法，又称约当产量法，是根据施工现场盘点确定的未完成预算定额规定的工序的未完成实物量，经过估算，将其折合成相当于已完成部分分项工程量，再乘以该部分分项工程的预算单价，即可算出其预算成本。其计算公式是：

期末未完工程预算成本 = 期末未完工程折合成的已完分部分项工程量 × 该分部分项工程预算单价

上述方法实际上是把月末未完成工程的预算成本视同实际成本来计算已完成工程成本，如果施工企业月末未完成工程在当月工程量中所占比重较大时，必然会影响成本计算的正确性。在这种情况下，为了合理分配生产费用，可选择本期以完成工程与期末未完成工程的预算长短作为标准来分配生产费用，计算本期已完工程和期末未完成工程的实际成本。

三、建筑施工工程成本核算举例

某建筑公司同时承包甲、乙两项建筑工程，按月计算公司实际成本。截至 2014 年 9 月 30 日，各成本项目情况见表 9-1。

表 9-1 月初未完工程明细 单位：元

	人工费	材料费	机械使用费	其他直接费	间接费用	合计
甲工程	3 600	16 000	500	300	2 000	22 400
乙工程	15 400	48 000	2 500	1 200	16 500	83 600

（一）人工费的核算

2014 年 10 月该建筑公司发生下列有关人工费的经济业务：

（1）本月应付建筑安装工人的薪酬总额 350 000 元。本月建筑安装工人的实际工日总数为 2 500 个工日，其中甲工程实际耗用 1 500 个工日，乙工程实际耗用 1 000 个工日。

（2）应付驾驶和操作施工机械人员的薪酬是 20 000 元，应付管理人员的薪酬是 40 000 元。

则：单位工日平均工资 = 350 000/2 500 = 140（元/工日）

甲工程应分配人工费 = 140 × 1 500 = 210 000（元）

乙工程应分配人工费 = 140 × 1 000 = 140 000（元）

根据上述计算结果，编制人工费用分配表见表 9 – 2。

表 9 – 2　　　　　　　　　人工费分配表　　　　　　　　　单位：元

工程成本对象	实际用工日数	分配率	分配金额
甲工程	1 500		210 000
乙工程	1 000		140 000
小计	2 500	140	350 000
机械作业			20 000
间接费用			40 000
合计			410 000

根据人工费分配表，编制如下会计分录：

借：工程施工——甲　　　　　　　　　　　　　　　210 000
　　　　　　——乙　　　　　　　　　　　　　　　140 000
　　机械作业　　　　　　　　　　　　　　　　　　 20 000
　　工程施工——间接费用　　　　　　　　　　　　 40 000
　　贷：应付职工薪酬　　　　　　　　　　　　　　410 000

（二）材料费的核算

2014 年 10 月该建筑公司发生下列有关材料费用的经济业务：

（1）本月甲、乙工程领用原材料的计划成本分别为 480 000 元、350 000 元，编制会计分录如下：

借：工程施工——甲　　　　　　　　　　　　　　　480 000
　　　　　　——乙　　　　　　　　　　　　　　　350 000
　　贷：原材料　　　　　　　　　　　　　　　　　830 000

原材料的成本差异率为 5%。结转本月甲、乙工程应付单的材料成本差异。本月领用原材料的成本差异 = 480 000 × 5% + 350 000 × 5% = 24 000 + 17 500 = 41 500（元），编制会计分录如下：

借：工程施工——甲　　　　　　　　　　　　　　　　　　24 000
　　　　　　——乙　　　　　　　　　　　　　　　　　　17 500
　　贷：材料成本差异　　　　　　　　　　　　　　　　　　41 500

（2）计提本月其他周转材料的摊销额 7 200 元，其中：甲工程负担 4 500 元，乙工程负担 2 700 元，编制会计分录如下：

借：工程施工——甲　　　　　　　　　　　　　　　　　　4 500
　　　　　　——乙　　　　　　　　　　　　　　　　　　2 700
　　贷：周转材料　　　　　　　　　　　　　　　　　　　　7 200

（三）机械使用费的核算

2014 年 10 月，该公司发生下列有关机械使用费的经济业务：

（1）本月施工机械领用燃料的计划成本为 35 000 元，无材料成本差异，编制会计分录如下：

借：机械作业　　　　　　　　　　　　　　　　　　　　35 000
　　贷：原材料　　　　　　　　　　　　　　　　　　　　35 000

（2）本月施工机械的折旧费为 5 000 元，编制会计分录如下：

借：机械作业　　　　　　　　　　　　　　　　　　　　5 000
　　贷：累计折旧　　　　　　　　　　　　　　　　　　　5 000

（3）本月施工机械共工作了 500 个台班，其中：甲工程实际使用了 300 个台班，乙工程实际使用了 200 个台班。

根据以上（一）、（三）资料：

本月机械使用费总额 = 20 000 + 35 000 + 5 000 = 60 000（元）

编制机械使用费分配表，如表 9-3 所示。

表 9-3　　　　　　　　　　　机械使用费分配表　　　　　　　　　　　单位：元

工程成本对象	实际用工日数	分配率	分配金额
甲工程	300		36 000
乙工程	200		24 000
合计	500	120	60 000

根据机械使用费分配表，编制会计分录如下：

借：工程施工——甲　　　　　　　　　　　　　　　　　　36 000
　　　　　　——乙　　　　　　　　　　　　　　　　　　24 000

第九章 建筑施工企业成本核算

  贷：机械作业   60 000

（四）其他直接费用的核算

本月以银行存款支付检验试验费、场地清理费等6 000元，其中甲工程负担4 000元，乙工程负担2 000元，编制会计分录如下：

  借：工程施工——其他直接费   6 000

    贷：银行存款   6 000

  借：工程施工——甲   4 000

     ——乙   2 000

    贷：工程施工——其他直接费   6 000

（五）间接费用的核算

2014年10月，该公司发生下列有关间接费用的经济业务：

（1）用银行存款支付各种办公费用8 600元，编制会计分录如下：

  借：工程施工——间接费用   8 600

    贷：银行存款   8 600

（2）计提本月土地管理用固定资产的折旧额11 400元，编制会计分录如下：

  借：工程施工——间接费用   11 400

    贷：累计折旧   11 400

（3）甲工程的定额成本为550 000元，乙工程的定额成本为450 000元，将本月的间接费用按甲、乙两工程的定额成本进行分配。

根据（一）、（五）资料：

本月的间接费用总额 = 40 000 + 8 600 + 11 400 = 60 000（元）

间接费用的分配如下：

间接费用的分配率 = 60 000 /（550 000 + 450 000）= 0.06

甲工程应分配的间接费用 = 0.06 × 550 000 = 33 000（元）

乙工程应分配的间接费用 = 0.06 × 450 000 = 27 000（元）

则编制会计分录如下：

  借：工程施工——甲   33 000

     ——乙   27 000

    贷：工程施工——间接费用   60 000

（六）施工费用在已完工程和未完工程之间的分配

2014年10月31日盘点时，甲工程有3 500平方米的外墙抹水泥砂浆未完施工，其完工程度为60%，预收单价为10元/平方米，其直接费中人工费为2元/平方米，机械使用费为1元/平方米，材料费为7元/平方米。

则甲工程未完施工成本 = 3 500 × 60% × 10 = 21 000（元），其中：人工费4 200元，材料费14 700元，机械使用费2 100元。

月末盘点时乙工程没有已完工程。

通过以上各项费用的归集和分配，登记工程成本明细账如表9-4、表9-5所示。

表9-4　　　　　　　　　　　工程成本明细账

工程名称：甲工程　　　　　　　2014年10月　　　　　　　　　单位：元

摘要	人工费	材料费	机械使用费	其他直接费	间接费用	合计
月初未完工工程	3 600	16 000	500	300	2 000	22 400
本月施工费用						
人工费	210 000					210 000
材料费		508 500				508 500
机械使用费			36 000			36 000
其他直接费				4 000		4 000
间接费用					33 000	33 000
累计工程成本	213 600	524 500	36 500	4 300	35 000	813 900
未完工工程成本	4 200	14 700	2 100			21 000
已完工程成本	209 400	509 800	34 400	4 300	35 000	792 900

表9-5　　　　　　　　　　　工程成本明细账

工程名称：乙工程　　　　　　　2014年10月　　　　　　　　　单位：元

摘要	人工费	材料费	机械使用费	其他直接费	间接费用	合计
月初未完工工程	15 400	48 000	2 500	1 200	16 500	83 600
本月施工费用						
人工费	140 000					140 000
材料费		370 200				370 200
机械使用费			24 000			24 000
其他直接费				2 000		2 000

第九章　建筑施工企业成本核算

续表

摘要	人工费	材料费	机械使用费	其他直接费	间接费用	合计
间接费用					27 000	27 000
累计工程成本	155 400	418 200	26 500	3 200	43 500	646 800
未完工工程成本	154 400	418 200	26 500	3 200	43 500	646 800

结转完工工程成本，编制会计分录如下：
借：工程结算　　　　　　　　　　　　　　　　　792 900
　　贷：工程施工——甲　　　　　　　　　　　　　　　792 900

本章小结

施工企业的流动性、单件性和生产周期长等经营特点决定了施工企业一般按单独的工程项目进行成本计算。对于规模大、工期长的单位工程，可以将工程划分为若干部分，以分部工程作为成本计算对象。同一建设项目包含若干单位工程的，可以合并作为一个成本计算对象。施工企业通过设置"工程施工"、"机械作业"等账户进行工程成本核算。已完工程成本的计算与结转，应根据工程价款的结算方法来决定。

本章思考题

1. 简述建筑施工企业生产经营的主要特点。
2. 结合施工企业的生产经营特点说明施工企业的成本计算对象。
3. 简述施工企业产品成本的主要内容。
4. 如何进行建筑施工企业完工工程成本的计算和结转？

本章案例

某建筑公司目前有甲、乙两项工程。2014 年 10 月这两项工程的有关资料如下：

（1）甲、乙两项工程耗用钢材的计划成本分别为 160 000 元和 420 000 元；耗用水泥的计划成本分别为 100 000 元和 240 000 元；耗用其他材料的计划成本分别为 130 000 元和 300 000 元。钢材的成本差异率为 −8%；水泥的成本差异率为 −3%；其他材料的成本差异率为 2%。

（2）公司发生计时工资 300 000 元，其中甲工程耗用工时 12 000 小时，乙工程耗用工时 8 000 小时。

（3）按施工机械的实际台时分配机械使用费。公司的一台吊车当月的机械使用费为 23 680 元，分别对甲、乙两项工程进行了机械作业，甲工程使用吊车 180 小时，乙工程使用吊车 48 小时。公司的一台挖土机当月的机械使用费为 30 110 元，全部为乙工程服务。

（4）公司运输队本月发生各项费用共计 51 200 元，共提供 64 000 吨公里的运输服务，其中为甲工程提供 21 000 吨公里的运输服务，为乙工程提供 43 000 吨公里的运输服务。

（5）公司本月发生各项其他间接费用 165 000 元，按甲、乙工程的实际直接成本比例进行分配。

（6）甲工程包含 A、B 两个分项工程。甲工程月初未完工工程成本为 1 759 200 元。A 分工程在本月全部完工，B 分工程完工 80%，B 分工程的预算造价为 1 200 000 元。乙工程为上月新开工的工程，尚未完工。

要求：为该公司编制 2014 年 10 月的会计分录。

第四篇
成本会计专题

第四篇

政本合十書國

第十章 作业成本法

[引入案例]

在美国，曾有人对1 000个成人发起调查，要求选出两家他们认为"真正经营良好的公司"，结果AT&T公司获票数最高。这很可能是因为它的知名度较高，因为这家公司拥有9 000多万名客户，年收入500多亿美元，经营利润超过60亿美元。但是，这或许也与它的成本管理系统不无关系。

众所周知，通信行业正面临巨大的变革，无线通讯、网络、3G等新技术层出不穷，与通信行业齐名长达百年之久的AT&T是如何保持其竞争力的呢？上至首席执行官，下至地方办事处的经理，都必须了解客户和成本，这已经成为AT&T的共识。

以AT&T公司的商务通信服务部门为例，它主要负责国内和国际声音和数据通信服务，年收入达160多亿美元。该部门自20世纪90年代开始，就准备设计开发一项新的成本会计系统，该部门原有的成本核算系统仅仅收集供高层管理者和会计部门使用的财务数据，而新的系统必须"可以帮助生产经理更好地掌握每一种产品或服务的成本"。

该系统运行之后，商务通信部门的开单系统从中受益良多。因为该系统可以计算检查错误账单这一作业的成本。这项原系统之下不予以计算和报告的成本，引起了管理层的高度注意，管理者开始注意降低这一成本，最终每年节省大约50万美元。

[学习目的与要求]

通过对作业成本法原理及作业成本管理的介绍，较全面地了解作业、成本动因、成本库、作业成本法等基本概念；通过对作业成本法实例的介绍，进一步明确作业成本法的运用以及与其他成本核算方法的关系。通过本章学习要求掌握作业成本法的基本概念及一般运用以及与传统成本核算方法的关系。

第一节 作业成本法概述

一、作业成本法的产生

作业成本法,英文为 Activity Based Costing(缩写为 ABC),直译为"以作业为基础的成本计算",它以作业而不是传统的业务量为基础,按一定标准将费用划入不同的成本库,然后以不同的作业为标准将成本分配给成本对象来计算成本,使得产品成本计算更准确、更适用,是一种广受欢迎的成本计算方法。

作业成本法的产生,源于传统成本计算方法的缺陷以及企业生产经营环境的变化。传统成本计算方法的缺陷是内因,生产经营环境的变化是外因,这两者交织作用,最终导致作业成本法的产生。

(一)传统成本计算方法的缺陷

我们知道,成本计算过程中,对于间接费用,我们采用的办法是发生的时候不考虑分摊问题,而等到一定时候(一般是期末)根据费用发生情况选择一定标准进行分摊。这种做法是有一定缺陷的,见表 10-1。

表 10-1　　　　　　间接费用主要项目及适宜的分配标准

序号	间接费用项目	适宜的分配标准
1	间接材料	定额消耗量
2	间接人工	人工工时
3	折旧费用	机器工时
4	财产保险费	实物产量

由于制造费用在分配时是把各项间接费用加总、选取一个标准分配,所以,实务中一般根据间接费用的结构选定标准,如果间接人工占的比例高,就按人工工时标准分配所有间接费用,如果折旧、修理费用占的比例高,就按机器工时比例分配所有间接费用。按这种方法分配费用,消耗工时多的产品,负担的费用高,这是比较好理解的,而且这种方法简便易行。但是,这种方法也有一定的缺点,一是选定的标准只能对部分费用的分配合理,而对其他费用的分配不一定合理。例如,如果企业间接费用中机器折旧、维修费用占 70%,

第十章 作业成本法

选用机器工时比例将间接费用分配给不同产品,则有 30% 费用的分配是不合理的。二是不论产品在加工过程中有什么特性,在分配率面前都是"人人平等",即不论何种产品,在加工中消耗的是什么作业,只要加工一个小时,它们要负担的费用都是一样的。

(二) 企业经营环境的变化

随着企业生产效率的不断提高,人类累积的物质财富不断增加,悄然间,人们对物质消费的需求已经发生了变化,个性化产品或服务成为市场的宠儿。促成作业成本法产生的市场背景,正是这种对多样化、个性化产品的需求。当市场需求仅仅是量的满足的时候,大规模生产(mass production)是合适的,管理者关注的是生产效率;而当市场需求发展到高质量、个性化的时候,生产方式必须转变,转为能够满足消费者个性化需求的生产组织方式,按需定制(customized production)应运而生。

实务中,很多大型制造企业采用了弹性制造系统(FMS)。在这种制造系统中,生产程序经常根据客户需求进行调整。为了避免积压不受欢迎的产品,企业一般按订单适时组织生产。因此,企业一方面要以多品种、优质量、新功能去争取尽可能多的订单,以保证收入的不断增加;另一方面,企业要采用适时制(just-in-time, JIT)生产方式,以降低成本。JIT 生产方式是指企业生产过程的启动与完成,均受命于客户订单,企业要适时地将外购材料或部件投入于生产,各个零部件适时地加工完成,组装成产品后适时地提供给客户。相对于大批量重复性的生产,适时制生产方式需要更多次地组织产品生产,调整生产工艺、产品结构、外观式样、功能构成等,因而需要更多地在企业各个部门之间、企业和市场之间进行协调,因而将发生更多的资源消耗,增加更多的间接费用。

上述环境变化对成本计算、成本管理带来的影响,主要有三个方面。第一,生产过程中间接费用比例剧增,这使得传统成本计算方法的第一个缺陷被放大。为使产品成本计算准确,必须找到合适的解决办法。第二,个性化产品导致的必定是个性化设计和个性化生产,这使得不同品种、不同规格、不同款式的产品,在生产中消耗的作业产生重大区别。这使得传统成本计算方法的第二个缺陷被凸显出来。第三,适时制要求企业内部不同工序和生产环节紧密相连、适时相接。这要求成本管理必须更多地与生产经营活动相联系,深入到作业层次,把企业生产工作和环节视为对最终产品提供服务的作业,把企业看成最终满足顾客需求而设计的一系列作业的集合。

(三) 对作业成本法的研究

作业成本法的思想由美国会计学家埃里克·科勒（Eric Kohler）教授于20世纪30年代提出，科勒曾担任田纳西河谷管理局的主审计长和内部审计师，他根据水电成本构成的特点，形成早期作业成本法的基本思想。水电成本结构的特点是：原材料是天然的水流，它在成本中占的比例不大；人工主要用于对电力设施进行监控和维护，因而人工成本也较低；水电成本中占大头的是机器设备和其他固定资产的折旧和维修等间接费用。这就从根本上冲击了传统的会计成本核算方法——按照工时比例分配间接费用的方法。传统的成本计算方法预先假定了一个前提，即直接成本在总成本中所占的比重很高，而水电成本的这种结构决定若采用传统间接费用分配方法计算水电成本，将使成本信息被严重扭曲。科勒教授于1941年在《会计论坛》杂志发表论文首次对作业、作业账户设置等问题进行了讨论，并提出以下一些基本观点：(1) 作业指的是一个组织单位对一项工程、一个大型建设项目、一个规划或重要经营事项的具体活动所作的贡献，或者说某一个部门的某一类活动；作业在现实生产活动中是一直存在的。(2) 要对每一项作业设置一个作业账户（activity account），对其相关的作用（贡献）和费用进行核算，对作业的责任人要能进行控制，也就是说，同一个责任人控制的作业活动才是一项独立的作业。(3) 作业账户的设置方法是，从最低层、最具体、最详细的作业开始，逐级向上设置，一直到最高层的作业总账，类似于传统科目的明细账、二级账和总账。(4) 作业会计的假设是，所有的成本都是变动的，所有的成本都能够找出具体责任人，控制由责任人实施。在会计史上，科勒的作业会计思想第一次把作业的观念引入会计和管理之中，被认为是作业成本法的萌芽。

随后的乔治·斯托布斯（George Staubus）教授分别在1954年的《收益的会计概念》、1971年的《作业成本计算和投入产出会计》和1988年的《服务与决策的作业成本计算——决策有用框架中的成本会计》等著作中提出了一系列的作业成本观念。其主要观点有：(1) 作业会计是一个与决策有用性目标相联系的会计，研究作业会计首先应该明确其基本概念，如作业、成本、会计目标（决策有用性）。(2) 要揭示收益的本质，首先必须揭示报表目标。报表目标是履行托管责任或受托责任，减少不确定性，为投资决策提供信心，报表中的收益和利润与成本密切相关。(3) 要较好地解决成本计算和分配问题，成本计算的对象就应该是作业，而不是某种完工产品或其对应的工时等单一标准。成本不应该硬性分为直接材料、直接人工和制造费用，更不是根据每种产

第十章　作业成本法

品的工时来计算分配全部资源成本（无论直接的或间接的），而是应该根据资源的投入量和消耗额，计算消耗的每种资源的"完全消耗成本"。这并不排除最后把每种产品的成本逐一计算出来，而是说，关注的核心应该是从资源到完工产品的各个作业和生产过程中，资源是如何被一步步消耗的，而不是完工产品这一结果。斯托布斯的这些观点，引发了20世纪80年代以后西方会计学者对传统的成本会计系统的全面反思。

20世纪末，计算机为主导的生产自动化、智能化程度日益提高，直接人工费用普遍减少，间接成本相对增加，明显突破了制造成本法中"直接成本比例较大"的假定。制造成本法中按照人工工时、工作量等分配间接成本的思路，严重扭曲了成本。在这种背景下，哈佛大学的罗宾·库珀（Robin Cooper）教授连续发表四篇文章讨论作业成本法的兴起，分别就什么是ABC系统、何时需要ABC系统、需要多少成本动因并如何选择和ABC系统看起来到底像什么发表看法。哈佛大学的卡普兰（Robert Kaplan）教授在其著作《管理会计相关性消失》一书中提出，传统管理会计的相关性和可行性下降，应有一个全新的思路来研究成本，即作业成本法。由于卡普兰教授等专家对于作业成本法的研究更加深入、具体而完善，使之上升为系统化的成本和管理理论并广泛宣传，卡普兰教授本人被认为是作业成本法的集大成者。其理论观点有：（1）产品成本是制造和运输产品所需全部作业的成本总和，成本计算的最基本对象是作业，作业成本法赖以存在的基础是产量耗用作业，作业耗用资源。即：对价值的研究着眼于"资源→作业→产品"的过程，而不是传统的"资源→产品"的过程。（2）认为作业成本法的本质就是以作业作为确定分配间接费用的基础，引导管理人员将注意力集中在成本发生的原因及成本动因上，而不仅仅是关注成本计算结果本身。通过对作业成本的计算和有效控制，就可以较好地克服传统制造成本法中间接费用责任不清的缺点，并且使以往一些不可控的间接费用在作业成本法系统中变为可控。所以，作业成本法不仅仅是一种成本计算方法，更是一种成本控制和企业管理手段。在其基础上进行的企业成本控制和管理，称为作业管理法（Activity - Based Management，简称ABM）。

此后，英美等国家对作业成本日益重视，研究作业成本法的文章纷纷出现，作业成本理论日趋完善，在冶金、电信、制药、电子设备和IT等行业的应用也逐步开展了起来。

二、作业成本法的基本概念

（一）作业

作业是作业成本法中的基本概念。从管理学角度看，作业是企业生产经营过程中的各个工序和环节,它可以被划分为企业控制和管理的单元;而从作业成本计算角度看,作业是基于一定目的、以人为主体、消耗一定资源的特定范围内的工作。

作业具有如下三个基本特点:(1)作业是一种资源的投入和另一种效果产出的过程。在这种活动中,它要投入资源,实现活动目的。例如,检查产品质量这一作业,投入的是技术、方法、时间等,产出的是经过检验的合格产品或不合格产品、废品等。(2)作业贯穿于企业生产经营活动的全过程。从产品设计到最终销售完成,都是通过各种作业的实施来完成的,没有作业的实施,也就没有企业经营活动,企业经营活动实际上可以看作是一个"作业链条"。(3)作业是可以被量化的,我们可以采用一定的计量标准对作业进行计量。表10-2是制造型企业的作业实例。

表10-2　　　　　　　　　制造型企业作业实例

产品设计	材料搬运	包装	装运
订单处理	机器调试	销售	收款
采购	设备运行	开发货单	售后服务
储存	质量检验	发货	人员培训

对作业可以从不同的角度进行分类分析。

罗宾·库珀按作业处于生产经营的层次,将其分为单位作业、批别作业、产品作业和过程作业。(1)单位作业(Unit Activity)是指单位产品受益的作业,如机器的折旧及动力等。这种作业的成本与产品产量成比例变动。(2)批别作业(Batch Activity)是指一批产品受益的作业,例如,对每批产品的检视、机器准备、原料处理等。这种作业的成本与产品批数成比例变动。(3)产品作业(Product Activity)是指某种产品的每个单位都受益的作业,例如对每一种产品编制数控规划、材料清单。这种作业的成本与产品产量及批数无关,但与产品项目成比例变动。(4)过程作业(Process Activity)是指支持整个组织运作,使某一产品或经营过程受益的作业,如职工培训、为塑造公司形象所作的广告等。

詹姆斯·布林逊将作业按生产经营一般表象关系分为如下几种作业:(1)重复性作业(Repetitive Activity)和不重复作业(Non-repetitive Activity),前者是以连续性为基础的、在作业会计系统内不断维持投入、产出和处理过程的作

第十章 作业成本法

业;后者是一次性作业,主要用于一次性项目。(2)基础作业(Primary Activity)和派生作业(Second Activity),前者是指一个部门或一个组织单位的基本职责,例如工程部门的基本作业是产品设计和制模;后者是支持组织基本作业的派生作业,有行政、监督、训练、秘书工作等。(3)必需的作业(Required Activity)和任意性作业(Discretionary Activity),前者是一个组织必不可少的作业;后者是可以根据管理者的判断进行任意选择的作业。

杰弗·米勒和汤姆·沃尔曼将作业按生产经营中逻辑变化关系进行分类,分类为如下几种作业:①逻辑性作业。是订购、执行和确保材料移动的作业。忙于逻辑性作业的全体人员,包括间接场地巡视工人以及从事接收、运输、数据登记、电子计算机处理系统和会计人员。②平衡性作业,是将原材料、人工和机器供应与需求配比的作业。采购、材料计划、街道控制、预测和计划的人员执行平衡性作业。③质量作业,是确保生产和规范一致的作业。质量控制、间接工程技术、采购等人员从事质量作业。④变化作业,是使生产信息现代化的作业。涉及计划、程序规范标准和材料清单的制造质量工程师从事变化作业。

另外,根据需要,还可将作业分为高效作业和低效作业、增值作业和非增值作业以及附加价值作业和无附加价值作业。这些分类,主要是为便于实现作业管理,通过对作业成本的确认,计量,尽量消除非增值作业和无附加价值作业,改进低效作业,进一步改善增值作业和附加价值作业,从而使有关浪费损失降低到最低限度。

(二)成本动因(Cost Drivers)

成本动因是引发成本的推动力或驱动因素,即使得成本发生或变动的原因。例如,采购订单是采购作业的成本动因,生产令号是生产作业的成本动因,销售订单时销售作业的成本动因,等等。

对成本动因也可以从不同角度进行分类。

一种分类是将成本动因分为资源动因和作业动因。(1)资源动因(Resource Driver)是衡量资源消耗量与作业之间关系的某种计量标准,它反映了资源消耗的起因,是资源成本分配到作业中心的依据。例如,采购人员的人数是采购作业的资源动因。一般情况下,采购作业的增加会引起采购人员数量的增加,从而引起工资、奖金、津贴等劳动报酬的增加。在分配工作过程中,由于资源是一项一项地分配到作业中去的,于是就产生了作业成本要素(Cost Element),对每个作业成本库进行分析,就可以揭示哪些资源需要重新配置,最终确定如何改进和降低作业成本。见表10-3。(2) 作业动因（Activity Driver）是将作业中心的成本分配到产品或劳务中的标准，它也是将资源消耗与最终产出相沟通的中介。通过实际分析，可以揭示哪些作业是多余的、应该减少，整体成本应该如何改善、如何降低。见表10-4。

表10-3　　　　　　　　　　　　资源动因实例

成本要素（资源）	资源动因
职工医疗保险	职工人数
人力	消耗劳动时间
动力	消耗电力度数
房屋租金	使用面积
折旧	所用设备价值

表10-4　　　　　　　　　　　　作业动因实例

成本要素（资源）	资源动因
订单处理	订单份数
机器调整	调整次数（或时间）
机器运行	机器小时
质量检验	检验件数（或时间）
材料搬运	材料重量

另一种分类是将成本动因分为积极性成本动因和消极性成本动因。(1) 积极性成本动因（Positive Cost Driver）是能够产生收入、产品或利润的作业，例如销售订单、生产通知等。(2) 消极性成本动因（Negative Cost Driver）是指引起不必要的工作和利润减少的作业，例如重复送产品等。

确定成本动因个数时，需要考虑如下两个因素：(1) 成本动因与实际制造费用的相关程度。在既定的精确度下，运用相关程度较高的成本动因时，成本动因的数目就较少；反之，如果缺少与实际制造费用相关程度较高的成本动因，则为达到一定的精确度水准，必须增加成本动因的数量。(2) 产品成本的精确度和产品组合的复杂程度。倘若对产品成本的精确度要求比较高，则成本动因的数目必增加，反之，则会减少；产品复杂程度低则多个作业成本可汇集在同一个作业成本库中，反之，则汇集比较困难，所要求的成本动因数目也

第十章 作业成本法

应增多。

在成本动因的数目确定后,如何选择适当的成本动因,需要考虑三个方面的因素:(1)计量成本动因的成本。(2)成本动因与实耗资源成本的相关程度。相关程度越高,产品成本被歪曲的可能性就越小。(3)成本动因的采用所诱致的行为。

(三)成本库(Cost Pool)

成本库亦称作业中心,它是作业成本法下,具有相同性质成本动因的组合。作业成本法要求应以同质的成本库来归集费用和单独分配费用,并使之归属于各有关产品。成本库一般可以分为以下四类:(1)单位水平成本库,指生产每一单位产品所发生的作业。这类作业所耗用的成本随产品产量成比例变动,例如直接人工、直接材料、机器运转有关的动力成本等。(2)批次水平成本库,指生产每一批产品所发生的作业。这类作业所耗用的成本随生产批次成比例变动,例如生产调度、机器准备、订单处理、原料准备、质量检验的成本等。(3)产品水平成本库,指为支持生产每类产品或劳务所发生的作业。这类作业所耗用的成本随产品项目成比例变动,例如编制材料清单、处理工程变更指令、测试线路的成本等。(4)维持水平成本库,指为维持生产环境所发生的作业。这类作业所耗用的成本与产品的种类和某种产品的多少无关,此类成本属于企业生产全部产品所共同发生的成本,属于期间成本,例如厂务管理、通风、取暖、照明、厂房维修、人事管理的成本等。

第二节 作业成本法的基本原理

一、作业成本法的基本程序

在传统成本计算方法下,基本观念是产品消耗资源,而在作业成本法下,基本观念是"产品消耗作业,作业消耗资源"。因此,计算成本要以作业为基础、为中介来进行。

传统成本计算中,产品成本中的间接费用,采用单一的以数量为基础的标准,如各产品所用的直接人工小时或机器工作小时,进行分配并形成各种产品应负担的制造费用成本。这样做的结果,往往会使生产量大、技术上比较不复杂(不是很精密)的产品成本偏高;产生量较小、技术上比较复杂(比较精密)的产品成本偏低,形成不同产品之间成本的严重歪曲。作业成本法在改变这一不足的时候,采取的办法可以简单称之为改综合分配为分项分配,改一次分配为多次分配,即先按资源动因将间接费用归入多个成本库,一个成本库由同质的成本动因组成,然后将成本库中费用分别不同标准分配入产品成本中。

具体而言,作业成本法下的成本计算程序分为两大阶段六个步骤。第一阶段是将制造费用分配到同质的作业成本库(同一成本),并计算每一个成本库的分配率;第二阶段是利用作业成本库分配率,把制造费用分摊给产品,计算产品成本。六个操作步骤是:(1)定义、识别和选择主要作业;(2)归集资源费用到同质成本库;(3)选择成本动因,以便计算成本库分配率;(4)计算成本库分配率;(5)把作业库中的费用分配到产品上去,公式是:某产品某成本动因成本 = 某成本库分配率 × 成本动因数量;(6)计算产品成本。其中,直接成本可单独作为一个作业成本库处理,某产品成本 = ∑成本动因成本 + 直接成本。

作业成本法的流程如图 10-1 所示。

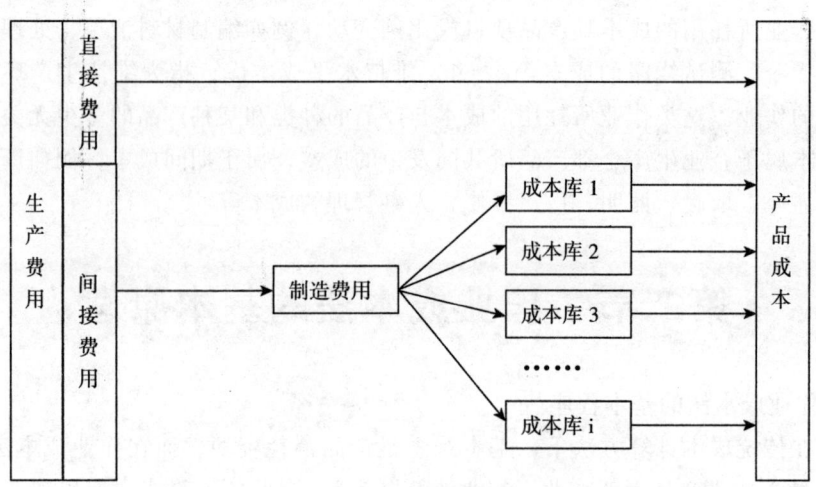

图 10-1　作业成本法计算流程图

二、作业成本计算举例

以下通过两个例题来说明作业成本法的具体方法。

[例 10-1] 某部门负责原材料及零配件的存货控制,该部门的全年总成本为 500 000 元,主要为人力成本。该部门共有员工 12 人,6 人负责管理外购零配件,3 人负责管理原材料,还有 3 人负责将原材料分配到车间。

第十章 作业成本法

这三项作业的成本分配过程是:

(1) 将总成本分配到各个作业中心。根据实际分析,资源动因是作业人数,以此为基础得出每个作业中心的成本如下:

人均成本 = 500 000 ÷ 12 = 125 000 ÷ 3

接收外购零配件作业的成本 = 6 × 125 000 ÷ 3 = 250 000 (元)

接收原材料作业的成本 = 3 × 125 000 ÷ 3 = 125 000 (元)

分配原材料作业的成本 = 3 × 125 000 ÷ 3 = 125 000 (元)

(2) 将作业成本分配到产品中去。根据实际分析,这里的作业动因是收货和发货的次数,而不是货物的数量。已知,企业今年外购零配件 25 000 批,原材料 10 000 批,共生产了 5 000 批产品。则可计算单位作业成本如下:

接收外购零配件的单位作业成本 = 250 000 ÷ 25 000 = 10 (元)

接收原材料的单位作业成本 = 125 000 ÷ 10 000 = 12.5 (元)

分配原材料的单位作业成本 = 125 000 ÷ 5 000 = 25 (元)

(3) 又已知企业今年生产 A 产品 1 000 件,全部 A 产品由 10 条生产线装配而成,共耗用外购零配件 200 批,原材料 50 批。这样,A 产品应分配的存货控制间接费用为:(10 × 200) + (50 × 12.5) + (25 × 10) = 2 875 (元)。

上述例题,演示了作业成本法计算的基本程序。下面的例题,将说明作业成本法与传统成本计算法在计算方法和结果上的不同。

[例 10 - 2] 某企业本月所投产的 A、B 产品当月全部完工,有关资料见表 10 - 5。要求:分别用作业成本法和传统成本计算方法计算 A、B 产品的单位成本。

表 10 - 5　　　　　　　　　　A、B 产品的生产及成本资料

项　目	A 产品	B 产品
产量	50 件	4 100 件
单位产品机器小时	6 小时/件	4 小时/件
单位产品直接材料	190 元/件	180 元/件
单位产品直接人工	100 元/件	110 元/件
制造费用总额	395 800 元	

表 10 - 5 中,制造费用由 4 种作业发生,具体资料见表 10 - 6。

表 10-6　　　　　　　　制造费用作业资料

作业	成本动因	作业成本	成本动因数		
			A产品	B产品	合计
机器调整准备	调整准备次数	16 000 元	10 次	6 次	16 次
生产订单	订单份数	62 000 元	15 份	10 份	25 份
机器运行	机器小时数	233 800 元	300 小时	16 400 小时	16 700 小时
质量检验	检验次数	84 000 元	30 次	20 次	50 次
合计		395 800 元			

1. 传统成本计算法

第一步：选定机器工时为费用分摊标准，计算 A、B 产品完成的机器工时。

A 产品机器工时 = 6×50 = 300（小时）

B 产品机器工时 = 4×4100 = 16 400（小时）

第二步：按选定的费用分配标准计算费用分配率。

制造费用分配率 = $\dfrac{395\,800}{300+16\,400}$ = 23.7（元/小时）

第三步：分配间接费用。

A 产品应负担间接费用 = 23.70 × 300 = 7 110（元）

B 产品应负担间接费用 = 23.70 × 16 400 = 388 680（元）

第四步：计算产品单位成本。

A 产品单位成本 = 190 + 100 + $\dfrac{7\,110}{50}$ = 432.20（元/件）

B 产品单位成本 = 180 + 110 + $\dfrac{388\,680}{4\,100}$ = 384.80（元/件）

根据上述计算结果，编制产品成本计算表如表 10-7 所示。

表 10-7　　　　　　产品成本计算表（传统方法）　　　　　　单位：元

	直接材料	直接人工	制造费用	总成本	产量（件）	单位成本
A产品	9 500	5 000	7 110	21 610	50	432.20
B产品	738 000	451 000	388 680	1 577 680	4 100	384.80

第十章 作业成本法

2. 作业成本计算法

第一步:计算各项作业动因分配率,如表10-8所示。

表10-8 作业动因分配率计算表

作业	作业成本	作业动因数	作业动因分配率
机器调整准备	16 000元	16次	1 000元/次
生产订单	62 000元	25份	2 480元/份
机器运行	233 800元	16 700小时	14元/小时
质量检验	84 000元	50次	1 680元/次

第二步:计算A、B产品消耗作业的成本,如表10-9所示。

表10-9 A、B产品消耗作业的成本

作业	作业动因分配率	作业动因数		制造费用分配额	
		A产品	B产品	A产品	B产品
机器调整准备	1 000元/次	10次	6次	10 000元	6 000元
生产订单	2 480元/份	15份	10份	37 200元	24 800元
机器运行	14元/小时	300小时	16 400小时	4 200元	229 600元
质量检验	1 680元/次	30次	20次	50 400元	33 600元
合计				101 800元	294 000元

第三步:计算A、B产品的单位成本。

A产品单位成本 $= 190 + 100 + \dfrac{101\,800}{50} = 2\,326.00$(元/件)

B产品单位成本 $= 180 + 110 + \dfrac{294\,000}{4\,100} = 361.70$(元/件)

根据上述计算结果,编制产品成本计算表如表10-10所示。

表10-10 产品成本计算表(作业成本法) 单位:元

	直接材料	直接人工	制造费用	总成本	产量(件)	单位成本
A产品	9 500	5 000	101 800	116 300	50	2 326.00
B产品	738 000	451 000	294 000	1 483 000	4 100	361.70

可以明显看出,在传统成本计算方法下,产量高但生产过程简单的产品,

其成本计算结果高于作业成本法计算的结果，而产量低但生产过程复杂的产品，其成本计算结果恰恰相反。

从表 10-6 的"制造费用作业资料"可以看出，A 产品的生产消耗了比较多的作业，只有在机器工时的消耗方面低于 B 产品，而机器运行恰巧是复杂程度低的作业，由此可见，A 产品的加工过程消耗的复杂作业比 B 产品多，它应该属于加工过程比较复杂的产品。根据"产品消耗作业、作业消耗资源"的基本认识，A 产品应该负担更多的间接费用。而在传统成本计算方法中，不论作业的复杂程度，不论产品消耗作业的数量，只是将所有作业导致的费用简单汇总，以单一的工时标准计算分配率，这种算法实际上是将各种作业的耗费水平平均化，进一步平均了不同产品的成本水平。

三、作业成本法与传统成本计算方法比较

（一）成本计算基本理论上的区别

传统成本法比较关注产品成本结果本身，成本计算的对象是企业所生产的各种产品，产量被看作是产品成本的唯一动因，并认为它对成本分配起着决定性的制约作用。在传统成本法下，成本计算的准确性取决于间接成本分配的合理性。

作业成本法的成本计算思路是：产品消耗作业，作业消耗资源，生产费用应根据其发生的原因汇集到作业，并计算出作业成本，再按产品生产所消耗的作业量，将作业成本计入产品成本。作业成本法，主要是通过改变间接费用的分配方法，使得成本计算结果更加准确、合理。

（二）成本计算方法上的区别

传统方法下，每个部门或整个工厂仅使用一个或几个间接成本库，同一间接成本库的间接成本通常缺乏同质性，造成成本计算结果的扭曲。作业成本法下，有众多的间接成本库（作业成本库），而且同一间接成本库的间接成本具有同质性，使成本计算结果趋于客观、合理。

传统方法下，间接成本库中成本的分配基础不一定是成本动因，作业成本法下，各间接成本库（作业成本库）中的成本的分配基础一定是成本动因。

传统方法下，间接成本通常按数量基础分配，其分配基础经常是财务性变量。在作业成本法下，间接成本的分配基础通常与作业有关，且经常是非财务性变量。

（三）成本管理上的区别

1. 管理思想方面

传统的成本概念只局限于产品的生产制造过程，但随着市场格局逐渐由卖

方市场向买方市场转化,产品的价值实现比价值形成更为重要,因此,应选择实施按成本管理要求的全程管理。

作业成本法正是立足于这种全程的成本概念进行管理,它将成本视野向前延伸到产品的市场需求,分析相关技术的发展态势,将产品的设计向后延伸到顾客的使用、维修及处置阶段,且尤其重视在产品投产前设计阶段的成本控制。如果说价值工程强调在设计阶段剔除产品过剩功能,以达到节约成本的目的,作业成本法则强调在设计过程中消除不增加价值的作业,对于可增加价值的作业,在不影响产品必要功能的前提下,也选用低成本作业。因此,作业成本法被看作是价值工程在成本会计应用中的深化、细化。

2. 成本管理方法方面

传统方法是采用标准成本控制系统,将实际成本分为标准成本和成本差异两部分,对成本差异实行例外管理原则,鼓励发展有利差异,消除或减少不利差异。

作业成本法则实行作业管理,将作业分为附加价值作业和无附加价值作业。通过对作业成本的确认、计量,为尽可能消除"无附加价值作业"、改进"附加价值低的作业"及时提供有用信息,从而使有关损失、浪费降低到最低限度。

两者在管理思想、产品成本计划与控制深度上的区别可见图10-2。

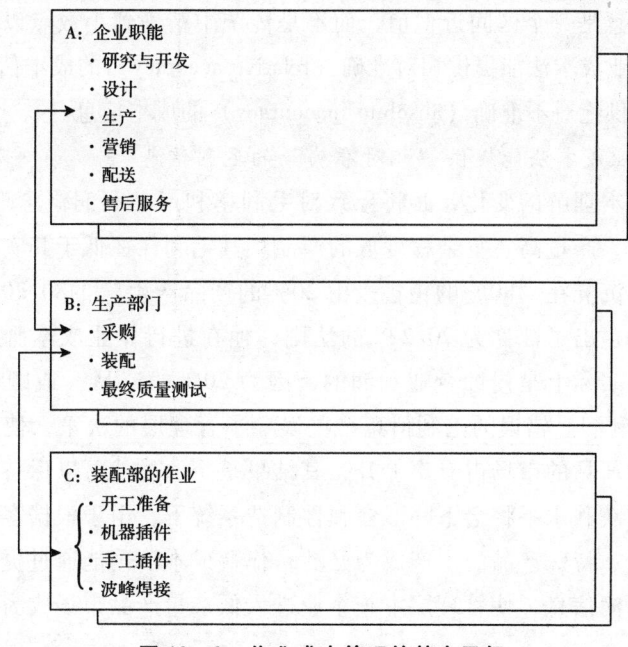

图10-2 作业成本管理的基本思想

第三节 作业成本信息及其应用

一、作业成本信息

（一）作业成本法可以提供"相对准确"的成本信息

美国北部电讯公司是较早试行作业成本法的企业之一，经过实践发现，只有8%的制造费用不能追踪到产品；该企业产量高、复杂程度低的产品的销售成本占总销售成本的65%，但是，在传统成本计算法下，它们被多计40%；作业成本法下，只有17%的产品的生产成本在原来标准成本20%的离差范围之内。这种发现不是例外，实际上，我们可以得出如下具有一般意义的结论：

在传统成本法下，产量高、复杂程度低的产品成本往往高于其实际发生成本；产量低、复杂程度高的产品成本则往往低于其实际发生的成本。所以，管理当局的着眼点应该是如何经济地生产出高产量产品，以任意数量为基础的费用分配不具有代表性，只是平均分配。

作业成本法下，能够改变传统成本计算中标准成本背离实际成本的事实，提供相对准确的产品成本信息，因为它抓住了很多动态变量。作业成本法告诉我们，成本信息是一个区间近似值，而不是传统中精确到小数点以后几位数的精确数字。作业成本法能提供相对准确（relative accuracy）的成本信息，而传统成本法只能提供绝对不准确（absolute inaccuracy）的成本信息。

（二）作业成本法能提供"相对准确"的毛利信息

对产品成本理解的变化，必将导致对毛利率和产品利润概念理解的变化。传统成本法下，产量高、复杂程度低的产品，其毛利往往低于其实际创造的毛利，当企业界沉醉在"80%的销售量由20%的产品产生"的80/20法则时，罗伯特·卡普兰提出了被称为20/225的法则，他在进行作业成本研究中惊奇地发现许多产品实际上是侵蚀企业利润的，因为20%的产品（或顾客）竟然产生了225%的利润。错误的毛利信息严重误导了管理层的决策，使得那些成本和价格偏低的产品的市场占有率上升，其结果是企业虽然可以保持一定的销售规模，但总体获利水平将会下降。在弹性制造系统下，由于根据客户需要安排生产，产量低、特殊产品的生产成为必然，作业成本法则能通过提供准确产品成本信息和利润信息，使管理层审查企业进入低产量产品市场成为可能，并提供了具体的办法。

第十章 作业成本法

（三）作业成本法能提供三维成本信息

与传统计算方法相比，作业成本法拓宽了成本计算范围，建立了三维成本模型（three-dimensional cost method）——产品成本+作业成本+过程成本。作业成本（cost of activity），如办理结算的部门每年处理2万份发票的成本；过程成本（process cost）也叫动因成本（driver cost），如计划、采购、管理4 000种材料所发生的费用。作业成本法提供的三维成本信息，不仅消除了传统成本计算方法扭曲成本信息的缺陷，而且信息本身能很好地帮助管理当局进行决策。

二、作业成本信息的应用

（一）运用作业成本信息改进预算控制和标准成本控制

传统的预算制度和标准成本制度是以差异分析为基础，它们过分强调对耗费差异（spending variance）和效率差异（efficiency variance）的计量与控制，并且"费用库"（overhead pools）过于浓缩，费用分配基础过于单一，这就使得费用分析不能提供真实有用的信息，管理会计的业绩报告失去了可信性。从以人工为基础的弹性预算转向以作业为基础的弹性预算（activity based flexible budget），从以差异分析为基础的变动预算转向以成本动因为基础的变动预算（cost-driver based variable budget），是作业成本法在费用控制方面的重要应用。在推行新的预算模式时应掌握以下原则：对于同质性较强的数据，可以利用回归分析法和其他分析法确定其基本成本动因；对同质性较差的数据，可以利用抽样分析法确定与期望值发生差异的基本原因。另外，费用作为企业全部经营成本的一部分不但有长期增长的趋势，而且这些新的成本带有一定的不变性，也即它们的变动是波浪式，而不是随作业的变动而成比例地变动。材料的订单和管理成本就是其中常见的一例。随着生产的增长，需要追加人工处理的工作量，但当生产减少时，这些成本仍然延伸不变，鉴于此，我们将这种成本称作延伸成本（sticky cost）。对于延伸成本和严格意义的变动成本，可分别通过战略和战术技术予以确认和控制。作业成本法除了在标准成本和弹性预算方面的应用外，还可以用于控制质量成本，减少废品浪费；可以减少存货周转时间，消除不增值作业等。

（二）运用作业成本信息改善业绩评价

作业成本法把成本看成是"增值作业"和"不增值作业"的函数，并以"顾客价值"作为衡量增值与否的最高标准。在这里，作业成本法要关注那些导致成本的不合理、不均衡所产生的结果。在评价作业时，要深入研究不增值作业。有人以为：不增值作业可分为维持性作业和无效作业（ineffective activity），其中后者既不能给最终产出带来利益，也不能给整个组织带来利益。作业会计的宗旨就是利用具体而细致的作业信息，提高增值作业的效率，力避无效作业。在评价作业的同时，还要评价资源的实际利用（resources used）和需要利用（resources needed）之间的一致性，减少资源的不必要利用，提高资源利用的效果。在评价指标上，作业会计除保留了那些有用的财务指标外，还引进了许多非财务指标，诸如劳动生产率、产品质量、市场占有率、管理能力、人力资源管理等。正如一位管理咨询专家所说的：企业宛如人体一样，我们需要多种尺度来评价一个人的健康状况和工作成绩，同样也需要多种尺度衡量一个企业；企业及其管理当局的工作必须有业绩，业绩必须能够度量而且有不断改进。

(三) 运用作业成本信息改进企业战略决策

作业会计由于对间接成本不是均衡地在产品间进行分配，因而有助于改进产品定价决策，并为是否停产老产品、引进新产品和指导销售提供准确的信息。除了定价、资源分配及优化产品组合决策之外，作业会计信息有助于对竞争对手"价格—产量决策"作出适当的反映。现在我们对作业成本法在战略决策方面的应用作进一步的分析。

在产品组合决策中，系利用整个企业的生产价值（throughput value）来决定产品获利能力的强弱及优先生产顺序。所谓"生产价值"是一种计量产品的净收入与其可追溯变动成本之间差额的方法。这里最关键的就是：传统成本制度中，有一部分成本因无法归属到产品而被视为固体成本，但在作业会计制度下，管理当局可以很容易计算出直接归属于产品的成本。例如在玻璃制造厂有三种产品成本：一是原材料及原料相关成本（如原料处理及残废料成本）；二是订购产品的有关成本（如准备、排程等成本）；三是产品包装、储存、运输有关的成本（如包装、仓储及运输成本）。按照作业会计的原理，材料、废料等成本可直接移动归属于产品上；其他有关的作业制造成本可按成本动因（如原料移动次数、检测小时、准备小时、排程改变次数等）来归属产品成本；第三种成本可按销售额或销售单位以及产品大小、数目或重量来归属成本。成本归属完毕之后，即可按单位生产价值来排序，若企业的生产能力有限，则就以每小时生产价值作为排定产品组合的依据。生产价值概念在作业会计上的应用主要表现在两个方面：第一个方面是优化产品组合；第二个方面是确诊个别产品售价调查的可行性和合理性。因此，企业管理当局可通过比较各种产品的生产价值来分析哪些产品的边际利润被高估,又有哪些产品边际利润被低估,以此作为调查产品组合的依据。企业会计制度中的这种生产价值分析,既可提高企业的竞争力,又可提高企业的获利能力。

生产价值虽然是优化产品组合的重要指标,但它却不适宜作为制定价格的依据。因为所有成本就长期而言都是可变动的,所以,产品售价就包含所有成本在内,至少它要能够反映直接成本加分摊来的固定成本。如此,定价决策可采用完全作业基础成本计算法（full absorption ABC）。

在定价策略上,作业会计制度具有较大的灵活性。如上文所述,按照作业会计原理算出的成本、利润和传统成本制度算出的成本、利润相比有如下差距:高产量产品的成本被高估,获利水平被低估;相反,低产量产品的成本被低估,获利水平被高估。根据这一结论,管理当局可以对那些产品规格特殊、无明显市价规则、价格弹性很低的产品,提高其价格水平。若顾客可以接受之,则企业可赚取高额利润;若顾客不接受这个价格,对企业也不见得就是坏事,因为企业可以将多余的能力去生产获利能力更高的产品。对那些产量高、复杂程度低的产品,管理当局可以顺应市场竞争的需要,降低售价,扩大市场占有率,以获取更多的利润。

总之,为战略决策提供准确的信息,是作业会计的最大功能。所以有人说,作业会计不仅仅是一种管理咨询服务的工具,而且是管理会计师提高企业发展能力、获利能力、工作效率的技术,更有人说,作业会计是管理会计师的法宝。

三、作业成本法的局限性

需要指出的是,作业成本法也有它的局限性。

首先,由于作业成本法提供的仍然是历史成本信息,所以要发挥决策作用必须有附加条件。

其次,作业成本法虽然大大减少了现行方法在产品成本计算上的主观分配,但并未从根本上消除它们。也就是说,由于作业成本法的基础资料来自于现行的权责发生制,因此其计算结果必须受诸如折旧和开发等成本期末分配中任意性的影响。这样,作业成本法成本归集库归集成本的正确性和客观性就会受到影响。

最后,就作业成本法最核心内容成本归集库和成本动因选择而言,作业成本法也无法做到尽善尽美。

本章小结

作业成本法作为一种集提高成本核算精细度、成本管理准确度于一体的成本核算方法，受到广泛的关注，在实务中也得到大面积的推广使用。

传统的完全成本法在计算分配制造费用时，采用数量基础的分配方法，这使得产量低但加工复杂的产品成本计算偏低，而产量高加工简单的产品成本计算偏高。作业成本法最初的出发点，只是对制造费用的分配进行改进，表面的变化是"从一次分配到多次分配，从综合分配到分项分配"，实质变化是从数量基础到作业基础。作业成本法原理可以用一句话来概括，"产品消耗作业，作业消耗资源"。

作业成本法不但提高了产品计算的准确性、丰富了产品成本信息的维度，而且为成本的事前控制提供了思路，即通过削减无效作业、不增值作业来降低产品生产中的不合理开支。由此引发的作业管理成为现在企业管理的主要思路。

本章思考题

1. 什么是作业基础成本计算（即 ABC）？
2. 采用作业基础成本计算时，间接成本如何分摊？
3. 何谓成本动因、资源动因、作业动因？
4. 用传统的以数量为基础的成本计算方法，何以会使低产量产品成本少计，而高产量产品成本多计？
5. 试说明作业基础成本计算与传统成本计算的不同。
6. "在 JIT 环境中，直接人工成本较不重要，且大部分转变成固定性质"，你是否同意这一说法？为什么？

本章案例

【案例资料】

某公司生产两种香水：玫瑰花和紫罗兰。其中以玫瑰花较为普遍，两种产品的有关资料如表 10-11 所示。

第十章 作业成本法

表 10-11

	玫瑰花	紫罗兰
预期销量（箱）	50 000	10 000
每箱售价（元/箱）	100	80
直接人工小时（小时）	36 000	6 000
机器小时（小时）	10 000	3 000
验收订货（次）	500	25
包装订货（次）	100	50
每箱原料成本（元）	50	43
每箱直接人工成本（元）	10	7

该公司发生的制造费用如表 10-12 所示。

表 10-12   单位：元

	固 定	变 动
人工		200 000
机器成本（均为折旧）	200 000	262 000
验收部门	225 000	
包装部门	125 000	
合计（元）	550 000	462 000

制造费用等采用直接人工小时分摊于有关部门。

该公司多年来具有较多的剩余生产能力，最近，某大型零售商向该公司接洽，愿购买特殊配方生产的香水 10 000 箱，该顾客愿以 68 元/箱的价格购买新生产的香水，该订货为一次性订货，而不影响玫瑰花或紫罗兰香水的销量。生产经理估计特殊香水的作业资料及主要成本与紫罗兰香水相同。

根据上述资料，请分析：

（1）利用传统成本法，计算该公司如接受特殊订单时的成本，及可能增加的损益。

（2）利用作业基础成本法，计算该公司如接受特殊订单时的成本，及可能增加的损益。

（3）这一订货应否接受？试说明。

第十一章 质量成本核算

[引入案例]

老王经过多年打拼，事业发展得越来越好，于是他打算更换一辆更高档一些的乘用轿车。一天老王来到宝马4S店，了解宝马汽车的情况。4S店的工作人员告诉老王，相同型号的宝马汽车有原装进口和国产（国内组装）之分。原装车就是指在德国装配的，售价要高很多。组装车是进口零件然后在国内组装。同样的东西，人家装就质量好、价格高，国内组装就质量差、价格低。

那么，这里面什么是质量成本呢？认真是不是成本？道德是不是成本？这个成本怎么核算？

[学习目的与要求]

通过本章学习，应理解质量成本的经济内涵，了解质量成本的分类，了解开展质量成本核算的意义，掌握质量成本核算方法及质量成本分析与考核方法。

第十一章 质量成本核算

第一节 质量成本的经济内涵与分类

一、质量成本的产生与发展

质量成本的概念及质量成本管理，是在20世纪60年代之后推行全面质量管理（TQC）的实践中所逐渐形成和发展起来的成本管理分支学科。综观质量管理的演变过程，大体分为事后质量检验、过程中质量控制和全面质量管理三个发展阶段。

1911年泰罗撰写出版的著名的《科学管理》一书，提出了一系列科学管理方法，论证最佳管理是一门建立在明确规定的管理制度和原则基础上的科学，科学管理的根本原理适用于人的一切行为。一切管理问题，都可以而且应当通过科学的方法加以解决。在这一思想指导下，企业产品质量管理方法以建立科学的质量标准和严格的质量检验制度为特征，并将质量检验结果与生产工人的报酬联系起来。此时的质量管理方法注重产品完成加工工序之后的事后检验，尽管也能从中总结分析影响质量水平的因素，但并不能控制和预防生产中废次品的产生，不能直接有效地减少废品损失。

20世纪20年代，美国贝尔电话实验室工程师、统计学家休哈特（W. A. Sheuhart），在研究统计学在生产中的应用时，首先提出将数量统计的理论和方法应用到质量管理之中。1924年，他进一步应用数量统计理论，提出控制生产过程中的质量水平，动态地反映产品生产质量缺陷的"3σ"分析方法，绘制了第一张工程质量控制图，此后被广为采用。1931年休哈特将所发表的论文、设计的质量管理方案和质量控制图汇编出版了《制造业质量控制经济学》。

20世纪80年代中期以后，质量成本理论研究范围不断扩展，研究课题不断深化。1984年，日本质量管理专家小野滋在质量成本理论基础上，提出了"用户质量成本"和"社会质量成本"的概念，把考察质量成本的角度从企业内部扩展到产品的使用者，进而再扩展到除交易双方之外的第三者。实证研究表明，追求"无缺陷"质量并不一定需要投入巨额的质量控制成本，因而，探索"符合性质量"与质量成本之间相互作用的变化规律成为质量成本理论研究的一个新课题。1987年，美国质量管理协会主席、世界质量管理研究院副主席哈林顿（J. Harniton）出版了其论述质量成本的专著《不良质量成本》。哈林顿特别强调了间接不良质量成本对企业的市场信誉、产品推销利润及企业发展产生的重大影响，从而进一步拓展了质量成本的研究范围。

自1978年，随着我国以经济建设为中心战略思想的确立，我们积极学习借鉴西方国家科学管理理论和现代管理方法，全面质量管理活动在许多大中型企业中得到迅速推广，并在质量成本管理方面取得显著成效。为了总结经验，推动质量成本管理工作向纵深发展，中国质量管理协会于1984年在上海召开了第一次质量经济分析研讨会，介绍了质量成本理论研究动态和国外开展质量成本管理情况，交流了一些企业开展质量成本管理的经验，并决定成立隶属于中国质量管理协会的"中国质量经济分析研究委员会"，以统一协调和领导全国质量成本理论研究与实践活动。在中国质量经济分析研究委员会的以后历次年会和专题会议上，先后研讨了质量成本与经济分析的相互关系，质量成本核算、质量成本项目设置及推荐项目、质量成本管理规范化和有效性等一系列重大问题，促进了我国质量成本理论研究和实践的发展。

质量成本理论的形成及其在全面发展质量管理中的成功应用，是工程技术与经济管理相互渗透的又一结晶。随着社会生产力的提高和科学技术的进步，产品结构和生产工艺过程日趋复杂，市场竞争愈加激烈，对产品功能和可靠性的要求不断提高。在生产经营活动中，因预防和控制产品质量而投入的资金以及因产品质量低劣而导致的经济损失也日益严重，这就迫使企业经济管理人员和工程技术人员结合起来，从加大预防控制产品质量投入和降低质量控制失败与损失耗费相互制约的两个方面去研究质量管理问题。质量成本概念的提出，一方面从根本上改变了传统质量管理只限于质量检验统计分析的僵化局面，通过将质量评价转化为价值形态的经济指标，增强了质量管理和工程技术人员的成本意识，从而开拓了质量管理的新领域；另一方面，也明确了质量成本管理是研究制造过程中合理质量水平的一种经济分析方法。从经济效益上看，片面追求百分之百的合格率，需要投入大量质量保证费用，这未必是有利的。确定在一定技术经济条件下的"最优质量标准"，正是质量成本研究的课题。这就对企业成本管理提出了更高的要求，促使成本管理向产品开发、工艺技术的深度发展。

二、质量成本的经济内涵

关于质量成本（Cost of Quality）的定义，目前有如下几种表述形式：

（1）质量成本理论的创立者，美国质量管理专家费根堡姆对质量成本的定义为：在生产经营活动中，"为达到和保持特定的质量水平而支付的一切费用，以及因未达到既定质量标准而发生的一切损失之总和"。按照这种定义，质量成本应理解为在正常生产经营活动中保证质量符合既定标准而投入的费用

第十一章 质量成本核算

以及所承担的不符合质量标准而产生的损失。如果这种投入的费用和产生的损失，属于生产经营活动中的必要劳动耗费，那么，这种质量成本当属于企业生产成本的构成内容之一。只是在现行成本核算制度下，我们不仅限于单独计算"废品损失"成本项目，因而不能满足完整地汇集质量成本，为全面质量管理提供数据的要求。费根堡姆对质量成本的定义为质量管理理论界所认同，是一种经典的质量成本概念，也是质量成本的经济内涵。

（2）美国质量管理专家朱兰博士对质量成本的定义为：我们所用的质量成本一词始终是指"归因于劣等质量的成本"。

（3）美国质量管理协会主席哈林顿认为，为使人们避免质量成本就是高质量产品需要高成本的误解，建议将质量成本更名为"不良质量成本"。他对质量成本的定义是：使全体员工每一次都把工作做好的成本，鉴定产品是否可接受的成本以及产品不合公司或用户期望所引起的成本之和。不良质量成本可分为直接不良质量成本和间接不良质量成本两部分。直接不良质量成本是指质量预防和鉴定成本，以及企业内部和外部质量损失成本。间接不良质量成本是指用户损失成本、用户不满成本和企业信誉损失。哈林顿所提出的间接不良质量成本，可以认为是质量成本的外延。

（4）国际标准化组织技术委员会第176号公告把质量成本分为工作质量成本和外部质量保证成本两类。工作质量成本是指企业为达到和保证规定的质量水平所发生的耗费，包括预防成本、鉴定成本和损失成本。外部质量保证成本是指按照用户要求而作出担保所支付的费用，包括特别和附加的质量保证措施、质量试验和评价费用等。

（5）我国颁布的国家标准GB6583·1—86把质量成本定义为：将产品质量保持在规定的质量水平所需的费用，包括预防成本、鉴定成本、内部损失成本和外部损失成本。

尽管对质量成本的概念还可以列举出一些中外学者的不同观点，但大多数只是表述形式上的差别，其经济内涵与外延是基本一致的。归纳起来，有下述认识：

1. 按照国际通行标准，质量（台湾学者称之为"品质"）是产品（或劳务）满足规定或潜在要求的功能特征和品质特性的总称

我们认为，质量应有功能性质量（Quality of Function）或称设计质量（Quality of Design）与符合性质量（Quality of Conformance）或称工作质量、生产质量之分。二者作用主体不同，评价标准各异。功能性质量是指产品使用功能满足用户要求的程度，包括产品的消费适用性和使用可靠性。一件高质量的

产品，就是能很好地满足用户在某一方面的消费需求，并能在产品寿命周期内连续有效地发挥这种功能的产品，因而功能性质量的受益者和评价者是用户，而非产品生产者。例如，在当今市场上推出的某些具有多种复杂功能的家电产品，用户往往只能经常性地使用其中某几种功能，其他功能大多闲置。这种对于生产者来说也许是"高档次质量"的产品，但对用户来说却可能是一种功能浪费和经济损失，这就是功能性质量设计与市场需求背离而导致的生产与消费误区。对于生产者而言，功能性质量通常用于产品设计改造和工艺技术标准制定，即质量成本的事前控制。在新产品开发设计和老产品改造中，尽力使产品功能质量满足消费者需求，是决定产品适销与否的关键。符合性质量是指产品质量符合现行产品质量标准的程度。符合性质量的受益者和评价者是生产者，而非产品用户。显然，符合性质量水平越高，产生的损失费用越少，相应合格品增加，生产成本下降，企业经济效益提高。但产品功能性质量并不因符合性质量提高而提高，产品价格也不会因此而上升。在质量成本管理中，一般都是指符合性质量水平的决策与控制，而功能性质量控制则纳入价值工程（Value Engineering）的范畴。

2. 质量成本的内涵是产品在生产过程中为使产品达到经济合理的符合性质量水平而发生的一切资金耗费

质量成本包括两个基本组成部分，即"为达到保持规定的质量水平而发生的费用"和"因未达到规定的质量水平而引起的损失"。通常称前者为质量保证成本，它包括为预防质量缺陷产生而投入的预防成本和进行质量鉴定活动而产生的鉴定成本。称后者为质量损失成本，它包括内部质量损失成本和外部质量损失成本。从系统论的角度考察，在生产过程中，如果将随产品形成过程而发生的产品质量符合规定质量水平的状态视为一个系统，那么，质量保证成本是该系统的投入，是系统主体可直接控制的决策变量；质量损失成本是该系统的负产出，是质量控制失效的反映，只能进行间接调控。一般而言，随质量保证成本投入的增加，符合性质量水平会随之提高，质量损失成本则随之下降。质量保证成本、质量损失成本及符合性质量水平三者之间的关系及变化规律，是质量成本管理理论研究的基本问题。

3. 质量成本的外延是产品完成生产过程之后，消费者在使用产品过程中因质量低劣而导致的消费者的损失以及消费者对质量不满而对企业产生的间接损失

导致消费者对产品质量不满的原因较为复杂，有的是产品设计功能质量不足，有的是推销商以虚假广告欺骗消费者所致。但从符合性质量分析，调查显

第十一章 质量成本核算

示我国企业生产中的不良产品损失占工作总产值的 10%～15%，长期以来我国工业产品的抽样合格率平均在 70%～75%，与发达国家 98% 的工业产品平均合格率相差甚远。因产品质量达不到规定标准而造成的质量事故乃至人身伤害多有发生，因此所产生的消费者损失、社会不良影响及对产品品牌和企业信誉的损失是十分严重的。近年来许多生产名牌产品的企业，除了加强产品生产质量的监控和市场宣传之外，都在产品售后服务上投入了大量的财力，注重质量品牌的市场效应，从而获得较好的经济效益。

三、质量成本的分类

为了满足质量成本管理的要求，许多中外质量管理学者从不同的角度对质量成本进行了分类。概括起来有下述三种分类方法：

（一）从质量成本发生性质上分类

质量成本发生于产品开发研制、投产制造、发出销售和售后服务的全过程。从各过程中与质量管理活动有关的资金耗费性质上划分，可以将质量成本分为：预防成本，鉴定成本，内部损失成本和外部损失成本 4 类。每类成本又再细分为若干成本项目：

（1）预防成本（Prevention Costs），指为防止废品、次品及质量事故的发生，保证和提高符合性质量水平而投入的质量控制措施费用。其成本项目包括：①质量事故预防措施费；②质量管理培训费；③新产品质量评审鉴定费；④质量改进措施费；⑤质量水平提高奖励费。

（2）鉴定成本（Appraisal Costs），指在一次交验合格情况下，对原材料、半成品、产成品进行质量检测和鉴定而发生的费用。其成本项目包括：①检测设备及工具的使用维护费；②检测试验费；③检测鉴定管理费。

（3）内部损失成本（Internal Failure Costs），指半成品或产成品在未发出销售之前，经检测未达到规定的质量水平而发生的损失费用。其成本项目包括：①废品净损失费；②不合格产品返修费；③返修复检费；④质量降级损失费；⑤质量事故损失费；⑥质量事故处理费。

（4）外部损失成本（External Failure Costs），指产品发出销售之后，因产品质量问题而发生的损失费用。其成本项目包括：①质量保修费；②质量索赔费；③质量诉讼费；④产品退换费；⑤降价损失费；⑥质量"三包"管理费。

上述分类有利于生产经营过程中所发生的与产品质量有关的一切费用，按项目组织质量成本核算，明确各职能部门在质量管理上的经济责任；同时，也有利于分析质量成本的构成，为研究降低质量成本途径，寻求提高质量水平与降低成本的最佳结合点,选择最优质量管理方案提供依据。

(二) 从质量成本可控性上分类

质量成本管理的核心,在于强化质量成本控制,满足提高质量水平和降低成本两方面要求。从质量成本的可控性上分类,可将质量成本分为可控质量成本和不可控质量成本两类:

(1) 可控质量成本,指质量管理职能部门在其权限范围之内,可以直接调控的那一部分质量成本。从可控的时间阶段上看,企业投入的预防成本和鉴定成本均为可控质量成本,它们对于质量管理的后果有着直接的影响作用。从可控的空间范围上看,不同的质量管理职能部门有不同内容的可控质量成本。如预防成本、鉴定成本分别是设计部门和技术部门的可控质量成本;内部损失成本、外部损失成本的部分内容分别是生产部门和销售部门的可控质量成本。

(2) 不可控质量成本,指在发生质量事故和产生质量损失之前,企业质量管理部门不能调控的损失费用,如内部损失成本和外部损失成本的部分内容。不可控质量成本作为质量事故发生的损失费用,是质量管理的后果,故也称"质量后果成本"。

上述分类有利于研究质量成本构成的规律,通过加强调节可控质量成本能力,降低质量后果成本,实现以预防为主的管理要求,达到不断提高产品质量、减少质量损失的目的。在质量成本管理理论中,从质量成本的内涵与外延出发,有的学者将可控质量成本与不可控质量成本归为"直接质量成本",因其直接耗费于企业,而将另一类所费于消费者的成本归为"间接质量成本",包括用户质量损失成本和用户质量不满成本。这类间接质量成本虽不发生于企业,但也对企业的生产经营活动、企业信誉和市场占有份额(Market Share)产生不可忽视的影响,故从控制的角度考虑,也应纳入质量成本管理的范畴。

(三) 从质量成本价值补偿性上分类

质量成本作为一种资金耗费或经济损失有的发生了实际的支付行为,转化为企业的生产费用和成本,必须从经营收入中获得相应的价值补偿;有的表现为一种经济损失,并未发生直接的支付行为,其损失费用隐含于其他形式的成本或支出之中。为此,可将质量成本分为"显见性质量成本"和"隐含性质量成本"两类:

(1) 显见性质量成本,指在质量管理中,实际发生支付行为,其费用可以从经营收入中获得价值补偿的资金耗费。其包括"预防成本"、"鉴定成本"、"内部损失成本"中的部分内容(如废品损失费、不合格品返修费、返修复检费、质量事故处理费等）以及"外部损失成本"中除"降价损失费"之外的全部内容。

（2）隐含性质量成本，指在生产经营过程中因质量事故而遭受经济损失，但并未发生直接支付行为，其费用不能从经营收入中获得价值补偿的资金耗费。其包括"内部损失成本"中的"降级损失费"和"质量事故损失费"（如责任质量事故中需索赔的损失、意外灾害造成的质量损失等），"外部损失成本"中的"降价损失费"项目。

上述分类有利于将须获得价值补偿的显见性质量成本在质量成本核算中单列出来，分析其在企业成本中的比重，以揭示质量管理工作中的薄弱环节，促进质量管理活动开展，同时重视隐含性质量成本的作用，加强质量监督，减少经济损失。

上述分类之间的关系，如表 11-1 所示。

表 11-1　　　　　　　　　质量成本分类表

质量成本	直接质量成本	可控质量成本	预防成本	①质量事故预防措施费 ②质量管理培训费 ③新产品质量评审鉴定费 ④质量改进措施费 ⑤质量水平提高奖励费	显见性成本
			鉴定成本	①检测设备及工具使用维护费 ②检测试验费 ③检测鉴定管理费	
		不可控质量成本	内部损失成本	①废品净损失费 ②不合格产品返修费 ③返修复检费 ④质量事故处理费 ⑤质量事故损失费 ⑥质量降级损失费	隐含性成本
			外部损失成本	①降价损失费 ②质量保修费 ③质量索赔费 ④产品退换费 ⑤质量"三包"管理费 ⑥质量诉讼费	显见性成本
	间接质量成本			①用户质量不满成本 ②用户质量损失成本 ③企业信誉损失成本	

第二节 质量成本的核算

一、开展质量成本核算的意义

质量问题是关系到企业能否生存发展的根本性、决定性的问题,也是关系到社会主义经济建设和对外贸易事业发展的重大经济战略问题。没有质量观念,就不可能有效地、持久地提高经济效益。因此,现代公司、合伙制企业及其他所有经济主体,应首先树立"质量第一"、"质量出效益"、"质量决定命运"等质量意识,切实做好成本质量、产品质量、管理质量等工作,根据社会和市场的需要组织生产,坚持效益和速度的统一,质量和数量的统一,走质量效益型的道路。

企业生产经营的目的就是不断提高经济效益,这就意味着用尽可能少的活劳动耗费和物化劳动耗费,生产出尽可能多的符合社会需要的价廉物美、优质低耗的产品。企业要衡量自身创造的经济效益,就必须建立会计组织,进行会计核算。而质量成本核算也是企业会计核算必不可少的前提条件。因为,首先它可以使原来分散的或没有记录的有关质量成本、质量收入、质量收益数据的归集、分析和报告系统化、制度化和经常化。其次,质量成本核算可用于质量成本的规划、控制和分析等方面。最后,质量成本核算可以为加强质量管理提供可靠的数据和有力的手段,从而使其在提高产品质量、降低产品成本、提高经济效益方面发挥重要作用。因此,推行质量成本核算是企业深化全面质量管理,加强经营责任制的客观要求,有着积极的现实意义。

二、质量成本核算的原则

质量成本作为一种价值形态的经济指标,需要遵循一定的原则,采用适当的会计方法组织核算,以保证质量成本资料的完整和准确。

(一) 正确划分质量成本与非质量成本的经济界限

在生产经营活动所发生的各项资金耗费中,有的与质量管理活动及其后果有直接联系,有的表现为一种间接性联系,有的则与质量管理活动无关。在未组织质量成本核算的情况下,产品项目中仅以"废品损失"汇集质量损失费用,通常占成本的比例小于1%,而实证研究资料表明,在一般制造业的产品成本中,如果组织质量成本核算,质量成本项目在产品成本中的比例通常在15%左右,甚至高于燃料及动力、直接工资和制造费用项目在产品成本中的比重,可见正确组织质量成本核算的重要性。

第十一章 质量成本核算

为了正确组织质量成本核算，必须制定质量成本开支范围，结合企业生产经营的特点，从制度上明确规定生产经营活动中质量保证成本和质量损失成本的各明细项目，界定各项目的经济内容，使质量成本核算有章可循，从而保证质量成本的完整与准确。

（二）正确划分质量成本中应计入产品成本和不应计入产品成本的经济界限

在质量成本构成经济内容中，按其经济性质，并非所有项目都要计入产品生产成本。大多数质量预防成本和部分质量鉴定成本并不一定在产品成本开支范围之内，例如为提高产品质量对生产设施进行技术改造的质量改进措施费、质量检测设备的购置费等，均属于资本性支出；质量管理培训费、质量评审鉴定费、检测试验费、检测管理费等应在管理费用中列支。外部损失成本中的降价损失直接抵减了销售收入；质量保修费、质量索赔费、产品退换费、质量"三包"费用按规定均在管理费用中列支。内部损失成本中的废品损失费、不合格品返修费、返修复检费、质量事故损失费、降级损失费等在正常范围内应列入产品成本。由于在现有生产技术条件和管理水平下，生产过程中一定范围内和一定程度上的废品或质量事故难以完全避免，由此产生的损失是为取得一定量合格品而伴随发生的必要劳动耗费，因而应列入产品成本开支范围。但是，这类损失费用列入产品成本并取得相应价值补偿的性质应受到损失数量界限和产生原因的制约。超过正常范围和非正常原因造成的废品或质量事故，属于管理或操作上的失误，应追查责任单位或个人，向过失人索赔，这部分损失应列为应收款项。意外事故造成的质量损失，应分清原因，或者列入管理费用，或者列入营业外支出。不同类型的企业，由其生产工艺技术条件决定，对生产过程中应列入产品成本的损失费用，应有不同的限定范围，并严格控制。

实证研究资料表明，在一般制造业的质量成本中，约占55%的费用属产品成本开支范围，约占25%的费用属管理费用开支，约占20%的费用属营业外支出开支或应追索赔偿责任。因而应严格把握产品成本与质量成本的关系，防止扩大产品成本开支范围的倾向。

（三）正确划分各产品和各期间质量成本的经济界限

为了便于控制和考核各种产品的质量成本水平，对于应计入产品成本的质量费用，应确认各项费用的归集对象：直接性质量费用应根据原始凭证全部归于某产品质量成本；间接性质量费用应选择合理的标准分配计入不同产品质量成本。当月发生的属于收益性支出的鉴定成本以及内部损失成本应全部计入当月完工产品成本，预防成本因其费用发生于前，而受益于后，故应依发生数额的多少和受益期的长短，在不同会计期间分摊。计入本期产品成本的预防成本应按产品完工情况，在当月完工产品成本与期末在产品成本之间分配。计入管理费用的部分预防成本、鉴定成本和外部损失成本，作为期间费用，应全部抵减当月的销售收入。

三、质量成本项目的设置

（一）设置质量成本项目的原则

1987年3月，中国质量管理协会所属的质量经济分析研究委员会首次提出了设置质量成本项目的原则如下：

（1）质量成本项目要与国家标准对质量成本的定义相吻合；

（2）质量成本项目要同目前的会计核算制度及产品成本核算内容相适应；

（3）质量成本项目要有特定的成本开支范围；

（4）质量成本项目要同质量成本责任单位相联系；

（5）质量成本项目要同企业的具体情况相适应。

按照上述原则，质量成本推荐项目设置的步骤如下：

（1）按照质量成本与质量控制之间的关系，将质量成本划分为质量控制成本（质量保证成本）和质量控制失败成本（质量损失成本）两个基本部分。质量控制成本是对产品进行控制、管理和鉴定所支付的费用；质量控制失败成本是由于控制不力而产生的不合格品造成的损失。

（2）按照基本功能将质量控制成本分为预防成本和鉴定成本，按照发生领域将质量控制失败成本分为内部损失成本与外部损失成本。

（3）按照预防成本、鉴定成本、内部和外部损失成本的具体内容和用途，将它们细分为若干具体的质量成本项目。

（二）质量成本项目的名称和内容

1. 预防成本

预防成本是指用于预防产生不合格与质量故障所发生的费用。其具体包括：

（1）质量工作费，指为保证和控制质量，开展符合性质量管理所发生的办公费、TQC小组活动费，以及收集质量信息、制定质量标准、编制质量工作手册、制订质量计划和研究工序能力等所发生的有关费用。

（2）质量培训费，指为使产品达到质量要求，对有关人员进行质量意识、质量管理理论教育和质量检测技术、生产操作技术培训等发生的费用。

第十一章　质量成本核算

（3）质量评审费，指对新产品设计方案评价、新产品质量评审等所需要的费用。

（4）质量改进措施费，指为提高产品符合性质量而改进产品设计、调整生产工艺、开展工序控制、进行技术革新等发生的费用。

（5）质量奖励费，指为鼓励改进和提高产品符合性质量而支付的奖励费用。

（6）工资及附加费，指质量管理部门和生产车间从事符合性质量管理的专职人员的工资及附加费。

2. 鉴定成本

鉴定成本是指评定生产要素和产品是否符合质量要求所发生的费用。其具体包括：

（1）检测设备及工具使用维护费，指用于质量检测的有关设备的折旧及修理费用，各类质量检测工具的摊销费用。

（2）检测试验费，指按照一定的质量标准对购入的原材料、外购配套件、工模量具以及生产过程中的在产品、自制半成品和产成品进行检查、测试及对检测设备进行维护、校正等发生的有关费用。

（3）检测管理费，指为检验或试验所发生的办公费用。

（4）工资及附加费，指专职质量检验、计量工作人员的工资及附加费。

3. 内部损失成本

内部损失成本是指产品出厂前因不符合规定的质量要求而发生的有关费用。其具体包括：

（1）废品损失，指技术上无法修复或经济上不值得修复的不合格品报废而造成的损失。

（2）返修损失，指对质量不合格的在产品、自制半成品、产成品进行返修所耗用的材料费和人工费用。

（3）事故分析处理费，指对质量事故进行分析处理所发生的有关费用。

（4）停工损失，指由于质量事故引起的停工损失。

（5）产品降级损失，指产品因外观或局部达不到质量标准，但不影响主要性能而降低质量等级所产生的损失。

4. 外部损失成本

外部损失成本是指产品出厂后因不符合规定的质量要求，导致索赔、修理、更换、退货而支付的有关费用。其具体包括：

（1）产品降价损失，指销售后的产品不符合质量标准而降价处理造成的损失。

（2）保修费，指根据合同规定或在保修期内为用户提供修理服务所发生的费用。

（3）索赔费，指产品销售后，由于质量缺陷导致用户损失而赔偿用户的费用。

（4）退货损失。指产品销售后，由于质量问题而造成退货、换货所发生的费用。

（5）诉讼费，指为处理因产品质量问题而引起的诉讼事宜所支付的费用。

（三）关于"减产损失"项目设置问题

质量成本项目的设置是按照一定的原则和标准，对质量成本的经济内容进行合理分类的结果。按照不同的原则和标准，质量成本项目的设置有多有少、有粗有细，但无论如何划分，都应以满足质量成本管理要求为目的。与国外质量管理学者对质量成本项目的划分相比，我国质量成本推荐项目大多数具有相对应的可比性，但逐项比较后发现我国质量成本推荐项目中未包含"减产损失"的内容。

什么是"减产损失"？在生产过程中，废次品的产生对企业效益的影响是双重性的，即一方面发生废品净损失费用，包括不可修复废品的材料、人工费用和可修复废品的修复工料费用。这是一种"显见性"的经济损失，能从成本核算资料中通过归集和计算得到反映。另一方面，由于生产废品或修复废品占用生产资源，必然相对减少合格品的生产量，由此丧失的为企业创造价值的机会是一种"隐含性"的经济损失，不能直接从成本核算资料中得到反映。由此可见，"减少损失"是属于内部损失成本的一项内容，是伴随废品的产生而存在的，生产资源无效占用机会成本。因而设置"减少损失"项目用以反映这种经济损失，是符合质量成本管理要求的。

由于减少损失如同质量降级、折价损失一样属于潜在的经济损失，因而在计算上主要依靠统计方法。一般而言，减少单位产量所造成的经济损失近似地等于该产品的单位边际贡献，减产损失总额也就近似地等于减产总量与该产品单位边际贡献之乘积，其中减产总量就是产生废品的数量，也可以表示为废品生产（含废品返修）占用总工时除以单位产品定额工时单耗的结果。

四、质量成本核算的原始资料

质量成本核算作为会计核算内容中的一个组成部分，在核算前同样必须具

第十一章 质量成本核算

备一定的前提条件,除需进行设置账户外,还必须搜集整理原始凭证、归集和汇总质量成本资料等工作。

(1) 原始凭证和数据来源。质量成本核算所依据的原始凭证,一般可以是工时单、材料单、检查报告、废品单、修理单、现场修理报告、降低折价单等。其来源还可以从企业的业务核算、统计核算和会计核算方面取得。

(2) 资料的归集和汇总。质量成本资料的归集,可分别按质量成本项目、责任中心、产品品种或工序,以及时间顺序等归集。质量成本资料的汇总,一般期初编制目标质量成本预算表,应包括摘要栏、本期目标质量成本栏、增减栏(应包括金额和百分比)、备注栏等。报表按月、季、年编制均可。除以上的报表汇总形式外,还可以采用图表式和陈述式。

(3) 质量成本核算,在设置总账及明细账时,既要考虑保证日常工作的顺利进行,又要考虑质量成本核算本身的"成本—效益"问题。即要用增加最低的费用,为企业管理提供基本的、重要的、有效的资料,这就需要结合各企业的特点,从实际出发,各部门分工合作。一般而言,质量管理部门的责任是确定需要用哪些质量成本因素,并作出说明,以便最后归集的资料符合质量成本概念的要求。而制定核算办法,设置质量核算科目,核算每一个账户的金额,将质量成本资料归集和汇总,并向有关部门报告,则是会计部门的责任。但是要完成以上责任,还需要各生产经营部门广泛参加。

五、质量成本的核算方法

质量成本核算,实际上是将记入"生产成本"、"管理费用"、"销售费用"、"制造费用"、"辅助生产费用"等账户中有关质量管理措施及质量损失方面的费用,按其经济内容进行汇集和分类的结果,以综合反映生产经营过程中从事质量管理活动所发生的全部耗费。目前,质量成本核算方法尚无固定模式。按是否纳入会计核算账户体系划分,可考虑选择采用下述两种核算形式。

(一) 非独立核算形式

采用这种核算形式,是将质量成本核算纳入现有的会计核算账户体系,成为会计核算的组成内容之一。在这种方法下,设置"质量成本"总账账户,同时取消"废品损失"总账账户。在"生产成本"账户内,保留"废品损失"成本项目。"质量成本"账户属成本费用类。该账户的借方汇集本期发生的全部质量费用,贷方反映结转记入"生产成本"账户中"废品损失"成本项目中的废品净损失费用及其他内部损失成本;结转记入"原材料"账户的废品残值收入,以及结转记入"管理费用"、"销售费用"、"制造费用"、"其他应收款"、"营业外支出"等账户的质量预防成本、质量鉴定成本、内部损失成本和外部损失成本。"质量成本"账户期末如有借方余额，表示应由以后会计期间负担的质量预防成本。为了分类反映质量成本的构成，应在"质量成本"总账之下分设"预防成本"、"鉴定成本"、"内损成本"和"外损成本"等二级账户。

现举例说明如下：

[例 11-1] W 公司生产的甲种产品，售价为 500 元/台，某月完工产品 1 000 台，无期初、期末在产品，本月发生生产费用总额 300 000 元，其中，直接材料费用 240 000 元，燃料及动力费用 12 000 元，直接工资费用 30 000 元，制造费用（包括已转入的质量鉴定费用）18 000 元。有关质量成本会计情况如下：

（1）产品入库检验时，发现不可修复的废品 20 台，残值 200 元/台，其中 5 台由于技术操作不当所致，应由责任人赔偿损失。

（2）可修复废品 10 台，平均修复费用 150 元/台，其中原材料更换费 120 元/台（无残值），修复工时 2 小时/台，由辅助生产部门修复，定额小时工资率 15 元/小时。

（3）次品 30 台，降价 20% 销售。

（4）本月支付质量改进措施费 30 000 元，分 6 个月摊销。

（5）本月支付质量事故预防措施费 12 000 元，分 6 个月摊销。

（6）本月有质量检测设备折旧费 400 元，由辅助生产部门维修检测设备 40 小时，定额工资率 15 元/小时，支付质量检测人员工资费用 2 000 元。上述费用均已记入"制造费用"账户。

（7）本月销售部门支付产品质量保修费用 800 元。

（8）本月发生质量"三包"管理费用 1 000 元。

根据上述材料，本月质量成本核算如下：

（1）计算结转不可修复废品损失费用：

$$单位产品直接材料费用分配率 = \frac{240\ 000}{1\ 000} = 240（元/台）$$

$$单位产品直接工资费用分配率 = \frac{30\ 000}{1\ 000} = 30（元/台）$$

$$单位产品燃料及动力费用分配率 = \frac{12\ 000}{1\ 000} = 12（元/台）$$

第十一章 质量成本核算

单位产品制造费用分配率 = $\frac{180\,000}{1\,000}$ = 18（元/台）

结转不可修复废品损失费用：

借：质量成本——内损成本	6 000
贷：基本生产成本——甲——直接材料	4 800
——燃料及动力	240
——直接工资	600
——制造费用	360

残值入库：

借：原材料	4 000
贷：质量成本——内损成本	4 000

结转应由责任人赔偿的损失费用：

借：其他应收款——×××	500
贷：质量成本——内损成本	500

（2）计算结转可修复废品损失费用：

借：质量成本——内损成本	1 500
贷：原材料	1 200
辅助生产成本	300

（3）计算结算废品损失成本：

本月内部损失成本合计 = 6 000 − 4 000 − 500 + 1 500

                        = 3 000（元）

借：基本生产成本——甲——废品损失	3 000
贷：质量成本——内损成本	3 000

（4）本月支付及摊销质量改进措施费、质量事故预防措施费：

借：质量成本——预防成本（改进措施费）	30 000
（预防措施费）	12 000
贷：银行存款	42 000
借：管理费用	7 000
贷：质量成本——预防成本（改进措施费）	5 000
（预防措施费）	2 000

（5）结算及结转质量鉴定费用：

借：质量成本——鉴定成本	3 000

贷：累计折旧	400
辅助生产成本	600
应付职工薪酬	2 000
借：制造费用	3 000
贷：质量成本——鉴定费用	3 000

(6) 本月支付及结转质量保修费用和质量"三包"管理费用：

借：质量成本——外损成本	1 800
贷：银行存款	1 800
借：管理费用	1 000
销售费用	800
贷：质量成本——外损成本	1 800

(7) 结算次品降价损失：

借：质量成本——外损成本	3 000
贷：销售费用	3 000
借：销售收入	3 000
贷：质量成本——外损成本	3 000
借：银行存款	487 000
销售费用	3 000
贷：销售收入	490 000

经上述核算处理后，本月汇集质量成本总计 17 800 元。其中，内损成本 3 000 元，预防成本 7 000 元，鉴定成本 3 000 元，外损成本 4 800 元。"质量成本"账户借方期末余额 35 000 元，为以后期间待摊的质量预防成本。

质量成本核算账户处理的一般程序如图 11-1 所示。

采用这种核算形式的优点是：

(1) 有利于将质量成本管理工作纳入会计管理体系的监督和控制之中，使质量成本核算成为日常会计核算的内容之一。

(2) 通过质量成本核算账户体系的设置与应用，有利于与责任成本体系相结合，以考核质量成本的发生情况。

但是，这种核算形式也存在一些缺点：

(1) 由于需增设"质量成本"账户，调整了原有的会计核算程序，因而增加了会计核算工作量。而且，由于各类企业在质量成本构成内容上差别较大，难以从核算制度上作出统一要求。

第十一章 质量成本核算

（2）某些性质的质量成本，例如商品折价损失，既有质量因素，也可能有滞销因素，有的停工损失也有可能含有非质量事故因素等。在质量成本核算中较难分清原因，应单列出来核算。

（3）不能独立地反映由于提高质量水平、降低质量成本而产生的经济效益情况。

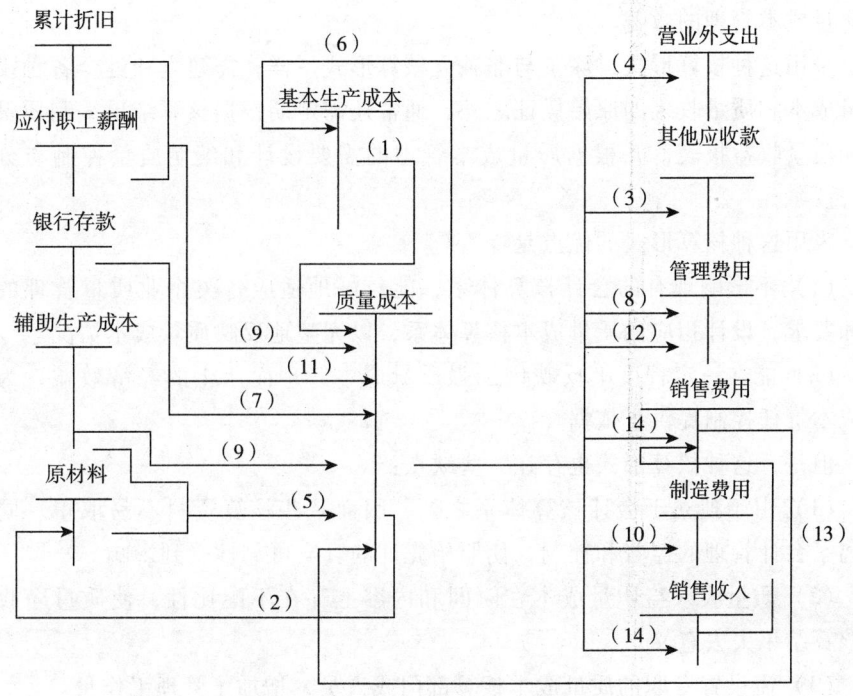

图 11-1 质量成本核算账务处理程序

说明：（1）结转不可修复废品损失费用；（2）废品残值入库；（3）责任人赔偿损失；（4）意外事故损失；（5）结转可修复废品费用；（6）结转内部损失成本；（7）支付质量预防费用；（8）结转本月预防成本；（9）结转质量鉴定费用；（10）结转鉴定成本；（11）支付质量"三包"费用；（12）结转"三包管理费"；（13）次品降价损失；（14）结转质量保修费；（15）结转外部损失成本。

（二）独立核算形式

采用这种核算形式，质量成本核算不纳入现有的会计核算体系，而是单独组织质量成本的核算，同时也核算质量收入和质量净收益，从而形成质量成本核算的独立体系。在这种方法下，可以采用统计台账的形式，企业内部各责任单位设置"质量成本"账户，按照质量成本的各项构成内容、发生地点、责任主体、发生数额和主要原因，逐项予以登记。质量成本发生的数额有的可直接从会计核算账户中取得，例如废品净损失费用、停工损失费用等；有的则需要从发生的生产费用中通过分析、计算和汇总取得。设置"质量收入"账户，记录因提高质量水平而相对增加的收入，包括实际合格率、平均等级率、优质率高于计划指标而增加的收入，以及实行优质优价而增加的收入。设置"质量净收入"账户，集中反映一定时期质量收入抵减质量成本后的余额，以体现质量成本管理的效益。

采用这种核算形式，除了与非独立核算形式一样，需建立和健全各种反映质量成本和质量收入的原始凭证之外，通常还需定期根据核算结果编制质量成本和质量收益报表，并根据质量成本管理的需要设计和编制质量控制与分析报告。

采用这种核算形式的优点是：

（1）不影响现有的会计核算体系，能较好地适应各类企业质量管理的特点和要求，设计相应的质量成本核算体系，以完整地反映质量成本情况。

（2）能在一定程度上反映因加强质量成本管理而产生的经济效益，为质量成本责任控制提供了依据。

但是，这种核算形式也存在一些缺点：

（1）由于独立于会计核算体系之外，因而某些核算资料不易取得。同时脱离了会计管理的监督和控制，使原始凭证的真实可靠性受到影响。

（2）质量收入与质量成本在时间和内容上存在不配比性，使质量净收益的核算结果失去意义。

（3）需设置专职的质量成本核算部门或人员，增加了管理工作量。

六、质量成本报告

质量成本报告是根据企业质量管理的需要，按照质量成本项目核算企业实际发生的质量成本，用以反映、分析和考核一定时期内质量成本预算执行情况的内部成本报表。

（一）质量成本报表的内容

质量成本是企业在生产经营中，为了保证和提高产品质量所支出的一切费用以及未达到质量标准而产生的损失。其主要包括事故成本、检验成本、预防成本等内容，这也是质量成本报表的基本项目。

质量成本信息发生在生产经营过程中的各个环节，在每一个环节控制质量成本需要解决的问题，可能会涉及许多部门，这就需要确定追踪和控制质量成本的网点。根据质量管理的内部分工，通常厂内事故成本由生产部门负责，厂外事故成本由销售部门负责，鉴定成本由检验部门负责，预防成本由质量管理部门负责，质量总成本由财会部门和质量管理部门共同负责。质量报告报表的内容是由对质量管理分工的要求来确定的。各网点汇总的质量成本报表，都应反映质量成本有关项目的预算控制数、实际数和差异数。

（二）质量成本报表的编制

1. 质量成本报表的编制依据

本表编制的依据主要有：（1）表中质量成本的实际数一般来源于原始记录和原始凭证。如废品通知单、返修单、检验工时报告单、质量事故减产损失计算表及各种台账的统计数据。质量管理各网点的核算人员应负责收集原始资料，进行登记、汇总，并据以编制质量成本报表。（2）表中质量成本的预算控制数，应根据计划年度企业制定的质量成本预算控制数逐项计算填列。（3）表中的差异数应根据质量成本实际数与预算控制数逐项填列。差异栏中用金额表示的差异应等于实际数减去预算控制数，用百分比表示的差异应用差异额除以预算控制数求得。

2. 质量成本报表的编制方法

质量成本报表是根据质量成本的日常核算资料编制的，因而进行质量成本核算时，必须做好统计工作，及时、准确地统计因发生废品而损失的材料、工时等，为正确进行质量成本核算提供可靠的原始资料。质量成本有显见成本与隐含成本之分，显见成本可用会计方法进行核算，对未实际支出的隐含成本，如质量事故的停工损失、产品降级损失、产品降价损失等，很难用会计方法进行核算，只能用统计方法计算确定。因此，质量成本的核算可以说是以会计核算为主，统计核算为辅，相互配合，才能全面、准确、及时地反映质量成本。质量成本报表可分为两类：一类汇总反映全厂质量成本预算的执行情况；另一类分别反映各个责任层次的质量成本预算的执行情况。质量成本报表参考格式见表11-2、表11-3、表11-4和表11-5。分责任层次的内部质量成本表，编制时，应分别按责任单位（即分级归口单位）分车间、科室进行编报。

表 11–2　　　　　　　　　　厂部质量成本汇总表

200×年×月　　　　　　　　　　　　　　　　单位：元

类别		单位项目	质量成本							合计
			一车间	二车间	三车间	质量科	检验科	销售科	其他	
事故成本	厂内事故成本	1. 废品次品损失	1 000	1 100	1 200					3 300
		2. 返修费用	200	100	200	100				600
		3. 复检引用					200			200
		4. 停工损失								
		5. 其他							50	50
		小计	1 200	1 200	1 400	100	200		50	4 150
	厂外事故成本	1. 赔偿损失						400		400
		2. 折价损失						600		600
		3. 违约损失							1 000	1 000
		4. 包修损失								
		5. 退货损失			100					100
		6. 其他	600	500	400	40				1 540
		小计	600	500	500	40		1 000	1 000	3 640
检验成本		1. 进料检验费	600							600
		2. 外购配件检验费		700						700
		3. 产品及工序检验费			200					200
		4. 设备检验费					300			300
		5. 其他								
		小计	600	700	200		300			1 800
预防成本		1. 培训费				700				700
		2. 措施费								
		3. 控制费						250		250
		4. 管理费						150		150
		小计				700		400		1100
质量成本合计			2 400	2 400	2 100	840	500	1 450	1 000	10 690
本期产品生产总成本			18 000	21 000	25 000	4 000	5 000	7 000	4 000	84 000
质量成本率（%）			13.33	11.43	8.4	21	10	20.71	25	12.73

第十一章 质量成本核算

表11-3　　　　　　　　　　　　质量成本预算执行表

编报单位：××厂　　　　　　　　200×年×月　　　　　　　　　　　　单位：元

项目	预算费 金额	预算费 占总额（%）	实际数 金额	实际数 占总额（%）	差异数 金额	差异数 占总额（%）	差异因素
厂内事故成本：							
废次品损失	3 400		3 300		100		
返修费用	700		600		100		
复检费用	180		200		-20		
停工损失	100				100		
其他	60		50		10		
小计	4 440	38.64	4 150	38.82	290	36.25	
厂外事故成本：							
赔偿损失	500		400		100		
折价损失	650		600		50		
违约损失	900		1 000		-100		
退货、包修损失	150		100		50		
其他	1 600		1 540		60		
小计	3 800	33.07	3 640	34.05	160	20	
检验费用：							
进料检验费	650		600		50		
外购配套件检验费	710		700		10		
产品及工序检验费	300		200		100		
设备检验费							
其他	310		300		10		
小计	1 970	17.15	1 800	16.84	170	21.25	
预防费用：							
培训费	780		700		80		
措施费	300		250		50		
控制费	200		150		50		
管理费							
其他							
小计	1 280	11.14	1 100	10.29	180	22.5	
合计	11 490	100	10 690	100	800	100	

表 11-4　　　　　　　　　　　车间质量成本报表

编报单位：××车间　　　　　　200×年×月

项目	预算数		实际数		差异数		差异因素
	金额	占总额（%）	金额	占总额（%）	金额	占总额（%）	
（一）厂内事故成本 1. 废次品损失 2. 返修费用 3. 停工损失 4. 其他	（略）						
小计							
（二）预防费用 1. 培训费 2. 措施费 3. 控制费 4. 管理费 5. 其他	（略）						
小计							
（三）检验费用 1. 材料检验费 2. 半成品检验费 3. 设备检验费 4. 产品、工序检验费 5. 其他	（略）						
小计							
合计							

表 11–5　　　　　　　　　　科室质量成本报表

编报单位：××科　　　　　　　　200×年×月　　　　　　　　　　　　　单位：元

项目	预算数		实际数		差异数		差异因素
	金额	占总额（%）	金额	占总额（%）	金额	占总额（%）	
（一）厂外事故成本							
1. 赔偿损失							
2. 退货损失							
3. 折价损失							
4. 保修费							
5. 其他							
小计							
（二）厂内事故成本							
1. 产品降级降价损失							
……							
……							
小计							
小计							
合计							

第三节　质量成本控制、分析与考核

一、质量成本控制程序

质量成本控制程序是企业对质量成本进行日常控制的基本工作步骤，是企业成本管理的内容，主要包括：

（一）建立和完善质量成本管理的组织体系

因为企业的质量成本涉及面广，包括产品的设计、开发、生产、供应、销售、质检和财会等各个部门。为了有效地对质量成本进行日常控制，必须首先建立和健全质量成本的组织体系，确定和控制质量成本的网点，实行归口分级控制。

在实际工作中，许多大中型企业均已在厂部设立"全面质量管理中心"，由厂长和"三总师"（总工程师、总经济师、总会计师）共同负责。这类中心

的主要任务是:

(1) 制定企业的全面质量管理制度。

(2) 编制各期质量成本计划,确定质量成本控制的总体目标,并逐层分解下达给各个质量成本控制点,分别对质量成本四个主要项目进行监督、指导、调节和限制。

(3) 定期编制质量成本控制报告,监督各项质量保证措施的实现。

企业应按质量成本的四类项目,分别在相关的经营管理单位设置控制网点,实行自主管理、自我控制,及时掌握质量成本的升降情况,并进行日常核算和事后分析,以保证质量总成本的降低。在各控制点下,可进一步按质量成本各明细项目形成的部门或车间设置控制分点。在控制分点下面,还可根据各单位的具体情况,把质量成本明细项目再作深入分解,落实到各控制网点。但必须注意,每个质量网点都应贯彻经济责任制,使责、权、利紧密挂钩。这样,整个企业对质量成本的控制就形成了上下左右、统一协调的控制系统,既可以及时输出并反馈质量成本的原始信息,又能分级归口控制质量成本。这对提高产品质量、降低成本、增加效益,必将产生积极作用。

总而言之,企业建立和健全质量成本管理体系(即施控系统),是促使质量成本控制获得成功的重要保证。

(二) 确定预算控制指标和误差范围

首先,根据全面质量管理的要求和最佳质量成本决策的数据,为各个质量成本项目分别确定其预算控制数。一个企业要想真正保证产品质量,必须树立"以预防为主"的指导思想,把不合格产品消灭在形成的过程中。因此,在正常情况下,应适当提高预防费用的比例。

其次,由于质量成本的控制与实现的质量水平有关,因此,控制质量成本支出,必须建立在能保证一定质量水平的基础上,不得任意降低。这就要求我们在控制质量成本时,要为各质量项目分别制定出可容许的误差范围。一般说来,对检验费用和预防费用的偏差可稍大一些,但对内部事故成本必须严格控制。可将制定的各质量成本项目误差的上下限作对控制的依据,也可按"例外管理"原则进行控制。

(三) 对产品生产整个寿命周期进行全过程的控制

由于产品质量贯穿于设计、制造和使用的整个过程,因此对质量成本进行控制就不应只重视制造阶段,而忽略设计和使用阶段,应该对产品整个寿命周期进行全程控制。

第十一章 质量成本核算

1. 设计阶段

设计阶段，是指产品投产前的全部技术准备过程。由于质量成本中的预防费用绝大部分发生在这个阶段，为了做好过程的质量成本控制，通常应按控制目标加强"前馈控制"。它的具体做法是：

（1）对产品质量的要求进行市场调查，并对产品质量成本进行预测分析。

（2）依据预测资料开展价值工程活动，对产品质量进行技术经济分析，重视产品质量同价格的配合、功能同成本的配合。同时对产品的最佳质量成本进行决策，并确定最佳质量水平。

（3）严格审核设计任务书，并在此基础上确定设计过程的质量成本项目或预算数，借以对日常执行情况进行评价与考核，以便控制预防费用，提高设计水平。

（4）严格把好试制、检验关，凡经鉴定不合格的产品，一律禁止投入生产。

2. 制造阶段

制造阶段，是指产品的形成过程。该阶段的质量成本通常由以下三个变量所组成：

（1）为预防出现废品、次品而开展的科研工作以及采取的改进措施费用。

（2）进行工艺环节监督而发生的费用。

（3）废品、次品损失和返修费用，等等。

对制造过程的质量成本进行控制，关键在于以最低的质量保证费用，来维持并达到最佳的加工，生产出符合设计质量要求的产品。其控制的主要方法有：

（1）制订质量成本计划，确定质量成本控制目标，对重要的质量成本项目按标准成本控制。

（2）制定工序的最佳质量控制目标，严格控制那些由于对在制品质量要求过高或过低而造成的工艺成本的升降，以保证质量成本计划目标的实现。

（3）合理确定质检方式，掌握各项质量与成本之间的关系和变化规律，有效地把产品质量和质量成本控制在最佳水平。

3. 使用阶段

使用阶段，是指产品出售后直至使用寿命结束的过程。对该阶段质量成本进行控制的主要方式有：

（1）对质量成本实施反馈控制，对照质量成本目标找出差异程度，并分别情况采取对策。

(2) 通过对销售、发货、运输以及售后服务等工作质量的改善，来降低使用阶段的质量成本。

(3) 通过对设计和制造两个阶段的质量成本控制的加强，来减少使用阶段的质量成本。

二、质量成本分析

对质量成本的分析一般是指进行事后分析，可先由各成本控制网点根据管理的需要，定期编制"质量成本报告"，然后据以对质量成本预算的执行情况进行分析研究。

"质量成本报告"通常应按质量成本的分类项目，分别设置"预算数"、"实际数"、"差异数"、"原因分析"四栏，供管理当局及时了解质量成本的开支情况，以及各类质量成本占总成本的百分比，以便进一步分析研究，提出改进措施。

应予以明确的是，在过程中如发现内部和外部的质量损失大于质量总成本的70%，预防费用小于质量总成本的10%，即显示该企业产品质量水平过低，今后质量成本管理的重点应该放在加强预防控制方面，积极探索提高产品质量的有效措施。若厂内事故和厂外事故成本小于质量总成本的40%，检验费用大于质量总成本的50%时，即反映该企业产品质量水平偏高，今后质量成本管理的重点则应放在巩固工序控制的成效方面。对检验费用应加强调查研究，放宽检验标准，减少检验程序，并对最佳质量成本决策进行复审。如果厂内和厂外事故成本接近质量总成本的50%，预防费用接近质量总成本的10%时，即反映该企业产品的质量水平适当，今后质量成本管理的重点应放在维持并控制在现有的质量水平上。当然，在实际工作中由于不同类型的企业、不同的产品各有其特点，上述质量成本项目的控制区域百分比往往不尽相同。因而，每个企业应根据自身的特点和特定的产品质量管理要求制定成本控制区域百分比。但不论用怎样的比例，通过质量成本的核算，可以分析出产品的质量水平，找出产品质量低劣的原因，为企业今后改善质量管理、降低消耗、提高效益指明方向。

三、质量成本考核

为了明确经济责任，使企业内部的质量成本中心在行使权力、履行职责的同时，能够取得预定的工作成绩，并获得相应的经济利益，必须对该成本中心的业务活动及其实绩进行严格考核。

第十一章　质量成本核算

(一) 质量成本考核的基本步骤

在质量成本会计下，衡量质量成本中心工作成绩的优劣主要是结合有关经济指标看质量成本预算执行情况的好坏，看其质量成本预算指标同实际完成结果的吻合程度。对质量成本进行考核，一般要经过以下几个步骤：

1. 计算并确认差异

这一步骤主要是计算有关质量成本指标，确认质量成本预算同质量成本实际完成额之间有无差异，以及发生差异的成本（费用）项目是什么、属于何种性质的差异、具体的差异数额有多大，等等。

2. 分析及查明原因

这一步骤主要是根据质量成本有关指标的完成效果及与预算成本额发生差异的成本项目和差异的性质，深入分析和查找产生各种差异的外部原因或内部原因、价格原因或数量原因等。

3. 追踪岗位责任

该步骤主要是从分析、查明原因入手，进一步明确经济责任，弄清每个质量控制点及相关人员对有关差异应担负的责任，从而为最终并最好地实现质量成本控制目标创造条件。

(二) 质量成本考核的主要指标

1. 目标质量成本节约额

目标质量成本节约额是一个绝对数指标，它以绝对数形式反映目标质量成本的最终完成情况（节约或超支）。这一指标的计算公式如下：

目标质量成本节约数 = 质量成本预算数 − 质量成本实际完成数

2. 目标质量成本节约率

目标质量成本节约率是一个相对数指标，它以相对数形式反映目标质量成本的完成情况。这一指标的计算公式如下：

$$目标质量成本节约率 = \frac{目标质量成本节约数}{质量成本预算数} \times 100\%$$

3. 质量成本率

质量成本率是一个相对数指标，是质量成本合计数与本期产品生产总成本之比率，反映了质量成本在整个生产成本中的比重和水平。这一指标的计算公式如下：

$$质量成本率 = \frac{质量成本合计数}{产品生产总成本} \times 100\%$$

4. 质量效益率

质量效益率是一个相对数指标,该指标反映了质量成本所得与所费的多少对经济效益的影响程度与关系。这一指标的计算公式如下:

$$质量效益率 = \frac{质量收入}{质量成本} \times 100\%$$

以上公式也可根据企业的经营特点和需要演变成若干公式。例如:

公式一:

$$质量成本效益率 = \frac{实际（计划）质量收入}{实际（计划）质量成本} \times 100\%$$

这一指标可以用来评价质量管理的绩效,在某种程度上也反映了企业全面质量管理水平。

公式二:

$$销售质量成本率 = \frac{质量成本}{产品销售收入} \times 100\%$$

上式表明,企业每取得100元产品销售收入,其中含质量成本多少元,该指标反映了质量成本占用水平的高低。

(三) 质量成本实绩考核报告

对成本中心的质量成本进行实绩考核,主要是对其可控成本进行计算、分析和评价,着重了解可控成本质量预算的执行情况。在实际工作中,成本中心的质量成本,一般可按采购、生产、检验、销售等若干部门分别进行管理、核算和考核。

每个预算期末,需就各该成本中心的实际业绩进行考核,并编制书面的业绩报告。其格式参见表 11-3、表 11-4、表 11-5 所示。该业绩报告通常反映成本中心质量成本的预算数、实际数、以及二者之间的差异,并对其中重大差异进行适当说明。另外,还应结合质量成本有关指标的计算,对各部门或责任人的质量成本控制水平及各种影响因素进行全面、综合的分析评价,以不断提高企业质量管理的能力和层次。

本章小结

本章主要介绍了质量成本的经济内涵与分类、质量成本核算和质量成本控制、分析与考核。

第十一章　质量成本核算

质量成本的内涵是产品在生产过程中为使产品达到经济合理的符合性质量水平而发生的一切资金耗费。质量成本包括两个基本组成部分，即"为达到保持规定的质量水平而发生的费用"和"因未达到规定的质量水平而引起的损失"。通常称前者为质量保证成本，它包括为预防质量缺陷产生而投入的预防成本和进行质量鉴定活动而产生的鉴定成本；称后者为质量损失成本，它包括内部质量损失成本和外部质量损失成本。

质量成本概括起来有三种分类方法：（1）从质量成本发生的性质，可以将质量成本分为预防成本，鉴定成本，内部损失成本和外部损失成本四类。（2）从质量成本的可控性，可将质量成本分为可控质量成本和不可控质量成本两类；（3）从质量成本的价值补偿性，可将质量成本分为显见性质量成本和隐含性质量成本两类。

质量成本核算是企业会计核算的一个重要组成部分，主要内容有：确定质量成本核算的范围，设置有关账户，收集整理有关原始凭证，记录、归集和汇总质量成本资料等。质量成本报告是根据企业质量管理的需要，按照质量成本项目核算企业实际发生的质量成本，用以反映、分析和考核企业一定期间的质量成本预算执行情况的内部报表。质量成本报表的内容和基本项目包括：预防成本、检验成本和事故成本等。质量成本报表可以分为两种：一种是汇总反映全厂质量成本预算执行情况；另一种是分别反映各个质量层次的质量成本预算执行情况。

质量成本控制是企业成本管理的重要内容，主要包括：建立和完善质量成本管理的组织体系；确定预算控制指标和误差范围；对于产品整个寿命周期进行全过程的控制。质量成本分析一般是指事后进行分析，可先由各成本控制网点根据管理的需要，定期编制质量成本报告，然后据以对质量成本预算的执行情况进行分析、研究，以便企业加强对质量成本的控制。质量成本考核是企业质量管理中的重要工作步骤，主要内容有，计算质量成本差异，分析及查明原因，追踪岗位责任等。质量成本考核的主要指标有：目标质量成本节约额，目标质量成本节约率，质量成本率，质量效益率等。

本章思考题

1. 质量成本的经济内涵是什么？

2. 质量成本如何分类？
3. 开展质量成本核算有何意义？
4. 组织质量成本核算应遵循哪些原则？
5. 如何设置质量成本项目？
6. 质量成本核算有哪些形式？
7. 什么是质量成本报表？如何编制？
8. 如何进行质量成本分析？

本章案例

【资料】某企业生产的 A 种产品，售价为 400 元/件，2014 年 10 月完工产品 800 件，无期初、期末在产品，本月发生生产费用总额 250 000 元，其中，直接材料费用 200 000 元，燃料及动力费用 10 000 元，直接工资费用 25 000 元，制造费用（包括已转入的质量鉴定费用）15 000 元。有关质量成本资料情况如下：

1. 产品入库检验时，发现可修复废品 8 件，平均修复费用 120 元/件，其中原材料更换费 90 元/件，修复工时 3 小时/件，由辅助生产部门修复，定额小时工资率 14 元/小时；发现不可修复的废品 150 件，残料价值 160 元/件，其中 3 台由于技术操作不当所致，应由责任人赔偿损失，发现次品 30 台，降价 20% 销售。

2. 本月支付质量改进措施费 24 000 元，采用一次摊销法摊销。

3. 本月支付质量事故预防措施费 10 000 元，采用一次摊销法摊销。

4. 本月质量检测设备折旧费 350 元，由辅助生产部门维修检测设备 28 小时，定额工资率 14 元/小时，支付质量检测人员工资费用 1 600 元。上述费用均已记入"制造费用"账户。

5. 本月销售部门支付产品质量保修费用 700 元。

6. 本月发生质量"三包"管理费用 600 元。

要求：根据上述资料进行质量成本核算。

第十二章 环境成本核算

[引入案例]

　　1993年,美国加州辛克利(Hinkley)镇居民将太平洋电力瓦斯公司(PG&E)告上法院。公司向小镇的土地和水源排放含铬污染物,造成该镇癌症高发。最终PG&E以赔偿3.3亿美元和解,是美国污染致癌单一赔偿案的最高数额赔偿,也是近代美国侵权赔偿的划时代案例。在加州政府监管下,小镇的污染清理与修复工作延续至今。这一故事被改编成电影《永不妥协》。20世纪90年代的美国,环境保护运动已经蓬勃发展了三十年,环保主义作为一种思潮深入人心。据当时的民调显示,73%的美国人认为自己是环保主义者,80%的人认为环境问题是非常重要的社会问题。高涨的环保意识和社会各界的关注,最终成为此案胜诉的重要因素。这个案例也表明,如果企业一味追逐经济利益,忽视对环境的保护,忽视对环境成本的核算和管理,就可能为此付出更高昂的代价。

[学习目的与要求]

　　通过本章学习,了解企业生产对环境造成的影响和企业应承担的责任,理解环境成本的含义,掌握环境成本的分类与核算方法,了解环境成本信息披露的意义及方式。

第一节　企业生产对环境的影响及责任

进入工业社会以来，人类在其生产活动中无限制地滥用资源，随意向外界排污染物，导致环境不断恶化。20世纪70年代起，严峻的环境问题开始显现，如资源危机、土地沙化严重、森林面积大幅度减少、温室效应明显等，已经危及人类生存，人类开始关注环境问题。1972年6月5日，联合国召开"人类环境会议"，提出了"人类环境"的概念，并通过了人类环境宣言，成立了环境规划署。可持续发展概念的产生最早可以追溯到1980年由世界自然保护联盟（IUCN）、联合国环境规划署（UNEP）、野生动物基金会（WWF）共同发表的《世界自然保护大纲》。1987年以布伦兰特夫人为首的世界环境与发展委员会（WCED）发表了报告《我们共同的未来》。这份报告正式使用了可持续发展概念，并对之作出了比较系统的阐述，产生了广泛而深远的影响。

企业的生产过程与环境之间存在着十分紧密的关系，环境为企业生产过程提供了大量的资源和能源，是企业不断发展的动力源泉，同时企业在生产过程中又向环境排放了大量的废气、废水、废渣，给环境造成了严重的污染，自然环境的持续恶化必将制约企业的长期发展。环境既是企业发展动力的提供者，又是企业生存的终结者；环境问题的产生既是由于企业的生产活动而产生，又可以因企业的努力而改善甚至得到彻底解决。企业应当在不降低环境质量和不破坏世界自然资源基础上开展经济活动，同时企业在生产过程中还应当注重保护环境，不断提高环境质量，与环境相互促进、协调发展。这既是可持续发展战略的要求，也是促进环境与企业共同健康、协调、可持续发展的必然选择。

随着时代的发展，循环经济、绿色经济、生态经济和低碳经济等一系列新概念应运而生，这些概念的侧重点虽各有不同，但都强调在不损害资源和环境的前提下，加快和提高国民经济发展的质量和速度，体现了不同的经济学研究视角和人类对可持续发展的共同追求。企业作为市场的主体，从传统的只考虑财务业绩，向综合考虑财务业绩和环境业绩转变。环境因素已成为企业产品设计、营销和财务管理中必须充分考虑的因素，政府加强环境管制措施，消费者对绿色产品的偏好，投资者对履行环境责任企业的选择，员工和社区对企业的态度等都影响着企业的经营。与此同时，环境技术的进步，使一些企业通过加强环境保护、解决环境问题，降低了环境成本，获得了竞争优势。越来越多的企业从不得不关注环境，转变为主动追求生态效益，将提高环境业绩作为获得竞争力的又一法宝。追求生态效益的企业，不仅可以满足消费者对绿色产品和服务的需求，还可以为员工创造良好的工作环境，以较低的成本获得资本或其他资源，促使管理者发现新的机会，同时造福人类社会。要实现这一目标，开展环境成本核算，管理好环境成本，将环境成本信息运用于经营决策、投资决策、成本控制和业绩评价等各方面，是必不可少的。

第二节　环境成本的经济含义及分类

一、环境成本的经济含义

目前对环境成本的定义很多，学术界尚未形成共识，各类文献引用较多的、较为权威的定义来自联合国国际会计和报告标准政府间专家工作组（ISAR）第15次会议文件——《环境会计和财务报告的立场公告》（1998）中的定义："环境成本是指本着对环境负责的原则，为管理企业活动对环境造成的影响而采取或被要求采取的措施的成本，以及企业因执行环境目标和要求所付出的其他成本。"这一定义表明，谁对环境造成了影响，谁就应该对环境负责，从而也应该执行环境目标和要求。其内含的逻辑是，日益严峻的全球性生态环境危机是由于以往企业对环境不负责任的行为所造成的，因此，环境问题的解决理所当然必须依赖于企业对环境负责的行为。而为了使企业能够具有这种自觉的责任感并且实际地担负起这种责任，就应该把在维护、治理和改善环境过程中所发生的各种人力、物力和财力的消耗统计入企业成本中。

我国著名的会计史学家郭道扬教授以马克思对成本认识中的耗费与补偿的辩证统一观为依据，将环境成本定义为："以维护生态环境为目标，充分考虑在产品生产前后对生态环境所产生的影响，按照所测定的人力劳动消耗、自然资源消耗标准，对产品投入进行计量，并列计所必需的资源消耗与环境治理补偿性费用，这些资源消耗与环境治理费用便是企业环境成本。"

国内较早研究环境会计的学者肖序教授在综合借鉴各种观点的基础上，并结合我国企业的特点来界定环境成本的概念，认为环境成本可以被描述为"以货币价值计量的、为预防、减少和避免环境影响产生或清除这些环境影响等发生的各种耗费"。

上述定义的表述虽各不相同，但内涵相似。特别需要强调的一点是，环境保护不只是政府的责任，在企业的生产经营范围内，也是企业的责任。企业作为最大的污染制造者和资源消耗者，应承担起环境保护的主要责任。环境成本问题的本质在于环境责任问题，环境成本核算的根本意义在于根据其核算结果，采取相应的经济手段来控制环境责任主体的行为，使之能够履行与其环境责任相应的环境义务。从短期来看，企业为保护环境和资源再生所发生的成本，构成了企业环境成本的一部分。从长期来看，企业环保和再生支出会改善环境，形成良好的环境资源，带来环境收益。

二、环境成本的分类

环境成本分类的方法很多，按照联合国国际会计和报告政府间专家工作组对环境成本的定义，可以把环境成本具体分为：环境保护维持成本、环境保护发展成本、环境治理成本、环境污染补偿成本、环境损失成本等。环境保护维持成本指为预防生态环境污染和破坏而支出的日常维持费用；环境保护发展成本指为进一步发展环境保护产业而投入的各项支出；环境治理成本指企业为治理被污染和破坏的环境而发生的各项支出；环境污染补偿成本指企业由于污染和破坏生态环境应予补偿的费用；环境损失成本指企业对生态环境的污染和破坏而造成的损失以及由于环境保护需要勒令某些企业停产或减产而造成的损失。

美国环境保护署（EAP）于1995年将环境成本划分为传统成本（Conventional Cost）、潜在的隐藏成本（Potentially Hidden Cost）、偶发成本（Contingent Cost）、形象关联成本（Image and Relationship Cost）四类。传统成本一般是指企业正常生产过程中所发生的材料费、人工费、设备折旧，是作为企业生产成本核算的。潜在的隐藏成本是指以保护环境的生产程序、系统和设备为对象而发生的潜在成本。偶发成本是指企业在未来可能会因企业原因而支付的成本，包括未来环境事故损害的赔偿、为适应未来法规修订而支付的成本及可能会增加的罚金等。形象关联成本是指为提高环境形象、支援地域环境保护活动而支付的成本。

加拿大特许会计师协会（CICA）于1993年对环境成本作了两大基本分类，即环境对策成本与环境损失成本。前者是指与企业进行环境保护活动对策相关的成本；而后者则因企业造成的环境污染而被受害者或第三方要求予以赔偿、恢复等所支付的成本费用，包括受害赔偿金、罚金等。

1993年3月，欧共体国家环境部长会议通过并颁布"环境管理与审计体系"（EMAS），并于当年7月生效执行。德国于1995年开始执行EMAS，引入环境成本核算，并采用生态会计模式。环境成本在其流转过程中被分成四种类型，即（1）事后的环境保全成本；（2）环境保全预防成本；（3）残余物发生成本；(4) 不含环境费用的产品成本。

日本环境厅于 1999 年颁布了《关于环境保全成本的把握与披露的指导要点》，给出了有关环境保全成本核算的具体细节，并列示了环境保全成本报表的典型格式。该文件将环境保全成本定义为：以降低因企事业单位活动产生的环境负荷为目的所支付的成本及相关费用，包括环境保全的投资额和当期费用。环境保全成本划分为以下六类：(1) 直接降低环境负荷的成本；(2) 间接降低环境负荷的成本，又称为环境管理成本；(3) 为降低产品的使用、废弃过程中环境负荷的成本；(4) 降低环境负荷的研究开发成本；(5) 为降低环境负荷的社会关联成本；(6) 其他环境保全成本。

我国学者王立彦教授将环境成本从时间和空间两方面进行分类。从时间范围企业的环境成本可以划分为过去环境成本、当期环境成本和未来环境成本三部分。从空间范围划分，企业的环境成本总是可以分为内部环境成本和外部环境成本。内部成本的确定是基于当期成本是否由该企业承受和支付，即费用是否内部化为了企业成本。比如排污费、环境破坏罚金或赔偿费、环境治理或环境保护设备投资等由企业承担，划分为内部环境成本；河流和大气污染、噪音污染等暂时无法由企业承担的部分为外部环境成本。

王跃堂教授从事前预防的角度把环境成本分为环境控制成本和环境故障成本，并指出这两者是此消彼长的关系。

还有学者按环境成本对环境保护的效果把环境成本分为：(1) 环境预防性支出，即用于维护环境现状或防止出现环境污染和破坏而发生的环境保护性支出，如环保设备投资、职工环保管理教育等。对于企业来讲，其是一项主动性非常高且环境保护效果最好的支出。(2) 环境补救性支出，即对已发生的环境污染和环境破坏进行清理和治理而发生的支出，如污水治理等。该项支出对已恶化的环境现状起着不断改善作用。(3) 环境补偿性支出，即对已发生的环境污染和环境破坏事故进行补偿而发生的支出，如污水排放造成其他企业或个人损害和损失而被罚款或赔款等。

以上界定和分类存在许多差异，还没有形成统一的国际规范。环境问题具有外部不经济性的特征，20 世纪 70 年代以来各国政府都加强了对环境保护的干预，颁布了一系列环境保护方面的政策法规。随着"谁污染谁治理"的理念提出，企业发生的由社会承担的外部环境成本将逐步内部化到企业中。本书综合以上观点，将环境成本分为三类：(1) 环境治理成本，指企业为治理被污染和破坏的环境而发生的各项支出；(2) 环境预防成本，指用于维护环境现状或防止出现环境污染和破坏而发生的环境保护性支出；（3）环境损失成本，指对已发生的环境污染和环境破坏被受害者或第三方要求给予赔偿或恢复支付的费用。

第三节 环境成本的核算

一、环境成本的确认

从会计核算的角度来看，企业的环境成本按照一定的标准可以分为资本化成本和费用化成本。ISAR 认为环境成本若符合资产的确认条件，则应将其资本化，然后按照资产的摊销方法在以后各期分别摊销；否则，应作费用化处理，计入当期损益。

（一）资本化成本

关于哪些环境成本可以资本化，国际上有两种判断方法：一种是未来收益增加法（increased future benefits approach），另一种是未来收益的附加成本法（additional cost – of – future – benefit approach）。前者从经济视角出发，认为只要该环境成本可以提高经济效益，为企业带来实际的利益且受益期预计在一年以上的就可以将其资本化；而后者从环境角度出发的，认为只要所发生的环境成本能够促进企业在未来获得经济利益且受益期预计在一年以上的，即可以被资本化。国际会计准则委员会（IASB）主张采用未来收益附加法，而 ISAR 和美国的财务会计准则委员会（FASB）更倾向于未来收益的附加成本法，我国也采用这一方法。环境成本资本化以后，当未来期间利益实现时，再将这些成本计入当期损益，一般是采用折旧或摊销的方式。

环境成本资本化的确认方法有两种：单独确认与合并确认。合并确认适用于当环境支出自身不能单独带来未来的经济利益流入，而需要和其他资产组合才能实现时。目前，企业中大部分的环境成本都是如此。单独确认适用于一小部分的能够独立带来未来收益的环境成本，比方专业用来清除水污染的机器。

（二）费用化成本

企业中存在很多不能在未来带来经济利益的环境成本，这些成本往往与当期发生的损益有关。比如：废物的处理、对以前发生的损害进行清除、于本期生产活动之中展开清理行动发生的成本以及治理环境所发生的管理费用等。除此之外，还有十分典型的因为违反环保相关法律法规而遭到的罚款以及作为负的外部效应而赔偿受到损害的第三方的款项。这些都应该纳入费用化成本的

第十二章 环境成本核算

范围。

常见的资本化和费用化环境成本如表 12-1 所示。

表 12-1　　　　　　环境成本资本化和费用化举例

按受益期间分类	具体项目举例	建议确认方式
一次性支付，但受益期间长	用于环保工作的研发费用 企业购买一定年限、一定数量的排污权费 企业专设环保设施投资 生产过程中发生的环保成本 环保机构的环保设备购买支出 水循环处理工艺支出 对非环保材料的替代支出 绿化费用 企业在环保管理体系构建认证支出	资本化
当期支付，当期受益	员工环保培训费 废物处理成本 环境损害清除成本 环保包装物支出 环保设备折旧及运行维护费用 支付的排污费 环境污染的检查排查支出 企业环境成本披露成本	费用化
非日常事项支出	企业因环境问题发生的诉讼费 社会环保活动支出	费用化

在权责发生制原则下，环境成本的确认应符合两个条件：（1）导致环境成本发生的事项已经发生；（2）金额能够可靠计量或合理估计。环境成本事项发生与否主要看此项支出是否与环境相关，并且是否已导致企业资产减少或负债增加等。有些环境支出在发生时容易确认和量化，如绿化费、排污费、环境管理体系认证费用等；有些环境支出一时不能确切计量，如对已经造成的水污染进行治理的成本，在治理完成前无法准确计量，对此我们可以根据其他企业治理的成本费用或技术测算进行合理估计。目前来看，我国企业所确认的环境成本主要是以费用化为主。这是由于现在我们的企业在环境保护方面还是比

较被动的，思想上有一种根深蒂固的观念，那就是企业造成的污染是对自然和社会的负债，那么在还债过程中发生的所有成本都应该费用化。这不仅不符合权责发生制的原则，而且无形中养成了企业的消极被动态度，不利于激励企业在环境方面的投入。

二、环境成本的计量

环境成本计量是指采用一定的计量属性和单位，对环境成本确认的结果给予量化的过程。环境成本计量首先应遵循会计计量的一般性原则，如历史成本原则、权责发生制原则、配比原则、一贯性原则等。由于环境成本存在的特殊性，还应该要求环境成本的计量要与企业的管理水平相适应，做到具体情况具体对待。

从企业环境成本发生的空间范围来说，企业的环境成本主要可以分成内部环境成本和外部环境成本两大类。内部环境成本是指企业在日常生产经营过程中的实际环境支出，比如排污费、环保工人支出、环境损害赔偿金、环保设备的购置费等。这一类支出事项比较明确，容易识别，所以其计量方法也相对简单一些，只需要对该事项的不同特性予以辨别区分，然后分别采用各自适用的方法计量就可。外部环境成本是指企业的生产活动对环境资源造成破坏，但在目前的社会法制环境下尚没有产生实际支出，显著特点是其"外部性"。这部分成本很容易被企业忽略，对这类环境成本的计量也是目前环境成本会计领域的一个难题。对生态环境破坏损失计量，除了要运用传统的会计计量方法外，还要参考环境经济学中对环境成本计量的方法，如市场价值法、机会成本法、意愿调查法、工资差额法等。

常用的内部环境成本计量方式有三种：（1）差额计量法，指对带有环保功能的耐用固定资产等的投资成本进行计量时，可计算全部投资支出金额与没有环境保护功能的固定资产投资支出的差额，以后固定资产折旧额也按这种差额折旧计入环境成本中。（2）全额计量法，指针对解决某一环境问题而专门支付成本金额，将其金额全部计入环境成本。如：环保培训费、环境认证费、排污许可证费用、环境污染罚款、污染处理费等直接费用发生时应全部计入企业的环境成本。（3）按比例分配计量法，是指将与产品生产密切相关的那些环境成本，按适当的比例分配到各种产品成本中去的方法。比如各生产车间的废弃物处理成本、辅助生产车间的污水治理费用等都可分配到产品中。如果这部分环境成本在产品成本结构中所占比重较大，可在生产成本中单独设立环境成本项目；如果所占比重较小，可归入制造费用项目中进行核算。

三、环境成本核算方法

环境成本核算方法的选择是环境成本核算过程中的重要环节，常见的环境成本核算方法有完全成本法、作业成本法和生命周期成本法等。

（一）完全成本法

完全成本法指将与企业的经营、产品或劳务对环境产生的影响有关的内部成本和外部成本综合起来的方法。这里的内部成本是指所有已分配到产品上和未分配作为期间费用处理的环境成本，外部成本是指由企业的活动产生但是由企业外部其他主体承担的成本。外部成本往往很难准确地归属到某个企业，但应用完全成本法时，只要可能，就要对外部成本进行量化，不然也要提供定性的信息。在环境管理上政府采用"谁污染谁治理"的原则，通过税收、罚款等方式将外部环境成本内部化，由产生环境影响的个体来承担，因此外部成本早晚要转变为企业的内部成本。如果企业在长期计划或投资中预先考虑了这些成本，就可以采取相应措施，有效避免环境风险。

（二）作业成本法

作业成本法产生于20世纪80年代，通过划分作业和识别成本动因，按作业归集成本并将成本按成本动因分配到产品中去，使得间接成本的分配更加合理。采用作业成本法分配环境成本，能更好地使环境成本与产生这些成本的作业相联系，可以帮助企业管理者对企业整体的环境管理活动影响的广度和重要性有所认识，采取减少环境影响和预防污染的决策，并将环境成本纳入产品或服务的定价中。以作业为基础的成本管理将作业区分为增值作业和非增值作业，致力于有效实施增值作业，尽可能减少和消除非增值作业，从而提升顾客价值，增加企业利润。这一思想同样可以应用于环境会计中，分析作业对环境的影响，对不能带来经济增值且对环境造成不利影响的作业要设法减少或消除，对能够带来经济增值且对环境产生有利影响的作业加以保持或扩展。

（三）生命周期成本法

一个产品需要经过资源开采、产品生产、产品包装、使用和回收处置几个阶段，虽然并不是全部的过程都由生产者来控制，但产品对环境的影响很大程度上是由产品的设计决定的。近年来，为了促使生产者采取有利于环境的设计，许多国家都出台了相关法规，如日本的《绿色采购法》、《容器包装循环法》，德国的《循环经济与废物管理法》等，强制性要求进行资源的循环利用，迫使生产者考虑产品生命周期的环境影响，将供应商、生产者和消费者联系在一起，对产品或流程的设计进行调整。生命周期成本法从产品的生命周期角度出发，把产品整个生命周期中的环境成本都考虑在内，克服了传统成本计算方法下仅考虑生产过程中发生的环境成本的缺点，使得产品成本信息更加完整、准确，有利于企业按照既定的环境战略来有效管理环境成本，也有利于产品的合理定价。

四、环境成本的会计处理

（一）科目设置

根据环境成本核算的需要，企业可设置"环境成本"科目，用于环境成本的归集和分配。该账户属于损益类账户，借方登记发生的环境成本，贷方登记转出的环境成本，期末余额为零。环境成本一级科目下可根据环境成本的构成内容增设二级科目，如设置环境治理成本、环境预防成本、环境损失成本。还可根据管理需要，在二级科目下按具体成本项目分设专栏，如材料费、折旧费、职工薪酬、排污费等。

（二）账务处理

本期发生与本期相关的环境成本，借记"环境成本"科目，贷记"银行存款"、"应付职工薪酬"、"累计折旧"等科目。期末结转损益时，借记"本年利润"科目，贷记"环境成本"科目。

[例12-1] 某煤炭企业当期部分环境事项如下：（1）由于企业在煤炭开采过程中会对土壤和植被造成一定的破坏，为以后恢复环境的需要，该企业决定提取环境保护基金，每年提取1 000万元；（2）该企业的废水治理系统年折旧额为10万元，运行成本为15万元，年设备维护费为8万元；（3）为了可持续发展，该企业每年投入环保研发经费为100万元；（4）每年排污费200万元；（5）每年的环境监测费用为50万元；（6）每年的地面塌陷补偿费用200万元；（7）每年的绿化费用80万元；（8）环境治理过程中发生的人工费10万元；（9）为提高员工的环保意识，对职工进行环境保护意识培养，每年支出10万元。

（1）由于提取的环保准备金是为了治理和恢复破坏的环境，所以应计入环境成本——治理成本。

借：环境成本——治理成本　　　　　　　　　　10 000 000
　　贷：环境负债——环保准备金　　　　　　　　　　10 000 000

（2）废水治理系统的年成本也应计入环境成本——治理成本。

借：环境成本——治理成本　　　　　　　　　　330 000
　　贷：累计折旧　　　　　　　　　　　　　　　　　100 000

　　　　　银行存款　　　　　　　　　　　　　　　　　　　　230 000

（3）环保研发活动主要出于预防目的，经费应计入环境成本——预防成本。

　　借：环境成本——预防成本　　　　　　　　　1 000 000
　　　　贷：银行存款　　　　　　　　　　　　　　　　1 000 000

（4）污染物排放成本是企业污染的主要形式，缴纳排污费实质上是因为排污破坏环境而支付的补偿性支出，应计入环境成本——损失成本。

　　借：环境成本——损失成本　　　　　　　　　2 000 000
　　　　贷：银行存款　　　　　　　　　　　　　　　　2 000 000

（5）环境监测费用应计入环境成本——预防成本。

　　借：环境成本——预防成本　　　　　　　　　　500 000
　　　　贷：银行存款　　　　　　　　　　　　　　　　　500 000

（6）地面塌陷补偿费用是用于造成环境损害而支付的补偿，应计入环境成本——损失成本。

　　借：环境成本——损失成本　　　　　　　　　2 000 000
　　　　贷：银行存款　　　　　　　　　　　　　　　　2 000 000

（7）绿化费主要用于恢复环境，可计入环境成本——治理成本。

　　借：环境成本——治理成本　　　　　　　　　　800 000
　　　　贷：银行存款　　　　　　　　　　　　　　　　　800 000

（8）环境治理过程中发生的人工费应计入环境成本——治理成本。

　　借：环境成本——治理成本　　　　　　　　　　100 000
　　　　贷：应付职工薪酬　　　　　　　　　　　　　　100 000

（9）职工环境事项培训是为了增强员工的环保意识，也是预防目的，费用应计入环境成本——预防成本。

　　借：环境成本——预防成本　　　　　　　　　　100 000
　　　　贷：银行存款　　　　　　　　　　　　　　　　　100 000

第四节　环境成本信息披露

一、环境成本信息披露的意义

　　企业环境成本信息是公司进行环境成本会计核算的最终结果，随着人们环保意识的日益增强，对环境问题的关注度不断提高，政府部门对环保问题也越来越重视，环境成本信息在财务报表中的披露显得越来越重要。

从企业外部来看，企业环境成本信息的披露可以满足利益相关者的需求。

1. 政府部门

（1）环境成本信息是国家正确衡量国民生产总值等宏观经济指标的重要来源。根据环境经济学的观点，在生产成本中，如果没有把废物处置费用计算在内，而是以牺牲环境为代价获取高额利润，将一笔隐蔽而沉重的费用转嫁给社会，其后果将是增加了公共费用的开支或破坏了生存环境。我国长期处于产品经济的状态下，忽略了资源和环境的补偿，而传统的经济核算未将环境资源的消耗和补偿列入国民经济核算体系，从而使国民生产总值等经济指标失真。

（2）政府部门可以通过披露的环境信息了解企业对环境的污染及其在环保方面的业绩，以便作出公正的评价和正确的总体规划。

（3）政府部门将环境资源通过有偿或无偿的方式交付给企业使用，因此也会关注企业受托责任的执行情况及企业的生产经营与环境法规的一致性。

2. 投资者

投资者要求企业在申请贷款时提供环境报告或相关材料，通过对企业环境绩效的分析来避免环境风险，了解企业长期盈利能力，并努力回避投资风险。另外，由于投资者素质和修养的不断提高，对环境问题的认识越来越深刻，他们已认识到污染严重的企业是没有发展前景的。

3. 社会公众

社会公众为了自身的利益也会选择无污染的绿色产品，并且十分关注企业污染对自身的危害，企业要持续经营必须取得这些利害关系者的合作与支持。

从企业的自身影响来看，环境问题使企业成本增加，环境风险增大。在现有的产品成本核算中，人们几乎从来没有考虑过环境影响的问题。产品生产过程中所发生的环境支出都是作为当期的期间费用或营业外支出予以列支。这种做法虽然操作简便，但其具有内在的缺陷。它模糊了成本发生的动因，不考虑各种产品的污染与相应的清理费用，所计算的产品成本不能真实地反映该产品所发生的真正的劳动与价值的耗费，不利于企业挖掘潜力、降低生产成本。企业管理当局根据这样的成本资料进行生产经营决策极易决策失误。因此，企业管理者需要财务部门进行环境会计的核算来获取完整的产品成本信息，以实现决策的优化。此外，环境成本信息披露会直接影响企业的社会形象，给企业带来差别竞争优势，如市场份额的获得、相对成本的降低和为竞争者设置进入市场的障碍等。因此，正确核算环境成本以及正确披露环境成本信息具有十分重要的意义。

二、我国环境成本信息披露制度

企业环境成本信息披露制度是环境保护法律制度的重要组成部分。我国环境保护法律制度建设始于1973年的《关于保护和改善环境的若干规定(试行草案)》，先后经历了从无到有，并逐步完善的过程。我国环境保护与企业环境成本信息披露制度的发展大致可分为三个阶段：(1)命令和控制政策为主的规制阶段，以环境影响评价制度、"三同时"制度[①]、限期治理制度和排污许可证制度为代表。(2)经济激励政策为主的推广应用阶段，以环境税费制度、押金返还政策和可交易许可证制度为代表。(3)政策创新阶段，以信息公开制度、自愿协议制度、环境认证制度和环境听证制度为代表。

2008年，国家环境保护总局发布的《关于加强上市公司环境保护监督管理工作的指导意见》指出，当发生与环境保护相关的重大事件，该事件的发生可能对上市公司证券产生较大影响而投资者尚未得知时，上市公司应当立即披露该事件并说明原因及影响。2008年，上海证券交易所公布了《上市公司环境信息披露指引》，以指导上海证券交易所上市公司的环境信息披露。该指引规定，只要发生与环境保护有关的同时对股票价格产生影响的事件，应当自该事件发生之日起2日内及时披露事件情况。指引还规定，上市公司可以根据自身需要，在公司年度社会责任报告中披露或单独披露国家环境保护总局令第35号文中提及的9类自愿公开的环境信息；被环保部门列入污染严重企业名单的上市公司，应当在环保部门公布名单后2日内披露主要污染物情况、环保设施情况、环境污染事故应急预案以及公司为减少污染物排放所采取的措施及今后的工作安排等4类环境相关信息。

目前，我国已经制定了《环境保护法》、《环境信息公开办法(试行)》和《上海证券交易所上市公司环境信息披露指引》等一系列与环境保护与信息披露相关的近20部法律、30余部行政法规、70余项部门规章、1300余项国家环境标准。我国已经初步建立起了国家环境保护标准体系，并建立了由国家环保总局统一监管与地方各级环境监管部门分级分部门监管相结合的监管体系。

三、我国上市公司环境成本信息披露的现状

上市企业环境成本信息可以附在基本的财务会计报告中进行披露，也可以作为一项特殊项目单独进行披露。具体地看，目前分为四种模式，分别是在企

[①] "三同时"制度是我国出台最早的一项环境管理制度，指建设项目需要配置的环境保护设施必须与主体工程同时设计、同时施工、同时投产使用的环境法律制度。该制度系我国首创。

业财务会计报告中披露，在环境报告书中披露，在社会责任报告或其他年报中（如上市公告、重大事项报告或董事会报告等）披露。

2015年1月，中国环境新闻工作者协会在"新《环保法》助推环保新常态"研讨会上，向社会发布《中国上市公司环境责任信息披露评价报告（2013年）》。该报告评价了665家上市公司发布的2013年的环境责任报告和社会责任报告的环境信息部分，行业间环境信息披露质量水平差距较大，国有控股企业环境信息披露质量相对较高，第三产业整体水平略高于第一、第二产业等。重污染行业对环境成本信息的披露程度要远高于一般污染行业，不管从环境成本信息的内容上还是列示的明细程度上，重污染行业都是我国环境成本信息披露的重要行业。上市公司中发布环境报告的企业过少，仅为16家，环境信息披露总体水平偏低，尚处于起步阶段。

即使上市企业编制和发布了年度环境报告书，报告书也多为定性描述，缺乏翔实的数据核算。大多数上市公司主要采取报表附注的方式，对于上市公司当期发生的重大环境事项，在其附注的重要事项中加以反映，除此之外很少采用其他的方式。在披露的时效性上，大多数上市公司都是对过去已经发生的环境成本进行披露，忽视了未来可能发生的环境成本。在环境成本信息披露的形式上，我国上市公司主要采取货币形式对环境成本信息进行披露，披露的内容主要集中于资源税、资源补偿费、排污费、绿化费、环保投资等方面，这些信息都是在报表附注中作为与环境成本相关的项目列示出来。另外，环境成本信息披露的市场约束较少，一般来说，驱使上市公司进行环境成本信息披露最主要的动因是政府部门的要求，而来自社会公众的压力比较低。也就是说，我国上市公司进行环境成本信息披露的动因大多是非市场因素，这样显然无法以保护环境、造福社会为目的来约束上市公司的经营活动。

总体而言，我国环境会计信息披露目前还存在制度不完善、实用性差、执法不严、信息披露质量和水平低等问题。尽管目前环境成本信息的披露不够完善，但是随着社会公众环保意识的加强，政府的环境监管越来越严厉，越来越多的上市公司开始关注并披露环境成本信息，披露水平也在逐渐提高。

四、完善上市公司环境成本信息披露的对策

（一）健全会计法规，加快环境会计准则和相关会计制度的制定

最根本有效的方法是完善《会计法》，将环境会计的相关内容在《会计法》中得以体现，然后再制定出相对应的会计准则和会计制度，即依据会计准则所规定的有关环境原则设计会计制度，使环境会计信息披露有统一的标

准，具有实际可操作性。

(二) 转变经营理念，提高上市公司主动性

大多数上市公司传统的经营理念只注重经济利润，忽视了自身的社会责任，上市公司应当意识到自己不仅是一个自负盈亏的独立经济实体，更是社会发展中的重要元素，公司的发展与社会的发展相辅相成、密不可分。上市公司应当认识到披露环境成本信息不仅是其履行社会责任的表现，更是提升企业形象、获得企业价值、促进自身发展的一种重要途径。公司的经营理念不仅要从自身角度出发，更应该和外部影响联系起来，转变经营理念，主动进行环境成本信息披露，争先树立环保企业的良好社会形象，这样才能实现企业价值的最大化。

(三) 加强政府有关部门和社会中介机构的监督和宣传

由会计师事务所或国家审计机关进行的专项环境审计，可强化对环境会计的再监督，有助于环境会计的创建和环境会计信息披露制度的不断完善。会计师事务所或国家审计机关应根据国家有关的环保法律、法规以及相关的会计法规、制度和准则，对企业环境会计信息的合理性、合法性、全面性及真实性进行审查与鉴定，以取信于社会公众，从制度上促使企业主动承担保护环境的责任，进而促使整个市场机制健康、良性地运转。

本章小结

环境成本问题的本质在于环境责任问题，环境成本核算的根本意义在于根据其核算结果，采取相应的经济手段来控制环境责任主体的行为，使之能够履行与其环境责任相应的环境义务。环境成本大致可分为环境治理成本、环境预防成本和环境损失成本三类，通过设置"环境成本"账户进行核算。符合资产确认条件的环境支出可以资本化，形成环境资产，按照资产的摊销方法在以后各期分别摊销，否则按费用化处理，计入当期损益。目前，我国企业环境信息披露总体水平偏低，尚处于起步阶段。随着社会公众环保意识的加强，政府的环境监管越来越严厉，越来越多的上市公司开始关注并披露环境成本信息。

本章思考题

1. 什么是环境成本？如何分类？
2. 环境成本应如何确认？
3. 核算环境成本有何意义？
4. 内部环境成本的计量方法有哪些？
5. 环境成本核算有哪些主要方法？各有什么特点？
6. 环境成本信息披露有何意义？

本章案例

2012年，宝钢环保设施运行和折旧费合计21.6638亿元，排污费发生580.895万元，其他环境成本费用化支出合计67 675.105万元，包括体系审核费、环保宣传费、绿化费等。2012年发生违法事故1次，支付赔偿费6万元。另外宝钢2012年对外环保捐赠2 453.82万元，主要用于改善居民的生活居住环境，对宝山月浦镇友谊村交通噪声、烟粉尘等环境问题进行综合整治。宝钢应如何记录这些环境成本？

第十三章
人力资源成本核算

[引入案例]

　　美国联合包裹服务公司（USP）认为司机才是公司的核心员工，因为司机是公司业务运转的枢纽，主导着公司与客户的关系。寻找和培训新司机需要耗费高昂的成本，新司机通常要几个月才能熟悉新路线。为了控制和降低其司机的流失率，公司采取了果断措施。公司首先调查了众多司机流失的真正原因，发现许多人离职是因为不喜欢每次出车前繁重的包裹装载任务。因此，公司决定把装卸货物的工作分配给新成立的小组，从而大大降低了司机的流失率。尽管装卸工的流失率也非常高，但是USP愿意承受，因为更换装卸工比更换司机容易得多。这是一个典型的控制人力资源成本的例子。什么是人力资源成本、包括哪些内容、如何核算等，这些是我们将要在本章学习的内容。

[学习目的与要求]

　　通过本章学习，了解人力资源成本的概念，掌握人力资源成本的构成内容，重点掌握人力资源成本的计量模式，掌握人力资源成本归集和分配的方法，理解人力资源成本核算的局限性。

第一节 人力资源成本含义及构成

一、人力资源成本的内涵

经济的发展离不开两种资源：一是自然资源，二是人力资源。在 21 世纪这个知识经济时代，能源、土地和其他自然资源对经济的发展固然重要，但已不是决定性的资源，经济的可持续发展和组织核心竞争能力的形成将取决于人力这一战略资源。对人力资源这一概念的理解通常有两种：一种是从人口的角度，认为人力资源是在某一时期在某些特定的区域的具有劳动能力的人口的总和；另一种是从人力方面定义，认为人力资源是在某一特定时期在某特定的区域具有劳动能力者所创造的价值和财富的总和。从会计的角度来看，一方面人力资源具有提供未来经济利益或服务的潜力，并能以货币计量，因此可确认为一种资产；另一方面人力资源又是一种特殊的资产，具有双重性、能动性、持续性、时效性、社会性等特征。

人力资源成本这一概念是从一般的成本概念中推导出来的。美国会计学会在《成本概念和标准》报告中将成本定义为："成本是为了实现一定目的而付出的（或可能付出的）、可以用货币来计量的价值牺牲。""为了实现一定的目的"可以理解为为了获取并占有资源，或者说是为了获得某种预期的收益或者服务。人力资源成本是企业或组织为了实现自己的目标、创造最佳的经济和社会效益，而获得、开发、使用、保障必要的人力资源所付出的，以及人力资源离职而导致的各项支出的总和。

二、人力资源成本的构成

从人力资源成本的可追踪性来说，可分为直接费用和间接费用；从人力资源成本的成本习性来说，可分为变动人力资源成本和固定人力资源成本；从可控性角度来说，可分为可控成本和不可控成本；按人力资源成本是否实际发生，可分为实际支出成本和机会成本。现实情况下，我们往往按照人力资源成本费用产生的不同阶段来进行归集，具体分为人力资源取得成本、人力资源开发成本、人力资源使用成本、人力资源保障成本与人力资源离职成本五个成本项目。

（一）人力资源取得成本

任何企业要想获得所需要的人力资源都要按照一定程序，花费一定代价。一般来说，按照企业人力资源计划，确定人力资源数量和质量，再采用一定测

第十三章 人力资源成本核算

评方法进行甄选,最后进行录用和安置职务、上岗。人力资源取得成本一般包括招聘成本、选拔成本、录用成本和安置成本。

1. 招聘成本

招聘成本,指企业为了招揽所需人才,发布招聘信息、进行社会和高校等范围的招聘宣讲,吸引所需的内外人力资源所发生的会议费、差旅费、招待费、广告费等和招聘活动相关的费用。招聘成本既包括在企业内部或者外部招聘人员的费用,也包括吸引未来可能成为企业员工的人选的费用,如企业为了吸引高校毕业生所预先支付的委托代培费。

2. 选拔成本

选拔成本是企业对应聘人员进行挑选、评价、考核等活动所发生的成本。它主要包括通过初试或处理应聘者的申请材料进行初选的费用、对初试合格人员进行复试、测评的费用、对合格者组织答辩以及进行调查的费用和体检费用等。

3. 录用成本

录用成本是企业从应聘者中挑选出合格者后,为取得已确定聘任员工的合法使用权而发生的费用。其具体包括录用手续费、调动补偿费、搬迁费等因录用引起的相关费用。

4. 安置成本

安置成本是企业将所录用的员工安排到确定的工作岗位上时所发生的费用。它包括企业为安置录用者发生的相关的行政管理费用、临时生活费用、交通费用和向某些特殊人才支付的一次性补贴等。

(二) 人力资源开发成本

企业为了使员工具备应有的工作能力和专业水平或者使员工的能力在现阶段有所提高,以满足企业当前和未来发展的需要,由此产生的各种费用都称为人力资源开发成本。企业进行各种开发培训活动与员工当前及以后在企业中工作密切相关。人力资源的开发,有助于增加职工的知识和技能,因此,从本质上看,人力资源的开发成本是企业对人力资源进行的投资,主要包括岗前培训成本、在职培训成本和脱产培训成本。

1. 岗前培训成本

岗前培训成本,是指员工在上岗前企业要培训员工熟悉适应企业环境和工作岗位要求而支付的费用。它包括所有接受培训的人员的工资、培训活动中所花费的培训教育费、培训活动中所使用的相关书本资料费用和使用培训设备基本的折旧费用等。

2. 在职培训成本

在职培训成本，是企业为使员工更好地适应岗位的新要求，对在岗人员在不脱岗的前提下进行培训所发生的成本。具体包括所有接受培训人员和组织培训人员的工资、学习资料费和受训者的学费等。

3. 脱产培训成本

脱产培训成本，是企业根据生产加工的需要，允许职工脱离工作岗位接受短期或者长期的培训而发生的成本，其目的是为企业培养高层次管理人员或专门的技术人员。脱产培训可以根据企业实际情况，委托其他单位或教育部门进行人员培训，也可以由企业自己组织培训。根据所采取的培训方式不同，脱产培训成本可以分为企业内部脱产培训成本和企业外部脱产培训成本。外部脱产培训成本一般包括培训机构的专业培训费、接受培训人员的工资、差旅费、补贴、资料费等。内部脱产培训成本一般包括组织培训和参与培训员工的工资、培训资料费等。

（三）人力资源使用成本

人力资源使用成本，是指企业为补偿或恢复作为人力资源载体的企业员工在从事劳动过程中其体力、脑力的消耗而直接或间接地向劳动者支付的费用。从本质上看，它是人力资源交换价值的体现，是人力资源的产权主体因企业运用人力资源的使用权而从企业获得的补偿。从企业来说，人力资源使用成本属于收益性支出，应在发生的当期直接费用化。一般来说包括维持成本、奖励成本和调剂成本。

1. 维持成本

维持成本，是企业为保证人力资源维持其劳动力生产或再生产所需的费用，包括员工的基本工资、各种基本福利和劳动津贴。

2. 奖励成本

奖励成本，是指企业为激励职工，使人力资源更好地发挥主动性、积极性和创造性而对其作出的特殊贡献所支付的奖金，包括超额奖金、创新奖金和建议奖励等。

3. 调剂成本

调剂成本，是指为了调剂职工的生活和工作、满足员工精神生活上的需要、稳定职工队伍并影响和吸引外部人员所发生的费用，包括职工的娱乐费用、疗养费用和定期休假费用等。

第十三章 人力资源成本核算

（四）人力资源保障成本

人力资源保障成本，是指为了保障人力资源在暂时或长期丧失使用价值时的生存权而必须向社会劳动保障部门支付的费用。这些费用的表现形式有社会保险、企业基金或集体保险。这类成本的作用只是能够作为人力资源丧失使用价值时的生存权的保障，既不能提高人力资源的价值又不能保持其价值。但是，这类成本企业不能避免，必须予以缴纳，因为这项费用是由法律强制规定的。人力资源保障成本是企业社会责任感的表现。一般包括劳动事故保障成本、健康保障成本、退休养老保障成本、失业保障成本等费用。

1. 劳动事故保障成本

劳动事故保障成本，是指企业承担的职工因工伤事故而发生受伤或死亡所应给予的经济补偿费用和物质补偿费用。一般包括工伤员工的工资、医疗费、残废补贴、丧葬费等。

2. 健康保障成本

健康事故保障成本，是指企业承担的职工因工作以外的原因引起的健康欠佳不能坚持工作而需要给予的经济上和物质上的补偿费用。一般包括医药费、缺勤工资、产假工资及补贴等。

3. 退休养老保障成本

退休养老保障成本，是指社会、企业以及职工个人承担的保证退休人员老有所养和酬谢其辛勤劳动而给予的退休金和其他保障成本费用。一般包括医疗养老保险金、养老金等。

4. 失业保障成本

失业保障成本，是指企业对于有工作能力但因客观原因导致暂时没有合适的工作机会，因而无法得到有效的工作保障的员工所支付的补偿费用。主要包括失业保险金以及一定时期内因找不到合适的工作而获得的失业救济金。

（五）人力资源离职成本

人力资源的离职成本是由于职工离开企业而给企业带来的损失。员工离职包括主动离职和被动离职，离职原因多种多样。人力资源离职成本主要包括离职补偿成本、离职行政管理成本、离职前低效成本、空职成本。

1. 离职补偿成本

离职补偿成本，指企业辞退职工或职工主动辞职时，企业所应补给职工的费用，包括至离职时间为止应付员工的工资、一次性付给员工的离职金、必要的离职人员安置费等支出。

2. 离职行政管理成本

离职行政管理成本，指员工离职过程中产生的管理费用。例如面谈成本，由劳动管理人员与离职员工面谈而形成。此外还包括与离职有关的其他管理活动所产生的费用，如员工办理离职手续、人力资源部删除离职员工资料档案、收回离职人员掌握的企业资料及资产等所产生的费用。离职行政管理成本的数额主要取决于企业人力资源管理程序及规章制度的繁简程度。

3. 离职前低效成本

离职前低效成本，指员工即将离开企业导致离职员工和受离职影响的其他员工工作或生产效率低下而造成的损失费用。离职前，离职员工的工作状态一般不太稳定，同时会影响其他员工的工作情绪，导致业绩与之前正常工作期间相比将有明显差别，这种差别就是效率损失，产生离职成本。

4. 空职成本

空职成本，指由于员工的离职所导致某个岗位在一段时间内出现空缺，从而影响了企业的工作效率，而给企业带来的损失。岗位空置不仅影响该空缺职位直接管理任务的工作进程，还会影响与之紧密联系的其他工作的成绩，是直接影响企业经营业绩的因素。

第二节 人力资源成本的计量模式

人力资源成本的计量模式主要包括历史成本下的计量模式和重置成本下的计量模式。

（一）历史成本计量模式

历史成本也叫实际成本，它是根据人力资源实际取得、开发和使用时发生的支出来核算人力资源成本，并据此来摊销成本费用的一种计量属性。这种计量属性以原始凭证为依据，具有很强的客观性和查证性。历史成本是传统会计中使用的核算方法，人力资源成本会计运用这种方法能与非人力资源成本会计在数据上保持一致，从而使人力资源成本与非人力资源成本紧密联系起来，增加了它们之间的对比性和可加性。历史成本法可以客观真实地计量人力资源成本，而且操作性强，容易被人们理解和接受。但历史成本在物价变动较大时就很难对人力资源成本作出有效的评价。

弗兰·霍尔茨设计的人力资源历史成本计量模式如图13-1所示。

第十三章 人力资源成本核算

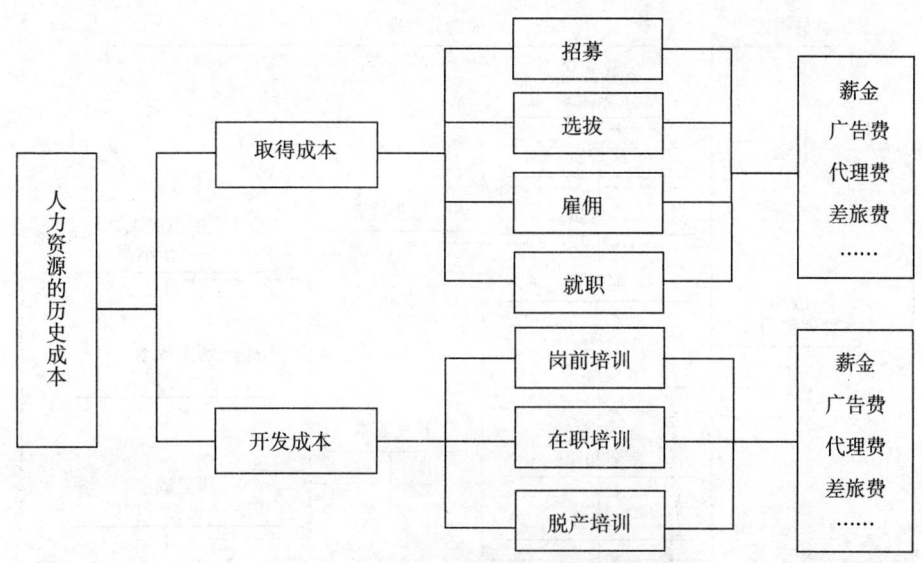

图 13-1 人力资源历史成本计量模型

从图 13-1 可以看出,该模式按三个层次来计量和划分人力资源的历史成本:(1)自然的或原始的成本项目,如招募人员的薪金、差旅费、招聘广告费等;(2)特定的人事管理职能的成本,如招聘、选拔、培养等成本;(3)人力资源管理职能的成本,包括取得成本和开发成本。

在应用这一历史成本模式时,要在总分类账户中"一般和管理费用"账户下开设明细账户或辅助分类账户来核算按自然费用分类的各种人力资源成本,然后分配到"取得成本"和"开发成本"两个人力资源管理成本账户,再将取得成本和开发成本分配到不同类别的人员历史成本账户中去。弗兰·霍尔茨设计的这一模式只是运用会计的账户方法来调整出相应的人力资源成本,并不涉及对原有财务会计程序的改变。他列举的核算人力资源历史成本的修订账户如图 13-2 所示。

在弗兰·霍尔茨之后又有很多人提出了自己的观点,对弗兰·霍尔茨的会计模型进行了修改,其中以日本著名的会计学家若杉明的会计模型最有贡献,最符合现代社会的会计要求。若杉明提出的计量模式如图 13-3 所示。

若杉明的计量模式与弗兰·霍尔茨的计量模式的不同之处在于,若杉明将员工的工资支出(含奖金、津贴等)作为使用成本计入人力资源成本。与人力资源的取得、开发工作有关的员工的工资支出不包括在使用成本内,计入取得成本或开发成本。在完成成本的分类后,他将人力资源的取得成本和开发成

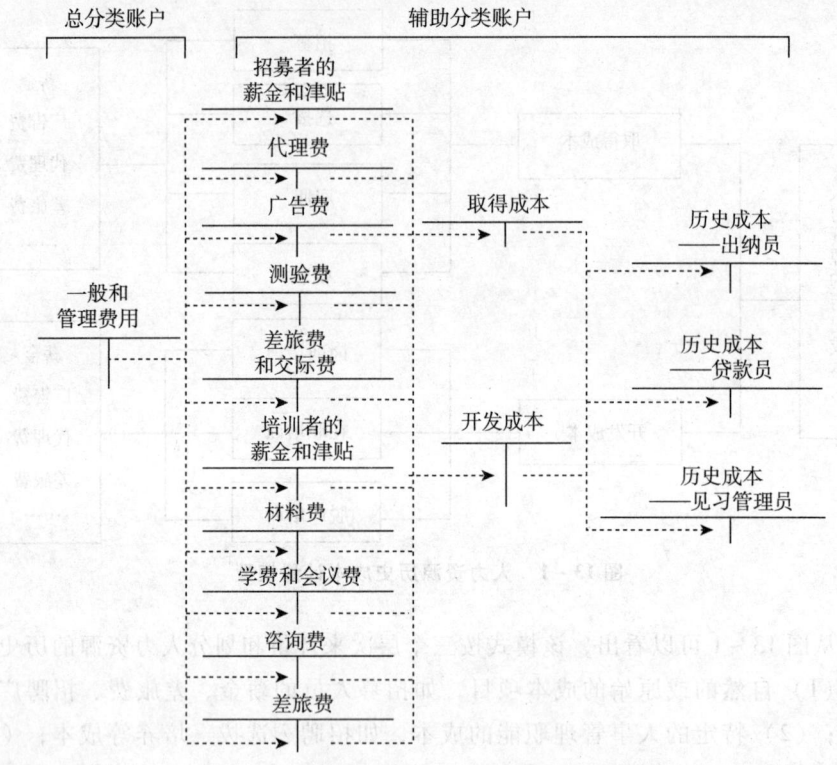

图 13-2 某企业人力资源成本账户的修订图式

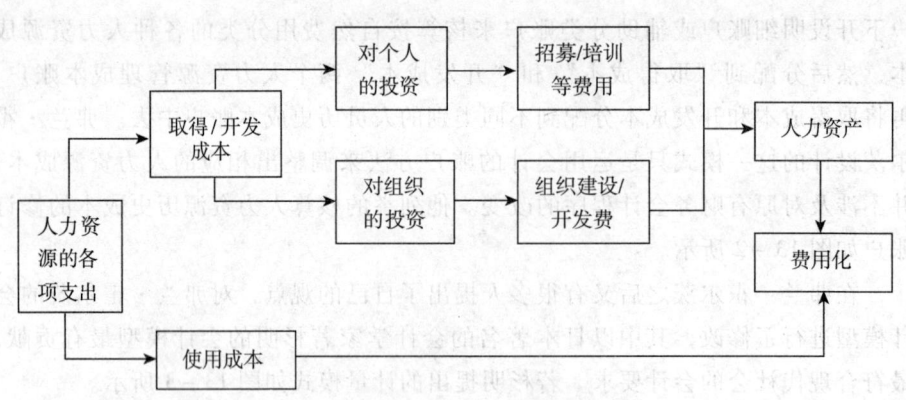

图 13-3 人力资源资产化及费用化模式

本资本化作为资产,使用成本作为收益性支出计入当期费用。这在以前的会计处理中是难以想象的,因为传统的处理方法是将取得成本、开发成本和使用成本全部都费用化计入当期的费用。

历史成本计量模式是人力资源会计提出初期从传统会计沿用过来的方式，它的提出在当时有一定的意义，但是也有不足之处。随着时间的推移和外界条件的变化，其提供的信息有可能偏离现有人力资源的实际价值；而且最主要的是这种测算仅仅针对员工的成本，忽略了对组织经济行为的价值考量。

（二）重置成本计量模式

人力资源的重置成本是目前重置人力资源应当作出的牺牲。重置成本一般包括因现有的人员离职而发生的成本，以及获取并开发替代者所发生的成本两部分，即人力资源重置成本包括取得、开发和遣散成本。人力资源重置成本是一个双重意义的概念：职务重置成本和个人重置成本。职务重置成本是从职位角度计量企业在当前条件下取得、开发、使用特定职位要求的人力资源所付出的耗费支出；个人重置成本是从个人角度计量企业在当前条件下取得、开发、使用具有同等知识、技术能力的人力资源所付出的耗费支出。这种方法反映了人力资源成本的现时价值，最符合以效用价值观为理论基础的计量方法。其计量模型如图13-4所示。

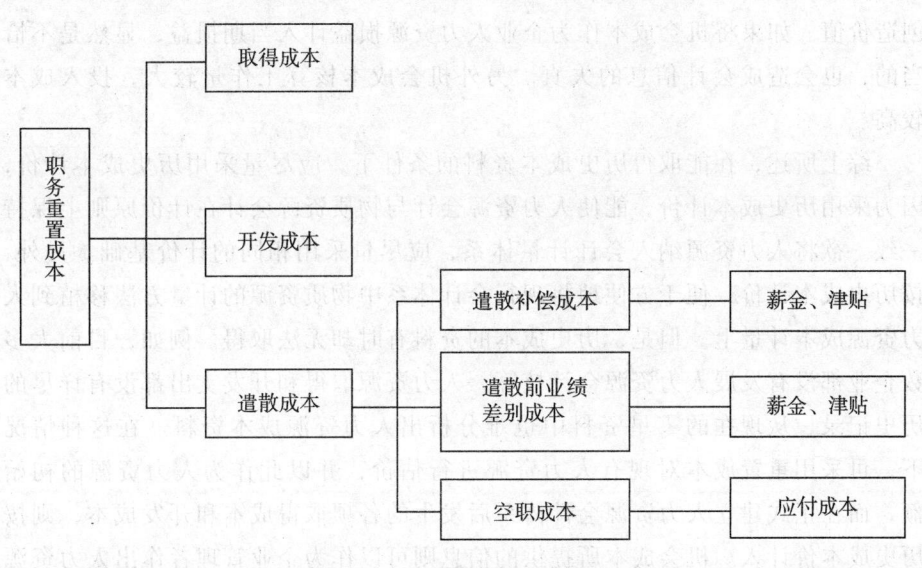

图13-4 重置成本计量模式

重置成本法要比历史成本法具有一定的弹性和应变能力，它考虑到了当时的市场、内外部环境以及人力资源本身的状况，因此重置成本法更符合现实的人力资源成本的实际价值。但是重置法仍然存在一定的缺陷和不足，主要表现在：与传统的会计计量模式不相符合，难以被更多的人接受，在重置过程中需要对每个时期人力资源成本进行估价和计算，这种连续性和动态性无疑要增强工作强度和劳动成本。同时，在竞争市场上，很难找到与本企业原有职工素质和能力相同的人，这就使得重置成本的确定更加困难。重置成本因为需要估算，因此带有一定的主观性，这种主观性如果不加以限制，将使得重置成本法无法客观、真实地反映出人力资源的价值。因此，重置成本法在现实的使用当中，主要是用来未来企业人力资源的规划和预测。

除了以上两种成本计量模式外，还有机会成本计量模式。机会成本计量模式是以职工离职或离岗使得单位所蒙受的经济损失作为人力资源损失费用的计量依据。也就是指由于将人力资源用于某种特定用途而放弃的其他用途的最高收益。这种方法的优点是其对内部管理决策的胜任，它确定的机会成本比较接近于人力资源的经济价值，而且数据比较容易获得。机会成本提供的信息也可以作为企业管理者作出人力资源决策时的参考。但是这种方法也有其缺陷，即脱离了传统会计模式。机会成本不是实际的支出，而是企业可能要为所作出的人力资源决策承担的牺牲。它既不代表企业的投入成本，也不代表人力资源的创造价值。如果将机会成本作为企业人力资源损益计入当期损益，显然是不恰当的，也会造成会计信息的失真。另外机会成本核算工作量较大，投入成本较高。

综上所述，在能取得历史成本资料的条件下，应尽量采用历史成本计价，因为采用历史成本计价，能使人力资源会计与物质资源会计在计价原则上保持一致。欲将人力资源纳入会计计量体系，应尽量采用相同的计价基础。另外，按历史成本计价，便于方便地将现行会计体系中物质资源的计量方法移植到人力资源成本计量上。但是，历史成本的资料有时却无法取得。例如，目前大多数企业都没有发展人力资源会计核算，人力资源取得和开发支出都没有详尽的历史记录，从现在的零星资料中也难分析出人力资源成本资料。在这种情况下，可采用重置成本对现有人力资源进行估价，并以此作为人力资源的初始额，而在正式建立人力资源会计体系后发生的各项取得成本和开发成本，则按历史成本价计入。机会成本所提供的信息则可以作为企业管理者作出人力资源决策时的考量。

第三节 人力资源成本的归集与分配

人力资源成本会计是将传统会计中作为当期费用处理的与人力资源取得、开发、使用和重置等活动有关的支出单独进行核算，并将其中的资本性支出进行资产化处理。因为有关的人力资源成本数据都是以原始记录为依据，都可以根据发生的结果直接获得，因此将人力资源纳入传统会计账户内进行核算简便可行。

（一）人力资源成本会计账户的设置

人力资源成本会计在传统会计账户设置的基础上，增设以下几类账户进行人力资源成本核算。

1. "人力资源取得成本"账户

该账户核算企业属于资本性支出的人力资源取得成本的增加、减少及其余额。账户的借方登记企业为获取人力资源所发生的属于资本性支出的人力资源取得成本的增加额，贷方登记员工退出企业所冲减的与员工有关的属于资本性支出的人力资源取得成本的数额。期末账户借方余额为企业为获得目前所拥有或控制的人力资源所发生的属于资本性支出的人力资源取得成本总额。该账户按人员进行明细核算，可采用多栏式的格式，在借方栏目下设置"招聘成本"、"选拔成本"、"录用成本"和"安置成本"专栏进行明细核算。因为人力资源取得成本业务大都在借方，所以设置的专栏只反映借方金额，结转时登记的人力资源取得成本的贷方金额可用红字在借方栏内登记。

2. "人力资源开发成本"账户

该账户核算企业属于资本性支出的人力资源开发成本的增加、减少及其余额。账户借方登记企业所发生的属于资本性支出的人力资源开发成本的增加额，贷方登记员工退出企业时所冲减的与该员工有关的属于资本性支出的人力资源开发成本的数额。期末账户借方余额为企业所发生的与目前所拥有或控制的人力资源相关的属于资本性支出的人力资源开发成本总额。该明细账户按人员进行明细核算，可采用多栏式的格式，在借方栏目下设置"岗前培训成本"、"在职培训成本"和"脱产培训成本"专栏进行明细核算。因为人力资源开发成本业务大都在借方，所以设置的专栏只反映借方金额，结转时登记的人力资源开发成本的贷方金额可用红字在借方栏内登记。

3. "人力资源使用成本"账户

该账户核算企业人力资源使用成本的增加和减少。账户的借方登记企业的人力资源使用成本的增加额，贷方登记作为费用计入当期损益而转入的人力资源使用成本。期末结转后该账户无余额。该账户按人员类别分类设置明细账进行明细核算。明细账采用多栏式的格式，在借方栏目下设置"维持成本"、"奖励成本"、"调剂成本"专栏进行明细核算。因为人力资源使用成本业务大都在借方，所以设置的专栏只反映借方余额，期末结转时登记的贷方余额可以用红字在借方栏内登记。

4. "人力资源费用"账户

该账户核算企业发生的属于收益性支出的人力资源取得成本和开发成本数额的变化及其余额。账户的借方登记属于收益性支出的人力资源取得成本和开发成本的增加额，贷方登记属于收益性支出的人力资源取得成本和开发成本中应由当期分摊的数额，及有关人员离开企业时所冲减的与其有关的这部分成本尚未摊销完的数额。期末账户借方余额为尚未摊销的属于收益性支出的人力资源取得成本和开发成本的数额。将期末需要结转到"本年利润"借方的数额记入该账户的贷方，而在会计期末将该账户的借方余额全部结转抵销本年利润账户。

5. "人力资源取得成本摊销"账户

该账户是用来核算属于资本性支出的人力资源取得成本的累积摊销额。账户的贷方登记企业当期应分摊计入费用的属于资本性支出的人力资源取得成本的数额，借方登记员工退出企业时与该员工有关的属于资本性支出的人力资源取得成本的累计摊销额。期末账户贷方余额为与企业目前员工有关的属于资本性支出的人力资源取得成本的累计摊销额。该账户按人员进行明细核算，可采用多栏式的格式，在贷方栏目下设置"招聘成本"、"选拔成本"、"录用成本"和"安置成本"专栏进行明细核算。因为人力资源取得成本业务大都在贷方，所以设置的专栏只反映贷方金额，当员工离开企业时登记的借方金额可用红字在贷方栏内登记。

6. "人力资源开发成本摊销"账户

该账户核算属于资本性支出的人力资源开发成本的累计摊销额。账户贷方登记企业当期应当分摊计入费用的属于资本性支出的人力资源开发成本的数额，借方登记员工退出企业时与该员工有关的属于资本性支出的人力资源开发成本的累计摊销额。期末账户贷方余额为与企业目前所拥有或控制的员工有关的属于资本性支出的人力资源开发成本的累计摊销额。该账户应按"人力资源开发成本"明细账户的人员来设置明细账进行明细核算。明细账采用多栏式的格式，在贷方栏目下设置"岗前培训成本"、"在职培训成本"和"脱产培训成本"专栏进行明细核算。因为人力资源开发成本业务大都发生在贷方，所以设置的专栏只反映贷方金额，当员工退出企业时登记的借方金额可以用红字在贷方栏内登记。

7. "人力资源损益"账户

该账户核算人力资产因变动和消失而产生的损益。该账户借方发生额反映当人力资产退出企业或消失时，转销的人力资产成本的未摊销额；账户贷方发生额反映当人力资产退出企业或消失时，转销的人力资产成本的多摊销额。如果期末该账户的借方发生额大于贷方发生额，将其差额从该账户贷方转入"本年利润"账户借方，冲减本年利润；如果期末该账户的贷方发生额大于借方发生额，将其差额从该账户借方转入"本年利润"账户贷方，增加本年利润；结转之后该账户期末无余额。

（二）人力资源取得成本和人力资源开发成本的摊销期限和每期摊销额的确定

企业聘用的使用期限不超过一年的员工所发生的取得成本和开发成本，其受益期为这些员工的聘用期，因此这部分成本在聘用期内平均摊销；如果金额较小，也可以在发生时直接计入当期费用。企业取得的人力资源的使用权，其运用期限在一年或超过一年的一个营业周期以上的，所发生的人力资源取得成本和人力资源开发成本应该视作资本性支出，在资产化处理后在确定的期限内摊销。以下主要讨论属于资本性支出的人力资源取得成本和人力资源开发成本的摊销期限和每期摊销金额的确定。

1. 人力资源取得成本摊销期限和每期摊销额的确定

如果员工与企业签订的合同中规定有服务期限的，那么人力资源取得成本的摊销期限就可以确定为合同所规定的服务期限；如果合同上没有规定服务期限的，那么摊销期限可以根据同类员工在企业的平均服务年限来确定。每期摊销额可以采用在摊销期限内平均摊销的方法确定。企业员工的人力资源取得成本的累计摊销额以与该员工相关的人力资源取得成本为限。当员工离开企业时，结转该员工的人力资源取得成本和人力资源取得成本累计摊销额，两者的差额计入人力资源损益。

2. 人力资源开发成本摊销期限和每期摊销额的确定

与新员工有关的人力资源开发成本的摊销期限的确定,应根据对新员工进行培训使其掌握的知识、技能的有效应用期限和该员工可能为企业提供服务的期限孰短来决定。摊销方法一般可采用年限平均法。但对于企业中那些知识、技能更新快的部门员工,人力资源开发成本的摊销也可以采用加速摊销法。

员工进入企业之后,企业还会对员工进行在职培训或脱产培训,由此产生新的人力资源开发成本。对于这部分人力资源开发成本的摊销也可以采用平均年限法或加速摊销法,其摊销期限和每期摊销金额的确定与新员工的情况类似。如果与企业员工有关的新的人力资源开发成本发生时,与该员工有关的以前发生的人力资源开发成本尚未摊销完,则以前所发生的人力资源开发成本尚未摊销完的部分继续按原摊销期限进行摊销。即在以后的一定时期内,所摊销的人力资源开发成本由两部分组成:一部分是以前的培训所产生的人力资源开发成本的摊销额,另一部分是新发生的人力资源开发成本的摊销额。

在人力资源开发成本的摊销期限内,若员工在企业以前的培训中掌握的某些知识、技能已经过时,不能再有效地应用时,尽管这时相关的人力资源成本还未摊销完,也应将尚未摊销完的人力资源成本提前转销,计入人力资源损益。

企业员工离开企业时,应结转与该员工有关的人力资源开发成本和人力资源开发成本的累计摊销额,两者的差额计入人力资源损益。人力资源开发成本的累计摊销额以与该员工有关的人力资源的开发成本为限。

第四节 人力资源成本核算的局限性

由于人力资源给企业带来的未来经济效益带有极大的不确定性,人力资源成本核算还存在一定的局限性。

首先,对人力资源是否能确认为会计上的资产还存有疑问。用货币计量人力资源无法像其他资产那样表现其变现能力,人力资源成本与价值的计量难以进行规范统一的操作,企业所控制的人力资源与其控制的其他资产存在着实质性差异。因此,就产生了对人力资源能否确认为资产的疑问。

其次,对人力资源的会计计量方法存在争议。计量是会计处理程序中的关键环节,会计理论界也对现行资产计量方法提出了不同看法。人力资源取得成本的不可比和未来价值的不确定是人力资源计量的困难所在。人力资源的效用发挥不仅依赖于其本身的素质,更依赖于其所处的环境,包括人力资源的工作生存条件、所处环境下的管理效率、激励机制以至整个社会的政治经济状况等。在人力资源成本计量模式中，历史成本法由于其本身的操作过于简单化，会在反映人力资源的价值上出现一定的偏差；重置成本法由于需要对某些数据进行主观的估计，会出现人为地故意篡改信息的可能，使使用者受到不知情的误导；机会成本法由于其自身的特殊性只能在企业内部使用。所以人力资源成本计量的方法虽多，但是各有其局限性。

再次，劳动者的权益未能明确界定。企业因取得、开发和使用人力资源付出一些代价特别是将人力资源上的支出资本化为一项单独的资产，从投资者立场看似应属于企业所有者，但人力资产上的那部分支出恐怕并不足以说明所有权的归属。劳动者权益和确定是人力资源会计的核心和本质所在，不解决好这一问题就无法激发劳动者的劳动热情，无法激发企业活力。这是知识经济的内在要求，也是人力资源成本核算必须面对的问题。

最后，从法律制度层面来看，我国现行的会计法、公司法、企业法和物权法中均缺乏相关的规定，也没有成型的人力资源会计核算的相关准则或制度。我国目前人力资源结构的不平衡、人力资源市场的不完善、社会文化环境的缺陷等都是制约人力资源会计发展的重要因素。

尽管如此，在知识经济时代，作为知识唯一的创造者和最主要的承载者，人力资源已经成为企业发展最为重要的资产。会计作为反映企业运行状况的信息系统，必须面对如何使用会计手段反映这一变化的问题。总的来说，作为一个知识经济时代的产物，人力资源会计适应了社会经济环境的变迁，必定有着广阔的发展前景和空间。

本章小结

人力资源成本是企业或是组织为了实现自己的目标，创造最佳的经济和社会效益，而获得、开发、使用、保障必要的人力资源及人力资源离职所支出的各项费用的总和。为了正确地核算人力资源成本，可将其划分为取得成本、开发成本、使用成本、保障成本、离职成本等成本项目。人力资源成本计量模式主要包括历史成本下的计量模式和重置成本下的计量模式。企业可设置"人力资源取得成本"、"人力资源开发成本"、"人力资源使用成本"、"人力资源费用"、"人力资源损益"等账户进行核算。由于人力资源给企业带来的未来经济效益带有极大的不确定性，人力资源成本核算还存在一定的局限性。

本章思考题

1. 什么是人力资源成本？包括哪些项目？
2. 什么是人力资源取得成本？包括哪些内容？
3. 什么是人力资源开发成本？包括哪些内容？
4. 什么是人力资源使用成本？包括哪些内容？
5. 什么是人力资源保障成本？包括哪些内容？
6. 什么是人力资源离职成本？包括哪些内容？
7. 人力资源成本有哪些计量模式？各自的优缺点如何？
8. 人力资源成本核算可设置哪些主要科目？
9. 简述人力资源成本核算的局限性。

本章案例

某企业2015年度按计划招聘了一批新员工，共10人，其中管理人员2人，技术人员8人，由人力资源部负责此项工作，发生如下支出：

（1）招聘工作于3月初开始，进校园开展招聘活动共发生招募人员的直接劳务费用共计3 000元，宣传费用为2 000元，差旅费用1 800元，以银行存款支付。

（2）3月20日进行笔试和面试选拔录用了10名新员工，期间共支付考试材料费用1 000元，场地费用1 800元，体检费用1 200元，以上款项以现金支付。

（3）5月初新员工报到，支付安家费共计50 000元，安置工作过程中发生行政管理费1 000元，以上款项通过银行存款支付。

（4）5月10日至6月10日对新员工进行岗前培训，每天由本企业部门经理讲解企业规章制度、岗位职责等，每个新职工的工资是80元/天，每天培训8小时，培训资料费每人100元，部门经理按150元/天的工资计算，每月按照30天计算。

（5）7月1日，将5名技术人员送至某大学相关专业进修，期限半年，学费、住宿费全部由本企业承担，共计100 000元，培训期间人员的基本工资为每月2 000元。

要求：请为该企业编制会计分录记录上述人力资源成本。

主要参考文献

1. 中华人民共和国财政部：《企业会计准则（2014）》，财政部网站。
2. 企业会计准则编审委员会：《企业会计准则案例讲解》，立信会计出版社 2014 年版。
3. 中华人民共和国财政部：《企业产品成本核算制度（试行）》，财政部网站。
4. 财政部会计司：《〈企业产品成本核算制度（试行）〉讲解》，中国财政经济出版社 2014 年版。
5. 中华人民共和国财政部：《企业财务通则（2006）》，财政部网站。
6. 财政部会计司：《企业财务通则解读》（修订版），中国财政经济出版社 2014 年版。
7. 于富生、黎来芳、张敏：《成本会计学》，中国人民大学出版社 2012 年版。
8. 徐政旦：《成本会计》，上海三联书店 1996 年版。
9. 罗飞：《成本会计》，高等教育出版社 2002 年版。
10. 万寿义、任月君：《成本会计》，东北财经大学出版社 2013 年版。
11. 乐艳芬：《成本会计》，上海财经大学出版社 2012 年版。
12. 颜敏：《成本会计学》，清华大学出版社 2012 年版。
13. 欧阳清、杨雄胜：《成本会计学》，首都经济贸易大学出版社 2003 年版。
14. 林万祥：《成本会计研究》，机械工业出版社 2008 年版。
15. 李定安、孟祥霞：《成本会计研究》，经济科学出版社 2002 年版。
16. 林万祥：《质量成本管理论》，中国财政经济出版社 2002 年版。
17. 颉茂华：《企业环境成本核算与管理模式研究》，经济管理出版社 2011 年版。
18. （美）卡肖著：《人力资源成本分析：组织行为的财务效果》（第 4 版）黄长凌译，清华大学出版社 2007 年版。

19. 孙茂竹、于富生：《成本与管理会计》，中国人民大学出版社 2013 年版。

20. 冯巧根：《成本与管理会计》，中国人民大学出版社 2012 年版。

21. 孟焰、刘俊勇：《成本管理会计》，高等教育出版社 2011 年版。

22. 林万祥：《现代成本管理会计研究》，西南财经大学出版社 2005 年版。

23. 胡玉明：《高级成本管理会计》，厦门大学出版社 2010 年版。

24. 潘飞、乐艳芬：《成本管理会计学》，中国财政经济出版社 2011 年版。

25. 胡元木：《成本与管理会计研究》，经济科学出版社 2010 年版。

26. 余绪缨、王怡心：《成本管理会计》，立信会计出版社 2004 年版。

27. 王立彦、刘志远：《成本管理会计》，经济科学出版社 2005 年版。

28. （美）查尔斯 T. 霍恩格伦：《成本会计学：以管理为重心》（第九版），东北财经大学出版社 2010 年版。

29. ［美］罗伯特·S. 卡普兰、罗宾·库珀：《成本与效益》，张初愚、张倩译，中国人民大学出版社 2006 年版。

30. （美）罗伯特·S. 卡普兰、（美）安东尼·A. 阿特金森著：《高级管理会计》（第三版），吕长江译，东北财经大学出版社 2007 年版。

31. （美）查尔斯·T. 亨格瑞、斯利坎特·M. 达塔尔、乔治·福斯特等著：《成本与管理会计》（第 13 版），王立彦、刘应文、罗炜译，中国人民大学出版社 2011 年版。